미 해병대
이야기

★ United States Marine Corps ★

미 해병대
이야기

가장 먼저 도착해
가장 나중에 떠나는
세계 최강의
전투부대

한종수 · 김상순 지음

차례

일러두기

1. 본문에서 '해병대'는 미국 해병대를 지칭하며, 다른 나라의 해병대를 가리킬 경우에는 그 나라의 국명을 밝혔다.
2. 따로 상급 부대명을 밝히지 않은 경우, '제1해병연대/제5해병연대/제7해병연대/제11해병연대'는 제1해병사단, '제2해병연대/제6해병연대/제8해병연대'는 제2해병사단, '제3해병연대/제4해병연대/제9해병연대'는 제3해병사단의 예하 부대이다.
3. 본문에 나오는 외국 인명은 일일이 원어를 병기하지 않는 것을 원칙으로 했다. 대신 찾아보기에 원어를 같이 실었다.
4. 외국 인명, 지명 등의 표기는 국립국어원의 외래어 표기법을 따랐으나 일부는 원음에 가깝게 표기하였다.
5. 지은이 주는 * 표시를 붙여 모두 각주로 처리했다.

지구의 표면은 육지와 바다로 이루어져 있고, 바다는 육지보다 훨씬 큰 면적을 차지하고 있다. 비행기가 발명되어 하늘길이 열리기 전까지, 바다는 육지와 육지 사이를 연결하는 인간의 유일한 통로였다. 그리고 전쟁으로 점철된 인류 문명사에서 95퍼센트 이상의 시간 동안 해군은 인류의 거의 유일한 전략 군종이었다. 대부분의 제국들은 바다로 나아가 패권을 잡았고, 해군은 그들의 무기였다. 오늘날 패권 국가인 미국도 마찬가지로 바다로 나아가 패권을 잡았다. 하지만 미국은 다른 제국들과는 달리 해군과 더불어 '해병대'라는 특수한 군종을 패권의 투사와 유지의 강력한 수단으로 삼았다.

독립전쟁 시기에 창설된 미국 해병대는 20세기 초반까지 면면히 활약하며 주로 허약한 중남미 국가들이나 이미 기운 지 오래인 노老대국 스페인, 그리고 멀리 아시아에서 조선과 중국을 상대로 어린아이 팔 비틀

기식의 힘자랑을 했다. 이때 이들은 부대 규모도 전공도 역사의 전면에 이름을 새길 만한 정도는 아니었다. 하지만 1차대전에서 이들은 독일군을 상대로 유럽에서 싸웠고, 2차대전에서는 일본군을 상대로 과달카날에서 오키나와에 이르기까지 거대한 태평양을 종횡무진하며 맹활약했다. 전쟁 중에 일본을 초토화시킨 B29 폭격기들은 미 해병대가 피로 확보한 기지에서 날아오른 것이었다.

미 해병대는 때로는 침략자, 때로는 방어자, 해방자가 되었다. 우리나라와도 그렇게 인연을 맺는데, 첫 만남은 '신미양요'를 통해서였다. 즉 미 해병대는 '침략자'로서 우리와 처음 조우했다. 하지만 한국전쟁 때 이 '침략자'의 후예들은 "한국을 구했다".* 미 제1해병사단은 인천상륙작전과 장진호 전투라는 거대한 드라마의 주인공이었다. 전쟁을 거치면서 이들은 한국 해병대의 모델이 되었다. 우리에게 잘 알려진 "한 번 해병은 영원한 해병Once a Marine, Always a Marine", "누구나 해병이 될 수 있다면 나는 결코 해병대를 선택하지 않았을 것이다If Everybody could get the Marine, I wouldn't be the Marine" 같은 우리 해병대 모토의 원조도 바로 미국 해병대이다.

미국이 세계 최강의 국가로 부상하는 동안 그 선두에는 해병대가 있었다. 하지만 승승장구하던 미국은 베트남전쟁에서 처음 패전의 쓴맛을 보는데, 이때도 해병대는 전쟁의 난맥상을 온전히 감당한 부대로서 베트남 땅에 첫발을 디딘 부대이자 마지막으로 떠난 부대가 되었다. 해병대의 명예회복 기회는 걸프전쟁 때 찾아왔다. 제1해병사단은 1차 걸프전쟁의 대승을 이끌었고, 2차 걸프전쟁에서도 주력부대로 활약했다. 제1해병사단은 지금 이 순간에도 강습상륙함을 중심으로 강력한 전력을 유지

---

* 이상돈, 『미 해병대 한국을 구하다』, 기파랑, 2013.

하면서 세계 최강 미군의 선봉이자 명령에 즉각 대응할 수 있는 신속대응군으로서 전 세계를 작전지역으로 삼고 있다.

이제 이들의 이야기를 시작해보자. 중남미에서 중국과 태평양 그리고 한국에 이르기까지, 또 극한의 장진호에서 열사의 이라크와 아프가니스탄에 이르기까지, 멈추지 않고 전진해온 그들의 대서사를!

1장

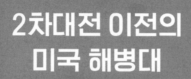

2차대전 이전의
미국 해병대

미 해병대의 탄생

미국에서 해병대가 육해공군과 구분되는 독자적인 군종으로 거듭나기까지, 특히 사단 단위로 등장하기까지는 많은 시간이 걸렸다. 물론 그 전에도 미 해병대는 긴 시간에 걸쳐 역사와 전통을 구축하고 있었으므로, 그 이야기부터 시작해보자.

미 해병대의 역사는 미국 역사보다도 1년 길다. 1775년 4월 '렉싱턴과 콩코드 전투'를 시작으로 미국 독립전쟁의 막이 올랐고, 5월에는 미군이 창설되었다. 영국에 맞서 전쟁을 치르는 가운데, 식민지 대륙의회는 11월 10일 해병대 창설 법안을 통과시켰다(11월 10일은 미 해병대의 공식 창설일이 되었다). 해병대가 법적 요건을 갖추고 조국의 군대로 등장하는 첫 순간이었다. 하지만 그 시작은 형편없었다. 당시에는 정치인들조차 마땅한 청사가 없어 여관이나 술집에서 모임을 가졌는데, 해병대도 사정은 다르지 않아 펜실베이니아주 필라델피아에 있는 '턴태번Tun Tavern'이라는 술집*에서 창설 모임을 갖고 최초의 대원들을 모집했다. 새뮤얼 니컬러스(1744~1790년) 대위가 초대 사령관으로 추대되었는데, 그는 정규군인이 아니라 턴태번의 주인 혹은 한 대장간의 주인이었다고 한다(훗날 니컬러스는 올리버 해저드 페리Oliver Hazard Perry급 프리깃함의 이름이 되었다). 니컬러스 외에 장교 10명, 부사관과 사병 200여 명이 창설 멤버가 되었는데, 대부분 사령관과 사정이 다르지 않아 상인이나 기술자, 노동자 출신인 경우가 많았고, 실전 경험자는 극소수에 불과했다.

독립전쟁 시기에 해병대의 주요 임무는 함내 치안과 함상 백병전이었다. 그 때문에 대원들은 적군과 육박전을 벌이다 목을 뜯기는 경우가 많아 목 보호를 위해 높고 두툼한 가죽 띠를 옷깃처럼 목에 둘렀다. 이는 평상시에 머리를 꼿꼿이 세워주는 효과가 있었고, 독특한 느낌을 주었다. 이 '레더넥leatherneck'은 자연스레 해병대의 상징, 나아가 별칭이 되었다. 해병대 기관지 『레더넥』도 여기에서 유래했다.

전쟁 중에 사령관 니컬러스는 소령으로 승진했다. 그의 해병대는 바하마제도의 나소에 상륙하여 친영국파 해적을 무찔렀다. 하지만 그 규모는 크지 않았다. 8년 동안 해병대는 2,000명까지 늘어났지만 전후에 군비가 대거 축소되면서 해체되었다.

하지만 미국은 주변 국가들과 끊임없이 분쟁을 겪으면서 신속대응군의 필요성을 절감했다. 결국 1798년, 해병대는 총인원 881명의 대대 규모로 부활했다. 이와 함께 '레더넥'이 정식 제복으로 채택되었고, 해병

---

* 해병대의 창설 장소가 술집이어서인지 과음은 해병대의 악습 중 하나가 되었다. 근년에 넬러 전 해병대 사령관은 음주를 줄이고 책을 읽으라는 명령을 내리기도 했다.

●— 그림에서 볼 수 있는 것처럼 해병대의 첫 사령부인 턴태번은 평범한 술집이었다.

군악대도 창설되었다. 1801년 1월 1일, 해병 군악대는 대통령 관저 앞을 행진하며 연주했는데, 이후 '대통령의 군악대The President's Own'가 되어 초대 워싱턴을 제외하고 모든 대통령의 취임식 연주를 맡는 영예를 누린다. 이 전통은 지금도 이어지고 있다.

19세기 전반의 해병대

미 해병대가 부활한 지 3년째 되던 해인 1801년, 지중해 연안에서 활동하던 바르바리Barbary 해적들이 미국 상선에 통행료를 요구했다. 이들은 사실상 이슬람 국가들의 '공인 해적'으로, 세계 최강의 해군을 보유한 영국 상선들은 감히 건드리지 못하고, 만만해 보이는 국가들의 상선을 괴롭혔다. 그중 하나가 미국 상선이었다. 계속되는 약탈에 분노한 미국은 1804년 프리깃함과 해병대를 보내 해적들은 물론 그들의 근거지인 트리폴리 항구까지 박살내는 결기를 보여주었다. 이 전투에서 윌리엄 이턴과 프레슬리 오배넌 소위는 해병대 역사상 첫 영웅담의 주인공이 되었다. 훗날 '이턴'은 플레처급 구축함, '오배넌'은 플레처급과 스프루언스급 구축함의 이름이 되었다.

미국은 갓 독립한 국가로 당시에는 약체였다. 그럼에도 국익을 수호하기 위해 대서양을 건너 지중해까지 원정을 떠나 대승을 거두었고, 미 해병대는 그 주역으로 위상이 올라갔다. 트리폴리 전투는 해병대가 제한된 임무에서 벗어나 국제 분쟁에 대응해 즉각 출격하는 신속대응군의 역할을 맡은 첫 전투이기도 했다. 미 해군은 이 전투를 기리기 위해 상륙함 중 하나에 트리폴리라는 이름을 부여했다.

1812년 미국은 다시 한 번 영국과 맞붙었다. 이 전쟁은 프리깃함 컨스티튜션호USS Constitution*와 영국 군함과의 전투로 시작되었는데, 이 군함에는 해병대원이 승선해 있었고, 14명의 사상자가 나왔다. 컨스티튜션호는 첫 승리를 거두었지만 전반적으로 이 전쟁 동안 미국과 해병대는 승리의 기쁨보다 패배의 쓴맛을 더 많이 보았다. 한창 건설 중이던 수도 워싱턴의 방어에 실패해 백악관이 불에 탈 정도였다. 그럼에도 해병대는 마지막 뉴올리언스 전투에서 앤드루 잭슨 장군의 방어선을 사수하며 최후의 승리를 거두었다. 또한 이 전쟁에서 해병대는 처음으로 대대 단위의 전투를 치렀는데, 이 또한 해병대에게는 큰 의미가 있었다.

---

* USS는 'United States Ship'의 약자로 미 해군의 취역 군함을 의미한다. 컨스티튜션호는 아직도 기념함으로 건재하게 남아 있다.

●— 트리폴리 전투는 미 해병대가 신속대응군으로서 맡은 첫 번째 임무이기도 했다.

전쟁이 끝난 후 아치볼드 헨더슨이 제5대 사령관(1820~1859년 재임)으로 취임했다. 그는 대통령이 된 앤드루 잭슨이 배은망덕하게도 해병대를 육군에 통합하려고 했을 때, 그에 맞서 해병대를 지켜냈다. 그 후에도 아직 존재감이 약한 해병대를 다른 군종에 통합하려는 시도는 여러 번 있었는데, 해병대는 그때마다 그러한 시도를 이겨내고 독립성을 유지하는 데 성공했다. 1834년 의회는 해병대 조직법을 통과시켜 해병대를 해군부 산하에 배속했다. 헨더슨은 무려 40년 동안 사령관직을 지키면서 많은 부분에서 해병대를 발전시켰다.

헨더슨 사령관 시기에 해병대는 수많은 활약을 펼쳤다. 1822년 쿠바 해적을 토벌했고, 1824년에는 국기 모욕 사건 때문에 푸에르토리코로 출동했으며, 수마트라에도 파병되었다. 다음 해 버진군도에서 대화재가 일어났을 때는 소방 작업에 투입되었다. 1832년에는 말레이반도까지 가 해적을 토벌했다. 미국 내에서도 1833년 매사추세츠 교도소 폭동을 진압했고, 1835년과 1837년에는 플로리다의 세미놀 원주민Seminoles 제압 작전에 투입되기도 했다. 미국-멕시코 전쟁이 일어난 1846년에는 멕시코시티로 쳐들어가 차풀테펙Chapultepec 요새 몬테수마 궁전에 자신들의 깃발을 걸었다. 〈해병대 찬가〉의 첫 소절은 바로 이 전쟁에서 유래했다.

몬테수마 궁전에서 트리폴리 해변까지
우리는 하늘과 땅과 바다에서 조국을 위해 싸운다네.
첫째로 정의와 자유를 위해 그리고 우리 명예를 지키기 위해
우리는 미국의 해병임을 자랑스럽게 생각한다네.

우리의 깃발은 새벽부터 황혼까지 펄럭인다네.

우리는 총을 잡을 수 있기만 하면 어디서라도 싸워왔다네.

북방의 설원에서도, 눈부신 햇살 비치는 열대의 풍경에서도

언제나 근무 중인 우리 미국 해병대를 볼 수 있다네.

당신과 우리가 자랑스럽게 복무하는 우리 부대여 영원하라.

수없이 한결같이 우리는 목숨을 내걸고 싸웠고 결코 용기를 잃은 적
없다네.

육군과 해군이 (죽어서) 천국의 풍경을 보는 이가 있다면

그들은 그곳 거리를 지키는 미국 해병대를 보게 되리라.

미국은 점차 해외 원정이 잦아질 것을 예상하고 해병대를 연대 편제
로 바꾸었다. 이 연대는 제1해병연대의 전신이 되었다.

19세기 후반의 해병대

19세기 중반을 넘어서면서 미국 해군은 증기기관을 도입했고, 1853
년 페리 제독은 새 군함을 앞세워 일본 개항을 이끌어냈다. 페리 제독은
최신 소총으로 무장한 200명의 해병대원을 데려왔는데, 그는 일본 본토
에 상륙하기 전에 먼저 류큐琉球(지금의 오키나와) 왕국을 힘으로 굴복시
키고 그곳 슈리성에 석탄 저장소를 설치했다(정확히 92년 후 해병대의 후
예들은 이곳을 다시 찾는데, 선배들처럼 무혈입성하지는 못했다). 일본 원정
기간 동안 전사자는 없었지만 로버트 윌리엄스라는 대원이 병사하여 요
코하마 외국인 묘지에 묻혔다. 한편 해병대의 임무는 증기기관을 장착하
며 군함 환경이 많이 개선된 이즈음부터 함내 치안과 함상 전투에서 신
속대응군 쪽으로 그 비중이 완전히 옮겨진다.

이렇듯 미 해병대는 한동안 해외에서 활발하게 활동했지만 1861년

남북전쟁이 발발하자 국내로 돌아갈 수밖에 없었다. 육군은 남군과 북군으로 갈렸는데, 해군과 해병대는 대부분 북군에 남았다. 개전 당시만 해도 1,800명 수준이던 해병대의 병력은 나중에는 2배 이상으로 늘어났다. 하지만 수십만 대군이 결전을 벌인 남북전쟁에서 그 정도 규모로는 활약할 여지가 별로 없었다. 다만 남북전쟁의 한 원인이 된 존 브라운*의 봉기를 진압할 때 해병대가 출동했다는 사실, 그리고 이 시기에 해병대가 독점하게 될 '적전敵前상륙'에 대한 교리가 수립되었다는 정도는 언급하고 넘어갈 필요가 있다. 덧붙여 "국민의, 국민에 의한, 국민을 위한 정부"라는 수사로 유명한 링컨 대통령의 게티즈버그 연설(1863년) 때 해병대 군악대가 연주를 맡았다는 사실도.

남북전쟁이 끝난 후 해병대는 분주하게 움직였다. 볼티모어와 필라델피아, 뉴욕에서 일어난 폭동 진압에 동원되었고, 미국의 앞마당인 도미니카와 멕시코, 니카라과, 파나마, 쿠바 등 중남미 일대는 물론 필리핀과 타이완, 심지어 중국에까지 출동했다. 그리고 이처럼 바쁘게 움직이던 와중에 이들은 의외의 장소에서 '적전상륙'을 실전으로 치렀다. 바로 '조선'이란 나라의 강화도였는데, 이들이 치른 전투는 우리에게 '신미양요'로 잘 알려져 있다.

1871년 6월, 콜로라도호를 위시한 군함 5척과 매클레인 틸턴 대위가 지휘하는 해병대원 109명이 포함된 1,230명의 미군이 강화도를 침공했

---

* 코네티컷주 출신의 토지 측량기사로 여러 곳을 떠돌아다니며 노예제 폐지를 주장했다. 그러던 중 흑인 농장을 경영하는 G. 스미스를 만나 그의 운동에 참가했다. 1855년 가족들과 캔자스로 이주했으며, 1858년에는 탈출 노예를 구조하기 위해 버지니아주로 갔다. 1859년 10월, 스미스와 북부의 노예제 폐지 운동가들에게 자금을 원조받아 버지니아주 하퍼스페리의 연방정부 무기고를 점거했으나, 이틀 후 체포되었다. 같은 해 12월 반역죄로 처형되었다. 남북전쟁 직전, 노예제도 폐지론자들 중에는 광적인 행동을 하는 사람들이 적지 않았는데, 그 대표적 인물로 알려져 있다.

다. 그중 650명의 미군이 상륙했는데 해병대가 선봉이었다. 미군은 후장식 소총과 신형 야포를 활용한 압도적인 화력과 전술로 덕진진을 함락했고, 이어서 광성보에 육박했다. 진무중군 어재연 장군이 정예인 오군영을 거느리고 수비에 나섰으나 수륙 양면에서 포격을 받는 악조건 속에 결국 미군에 패하고 말았다. 이 전투에서 조선군은 어재연 장군과 그의 동생 어재순을 포함하여 53명 이상이 전사하고, 강화부 별무사 유예준 등 수십 명이 부상을 당했다. 어 장군을 쓰러뜨린 자는 미 해병대의 제임스 도허티였다. 미군은 승리의 대가로 휴 매키 해군 대위 등 3명이 전사하고 10명이 부상을 입었다. 미군이 상부에 보낸 전과 보고에 따르면 조선군 전사자는 243명이었다.

미군은 어 장군의 장수기를 내리고 성조기를 내걸었다(어 장군의 장수기는 미국 해군사관학교에 보관되어 있다가 136년 만에 장기 임대 형식으로 조국에 돌아왔다). 하지만 승리에도 불구하고 미군은 조선 조정의 완강한 대화 거부로 통상조약 체결이라는 목적은 달성하지 못하고 식수 부족과 기후 악화로 고생하다가 7월에 철수했다. 그리고 정확히 79년 후, 바로 이 바다에서 그들의 후배들은 수백 배 규모의 상륙작전을 펼친다.

20세기 초의 해병대

19세기 말에 접어들면서 미국은 대외 팽창을 노골화하여 하와이와 사모아제도, 웨이크섬, 미드웨이섬 등에 진출했다. 나아가 아르헨티나와 우루과이, 이집트, 타이완, 알래스카, 그린란드, 칠레, 콜롬비아, 심지어 남극대륙에까지 발을 디뎠다. 역시 선봉은 해병대였다. 일부에서는 무력시위에 그치지 않고 해당 지역에 주둔하기도 했지만 유혈 사태는 거의 없었다. 이 시기 해병대의 활약에 주식시장이 영향을 받았고, 덕분에 '월

스트리트 경찰대'라는 별칭도 얻었다.

신흥 강대국으로 존재감을 보이기 시작한 미국은 1898년 스페인 제국의 마지막 숨통을 끊는 전쟁을 시작했다. 미국은 이 전쟁으로 중남미의 패권을 장악하고 아시아에도 기반을 마련했는데, 해병대가 그 선봉을 맡아 맹활약했다. 특히 쿠바의 관타나모에 상륙한 해병대의 활약이 돋보였고, 덕분에 이 항구는 지금까지도 미 해병대가 차지하고 있다.*

20세기가 시작되자마자 중국에서 '의화단의 난'이 일어났다. '서양을 멸한다'가 주요 구호였던 이 봉기에서, 미 해병대는 일본 해군 육전대와 영국 해병대, 그 외 다른 나라 수비병들과 함께 55일 동안 베이징에서 포위된 채 싸우면서 미국 공관을 지켜냈다. 그 전에도 미 해병대가 외국 주재 자국 공관을 지킨 사례는 있었지만 이 전투 이후로 해당 임무는 해병대 고유의 것이 되었다(미국의 경우 공관 방어를 위한 전투 행위는 의회의 승인 없이 대통령의 행정명령만으로 가능하다). 이 전쟁은 '베이징의 55일'이라는 제목으로 영화화되기도 했는데, 《벤허》의 주인공인 찰턴 헤스턴이 해병대 지휘관 역할을 맡아 열연했다.

의화단 전쟁이 중국의 굴욕적인 패배로 끝난 후, 서구 열강과 일본은 중국 침략을 더욱 노골화했다. 미국도 승전국이었지만 다른 나라들처럼 영토 할양이나 조차를 요구하는 대신 선교사와 상인 등 미국인들의 자유로운 활동 보장을 요구했다. 미국인들은 황허와 양쯔강을 따라 대륙 깊숙이 진출했고, 미군은 이들을 보호하기 위해 하천 항행이 가능하도록 흘수선을 낮춘 포함을 배치했다. 물론 포함에는 해병대가 승선했다. 중

---

* 관타나모는 영화 《어 퓨 굿 맨》(1992년)의 무대로도 등장했는데, '어 퓨 굿 맨A Few Good Men'은 해병대 용어로 '소수 정예'라는 의미이다.

●— 의화단 전쟁을 묘사한 그림에서 볼 수 있듯 칼과 창으로 무장한 의화단과 초기형 기관총인 개틀링 건으로 무장한 서구 군대의 전투는 극단적인 대조를 이루었다.

국 주둔 해병대는 태평양전쟁 직전까지 임무를 수행했고, 2차대전에서 활약하는 수많은 인물이 여기서 경력을 쌓았다. 많은 대원들이 말을 타고 활동하여 '호스 마린'이라는 별칭을 얻기도 했다.

1911년 8월, 제1해병연대가 미 해병대 역사상 첫 연대로 관타나모에서 창설되었다. 제1해병연대는 이듬해 '바나나 전쟁'이라고도 불리는 니카라과 내전에 참전했다. 1914년에는 두 명의 민중 영웅 에밀리아노 사파타와 판초 비야로 유명한 멕시코 혁명이 일어나자, 해병대는 4월 21일 베라크루스에 상륙하여 강력한 간섭에 나섰다. 이때 멕시코에서 두 번째

●— 베이징 정양문 앞에서 무력시위 중인 '호스 마린'.

연대인 제5해병연대가 창설되었다.[*] 이어서 제7해병연대가 미국 본토에서 창설되는데, 제1, 제5, 제7해병연대는 이 책의 주인공인 제1해병사단의 골격이 된다. 특히 첫 부대인 제1해병연대는 'Old Breed', 즉 '오래된 씨앗'으로서 말 그대로 모든 해병대의 '원조'가 되었다. 나중에 이 명칭은 제1해병사단의 별칭이 된다.

1915년, 아이티가 혁명과 반란, 지도자 암살로 무정부상태에 빠지자 제5해병연대는 수도 포르토프랭스에 상륙하여 미국인과 그들의 재산을 보호하고, 대통령 선거 감독까지 맡았다. 다음 해 아이티는 미국인이 관세 감독 및 헌병대 감독까지 맡으면서 완전한 미국의 보호국이 되었다.

---

[*] 묘하게도 해병대는 1, 2, 3번순으로 해병연대를 창설하지 않았다.

1차대전의 해병대

1917년 미 해병대는 두 가지 대사건을 맞는다. 첫 번째는 자체 항공대의 창설이었다. 이때 해병대 예하에 처음으로 수상기를 장비한 제1비행중대와 일반기를 장비한 제2비행중대가 만들어졌다. 지금의 미 해병 항공대는 웬만한 나라의 공군력을 능가할 정도인데, 항공대를 창설한 것은 근접 항공 지원에 전념하는 자체 부대를 갖추기 위해서였다. 아무래도 공군이나 해군 항공대는 나름의 교리, 조직 논리가 있어서 해병대를 전폭적으로 지원하는 것이 어려웠기 때문이다. 지금도 해병 항공대는 근접 항공 지원에 모든 역량을 집중하고 있다.

해병 항공대 창단 멤버 중 로이 가이거가 있었다. 그는 태평양전쟁에서 맹활약하고 제10군 사령관 대리까지 오른다. 항공대 출신이 지상군 사령관 지위에 오른 것인데, 이해하기 어려운 일이지만 해병대 문화를 알면 그에 대한 의문이 풀린다. 그들은 소총수로 첫 교육을 받고, 장교도 무조건 보병 소대장에서 시작한다. 그래서 해병대에는 기갑이니 보병이니 하는 병과 마크가 없다. 이를 제29대 해병대 사령관 앨프리드 그레이 장군은 한마디로 정리했다. "모든 해병은 소총수다Every marine is a rifleman."

두 번째 대사건은 1차대전이었다. 당시 해병대는 그 규모가 커지긴 했으나 2만 명에 미치지 못했다. 제5해병연대는 새로 창설된 제6해병연대와 함께 제4해병여단을 구성했다. 먼저 제5해병연대는 육군 제1사단에 배속되어 프랑스로 떠났다. 그런데 총사령관 존 퍼싱 장군은 이들에게 보조적인 임무만 주었고, 이어 도착한 제6해병연대에 대해서도 마찬가지였다. 대원들은 불만을 터뜨렸고, 이에 육군과의 미식축구 시합이 중단되었다. 퍼싱은 해병대를 육군 제2사단에 배속해 사태를 수습했는데, 해병대와 제2사단은 33년 후 지구 정반대편에서 다시 인연을 맺는다.

조지 바넷 해병대 사령관은 퍼싱에게 기회를 달라고 끈질기게 요청하여 허락을 받았다. 하지만 해병대의 녹색 전투복을 벗고 육군의 카키색 전투복을 입는다는 조건을 받아들여야 했다. 대원들은 육군 전투복의 단추를 모두 떼어내고 해병대용 단추를 달아 '마지막 자존심'을 지켰다. 육군이 내건 조건은 결과적으로 해병대가 단결하고 전의를 다지는 데 크게 기여했다.

1918년 5월 말, 독일군이 마지막 공세에 나서 파리에서 불과 50킬로미터밖에 떨어지지 않은 지점까지 육박했다. 미 해병대는 고전하는 프랑스 제6군을 구원하기 위해 나섰으나 프랑스 사령관으로부터 후퇴하라는 명령을 들었다. 이때 로이드 윌리엄스 대위가 한 말은 해병대 역사에 남았다. "후퇴라니? 빌어먹을, 우린 방금 여기 왔단 말이다!"

6월 2일, 독일군이 해병대 진지로 밀려들었지만 해병대원들은 100미터 앞까지 밀어닥친 적군을 정확한 사격으로 쓰러뜨렸고, 두 번째 공격도 저지했다. 이때 해병대의 사격술과 그들이 소지한 산탄총은 참호전의 필살 병기로 높은 평가를 받았다. 또 해병대는 독일군으로부터 악마견(또는 미친개)이라는 별명을 얻었는데, 이를 계기로 해병대는 결코 항복하지 않는 투견으로 유명한 불도그를 부대 마스코트로 삼았다.

한편 패퇴한 독일군은 벨로숲Belleau Wood으로 들어가 참호를 파고 일전을 준비했다. 6월 6일 저녁, 제5해병연대 3대대가 착검을 하고 숲에 들어섰지만 독일군의 매복에 걸려 기관총 세례를 받고 무더기로 쓰러졌다. 그러나 대대는 굴하지 않고 조금씩 전진하여 숲 한구석에 진지를 마련했다. 이때 댄 데일리 중사가 동료들을 독려한 말은 가장 유명한 해병대 구호 중 하나가 되었다. "돌격! 못난 놈들, 영원히 살고 싶나!Come on, you bastards, do you want to live forever!" 미 해병대의 전통적인 맹세인 '해병은

●— 벨로숲에서 전투 중인 미 해병대. 당시 해병대의 군장은 영국군과 큰 차이가 없었다.

영원히 산다!'는 감투 정신을 강조한 외침이기도 했다. 해병대는 다시 진군하여 15일에는 벨로숲의 서쪽 끝에 이르렀다. 그리고 보름 후에는 북쪽 끝에 도달해 숲을 탈환하는 데 성공했다. 전사자는 1,087명에 달했는데, 그때까지 해병대가 단일 전투에서 치른 최대 희생이었다.

프랑스 의회는 벨로숲 탈환 소식에 크게 기뻐하며 해병대원들에게 많은 훈장을 수여했고, 아예 벨로숲을 '해병여단의 숲'으로 명명하기까지 했다. 하지만 미 육군 입장에서는 해병대의 선전이 썩 유쾌한 일이 아니어서, 이 전투는 오히려 지금까지도 끊이지 않는 두 군대의 알력이 시작된 계기가 되었다. 하지만 육군이 어떻게 생각하든 '벨로숲'은 해병대의 성지가 되었고, 훗날 타라와Tarawa급 강습상륙함 3번함의 이름이 되었다.

전투 참전자 중에는 훗날 '울부짖는 미치광이'란 별명으로 유명해질 홀랜드 스미스도 있었다. 그는 직업이 변호사였지만 해병대 입대 후 아예 '영원한 해병'이 되어버린 특이한 인물이었다. 훗날 사령관이 되는 레뮤얼 셰퍼드와 클리프턴 케이츠도 이 전투에 참여했다. 가이거 역시 항공대의 일원으로 프랑스의 하늘을 누볐다. 그 후 존 레준 장군이 지휘봉을 잡은 제4해병여단은 수아송Soissons 전투, 생미엘Saint-Mihiel 전투, 블랑몽 능선Blanc Mont Ridge 전투, 아르곤Argonne 전투에서 활약하며 뚜렷한 족적을 남겼다.

1918년 11월, 전쟁이 끝났다. 한때 7만 5,000명까지 증가했던 해병대는 전후 1만 5,000명으로 줄어들었다. 평화 시기에 사령관이 된 레준 장군은 현대적 상륙작전에 대해 연구했다. 전후, 유럽 열강이 퇴조하고 일본이 태평양의 강대국으로 성장하고 있었다. 이에 레준 장군은 일본을 가상 적국으로 상정하고, 유사시 일본의 요새화된 섬들에 대한 적전상륙을 가정하는 등 준비를 시작했다. 장군의 이름은 오늘날 노스캐롤라이나주의 해병대 캠프 이름(캠프 레준)으로 남아 있다.

사실 20세기 초반까지 상륙작전은 그저 보트를 타고 해안으로 이동하는 것이 거의 전부로, 조직화된 상륙작전은 상상할 수 없었다. 하지만 해병대 수뇌부가 보기에 상륙전은 지상전과 공통점이 있긴 해도, 기본적으로 병력이 모함에 승선하여 상당한 거리를 항해한다는 점, 상륙 직전에 주정*으로 갈아타야 한다는 점, 경장비만으로 적지에 상륙한다는 점에서 지상전과 명백한 차이가 있었다. 이런 인식 아래 해병대는 1922년부터 독자적인 상륙작전 지침을 만들기 시작했고, 해군과의 협동작전이 가

---

* 선체가 작은 소형 배.

능하게 조직 개편을 단행했다. 해군 각 함대 산하에 해병대를 배치하고, 최소한의 손실로 성공적인 적전상륙을 달성하기 위해 함대와 상륙 선단 항모에 탑재한 해병 항공대를 하나의 단위로 통합하는 것이 골자였다 (이 계획은 무려 13년 후인 1935년 완성되었다). 또한 민간에서 개발된 수륙 양용트럭인 '앨리게이터'에서 힌트를 얻어 동명의 군용 수륙양용장갑차를 개발했는데, 이에 기반하여 LVT-1과 각종 상륙함이 만들어졌다. 이러한 과업의 중심에는 스미스가 있었다. 덕분에 그는 '현대 상륙전의 아버지'라는 칭호를 얻었다.

1차대전이 끝난 다음 해, 루이스 풀러라는 21살의 버지니아 농촌 출신 청년이 해병대에 입대했다. 165센티미터의 단신인 그는 기형인 가슴 때문에 '체스티Chesty'라는 별명으로 불렸다. 훈련을 마친 그는 아이티로 파견되어 미국의 점령에 반대하는 카코Caco 게릴라들과의 첫 정글 전투에 참가했다. 이후 그는 해병대에 '말뚝'을 박기로 결심하고, 장교 교육을 받은 뒤 1924년 소위로 임관했다.

1929년 이후 풀러는 두 차례 니카라과에 파견되어, 민중 영웅 아우구스토 세사르 산디노**의 게릴라를 상대로 한 전투에 참여했다. 그는 인디오 신병 30여 명을 모았는데, 그들은 하루 50킬로미터씩 행군했다. 그는 현지인 부하들에게도 해병대 기준을 적용하여 전장에 버려두고 가지 않았다. 1931년 지진으로 니카라과 수도 마나과가 초토화되었을 때는 인명 구조와 복구 작업에 발 벗고 나섰다. 물론 그렇다고 해서 '미 제국주의의 첨병'이라는 '해병대의 오명'이 씻기는 것은 아니다. 한편 이

** 훗날 니카라과의 혁명 단체였다가 집권당까지 된 산디니스타는 그의 이름에서 유래했다. 미 해병대는 제3세계에서 반동적인 역할을 맡았다.

니카라과 작전에서 톰슨Thompson 기관단총이 최초로 사용되고 첫 공습도 이루어지는데, 이곳에서 정글전의 경험을 쌓은 많은 이들이 이후 전쟁에서 큰 활약을 펼친다. 그중 한 명이 제1해병사단장이 되는 페드로 델 발레다.

비교적 평온하게 1920년대와 1930년대를 보낸 해병대는 곧 진짜 '해병대'로 거듭나는 계기를 맞는다. 2차대전, 정확하게는 태평양전쟁이 발발한 것이다.

2장

태평양의
낯선 섬으로

진주만 기습 전후의 상황

1941년 12월 7일, 일본군은 미국의 진주만을 공격하여 대성공을 거두었다. 완벽한 기습이었다. 해병대도 직접적인 피해 당사자로, 진주만에서 108명이 전사하고 3개 항공대가 거의 궤멸하는 큰 손실을 입었다. 물론 당시 정세가 워낙 험악했기에 해병대도 나름의 준비는 하고 있었다. 전쟁 직전에 중국 주둔 해병대 대부분을 필리핀으로 철수시켰고, 해군기지가 있는 샌디에이고 인근에 넓은 땅을 사들여 해병대 기지를 만들었다. 기지 이름은 당시 해병대 소장 조지프 펜들턴의 이름을 따 캠프 펜들턴이 되었고, 이후 예비역들을 소집하여 병력을 2만 5,000명 수준까지 늘렸다. 하지만 진주만 기습이 일어난 시점에 해병대의 일선 병력은 1만명 정도에 불과했고, 그마저도 필리핀과 웨이크섬, 미드웨이섬, 하와이, 사모아 등지에 흩어져 있어서 일본군의 침공에 유의미한 반격을 가할 전력은 아니었다. 장비도 1차대전 때와 별 차이가 없어서 여전히 영국군 스타일의 M1917A1 철모를 썼고 M1903A1 스프링필드 소총을 사용했다.

곧바로 태평양 전역에서 일본군의 공세가 시작되었는데 전력이 곳곳에 흩어져 있던 해병대는 중과부적으로 잇달아 패배했다. 단 웨이크섬의 해병대만은 예외여서, 12월 11일 일본군의 상륙을 저지하고 구축함 2척까지 격침하는 첫 승전보를 올렸다. 당시 웨이크섬의 해병 항공대는 보유한 항공기를 모두 잃자 조종사들이 행정병과 취사병까지 불러모아 보병부대를 편성하여 최후의 전선을 구축했다. "모든 해병은 소총수"라는 말이 결코 빈말이 아니었던 것이다. 하지만 웨이크섬의 해병대는 일본군의 2차 공격은 견뎌내지 못했고, 성탄절 직전 일본군에 항복했다.

태평양에서 해병대원이 가장 많았던 곳은 필리핀으로 약 1,500명이 주둔하고 있었다. 필리핀의 해병대는 반년에 걸쳐 바탄Bataan과 코레히도르Corregidor에서 분전했다. 하지만 결국 수백 명이 전사하고 나머지는 포로가 되었다. 포로가 된 이들 중에는 상하이에서 근무하다가 진주만 기습 직전에 필리핀으로 이동한 오스틴 쇼프너 중위와, 훗날 장진호 전투에 참가하는 윌리엄 해리스도 있었다.

일본군은 쇼프너가 가장 증오하는 존재였다. 그런 그가 두 번째로 증오한 존재는 의외의 인물로, 필리핀 주둔 미군 사령관 더글러스 맥아더였다. 쇼프너와 장병들은 참호 깊숙이 숨어 있다가 대통령의 명령이 오자 기다렸다는 듯 부하들을 버리고 호주로 탈출해버린 그를 '대피호 더그Dugout Doug'*라고 불렀다. 쇼프너는 태평양전쟁 당시 미 해병대의 활약을 다룬 미니시리즈《퍼시픽》에는 등장하지 않지만 원작 소설에서는 정

---

* '참호에서 기어나온 더그'라는 비아냥의 의미가 담겨 있다.

예 해병대원으로서 육군에 노골적으로 우월감을 드러내며, 서슴없이 육군은 오합지졸에 군기도 엉망인 집단이라고 비판하는 인물로 묘사된다. 따라서 쇼프너에게 육군의 리더 맥아더는 경멸의 대상에 불과했다. 해병대와 맥아더는 이후 한국전쟁까지 줄곧 '대립'하는데, 아마도 필리핀에서의 줄행랑이 그 시작이었을 것이다.

필리핀과 관련하여 기억해둘 또 하나의 인물로는 존 바실론 하사가 있다. 마닐라에서 복무하는 동안 필리핀을 사랑하게 된 그는 '마닐라 존'이라는 별명을 얻을 정도였고, 일본이 필리핀을 공격했다는 소식을 듣자 크게 분노했다. 쇼프너와 바실론, 이 두 명은 곧 탄생할 제1해병사단에서 놀라운 드라마를 쓰며 전쟁 영웅이 된다.

제1해병사단의 탄생과 과달카날 전투 전야

1941년 태평양의 정세가 심상치 않게 돌아가자 연대 단위였던 해병대를 사단 단위로 확대하는 작업이 시작되었다. 그리고 마침내 1941년 2월 1일 노스캐롤라이나에서 제1, 제5, 제7해병연대가 통합되어 이 책의 주인공인 제1해병사단이 탄생했다. 초대 사단장은 61세의 홀랜드 스미스 장군이었다. 하지만 아직까지는 이름만 사단일 뿐 부대들이 태평양과 아시아, 미국 본토에 분산되어 있어 사단 단위의 전투는 불가능했다.

1942년 여름까지 일본군은 놀라운 속도로 뉴기니와 솔로몬제도까지 진격했다. 다행히 미 해군은 산호해 해전과 미드웨이 해전에서 대승을 거두고 일본 해군의 예봉을 꺾는 데 성공했다. 하지만 저지에 성공했다 해도 더 이상의 진출을 허용하면 미국과 호주 사이의 보급로가 위태로워질 수 있었다. 미군과 연합군은 일본군의 진격을 저지하고 향후 반격의 발판을 마련할 수 있는 장소를 물색했다. 미국과 호주, 그리고 미군

●— '울부짖는 미치광이'라는 별명을 가졌던 홀랜드 스미스 장군. 그는 미 해병대의 첫 사단 부대인 '오래된 씨앗' 제1해병사단의 초대 사단장이 되는 영광을 얻었다.

내에서도 해군과 육군 사이에서 의견 충돌이 있었지만 결국 운명의 장소는 '과달카날'로 결정되었다.

작전명은 '망루Watchtower'였다. 작전명령이 로버트 곰리 제독을 통해 신임 제1해병사단장인 알렉산더 밴더그리프트 소장에게 전달되었다. 때는 1942년 6월 26일로, 밴더그리프트 소장은 막 사단장직을 인계받아 뉴질랜드의 오클랜드에 있었다.

밴더그리프트 소장은 1887년생으로 사단장들 가운데 노장에 속했다. 그는 1909년 해병대 소위로 임관하여 1912년 니카라과 작전에 참여했으며, 1914년 멕시코의 베라크루스 상륙에도 참가한 백전노장이었다. 초대 사단장인 스미스 장군도 그랬지만 해병대 장군들은 이렇듯 육군에 비해 노장이 많았다. 여기에 밴더그리프트 사단장은 비록 과달카날의 정글만큼 험한 곳은 아니지만 중앙아메리카의 밀림에서 전투를 치른 경험이 있었다. 하지만 그런 그조차도 '과달카날'이라는 이름을 듣는 순간 얼굴을 찌푸렸는데 생전 처음 듣는 지명이었기 때문이다. 더욱이 작전일이 불과 5주 후인 8월 1일이라는 데에는 더 놀라지 않을 수 없었다.

무엇보다 사단장 밴더그리프트조차 뉴질랜드에 온 지 12일밖에 되지 않았고, 사단 병력의 절반 이상이 거점이 될 뉴질랜드가 아닌 다른 곳에 있었다. 클리프턴 케이츠 대령이 지휘하는 제1해병연대는 샌프란시스코를 출항하여 태평양 한가운데를 지나고 있었고, 제7해병연대는 사모아에 있었다. 또한 제1해병사단은 지원병으로 구성된 부대였기에 잠재력은 높았지만 한편으로 갓 조직된 부대였던 탓에 장교나 부사관을 제외하면 모두 신병이었다. 게다가 사단장도 알지 못하는 과달카날을 장병들이 알 리 없었다.

미서전쟁(미국-스페인 전쟁) 이후 거의 반세기 만의 적전상륙작전이자 일본군을 상대로 한 육지에서의 첫 반격은 이와 같이 시작되었다. 밴더그리프트 장군은 뉴질랜드 웰링턴에 있는 세실호텔에 사령부를 설치했다. 그사이 작전일이 1주일 연기되었다. 하지만 시간이 부족한 것은 매한가지였는데, 엎친 데 덮친 격으로 항만노조가 작업을 거부하는 바람에 —일본 첩자에 의한 사보타주라는 설이 있다—해병대원들은 추위 속에 겨울비를 맞으며 직접 무거운 짐을 날라야 했다(남반구에서 7, 8월은 한겨울이다). 마분지로 포장된 식량은 비에 젖어 곤죽이 되었다. 게다가 웰링턴은 작은 항구도시라 하역 시설이 부족해 선적이 지연될 수밖에 없었다. 결국 155밀리 이상의 중포 선적은 포기하고 출항하기로 결정되었다.

지휘관들은 훈련이 부족하다고 판단했지만 급박한 시일 때문에 긴 훈련은 불가능했다. 아쉬운 대로 도중에 피지ᶠⁱʲⁱ에 들러 며칠이나마 상륙작전 훈련을 하기로 했다. 훈련은 7월 28일부터 31일까지 진행되었는데, 상륙용 주정 4척을 잃고 익사자도 꽤 나왔다. 적지 않은 희생이었지만 지휘부는 산호초가 상륙용 주정에 어떤 영향을 미치는지 알게 되어 대책을 수립할 수 있었다. 또 작전계획을 수정해 과달카날뿐 아니라 주변의 작은 섬 툴라기에도 동시 상륙하기로 했다. 한편 대원들이 노예선이라고 부를 정도로 낡은 배, 불량한 배식 때문에 대원들은 체중이 평균 7킬로그램 이상 빠질 정도로 고생이 심했다. 하지만 그것도 앞으로 겪을 고생에 비하면 약과였다.

그렇다면 과달카날은 어떤 섬이었을까? 과달카날은 길이 140킬로미터, 너비 48킬로미터의 섬으로 제주도의 3.5배나 될 정도로 크지만 문명은커녕 사람의 발길조차 닿지 않은 곳이 대부분이었다. 하지만 섬 전체가 전장이 된 것은 아니었다. 밴더그리프트 장군은 정보장교들을 파견해 이 섬에 주둔했던 호주군을 통해 최소한의 정보를 손에 넣었다. 사실

호주군이 이 섬에 '주둔했다'고 말하기도 애매한데, 주둔 병력이 20명도 채 안 되었기 때문이다. 그중 8명이 돌아와 해병대에 지원했다.

일본군은 한발 앞서 구축함 9척의 호위 아래 수송선 4척을 보내 과달카날 중서부 해안에 인원과 장비를 내려놓았다. 제1해병사단의 상륙이 있기 한 달 전인 7월 6일의 일이었다. 과달카날의 일본군은 드문드문 미군의 폭격이 가해지는데도 새벽 5시부터 밤 10시까지 일했고, 결국 8월 5일에는 길이 800미터의 활주로와 막사, 무선 시설 등을 갖춘 비행장을 완성했다. 이 시점에는 아무도 예상하지 못했지만 이 비행장은 장차 전쟁의 승패를 좌우하는 결전의 무대가 된다.

8월 7일, 상륙의 날이 밝았다. 일본군은 과달카날에 2,500명, 툴라기에 800명 정도가 주둔하고 있었는데, 사실 대부분 설영대設營隊라는 이름의 건설부대였고, 전투부대는 1,000명에도 미치지 못했다. 설영대의 상당수는 조선인이었음이 분명한데 대부분 창씨개명을 한 상태여서 정확한 인원은 아마 영원히 알 수 없을 것이다.

미군은 일본군의 규모를 8,000명 선으로 예상해 제7연대를 제외한 1만 9,000명의 병력을 투입할 예정이었다. 상대에 대한 이러한 무지와 오판은 전투 내내 두 진영에서 공히 반복적으로 나타난 일이었다(대개 일본군에 훨씬 치명적으로 작용했다). 투입 병력 가운데 1만 900명은 밴더그리프트 장군의 지휘 아래 과달카날로 향했고, 부사단장 윌리엄 루퍼터스 준장이 지휘하는 6,100명은 툴라기로 향했다. 2,000명은 예비대로 남았다.

툴라기 상륙전

8월 7일 오전 6시, 함재기의 폭격과 함포사격이 시작되었다. 6시 12분, 일본군은 사령부가 있는 라바울Rabaul에 미군의 공격을 알렸다. 이 순간부터 일본군은 더 이상 미군에 대해 주도권을 잡지 못했고, 미군은 일본 본토를 향한 3년간의 대장정을 시작한다. 제1해병사단은 수륙양용장갑차를 앞세우고 비슷한 시각 두 작전지역에 도착했다. 툴라기 해변에 도착한 시각은 오전 8시 15분, 과달카날의 모래를 밟은 시각은 오전 9시 9분이었다. 하지만 두 곳의 전황은 확연히 달랐다.

니카라과와 중국에서 싸웠던 베테랑 메릿 에드슨 중령이 지휘하는 제1기습대대와 제1해병공수대대가 제1해병사단에 배속되었다. 두 대대를 중심으로 한 해병대는 툴라기에 상륙해 동굴과 벙커에서 완강하게 저항하는 일본군과 격전을 벌였다. 항공기의 폭격과 함포사격에도 동굴과 벙커는 제압되지 않았고, 해병대원들은 수류탄과 다이너마이트로 그것을 하나씩 파괴하면서 힘겹게 전진했다. 날이 저물자 승산이 없음을 깨달은 일본군은 모두 만세를 부르며 돌격을 감행했다('반자이 어택'). 하지만 돌격은 실패했고, 다음 날 오후 3시 제1해병사단은 툴라기를 완전히 장악했다.

툴라기 옆의 길이 500미터, 너비 250미터의 작은 섬 가부투^{Gavutu}에서도 치열한 전투가 벌어졌다. 하지만 다음 날 이 섬의 일본군은 전멸했다. 툴라기와 가부투의 전투는 앞으로 태평양에서 수없이 반복될 전투의 예고편이었다. 첫 단계에서 해병대가 벙커와 동굴에 의지한 일본군의 완강한 방어를 깨부수고, 만세 돌격하는 일본군을 해병대가 방어하는 단계를 거쳐, 결국 일본군을 전멸시키는 공식 말이다. 이때 플로리다^{Florida}섬으로 도주한 70여 명을 제외하고 미군에 붙들린 일본군 포로는 23명에 불과했는데, '포로가 거의 없는 전멸'이라는 공식 역시 수없이 되풀이될 일이었다. 해병대도 144명이 전사하는 피해를 입었다. 해병대는 첫 전투를 겪으며 중화기만으로는 일본군의 동굴 기지를 제압할 수 없고, 폭약이나 수류탄을 집어넣거나 화염방사기로 동굴 안의 적병을 전멸시켜야 한다는 사실을 알게 되었다. 이런 양상은 마지막 전투인 오키나와 전투까지 이어진다.

과달카날에 상륙하다

툴라기의 상황과는 아주 대조적으로 과달카날로 향한 주력부대는 아무런 저항도 받지 않고 상륙했다. 이는 과달카날의 일본군 2,500여 명이 대부분 노동자여서 총을 들고 싸울 수 있는 병력은 280명에 불과했기 때문이다. 한마디로 과달카날의 일본군은 맞설 엄두조차 내지 못했고, 모두 정글 속으로 도주했다.

제1해병사단의 선봉인 제5해병연대 1대대는 순조롭게 진격, 아니 행군하여 저녁에는 비행장에서 멀지 않은 일루강 하구에 도달했고, 곧 숙영에 들어갔다. 그날 저녁까지 사단의 주력 1만 명이 상륙을 마쳤다. 제5해병연대 1대대는 다음 날 오후 4시 비행장을 완전히 확보했다. 비행장에는 일본군이 급히 후퇴하면서 버리고 간 소총과 탄약, 쌀과 국수, 술, 연료, 통조림, 기관총, 야포 등이 널려 있었다. 먹다 버리고 간 식사에선 아직 김이 나고 있었다. 노획물 가운데는 포드 승용차도 있었는데 얼떨결에 '조국의 품'으로 돌아온 차의 본래 주인은 일본군 사령관이었다. 그의 숙소에는 고급 포도주와 대형 라디오도 있었다. 특히 미군들이 좋아한 것은 제빙기였다. 병사들은 이 제빙기에 '도조 아이스'라는 이름을 붙여주고 "새 경영진이 지어줌"이라는 장난기 어린 문구도 써넣었다.

한편 병사들이 전리품 앞에서 기뻐하는 동안, 장교들은 자신들이 가지고 온 지도가 현지 실정과 거의 맞지 않다는 사실을 깨닫고 당황했다. 지도가 정확하지 않다는 것은 정찰 나간 병사들의 보고로도 확인되었

●── 과달카날에 상륙하는 제1해병사단. 과달카날은 길고 괴로운 전장이었지만 정작 상륙작전은 평온하게 이루어졌다.

다. 그렇다면 확신 없이 병사들을 전장으로 보낼 수는 없는 노릇이었다. 결국 사단장 밴더그리프트 장군은 내륙 진출을 포기하고 비행장 주변의 방어를 강화하는 쪽으로 전술을 바꾸었다.

미 해병대는 일본군이 버리고 간 트럭과 롤러를 활용해 비행장 공사를 마무리했다. 그리하여 일본군이 한 달 동안 땀 흘려 만든 비행장은 정작 일본기는 단 한 번도 이착륙해보지 못하고 미군의 것이 되었다. 밴더그리프트 장군은 미드웨이 해전에서 용전 끝에 전사한 해병 항공대의 로프턴 헨더슨 소령의 이름을 따 비행장 이름을 지었다. '헨더슨 비행장'은 크지 않았지만 전략적 가치가 높았다. 이 비행장을 두고 8개월 동안 육지와 바다, 하늘에서 수많은 전투가 벌어지고, 결국 일본군은 큰 타격을 입은 뒤 패퇴해 전쟁의 주도권을 완전히 잃는다. 2차대전, 아니 세계

전쟁사를 통틀어 육해공 입체 전투가 이렇게 오랜 기간 동안 한곳에서 계속된 경우는 과달카날 전투가 유일하다.

다시 말해 과달카날 전투는 헨더슨 비행장을 빼앗기 위한 전투이자 지키기 위한 전투였다. 그렇다면 헨더슨 비행장이 도대체 어떤 가치가 있기에 그토록 치열한 전투가 오래 계속되었을까? 미군은 이 비행장 덕분에 제공권을 장악해 주위의 일본군을 마음대로 공격할 수 있었다. 반면 일본군은 이 지역에 공군력을 투사하려면 1,000킬로미터나 떨어진 라바울에서 출동해야 했는데, 3,000킬로미터가 넘는 항속거리를 자랑하는 제로 전투기도 느린 폭격기를 호위하면 3시간이 걸려서야 겨우 과달카날 상공에 도착했고, 도착해서는 겨우 15분 정도만 체공이 가능했다. 더구나 오랜 비행 때문에 피로해진 조종사들은 감각이 떨어져 있기 마련이었다. 그에 비해 미국의 육군, 해군, 해병대와 뉴질랜드 공군이 손잡은 연합 항공단 캑터스Cactus*는 과달카날에 자리를 잡고, 비록 일본군의 폭격과 포격에 시달리기는 했지만, 홈그라운드 이점을 살려 맹활약할 수 있었다. 한편 캑터스는 연합 항공단이지만 사실 그 주력은 해병 항공대 창설 멤버인 가이거 준장이 지휘하는 제1해병항공단이었다.

고립된 제1해병사단

해병사단이 상륙했다는 보고를 받은 일본 해군은 발 빠르게 움직였다. 8월 7일 오후 3시 30분, 라바울에 주둔 중이던 제8함대 사령관 미카와 군이치 중장은 중순양함 5척과 경순양함 2척, 구축함 1척을 이끌고 과달카날로 출발했다. 그로부터 이틀이 채 지나지 않은 8월 9일 오전 1시 33

---

* '캑터스'는 과달카날의 암호명이기도 했다.

분, 미 해군은 사보섬에서 미카와 군이치의 제8함대를 맞아 역사상 최악의 참패를 당했고, 동시에 수송 선단의 호위 함대를 거의 다 상실했다. 미 해군과 호주 해군은 이날 중순양함 4척을 격침당했는데, 이후에도 이 일대에서는 해전이 오랫동안 벌어져 무려 44척이나 되는 크고 작은 배가 침몰했다. 이 때문에 해저에 자성을 띠는 물질들이 너무 많이 가라앉아 근처를 지나는 선박들의 나침반이나 일부 장치들이 오류를 일으키곤 했는데, 그로 인해 사보해협은 '아이언 보텀 사운드Iron Bottom Sound'*라는 별칭을 얻었다.

한편 과달카날의 미 해병대에는 불행 중 다행으로 미카와 중장이 함대를 철수했다. 미군 항공모함에 의한 항공 공격을 우려했기 때문인데, 덕분에 미군의 수송 선단은 무사히 과달카날에 도착할 수 있었다. 사실 미 해군의 항공모함은 진즉 철수했기 때문에 그들은 매우 운이 좋았다고 할 수 있다. 하지만 미군의 수송 선단도 그들대로 미카와 중장의 함대를 두려워해 날이 밝자마자 손에 잡히는 대로 보급품들을 내동댕이치더니 어이없게도 절반 이상의 물자를 그대로 싣고 오후 4시쯤 철수해버렸다. 미 해병대는 애초에 출병 시간이 부족해 60일 치 물자밖에 배에 싣지 못했는데, 수송 선단의 한심한 행태 때문에 보유 물자가 더 줄어들고 말았다.

사실 해병대원들은 시작부터 이 작전을 '신발끈 작전Operation Shoestring'이라고 부르면서 자조했는데** 정말로 상황이 그렇게 되어가고 있었다. 이렇듯 초기에 제공권과 제해권이 일본군 손에 넘어가면서 제1해병사

---

* 여기서 sound는 '소리'가 아니라 '좁은 해협'이라는 의미이다.
** 쉽사리 풀리는 신발끈처럼 현재 진행 중인 작전이 매우 부족한 지원만으로 운영되고 있다는 의미이다.

단의 고난이 본격적으로 시작되었다.

수송 선단의 무계획적인 철수 때문에 식량은 금방 부족해졌다. 상륙한 지 1주일이 조금 지난 8월 15일, 식량 재고를 확인하니 겨우 20일분에 불과했다. 일본군 설영대에게서 빼앗은 10일분의 쌀이 그나마 도움이 되었다. 이 쌀은 이후 결과를 바꾸었을 수도 있는 소중한 식량이었다. 할 수 없이 사단 지휘부는 8월 15일부터 1일 2식을 실시했다. 다른 보급품도 마찬가지여서 철조망은 18더미밖에 없었고, 모래주머니나 삽, 도끼, 톱 같은 기본적인 장비조차 턱없이 부족했다. 그만큼 방어진지도 부실하게 구축할 수밖에 없었다. 탄약도 원래 10일 치를 받을 예정이었으나 실제로는 40퍼센트밖에 육양되지 못했고, 적 군함을 상대할 127밀리 해안포는 단 1문도 내리지 못했다. 이는 사단이 일본 해군, 특히 구축함의 포격을 그대로 두들겨 맞아야 한다는 의미였다. 이런 상황 또한 공세를 취하기 어렵게 만들었다. 밴더그리프트 장군이 비행장을 중심으로 방어선을 치고 방어 위주로 나가기로 한 또 다른 이유였다. 다행히 수송 선단이 대공포는 대부분 양륙해 대공 화망을 구성하는 데는 어려움이 없었다.

결국 일본군이 남긴 식량으로 끼니를 해결하고, 남긴 장비로 비행장 건설을 마무리하고, 남긴 진지를 재구축하면서, 그때그때 그들이 남긴 사이렌으로 공습을 알리고, 그들이 파놓은 대피호로 숨는, 완전한 일본식 생활이 일상이 되었다. 특히 매일같이 벌어진 야간 공습으로 수면을 방해받은 병사들의 피로도가 나날이 높아졌다. 과달카날 전투는 미군이 제공권과 제해권을 잃은 채 치른 마지막 전투일 것이다. 그런 만큼 제1해병사단의 고난은 컸다. 대원들은 전쟁 초기에 고립되어 전멸한 필리핀 바탄에서의 악몽을 떠올리지 않을 수 없었다.

첫 승리

8월 13일, 과달카날이 점령당했다는 보고를 받은 일본군 대본영은 원래 미드웨이를 공격할 목적으로 차출되었다가 해군의 참패로 허탕을 친 육군 제28연대를 과달카날로 돌렸다. 그에 따라 연대장 이치키 기요나오 대좌가 지휘하는 선발대 916명이 8월 18일 밤을 틈타 제1해병사단의 교두보에서 동쪽으로 30킬로미터쯤 떨어진 곳에 상륙했다. 이치키의 부대는 6척의 구축함을 타고 이동했는데, 구축함은 속도가 빠르지만 수송 능력이 빈약했다. 그 때문에 병사들은 1인당 250발의 탄환과 7일분의 식량만 소지했는데, 이것이 보급의 전부이고 소총 외에 보병포 2문과 기관총 8정이 '중화기'의 전부인 극단적인 경무장이었다.

이치키 대좌는 육군보병학교 교관 출신의 능숙한 지휘관으로 평판이 높은 장교였다. 중일전쟁의 발단이 된 '루거우차오蘆溝橋 사건'이 일어났을 때 그는 제1보병연대 3대대장으로 첫 전투를 치렀는데, 당시 그가 모신 연대장이 장차 희대의 참극으로 기록될 임팔Imphal 전투의 지휘관 무타구치 렌야였다. 과달카날에 도착한 이치키 대좌는 미 해병대의 규모가 2,000명에 불과하고 미군이 해전의 참패로 사기가 떨어져 있으므로 일본 육군의 강점인 총검 돌격으로 야간 기습을 하면 쉽게 이길 수 있으리라고 판단했다. 그는 라바울에 있는 제17군 참모들에게 "툴라기까지 우리가 탈환해도 될까?"라고 말할 정도로 여유가 넘쳤다.

불과 나흘 후인 22일에 1,000여 명의 후속 병력이 증원될 예정이었지만 자신만만했던 이치키 대좌는 굳이 기다릴 것 없이 자신의 1진만으로 공격을 개시하기로 결심했다. 그는 자신들의 상륙을 미군이 모를 거라고 확신했는데, 이는 완전한 오판이었다. 연합군은 전쟁 발발 직후부터 원주민과 민간인들 가운데 지원자를 받아 훈련을 시킨 뒤 해안감시대를 편성해 솔로몬제도 여기저기에서 일본군의 동향을 감시하고 있었다. 그들이 보내온 정보를 통해 미군은 적 구축함이 바쁘게 오갔다는 사실을 알았다. 해병대는 즉시 육상 정찰을 실시했고, 이치키의 정찰대와 조우하여 34명 가운데 31명을 쓰러뜨리며 일본군의 상륙을 확인했다.

이 상황을 좀 더 자세히 설명해보자. 이치키 부대는 상륙 직후 우연히 붙잡은 해안감시대원 한 명을 통해 미군의 위치를 알아내려고 했는데, 온갖 고문에도 불구하고 그는 끝내 입을 열지 않았다. 결국 그들은 총검으로 해안감시대원의 양 팔과 얼굴, 목, 배를 찌른 뒤 정글에 방치했는데, 그는 기적적으로 살아남아 이빨로 줄을 끊은 다음 정글을 달려 미군에 일본군의 상륙을 알렸다. 제이컵 보우자라는 이름의 이 감시대원은 이 공로로 미국 은성훈장과 수훈무공훈장, 영국 성조지메달 등 많은 훈장을 받았고, 나중에는 영국 기사 작위까지 받는다.

어쨌든 이치키 대좌는 미군에 발각되었다는 것을 알았음에도 21일 오전 3시에 선발대를 이끌고 미 해병대의 교두보로 돌격했다. 하지만 이들이 돌격한 일루강 하구에는 제1해병연대 2대대가 방어선을 구축하고 그들을 기다리고 있었다. 2대대원들은 M2 중기관총을 비롯한 모든 화기를 동원해 맹렬한 사격을 퍼부었고, 여기에 헨더슨 비행장에서 이륙한 항공기의 기총소사가 더해졌다. 또한 2대대는 예비대를 투입하여 이치키 부대의 후방을 포위해 섬멸전을 전개했는데, M3 스튜어트 경전차 6대가 이치키 부대의 배후를 짓밟았다. 밴더그리프트 사단장은 이 장면을 보고 "전차의 뒷부분은 마치 고기를 깔아뭉개는 기계처럼 보였다"고 표현했다.

결국 이치키 부대는 916명 중 무려 777명이 전사하고, 15명이 포로가 되었다. 사실상 전멸이었다. 이치키 대좌는 군기를 불태우고 권총으로 자살했는데, 패장이었음에도 사후 소장으로 승진했다. 그의 무모한 공격은 부대를 전멸로 몰아갔을 뿐만 아니라 미 해병대원들에게 '일본군도 별것 아니다'라는 자신감까지 심어주었다. 실제로 미 해병대의 공식 전사는 "이날 이후 미 해병대는 무적이 되었다"고, 전투의 의의를 특필하고 있다. 한편 이 전투는 '테나루강 전투Battle of the Tenaru River'로 알려졌는데, 이는 지도 제작자의 실수로 일루강이 테나루강으로 잘못 기재된 데서 비롯된 것이다. 그럼에도 여전히 '테나루강 전투'로 널리 알려져 있는 이 전투에서 제1해병사단은 34명이 전사하고, 75명이 부상을 입었다. 완벽한 승리를 거둔 일루강 전장에는 '헬스 포인트Hell's Point'라는 이름이 붙었다.

본격적인 전투가 시작되다!

라바울에 본부를 둔 일본 제17군 지휘부는 이치키 선발대의 전멸에 큰 충격을 받았다. 사령관 햐쿠타케 하루요시 중장은 가와구치 기요타케 소장의 제35여단을 급파하기로 결정했다.

가와구치 소장이 지휘하는 본대는 이치키 부대와 마찬가지로 구축함을 타고 이동했는데, 도중에 미군기의 공격을 받아 적지 않은 병력을 상실했다. 하지만 가와구치 소장이 이끄는 주력 3,300명은 9월 2일까지 타이부Taivu 인근에 상륙하는 데 성공했다. 헨더슨 비행장 동쪽 60킬로미터 지점이었다. 한편 본대 외에 오카 아키노스케 대좌가 지휘하는 2,000여 명의 부대가 있었는데, 이들은 31척의 목제 동력선을 타고 상륙을 감행했다. 하지만 배들이 느린 데다 방어력도 취약해 미군의 지속적인 공습에 전투 한 번 없이 1,600명의 병력을 잃고 말았다.

이런 상황으로 인해 일본군은 오로지 쾌속의 구축함만으로 밤사이 어둠을 틈타 과달카날에 접근해 병력을 상륙시키고, 날이 밝기 전에 미군의 항공 공격권 밖으로 탈출해야 했다. 구축함에 의지한 일본군의 과달카날 보급 및 병력 수송 작전은 곧 미군들에게 '도쿄 특급'이라는 이름을 얻었다. 정작 일본군은 자신들의 작전을 자조적으로 '생쥐 수송'이라고 불렀는데, 미 해병대의 '신발끈 작전'과 일맥상통하는 면이 있다고 하겠다. 하지만 구축함을 이용한 수송으로는 병력과 약간의 보급품만을 옮겨놓을 수 있을 뿐 중장비나 차량, 탄약과 식량의 여유 있는 보급은 불가능해서 한계가 명확했다. 또한 본래 전투용으로 써야 할 구축함을 보급품 수송에 사용하는 것 자체가 큰 낭비였고, 일본 해군 전투력에 큰 구멍을 뚫어놓는 것이었다. 그나마 미군이 야간전투에 소극적이었기 때문에 이런 작전도 펼칠 수 있었다. 꼭 수송에 관련한 것이 아니어도 밤에는 일본군이 주도권을 쥐고 과달카날 인근의 바다와 육지에서 공세를 취했다. 하지만 낮에는 헨더슨 비행장의 항공대가 삼엄한 초계 활동을 펼쳤기 때문에 일본군은 과달카날 인근 해역 320킬로미터 안으로는 섣불리 들어가지 못했다. 이러한 낮과 밤의 싸움이 몇 달 동안 계속되었다.

어쨌든 오카 대좌는 남은 부대원 550여 명을 추슬러 헨더슨 비행장 서쪽 25킬로미터 지점에 있는 에스페란스Esperance곶에 상륙했다. 이치키 부대의 제2진 658명이 그들과 합류했다. 가와구치는 해안선을 따라 서진해 미군을 공격하면 이치키와 같은 운명에 빠질 가능성이 높다고 보고 테나루강 하구 부근 동쪽 지점에서 우회해, 비행장 남쪽 방향에서 해병대의 배후를 기습하기로 결정했다.

한편 그 시각, 제1해병사단도 일본군 대부대의 상륙 사실을 알고 신속하게 움직이고 있었다. 가와구치 부대가 상륙한 후, 스코틀랜드 출신의 호주인 해안감시대원 마틴 클레먼스는 원주민 정보원으로부터 타이부곶 근처 타심보코 마을에 일본군 병참기지가 설치되었다는 정보를 입수하고 이를 사단에 알렸다. 밴더그리프트 장군은 툴라기 전투에서 수훈을 세운 에드슨 중령에게 해당 지점에 대한 공격을 지시했고, 에드슨은 곧바로 기습 계획을 세웠다.

9월 8일 새벽, 에드슨 대대는 구축함을 개조한 수송선 2척과 주정 2척에 몸을 싣고 타이부곶을 급습했다. 가와구치 소장이 본대를 이끌고 떠나 없었기 때문에 기지 수비대는 소수에 불과했다. 그 시각에 가와구치 본대는 헨더슨 비행장을 향해 정글을 헤치며 서진하고 있었다. 타이부곶 수비대는 공격을 받자 곧 저항 의지를 상실하고 모두 근처 정글로 도망쳤고, 덕분에 에드슨 대대는 타심보코 마을을 쉽게 점령했다. 에드슨 부대는 4문의 75밀리 야포를 포함해 탄약과 무전기, 의약품, 식량, 상륙용 주정 등 눈에 보이는 모든 것을 파괴한 다음, 지도와 서류들을 죄다 모아 같은 배를 타고 그날 밤 본진으로 돌아왔다. 노획품 중에는 흰색 예복도 있었다. 가와구치 소장이 밴더그리프트 장군의 항복을 받을 때 입으려고 준비한 옷이었다. 그는 심지어 항복식을 거행할 장소도 미리 고민했다고 하니, 엄청난 설레발이 아닐 수 없다. 반면 이 전투에서 미 해병대의 피해는 2명 전사가 전부였다!

에드슨 능선의 혈투

타심보코 마을에서 노획한 문서를 검토한 결과, 제1해병사단 지휘부는 약 3,000명의 일본군이 상륙했으며, 현재 공격을 위해서 이동 중임을 파악했다. 밴더그리프트는 참모들과 머리를 맞대고 고민한 끝에, 일본군의 공격로는 헨더슨 비행장 남쪽의 길이 1,000미터의 능선일 것이라는 결론을 내렸다. 룽가강과 평행을 이루며 펼쳐진 이 능선은 아직 배치된 병력이 없는 사각지대였다. 밴더그리프트는 에드슨 중령에게 이 능선을 방어하라고 명령했다. 이에 에드슨 중령은 자신의 기습대대와 해병 공수대대, 그리고 제1해병전투공병대대를 이끌고 9월 11일 능선에 참호를 파고 방어선을 쳤다. 밴더그리프트도 능선 바로 뒤에 텐트를 치고 지휘했다. 타심보코 기습 때도 그랬지만 이번에도 에드슨에게는 운이 따랐다. 방어선 구축을 마치자마자 일본군이 공격해온 것이다!

그동안 가와구치 소장의 본대는 상상을 초월하는 울창한 정글과 늪지를 뚫고 독충과 독사에 시달리며 전진하고 있었다. 일일이 길을 만드는 전진이었고, 겨우 한두 사람이 통과할 정도의 길밖에 만들 수 없어 대열의 앞과 뒤는 거의 연락이 불가능했다. 도중에 많은 병사들이 열병과 이질에 걸렸다.

다른 쪽에서는 오카 대좌의 부대가 헨더슨 비행장을 목표로 동진하고 있었는데, 행군 도중에 지난 8월 비행장을 내주고 도망친 설영대와 이치키 부대의 생존자들을 만났다. 그들은 완전히 거지꼴이 되어 아군을 보자마자 손을 내밀어 먹을 것을 청했다. 깜짝 놀란 오카 대좌는 그들에게 쌀을 내어주라고 명령했다. 얼마 전까지만 해도 당당한 군인이었을 그들의 모습에 오카 대좌는 참담함을 금치 못했다. 하지만 열흘 후 오카 부대 또한 똑같은 신세가 되고 만다.

가와구치 소장이 원래 계획했던 공격 개시 시간은 9월 12일 밤이었다. 그러나 행군이 너무 고되어 정작 당일 오후 2시가 되도록 예정된 공격 준비 지점에 다다르지 못했다. 가와구치는 공격을 하루 연기할까 고민했다. 하지만 그럴 경우 이미 출발한 구축함대가 연료 문제 때문에 철수할 우려가 컸다. 즉 공격 시 함포사격을 지원받지 못한다는 의미였다. 이때 그는 타심보코 기지가 기습을 당해 식량과 보급품을 모두 잃었다는 사실을 알고 있었기 때문에 무리를 해서라도 최대한 빨리 미군을 격퇴하고 그들의 식량을 노획할 필요가 있었다. 그는 원래 계획을 밀어붙이기로 결심했다.

정글을 뚫고 전진하는 일본군보다는 나았지만 제1해병사단이 처한 상황도 가혹하기는 마찬가지였다. 처음 섬에 상륙한 장병들은 산이 솟아 있고 수풀이 우거진 과달카날을 문명에 오염되지 않은 아름다운 섬이라고 생각했다. 하지만 더러운 부유물이 떠다니고 거대한 악어가 사는 늪이 널려 있으며, 숲에는 주먹만 한 거미와 큰 벌, 전갈과 도마뱀, 왕지네가 우글거리고, 섬 어디에나 가시 돋친 식물들이 가득 차 있다는 현실을 아는 데는 그리 오랜 시간이 걸리지 않았다. 해가 지면 뎅기열과 말라리아를 옮기는 모기떼가 구름처럼 몰려들었다. 이질이 만연하여 대부분의 장병들은 정도의 차이만 있을 뿐 환자가 되었다. 통조림을 열면 바로 달려드는 파리떼로 전염병이 번졌는데, 병사들은 파리를 쫓으면서 스푼을 곧장 입에 넣는 '기술'을 익혀야만 했다. 병에 걸린 병사들이 의무실 앞에 장사진을 이루었지만, 하필 말라리아 예방약인 아타브린^{Atabrine}을 먹으면 '고자'가 된다는 소문이 돌아 복용을 거부하는 사태까지 벌어져 지휘부는 강제로 약을 먹여야만 했다.

한편 밴더그리프트 장군은 사령부에 콘돔 1만 4,400개를 보내달라고 요청했다. 섬에는 몇 안 되는 원주민 여성이 전부였고, 그들 중 누구도 해병대 진지에 가까이 오려 하지 않았기에 이상한 요청이 아닐 수 없었다. 또한 병사들의 성생활을 위해서라고 하기에도 너무 많은 양이었다. 이를 수상하게 여긴 담당 군의관은 태평양함대 사령관인 체스터 니미츠 제독에게 이 사실을 알렸다. 그러자 제독은 웃으며 이렇게 말했다. "아마 밴더그리프트 장군은 해병대원의 총이 비에 젖는 것을 막으려고 요청했을 거야."

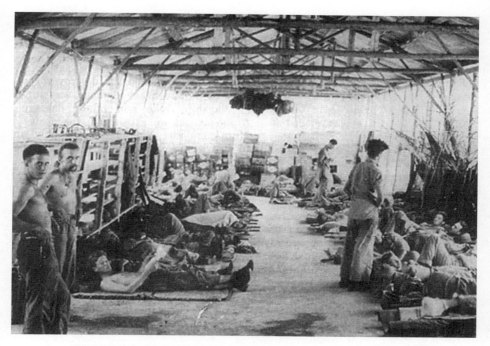

●─ 말라리아에 걸린 해병대원. 말라리아는 일본군 못지않은 강적이었다. 그래도 해병대는 일본군에 비하면 훨씬 좋은 환경에서 치료를 받았다.

　부대원들이 일본군과 과달카날의 가혹한 환경과 싸우는 동안, 밴더그리프트 장군은 또 다른 적과 싸우고 있었다. 직속상관인 곰리 해군 중장이 그의 상대였다. 참모로서는 평이 괜찮았지만 사령관으로서는 지나치게 소극적이고 패배주의적이었던 곰리는 사보섬의 참패로 더 위축되었다. 그는 밴더그리프트에게 일본군이 계속 증원되고 있어서 해상과 공중 지원이 어렵다고 통보했다. 설상가상으로 사단 작전참모에게는 산속으로의 긴급 피난 계획을 세우라는 지시까지 내렸다. 그가 판세를 어떻게 판단했는지 짐작케 하는 조치인데, 거칠게 말하면, 해군의 도움을 기대하지 말고 살아남을 방도를 마련하라는 의미였다. 하지만 밴더그리프트는 이 지시를 일축하고 계속 싸우기로 결심했다. "하루가 다르게 부하들의 신체가 상해가는 것을 보고 있다. 뚱뚱한 해병보다는 야윈 해병이 좋다지만 병사들은 너무 야위었다"는 글을 쓸 정도로 병사들의 고생을 생생히 지켜보면서도 내린 결정이었다!

9월 12일 오후 9시, 드디어 전투가 시작되었다. 하지만 가와구치 소장은 험난한 정글 행군 때문에 부대 통제에 실패했고, 준비를 마친 미 해병대와 달리 일본군은 3대대 외에는 공격선상에 도착하지 못한 상태였다. 한편 가와구치는 며칠 전 행군 중에 미군기가 투하한 폭탄이 바로 옆에 떨어져서 고막이 크게 상해 거의 귀머거리 상태였다. 이것이 어떤 영향을 미쳤을지도 모른다. 어쨌든 유일하게 제때 도착한 3대대가 공격을 시작했으나 사실 이들도 제대로 된 휴식과 정비 없이 바로 공격에 들어간 것이어서, 함포 지원에도 작전은 실패로 돌아갔다. 이들을 격퇴한 에드슨 중령은 이제 일본군의 공격을 정확하게 예측할 수 있었다. 그는 부대를 더 높은 지점으로 이동시켜 방어선과 일본군 사이에 울창한 정글을 두었다. 그리고 이렇게 외쳤다. "상황이 그렇다. 왜 하필 우리가 여기 있냐고 따져봐야 쓸데없는 짓이다. 분명한 건 우리가 지금 여기 있다는 것이고, 비행장과 일본군 사이에는 오로지 우리뿐이라는 것이다. 이곳을 사수하지 못하면, 우린 과달카날을 잃는다."

다음 날 밤 9시 30분, 완벽하지는 않지만 이번에는 어느 정도 준비를 마친 일본군이 조명탄을 신호로 공격을 시작했다. 바다에서는 일본군의 함대가 함포사격을 가했고, 육지에서는 경야포가 불을 뿜었다. 해병대의 105밀리 포 역시 이에 지지 않고 포탄을 토해냈다. 이윽고 일본군 2,000여 명이 정글에서 뛰쳐나와 자욱한 연막을 뚫고 돌격을 감행했다. 폭음과 함께 그들이 내지르는 "반자이", "해병대를 죽여라!" 같은 함성이 메아리쳤다. 해병대는 박격포와 소화기로 치열하게 응전했다. 수백 명이 쓰러졌지만 일본군은 말 그대로 전우의 시체를 넘고 넘어 돌격을 계속했고, 첫 번째 철조망을 돌파했다. 고쿠쇼 유기치 소좌는 군도를 빼어들고 돌격을 지휘하여 야포 진지 돌입에 성공했다. 하지만 거기까지였다. 그는 포 위에 걸터앉은 채 전사했다. 뒤이어 제2선 공격대인 다무라 마사오 소좌의 대대가 돌격해왔다. 그는 오노데라 중위와 이시바시 중위의 중대를 나란히 배치하고 '에드슨 능선'으로 돌진했다. 역시 많은 사상자가 나왔지만 기어이 돌파구를 열었고, 뒤를 이은 구로키 중대는 일부가 능선을 넘어 사단사령부 막사까지 진출했다.

새벽 4시가 되자 해병대의 탄약이 바닥을 드러내면서 전선이 무너지기 일보 직전이 되었다. 이때 '붉은 털의 마이크' 에드슨 대대장이 최전선에서 진두지휘하며 병사들을 격려했다. "적들에겐 있는데 너희들에겐 없는 거, 바로 배짱guts이다. 제군은 영원히 살 생각인가?" 케네스 베일리 소령 또한 정신없이 수류탄과 탄약을 전선으로 보급하는 와중에, 뒷걸음질 치는 대원을 보이는 족족 붙잡아 되돌려 보내면서 외쳤다. "돌격! 못난 놈들, 영원히 살고 싶나!"

해병대에겐 다행스럽게도 일본군의 공격은 한계를 보이기 시작했다. 뒤에 자리 잡은 사단사령부의 방어 화력이 격렬하기 그지없었던 덕이 컸다. 델 발레 대령이 지휘하는 제11포병연대의 105밀리 야포는 혼전 중임에도 무려 2,000발을 거의 정확하게 일본군 진영에 떨어뜨림으로써 결정적인 공헌을 했다. 일본군은 지형이 불리했고, 화력에서 열세였으며, 우익을 맡은 3대대가 와타나베 구스기치 중좌의 부상 악화를 이유로 제대로 돌격하지 않아 모든 전력을 쏟아붓지 못하면서 공격이 무뎌졌다. 결국 날이 밝아오면서 공격은 실패로 돌아갔다.

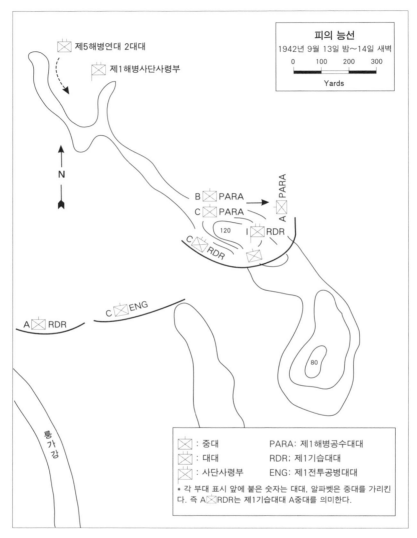

제5해병연대 2대대

제1해병사단사령부

피의 능선
1942년 9월 13일 밤~14일 새벽
0   100   200   300
Yards

N

B PARA

C PARA

A PARA

120   I RDR

C RDR

C ENG

A RDR

80

룽가강

⊠ : 중대   PARA: 제1해병공수대대
⊠ : 대대   RDR: 제1기습대대
⊠ : 사단사령부   ENG: 제1전투공병대대

* 각 부대 표시 앞에 붙은 숫자는 대대, 알파벳은 중대를 가리킨
다. 즉 A⊠RDR는 제1기습대대 A중대를 의미한다.

●— 지도에서 확인할 수 있는 것처럼 피의 능선 전투에는 제1해병사단의 주력이라고 할 수 있는 제
1해병연대와 제5해병연대가 거의 투입되지 않았다. 이는 밴더그리프트 사단장이 그만큼 해안 수비
를 더 중요시했다는 증거이기도 하다.

전투가 끝난 다음 날인 9월 15일, 가와구치는 와타나베 3대대장을 불러 호통을 치며 "비겁자! 할복해라!" 하고 소리를 질렀다. 하지만 사후 분풀이일 뿐 별 의미는 없었다. 전투는 패했고 633명이 전사했는데, 그중 장교가 28명이었다. 가와구치에게 남은 병력은 1,500명이 전부였다. 더구나 식량이 없었다. 그에 비해 훗날 '에드슨 능선 전투Battle of Edson's Ridge' 또는 '피의 능선 전투Battle of Bloody Ridge'라고 불리는 이 혈투에서 제1해병사단은 59명이 전사하고 204명이 부상을 입었을 뿐이다.

피의 능선에서 거둔 해병대의 승리는 결정적이었다. 이후의 추세를 보면, 모든 일본군의 공격을 통틀어 이날의 공격이 헨더슨 비행장 탈환에 가장 근접한 것이었기 때문이다. 다무라 소좌는 "1개 연대만 더 있었다면 분명 비행장을 점령했을 것"이라고 말했고, 대대의 한 병사는 "그날 아침 주먹밥 두 개만 더 있었더라도 비행장을 빼앗을 수 있었을 텐데…" 하며 발을 굴렀다. 미 해군 제독 출신의 저명한 전쟁사가 새뮤얼 모리슨은 이 전투가 '9월 위기September crisis'에서 가장 위험한 순간이었다고 지적하며 다음과 같이 말했다.

이 고지에서의 싸움은 태평양전쟁의 가장 결정적 순간 중 하나였다. 이 승리는 전투 의욕을 고취하는 에드슨의 지도력과 해병대원 개개인의 숙련도와 용기의 산물이었다. 이 싸움에서 패했다면 해병대는 헨더슨 비행장은 물론 이 섬을 지키지 못했을 것이다.

능선을 지켜낸 에드슨 중령은 명예훈장Medal of Honor*을 받았고, 훗날

---

* 미합중국 의회의 이름으로 대통령이 군인에게 수여하는 최상위 훈장.

●— 소장 시절의 에드슨. 노장의 품격이 느껴진다.

능선에는 삼각형의 미 해병대 전승 기념비가 세워졌다. 16년 후 에드슨 중령의 이름은 포레스트 셔먼급 구축함의 이름이 되는데, 이 배는 퇴역 후에도 해체되지 않고 보존되어 현재 뉴욕 허드슨강가에 에섹스급 항모 인트레피드Intrepid호와 나란히 정박되어 있다. 여담으로, 에드슨은 전후 니미츠 제독의 부름을 받아 참모진의 일원으로 일했고, 나중에는 '악명 높은' 미국총기협회 회장을 역임했다.

일본군의 오판

9월 15일, 가와구치 소장은 라바울에 전보를 보냈다. "공격을 감행했으나 적의 저항이 의외로 완강하여 대대장 이하 많은 손실을 입고 부득

이 룽가강 왼편에 병력을 집결, 사후 대책을 강구하고자 함. 장병들의 건투에도 실패하여 책임을 통감하는 바임." 이 소식은 대본영에 큰 충격을 주었다. 이치키 부대의 전멸과 가와구치 부대의 패전은 개전 이래 계속되어온 일본군의 쾌속 진격이 과달카날에서 멈췄다는 의미이자, 일본 제국군의 불패 신화가 미 해병대 앞에서 무릎을 꿇었다는 의미였다.

그리하여 이때부터는 대본영과 제17군이 직접 과달카날 탈환전에 임했고, 사단급이 투입되었다. 하지만 이미 때를 놓친 후였다. 일부 장군과 참모들은 이를 알았다. 제17군 참모장 후타미 아키사부로 소장은 매우 우회적으로 표현했지만 후퇴를 제안했고, 대본영에서 온 이모토 구마오 중좌도 퇴각을 고려해야 한다는 전보를 보냈지만 대본영은 제국 육군에 퇴각이란 단어는 없다며 이를 무시했다. 만약 이때 후퇴를 결정했다면 태평양전쟁은 적어도 반년은 더 늦게 끝났을 것이다.

한편 패장 가와구치는 남은 부하들을 이끌고 오카 부대와 합류하기 위해 서쪽 마타니카우Matanikau 계곡으로 향했다. 정글 속을 닷새나 걸어야 했는데 기아의 고통이 일본군을 괴롭혔다.

그런 가운데 미군의 증원 병력이 먼저 도착했다. 9월 18일 아침, 사모아에 주둔 중이던 제7해병연대 4,180명이 드디어 동료들과 합류한 것이다. 그 전에도 계속해서 상륙을 시도했지만 일본 해군과 항공기 때문에 여러 번 뱃머리를 돌린 끝에 이룬 성과였다. 지난 며칠 동안 과달카날의 전투와 그곳 동료들의 '개고생' 소식을 들었던 증원 병력은 그곳에 가면 화끈하고 멋진, 처절한 전장이 펼쳐질 거라 기대했는데, 막상 도착하니 비행장이나 지키고 행군 훈련뿐이었다. 때로는 배 위에 앉아 공중전을 구경했는데, 그런 자신들의 모습을 전혀 마음에 들어하지 않았다.

물론 그들은 몸만 온 것이 아니었다. 3,800드럼의 연료, 전차를 포함한 총 147대의 차량, 1,012톤의 식량, 다수의 탄약도 함께였다. 이들이 도착하자 그간 악전고투한 동료들은 환호성을 지르며 기뻐했다. 하지만 한편에서는 "지금까지 어디 있었어?", "싸움이 다 끝난 지금 와서 뭐하자는 거야?" 따위의 야유가 쏟아졌다. 야유를 받은 제7해병연대원 중에는 존 바실론 하사와 1대대장 루이스 풀러 중령도 있었다. 풀러의 직설화법은 그야말로 해병대에 잘 어울렸는데, 풀러와 바실론의 이름은 잘 기억해두면 좋을 것이다.

하역 작업은 제7해병연대원의 몫이었다. 다행히 9월 18일 낮에는 적의 공격이 없었지만 밤이 되자 일본 군함이 포격을 퍼부었다. 이때 2명이 전사하고 2명이 부상을 입었다. 말끔하지만 겁에 질려 있는 제7해병연대원들과는 대조적으로 씻지도 않고 면도도 하지 않은 제1해병연대원, 제5해병연대원들은 포격에도 덤덤한 모습이었다.

해병대원들은 이때부터 세 끼를 먹을 수 있었다. 게다가 항공대가 헨더슨 비행장을 기지로 삼으면서 제1해병사단은 일본군의 군단 병력, 즉 제17군 전체가 일시에 몰려와도 격퇴할 수 있을 만큼 막강해졌다. 9월 20일에는 인사이동이 있었다. 전투 능력이 의심스러운 지휘관들을 모두 보직 이동시키고 그 자리에 인상적인 활약을 보인 젊은 장교들을 임명해 무형의 전투력을 보강했다. 특히나 툴라기 이후 연전연승하며 빛나는 무훈을 세운 에드슨이 대령으로 승진하여 제5해병연대장이 되었고, 전임 리로이 헌트 대령은 본토로 돌아갔다.

이 무렵 해병대는 그동안 자신들의 눈과 귀가 되어준 해안감시대원 2명과, 놀랍게도 그때까지 섬에 남아 있던 선교사 13명을 탈출시켰다. 이들은 밤을 이용해 일본군이 득실거리는 북서 해안을 뚫고 과달카날을 떠났다.

첫 패배

이제 여유가 생긴 밴더그리프트는 기존의 방어 위주에서 탈피해 적극적으로 움직이기 시작했다. 가와구치 부대가 집결해 있는 마타니카우 계곡과 헨더슨 비행장 사이에는 가와구치 부대에 합류하지 못하고 방황하는 일본군들이 있었다. 밴더그리프트는 유사시 위협이 될 수 있다고 보고 이들을 소탕하고 영역을 확장하기 위한 공세를 준비했다.

9월 23일, 밴더그리프트는 팔팔한 제7해병연대 1대대와 기습대대를 서쪽의 마타니카우강 너머로 진출시켰다. 지휘는 에드슨 대령이 맡았다. 하지만 여기서 장군을 비롯한 지휘부는 일본군과 똑같은 실수, 즉 적의 규모를 과소평가하는 우를 범한다. 오카 부대의 잔존 병력 정도를 예상했지만 9월 말까지 일본군 1,000명 이상이 새로 상륙하여 도합 1,800여 명이나 되는 병력이 강 서쪽 기슭에 자리를 잡고 강력한 방어선을 치고 있었던 것이다.

결국 격전 끝에 1대대 부대대장 오소 로저스 소령과 피의 능선 전투의 영웅 베일리 소령을 비롯한 장교 9명 등 도합 60명이 전사하고 100명이 부상을 입는 참패를 당하고 만다. 게다가 퇴로 확보마저 어려워서 9월 27일에야 구축함을 타고 해상으로 후퇴할 수 있었다. 전사하기 3일 전, 베일리 소령은 종군기자에게 다음과 같이 말했다. "함께 지내다보면 젊은 병사들의 사정을 잘 알게 됩니다. 그들은 저에게 귀여운 아이 같습니다. 그래서 어려운 임무에 부딪히면 그들에게 시키기보다 제 자신이 떠맡고 싶어집니다."

훗날 해병대의 전설적인 존재가 되는 풀러 중령도 이 전투에 참여했지만 첫 시작은 이처럼 우울하게 끝났고, 에드슨의 연승 행진도 막을 내렸다. 하지만 어디까지나 1차 전투일 뿐이었다. 제1해병사단은 설욕의 기회를 엿보았다.

패배로 분위기가 가라앉은 9월 29일, 니미츠 제독이 B-17 폭격기를 타고 과달카날을 방문했다. 그는 겉모습은 과묵한 신사지만 '텍사스 남자'다운 터프한 맹장이었다. 비가 억수같이 쏟아지는데도 아랑곳하지 않고, 그는 영접을 나온 밴더그리프트와 함께 곧장 피의 능선을 비롯한 방어진지 시찰에 나섰다. 그러곤 야전병원을 방문해 부상자들과 중증 말라리아 환자, 피부병 환자들을 위로했다. 그는 저녁식사를 마친 뒤 밴더그리프트와 술잔을 기울이며 의견을 들었다. 니미츠는 내심 전의가 넘치는 사단장이 마음에 들었다. 하지만 마타니카우에서의 패배 탓인지 사단장은 공격보다는 헨더슨 비행장 방어에 집중하는 전략을 고수하겠다는 의지를 피력했다. 사실 일본군의 공격이 헨더슨 비행장에 집중되고 있었으므로 옳은 판단이었다. 니미츠는 아무 말 없이 듣기만 했는데 이후의 행동으로 미루어 사단장의 전략에 동의했던 것 같다. 과음한 제독은 섬 방어에 확신을 가졌다.

다음 날 아침, 니미츠는 밴더그리프트 사단장에게 해군십자훈장을 수여하고 그 외 여러 장병에게도 훈장을 주었는데, 자신에게 훈장을 주는 인물이 사성장군이라는 사실에 너무 놀라 실신했다는 한 중사의 이야기가 전해진다. 얼마 후, 니미츠는 제1해병사단 대원들에게 훈장보다 더 큰 선물을 안겨준다.

일본군의 뒤늦은 결전 의지

일본 육군과 해군 수뇌부는 그 무렵에야 과달카날이 태평양전쟁의 중대한 분기점이 될 전략 요충지라는 데 인식을 같이했다. 햐쿠타케 중장은 과달카날과, 한창 격전 중인 뉴기니 모두에 병력과 물자를 보낼 경우

승산이 높지 않다고 판단하고, 대본영의 재가를 얻어 과달카날에 집중하기로 결정했다. 이때 일본군은 험하기 이를 데 없는 뉴기니섬, 그중에서도 가장 험한 오언스탠리Owen Stanley산맥의 코코다Kokoda 고개를 넘어 힘들게 전진해 전략 요충지인 포트모르즈비Port Moresby를 50킬로미터 눈앞에 둔 상황이었는데, 갑자기 '과달카날 문제'가 해결될 때까지 공세를 중단하고 철수하라는 긴급 지시를 받았다. 덕분에 미국과 호주의 전략 요충지 포트모르즈비는 살아남을 수 있었다. 과달카날의 전략적 가치가 위력을 발휘한 것이다.

지대支隊의 집합에 불과했던 라바울의 일본군 제17군은 네덜란드령 동인도에서 도착한 정예 제2사단과 제38사단이 합류하면서 전력이 크게 증강되었다. 참모진도 대본영이 파견한 자칭 '작전의 신' 쓰지 마사노부 중좌를 비롯해 단숨에 3명에서 11명으로 증원되었다. 그러나 곧 보게 되겠지만, 참모진의 증원은 결과적으로 일본군에는 독, 미 해병대에는 축복이 되었다. 특히 이 책이 '과달카날 전투사'가 아니어서 쓰지 중좌의 '삽질'을 제대로 다루지 못하는 점이 아쉽지만, 그는 미 제1해병사단이 얻은 최고의 '원군'이었다.

햐쿠타케는 9월 하순, 가와구치를 라바울 사령부로 불러 과달카날의 실정을 직접 들었다. 그는 전력 부족, 기근과 피로, 험준한 지형으로 인한 지휘상의 난관을 호소했고, 미군의 항공 전력과 화력의 우위, 특히 전파 탐지기를 다방면으로 활용한 우수한 통신 및 정찰 능력 등을 거론했다. 하지만 그의 증언은 비관적인 현실 인식을 드러낸 것으로 여겨져 '필승의 신념'에 불타는 사령부의 반감을 샀다.

후타미 아키사부로 참모장 역시 비슷한 맥락에서 비판의 대상이 되었다. 그는 적어도 2개 사단 병력, 야전중포 5개 연대 정도의 화력, 충분한 탄약과 식량의 보급, 항공기의 협력이 없다면 1,000킬로미터나 떨어진 외딴 섬에서의 결전은 불가하다고 강력하게 주장했다. 이는 압도적인 전력을 동원해 확실한 승리를 거두는 것 외에는 다른 해답이 없다는 의견이었는데, 얼마 후 그는 퇴역해야 했다.

어쨌든 일본군은 총공격 준비를 마쳤다. 일본군은 지금까지의 야간 기습과 달리 정면공격을 계획했다. 제2사단을 주력으로 하는 보병 약 1만 7,500명을 위시해 1만 1,900미터의 사거리로 헨더슨 비행장의 타격을 담당할 150밀리 중포 등 야포 약 200문, 2만 5,000명이 30일간 먹을 수 있는 식량, 그리고 75대의 전차와 장갑차를 준비하기로 했다. 결전일은 10월 20일로 정해졌다. 이때 가와구치 소장은 충분한 시간을 가지고 만전을 기하자며 11월 3일로 결전일을 연기하자고 제안했지만 묵살당했다. 만약 일본군이 후타미와 가와구치의 주장대로 좀 더 기다렸다 제2사단, 제38사단의 전력을 총동원해 전투에 임했다면 제아무리 제1해병사단이라도 그 결과를 장담할 수 없었을 것이다.

제공권과 제해권을 장악하지 못한 탓에 일본군은 그 많은 병력과 물자를 한꺼번에 상륙시킬 수 없었다. 그래서 조금씩 병력을 보냈는데, 10월 3일 밤에 마루야마 마사오 중장의 제2사단이 먼저 과달카날 땅을 밟았다. 제2사단은 러일전쟁 당시 총사령관 노기 마레스케가 제2대 사단장을 지낸 명문 부대로, 조선에도 잠시 주둔한 적 있다.* 마루야마는 전과 달리 서쪽에 사령부를 두었다. 10월 6일에는 햐쿠타케도 가와구치와 함께 섬에 상륙했는데, 상륙하자마자 거지꼴이 된 설영대와 이치키, 가

---

* 일본군 제2사단은 1910년에서 1912년까지 2년간 식민지 조선에 주둔했다. 1919년 3·1혁명 당시에도 1개 대대를 보내 진압에 참여했다.

와구치 부대의 생존자들을 만났다. 이 '거지떼'들은 물자의 양륙을 돕는 척하면서 식량을 '슬쩍'했는데, 심지어 햐쿠타케의 식사조차 예외가 아니었다. 그는 이 황당한 일을 겪고 나서야 참상을 실감했고, 병사들을 생각해서 사령부에 급전을 보냈다. "가와구치 부대의 잔존 병력은 아사지경에 몰렸다. 인원 수송을 중지하고 식량과 탄약만 급송하라." 하지만 제1해병사단의 전력을 파악할 만큼 현실을 직시하지는 못했다.

해병대의 설욕

앞서 첫 패배의 쓴맛을 본 제1해병사단은 일본군의 증원을 가만히 보고만 있지 않았다. 밴더그리프트 장군은 일본군이 사정거리가 긴 96식 150밀리 곡사포와 92식 100밀리 곡사포를 양륙했다는 정보가 입수되자 뉴질랜드에 두고 온 155밀리 포의 양륙을 요구하는 한편, 사전에 일본군을 마타니카우강 서쪽으로 멀리 밀어내기 위한 작전을 준비했다. 작전 규모는 열흘 전과 비교할 수 없을 정도로 컸다. 따라서 밴더그리프트 본인이 직접 지휘봉을 잡았다. 제5해병연대의 2개 대대가 마타니카우강 하구를 공격하여 서쪽으로 밀어붙이면서 적의 주력을 붙들어두는 동안, 제7해병연대는 상류 쪽으로 우회해 해안 쪽을 공격, 일본군을 포위한다는 전략이었다.

재밌는 사실은 일본군도 방향만 다를 뿐 비슷한 계획을 세웠다는 것이다. 제2사단 제4연대 1대대는 마타니카우강 하구를 건너 동진하고, 그동안 3대대는 우회하여 미군 지역 깊숙이 들어가 동쪽에 교두보를 확보해, 그곳에서 150밀리 곡사포를 퍼부어 헨더슨 비행장을 마비시키겠다는 것이 일본군의 계획이었다.

하지만 먼저 진을 친 해병대 쪽이 빠를 수밖에 없었다. 우회 부대는 월리엄 활러 대령이 지휘했는데, 그는 에드슨과 같이 대령으로 승진했지만 남은 대령 보직이 없어 애매한 처지였다. 하지만 그는 개의치 않고 사단에 남아 자신의 전공을 살려 정찰저격학교를 운영하며 사단 전력 상승에 일조했다. 그러다 부름을 받고 작전에 참여한 것인데, 이런 모습이 바로 '해병대 정신'의 진수가 아닐까 싶다. 그의 정찰저격학교는 좋은 반응을 얻었고, 실제로 '졸업생'들의 실적도 뛰어나 과달카날 전투가 끝난 1943년 4월부터 해병대는 각 연대본부에 43명으로 이루어진 정찰저격소대를 정식 편성한다. 그 유명한 '해병 수색대'의 시작이었다.

10월 7일 오전 7시, 해병대의 2개 연대 병력이 마타니카우강을 건너 일본군을 기습했다. 강 건너에는 1차 마타니카우 전투에서 승리한 일본군 제2사단 제4연대가 자리 잡고 있었다. 10월 9일까지 이어진 이 전투에서 해병대는 65명이 전사하고 125명이 부상을 입었지만 일본군 700여 명을 쓰러뜨리는 대승을 거두었다. 특히 풀러 중령은 전투 막바지에 타이밍을 잡아 105밀리 야포와 박격포, 기관총 등 모든 화력을 집중하여 일본군 제4연대 1대대를 말 그대로 박살냈다. 열흘 전의 패배를 몇 곱절로 갚아준 셈이었다.

이 전투에서 패한 일본군은 강 동쪽의 진지를 버리고 서쪽으로 후퇴했다. 이로써 해병대는 대대적으로 증원 중인 일본군을 상대로 기선을 제압하는 성과를 거두었고, 나아가 마타니카우강 동쪽에 1개 연대를 주둔시켜 새 방어진지를 구축할 수 있었다. 전투 50주년인 1992년 마타니카우강가에는 기념비가 세워졌다.

치열한 화력전

한편 미 해병대와 육군 사령부가 일본군이 대대적인 공세에 나설 계획을 세우고 추진 중이라는 사실을 보고하자, 현지 사찰을 다녀온 니미츠 제독은 병력 지원을 재가했다. 과달카날에 새로 오는 부대는 육군이었다.

10월 8일, 뉴칼레도니아에서 대기 중이던 제23아메리칼사단 제164연대 2,837명이 배에 올랐다. 도착 예정일은 10월 13일이었다. 사실 육군은 제1해병사단이 상륙한 지 두 달이 넘도록 솔로몬제도에 그림자도 비치지 않았다. 그 때문에 대원들 사이에서는 짧은 민요를 개사해 맥아더를 비꼰 노래가 유행하고 있었다.

오! 육군한테 툴라기에 출동해달라고 했더니 맥아더는 '노'란다. 근데 그 이유가 멋지거든. 섬에 위문단이 없기 때문이란다.

육군 출신의 맥아더가 연합군 남서태평양 방면 사령관이고, 솔로몬제도가 그의 관할에 속한 격전지임에도 육군이 어떤 식의 기여도 하지 않았으니 이런 반응은 어찌 보면 당연한 것이었다. 어쨌든 제23아메리칼사단 제164연대는 제 날짜에 무사히 섬에 도착했다. 밴더그리프트는 제164연대 지휘부를 점심식사에 초대했다. 그런데 식사를 시작하려는 순간 꽝음과 함께 무언가가 비행장에 떨어졌다. 포탄이었다. 장군은 그것이 폭탄이 아니라 포탄이라는 사실에 놀랄 수밖에 없었는데, 일본군의 150밀리 곡사포에서 발사된 것이었기 때문이다. 포탄은 활주로에 구멍을 내고 창고를 박살냈으며 이어 지휘소에도 떨어졌다. 이때 일본군은 신이 나 대포 주위에 모여 환호했다고 하지만 이런 '철없는' 행동은 무자비한 보복을 받았다. 일본군의 150밀리 곡사포는 6문에 불과했지만 미군의 야포는 100문이 훨씬 넘었기 때문이다. 일본군이 5분에 1발꼴로 포격을 했다면 해병대는 1분에 수백 발을 퍼부었다. 곧 일본군의 포화는 멈추었고, 2시간 후에는 활주로가 복구되어 비행기가 이착륙할 수 있었다. 오후 5시에는 미군의 순양함과 구축함 그리고 해군 전투기가 출격해 맹공격을 가했다. 2시간 후 어둠이 깔리고 나서야 폭음이 잦아들었다.

하지만 밤은 아직 일본군의 세상이었다. 연합함대 사령장관 야마모토 이소로쿠는 고속 전함 공고金剛와 하루나榛名를 과달카날에 투입했는데, 그날 밤 11시 30분 과달카날 근해로 침투한 두 전함은 헨더슨 비행장을 14인치 주포로 맹타했다. 6킬로미터 거리까지 접근한 두 전함은 비행장 일대에 확산력과 소이력이 강한 3식탄 973발을 퍼부어 과달카날 전역을 통틀어 일본 해군이 가했던 포격 중 최대의 전과를 거두었다. 이 포격으로 비행장 활주로와 항공 연료 전부 그리고 90대의 항공기 중 48대가 파괴되었고, 6명의 조종사를 포함하여 41명이 전사하고 100여 명이 부상당했다. 거의 일상이 되다시피 한 일본군의 폭격과 포격에도 해병대는 일평균 2~3명의 전사자를 내는 정도였기에, 이날의 포격이 얼마나 강력했는지 알 수 있다. 두 전함은 83분 동안의 포격을 완료하고 무사히 철수했다. 900킬로그램짜리 포탄의 비를 맞은 대원들은 공황 상태에 빠져 흐느꼈다.

처음엔 문이 쾅 닫히는 것 같은 소리로 시작되었다. 누가 해협의 어딘가에서 3,000미터 상공에 매달려 있는 문 하나를 쾅 닫는 것 같았다. 그게 얼마나 터무니없는 생각인지 깨닫는 순간, 첫 번째 포탄의 쐬쐬거리는 소리가 점점 고조되며 커지더니 마치 지하철이 역으로 들어올 때 나는 굉음처럼 변했고, 그다음 난생처음 들어보는 우레와 같은 폭발음이 들렸다.[*]

비행장이 큰 피해를 입었으나 건설대원들은 아침까지 활주로 하나를 가동 가능 상태로 복구했다. 또한 에스피리투산토Espiritu Santo섬에 배치되어 있던 돈틀리스Dauntless 급강하 폭격기 17대와 와일드캣Wildcat 전투기 20대가 헨더슨 비행장으로 급파되었다. 물론 일본 해군의 순양함들은 다시 함포사격을 가했다.

일본 해군의 활약으로 일본 육군은 사기가 올랐다. 반면 2,000명 이상이 말라리아와 이질에 걸려 입원해 있는 데다 계속된 전투로 지쳐 있던 참에 호된 포격까지 당한 제1해병사단은 크게 사기가 떨어졌다. 바로 이때 니미츠 제독이 명장답게 신의 한 수를 보여주었다. 10월 16일, 곰리 제독을 경질하고 맹장으로 소문난 '황소' 윌리엄 핼시를 남태평양 해역 사령관으로 임명한 것이다. 진주만 공습 직후 핼시가 남긴 말은 꽤 유명했다. "이 전쟁이 끝나면 일본어는 지옥에서나 쓰일 것이다!"

핼시 제독이 사령관에 취임했다는 소식이 전해지자 과달카날의 대원들은 열광했다. 한 장교는 이렇게 표현했다. "말라리아에 걸려 기다시피 여우굴foxhole(참호)에서 나왔던 우리는 그 소식을 듣고 기뻐서 아이들처럼 뛰어올랐죠."

10월 18일 핼시 제독이 사령부가 있는 호주 누메아에 도착했고, 10월 23일 밴더그리프트는 그곳에서 새 사령관과 면담했다. 두 맹장은 뜻이 통했다. 핼시는 최대한의 지원을 약속했다. 하지만 밴더그리프트가 섬으로 돌아왔을 때, 일본군의 맹공이 시작되고 있었다. 그 전과는 비교도 되지 않는 규모였다.

---

* 《퍼시픽》의 한 장면 인용.

일본군의 '고난의 행군'

화력전을 벌여본 결과, 일본군은 미군의 지상 화력이 자신들보다 훨씬 우세하다는 것을 인정하지 않을 수 없었다. 사실 일본군이 보유한 야포는 예정된 수송량의 4분 1 정도인 40여 문에 불과했다. 설상가상으로 과달카날의 미군 병력이 당초 예상한 최대 5,000명 수준이 아니라 1만 명을 넘는다는 정보가 라바울에 입수되었다. 사실 미군의 병력은 2만 명이 넘었다. 결국 라바울의 지휘부는 해안으로 밀고 들어가 정공법으로 미군과 대결하겠다는 원래 계획을 포기했다. 그러고는 가와구치 소장이 앞서 실행한 것과 비슷한 야간 기습 작전을 입안했는데, 60세의 마루야마 중장이 주력 5,600명을 데리고 정글 속을 우회해 전처럼 비행장 남쪽 방면에서 공격을 가한다는 것이 골자였다. 다만 이번에는 제17군 포병 사령관 스미요시 다다시 소장이 이끄는 포병대와 전차부대, 그리고 2,900명의 보병이 마타니카우강 서쪽에서 미군의 주의를 끌기로 했다. 양동작전이었다.

문제는 80킬로미터에 달하는 정글 속 행군이었다. 앞서와 달리 공병대가 있기는 했지만 여전히 해결하기 어려운 문제였다. 더구나 나무들을 쓰러뜨려 길을 만들면 미군 항공기들에 발각될 우려가 컸기에 나무는 그냥 두고 가지와 넝쿨을 잘라 폭 50~60센티미터의 길을 만드는 고된 작업을 반복해야 했다. 그렇게 만들어진 길은 한 사람이 겨우 통과할 정도였다. 10월 12일부터 일본군 공병대는 오로지 도끼와 정글도, 톱을 사용한 수작업으로 '길'을 뚫기 시작했다. 이 길은 사단장의 이름을 따 '마루야마 길Maruyama Road'이라고 불렸는데, 지금도 기념비가 남아 있다.

10월 16일 정오, 제2사단은 좌익을 맡을 나스 유미오 소장의 부대를 선봉으로 마루야마 길을 따라 '고난의 행군'을 시작했다. 우익은 가와구치가 맡았다. 일본 병사 한 명당 12일분의 식량과 탄약, 개인화기에다 포탄 한 발, 그리고 박격포와 보병포, 산포, 중기관총 등을 분해한 부품을 등에 멨다. 대열은 수 킬로미터에 달했고, 후미 부대는 오후 늦게야 출발할 수 있었다.

일본군을 위한 보급품 수송이 계속되고 있었기에 캑터스항공대는 과달카날로 접근하는 일본군 수송 선단을 두 번이나 공격했지만 함선 파괴에는 실패했다. 일본군 수송 선단은 10월 15일 야간에 해변에 도착해 병력과 막대한 보급 물자를 내려놓기 시작했는데, 하역량이 너무 많아서 작업은 다음 날 주간에도 계속되었다. 캑터스 공격기들이 계속 날아올라 수송선 3척을 격침했지만 나머지 3척은 그날 밤 모든 짐을 부리고 섬을 떠났다. 일본군 입장에서는 비록 3척을 잃긴 했지만 높은 위험도를 감안하면 병력 전원과 화물의 3분의 2를 내린 성공적인 작전이었다. 그러나 미군의 공격은 그것으로 끝이 아니었다.

10월 17일 아침, 미군 구축함 2척과 캑터스항공대, 그리고 항공모함 호넷에서 이륙한 함재기들이 해안에 하역되어 있는 군수품 더미에 기습공격을 가했다. 구축함들이 5인치 포탄을 약 2,000발이나 퍼부은 이 공격으로 일본군은 미처 옮기지 못한 포탄과 탄약, 식량을 거의 잃고 말았다. 이 보고를 받고 특히 포병과 전차대를 이끄는 스미요시 소장이 크게 낙담했다.

한편 같은 날 힘겹게 정글을 헤쳐나가던 가와구치도 좌절감에 휩싸여 있었다. 정찰기가 촬영한 사진을 받아보니 미군 방어진지가 예전보다 훨씬 강화되어 있는 게 아닌가! 적장 밴더그리프트는 일본군의 이번 주공은 서쪽일 것으로 생각하고, 강 하구의 모래톱을 이용해 도하시킨 중장비로 서쪽 하구에 견고한 방어진지를 쌓았던 것이다. 그렇다고 남쪽에 대한 방어도 소홀히 하지 않았다. 남쪽에는 산과 능선을 이용한 주저항선을 설정한 다음, 이중 철조망을 치고 덤불을 제거하여 사각지대가 없는 화망을 구축해두었다. 이곳에는 풀러와 바실론의 제7해병연대 1대대도 있었다! 바실론은 그의 수냉식 기관총분대가 적의 제1목표가 될 것이 분명했으므로, 모래주머니는 물론 그 위에다 코코넛 나무줄기까지 덧대어 기관총좌를 보강했다. 힘들게 방어선 공사를 마친 그들은 1차대전의 참호전을 연상할 수밖에 없었는데, 그들에게는 "죽을 때까지 싸우라"는 명령이 내려졌다. 하지만 사실 방어선에는 구멍이 있어서, 남동쪽은 미처 손이 닿지 않아 방어진지가 취약한 상태였다. 이때 가와구치는 이같은 사실을 알 리 없었겠지만 본능적으로 '우회 공격'을 생각하고 있었다. 그의 수기를 보자.

이렇게 되면 바위에 계란을 던지는 식이므로 싸우지 않아도 실패는 명확했다. 고민 끝에 나는 그 자리를 피해 멀리 적의 좌측 배후로 돌아 공격해야겠다고 생각했다.

22일, 가와구치 소장은 본대와의 갈림길에서 쓰지 참모를 만났다. 그는 쓰지에게 적의 정면을 피해 좌측 배후로 우회하겠다고 말하면서 도와달라고 부탁했다. 마루야마 사단장에게 전달해달라는 의미였다. 쓰지는 계급이 중좌에 불과했지만 '대본영의 실세'였다. 그렇기에 가와구치는 쓰지에게 이야기해둔 것으로 사실상 사단장의 허가를 얻었다고 믿었다. 하지만 마루야마와 쓰지는 패장 가와구치를 내심 경멸하고 있었기에 그의 의견을 경청하지 않았다. 이 사실을 가와구치는 알 수 없었다.

한편 정글 속을 행군하는 일본군은 말도 못할 고생을 하고 있었다. 19

일 밤이 되어 나스 장군의 좌익 선봉대는 미군 진지 6킬로미터 앞까지 도착했지만, 그 대가는 매우 컸다. 마루야마와 나스 장군을 비롯한 많은 장병들이 말라리아에 걸려 총을 지팡이 삼아 버틸 정도였고, 많은 병사들이 행군 시작 때 나누어준 무거운 포탄과 중화기 부품을 정글 속에 내버렸다. 밥을 지으면 연기가 나기 때문에 쌀이 있어도 지어 먹을 수 없었다. 어쨌든 전선에 도착했지만 병사들은 지칠 대로 지쳐 있었고, 도착 시간도 예정보다 한참 늦어진 상태였다.

10월 23일, 가와구치는 쓰지에게 말해둔 대로 자신의 우익 부대를 우회시키려다가 마침 통신대가 전화선을 가설해둔 사실을 알고 수백 미터 떨어진 곳까지 가서 사단사령부의 다마키 하루카즈 대좌와 통화했다. 하지만 다마키는 우회하면 공격이 하루 지연되므로 원래 작전대로 하라고 답했다. 당황한 가와구치는 "정면공격은 부대장으로서 책임을 지기 어렵다. 제발 다시 한 번 사단장에게 상신해 허락을 얻어달라"고 사정한 뒤 전화를 끊고 회신을 기다렸다. 약 30분 후 답이 왔다. "사단장께서 우익 부대장 가와구치 소장을 직위 해임하셨습니다. 후임은 쇼지 도시나리 대좌입니다"라는 청천벽력 같은 내용이었다.

전후 공개 토론회에서 밝혀진 바에 따르면, 당시 제17군사령부는 이 파면에 전혀 관여하지 않았고 아는 바도 없었다. 다시 말해 가와구치의 파면은 마루야마 사단장과 쓰지 참모의 결정이었음이 분명하다. 파면 결정 자체보다 더 큰 문제는 도착한 지 1주일밖에 안 된 쇼지가 가와구치보다 지형을 잘 알 리 없다는 점이었다. 이로써 애초 희박했던 일본군의 승산은 완전히 사라졌고, 쓰지는 해병대 최고의 '원군'으로서 몫을 다했다. 게다가 어처구니없게도 마루야마는 정글 속 부대 이동이 어렵다는 이유로 원래 10월 22일이었던 공격일을 23일로, 나중에는 24일로 미루었다.

총공격을 저지하다

가와구치가 파면된 그날, 그의 육군대학 동기인 스미요시 소장의 부대가 공격을 시작했다. 스미요시 소장은 말라리아에 걸려 40도가 넘는 고열에 시달리고 있어 제대로 지휘할 수 없었는데, 뒤늦게 작전일이 24일로 연기되었다는 통보가 왔다. 그의 예하 부대들은 이미 배치된 자리를 찾아 정글 깊숙이 들어간 상태였다. 스미요시에게는 부하들에게 작전일 변경을 통보할 방법이 없었고, 결국 그의 부대들은 본대와 명령을 전혀 공유하지 못한 채 따로 공격에 나섰다.

그의 부대들, 제4연대의 2개 대대와 9대의 전차는 예정대로 23일 저녁까지 공격선인 마타니카우강 하구에 전개를 끝내고, 예정된 시간에 공격을 개시했다. 하지만 미 해병대는 이미 이곳이 일본군의 주공이 될 전장이라고 판단하고 단단한 방어선을 치고 있었다. 방어선의 주력을 맡은 제1해병연대는 37밀리 포와 75밀리 포, 박격포, 그리고 자동화기의 화력을 퍼부어 일본군 전차 9대를 모두 파괴하고 600여 명을 사살하는 등 큰 전과를 올렸다. 반면 피해는 25명이 죽고 14명이 다치는 등 상대적으로 경미한 대가만 치렀을 뿐이다.

한편 일본군에게는 설상가상으로, 공격 시간이 계속 연기되자 일본 해군은 대부분 철수해버렸다. 미국 항공대가 언제 공격할지 모르는 상황에서 계속 해상에서 머물 수는 없기 때문이다. 해군의 철수로 정글 행군 중에 병사들이 포탄과 중화기를 버린 일본군은 기관총이 지원 화력의 전부가 되어버렸다.

방어하는 해병대도 마냥 좋은 상황은 아니었다. 워낙 일본군의 기동이

은밀해 23일까지도 그들의 접근을 전혀 모르고 있었기 때문이다. 24일이 돼서야 제7해병연대 정찰대의 낙오병 하나가 우연히 피의 능선을 유심히 살피는 일본군 장교를 발견했고, 밥 짓는 연기를 발견했다는 정찰 저격수의 보고도 들어왔다. 게다가 제7해병연대가 피의 능선 방어를 맡아 배치되어 있었지만 그중 2대대와 3대대는 마타니카우 방어선을 보강하기 위해 떠나고 없었다. 즉 풀러의 1대대와 얼마 전 과달카날에 온 육군 제164연대 1대대만으로 방어를 해야 하는 상황이었다.

위기를 직감한 풀러 중령은 24정의 수냉식 기관총 위주로 방어진지를 재배치하고 소총수들에게 이를 보호하는 역할을 맡겼다. 철조망에는 조명탄을 달아 적들이 접근하면 바로 위치를 밝히도록 했다. 대인용 산탄을 쏠 수 있는 37밀리 대전차포와 81밀리 박격포를 가장 좋은 위치에 배치했고, 제11포병연대 4대대의 105밀리 야포를 2킬로미터 후방에 배치해 언제라도 지원을 받을 수 있도록 조치했다.

10월 24일 오후 2시부터 비가 억수같이 퍼부었다. 해가 지자 사방이 곧 칠흑같이 어두워졌다. 5시로 예정된 일본군의 공격은 다시 몇 시간 연기되었다. 9시가 되자 그제야 비가 멈추었고 달이 과달카날의 정글을 비추기 시작했다. 9시 30분, 전방 관측소는 일본군의 이동을 포착했고 곧 총격전이 벌어졌다. 46명의 관측병 중 4명이 전사했지만 나머지는 무사히 후방으로 철수했다.

25일 0시 30분, 드디어 일본군의 대공세가 시작되었다. '센다이 야습 사단'이라는 별칭을 가진 제2사단, 그중에서도 정예인 제29연대의 주력 부대가 나스 소장의 지휘 아래 해병대 진지로 돌격했다. 좌익 부대였다. 그런데 어처구니없게도 우익 부대는 보이지 않았다. 우익 부대를 맡은 신임 쇼지 대좌가 너무 어두운 탓에 지형을 몰라 헤매느라 예정 시간까지 돌격선에 도착하지 못한 것이다.

어쨌든 나스 소장의 부대는 전원 착검한 상태로 수류탄을 던지며 돌격을 감행해 초계선*을 돌파했다. 하지만 미군의 정밀하게 배치된 화력, 명확히 말하면 37밀리 대전차포의 산탄과 박격포, 기관총, 그리고 2킬로미터 뒤에서 날아오는 105밀리 포탄에 사상자가 속출하면서 공격은 실패로 돌아갔다. 이에 나스 소장은 왼편에 위치한 풀러의 1대대 B중대 진지로 돌격로를 변경했다. 이곳은 정글이 더 울창하고 경사가 완만해 기관총의 위력이 덜한 곳이었다. 그런데 철조망에 걸어둔 조명탄이 폭발하면서 일본군의 모습이 노출되었다. 해병대원들은 화력을 쏟아부었고, 선두 병력을 거의 쓰러뜨렸다. 하지만 일본군의 후속 부대는 물러서지 않고 계속해서 돌격했다. 공격을 받은 B중대는 수냉식 기관총 2정이 파괴되어 궁지에 몰렸다. 기관총 2정의 화력은 중대 단위에서는 매우 큰 비중이었다.

이때 등장한 인물이 '기관총 마스터' 존 바실론이었다. 그는 원래 D중대 소속이지만 이때는 B중대로 넘어와 기관총분대를 담당하고 있었다. 소식을 들은 그는 부하 2명과 함께 40킬로그램이 넘는 뜨거운 기관총을 맨손으로 들고 화력을 상실한 기관총좌로 뛰어갔다. 단열 장갑을 잃어버렸기 때문인데 덕분에 그는 손에 3도 화상을 입었다. 하지만 그는 아랑곳하지 않았다. 오히려 기관총을 들고 약 40미터를 뛰어가면서 그 짧은 순간에 8명의 일본군을 쓰러뜨렸다. 기관총 진지에 도착한 그는 자신의 기관총을 부하들에게 넘겨주고 부서진 2정의 기관총을 살폈다. 하나는 일본군의 수류탄에 맞아 완전히 부서졌지만 다른 하나는 기계적 고장에

---

* 주방어선 앞의 초소를 연결하는 라인을 말한다.

불과했다. 짙은 어둠과 아비규환 속에서 그는 총알 끝을 이용해 수십 초만에 총열과 노리쇠 사이의 섬세한 공간을 수리하는 데 성공했다. 그의 손에서 '새 생명'을 얻은 기관총은 불을 뿜으며 일본군을 쓰러뜨렸다. 그는 여기서 그치지 않고 탄약을 가지러 대대본부를 왕복하면서 권총으로 일본군을 쓰러뜨리기까지 했다. 아침이 되어 일본군이 물러났을 때 그의 기관총좌 앞에는 38구의 일본군 시신이 쌓여 있었다.*

하지만 상당수의 일본군은 방어선을 돌파했는데, 그중에는 제29연대장 후루미야 마사지로 대좌가 이끄는 중대 규모의 부대도 있었다. 지형에 어두웠던 그는 눈앞에 보이는 초원을 비행장이라고 착각하고 '반자이', 즉 '비행장 점령 성공'을 뜻하는 암호를 발신했다. 이 소식을 들은 제2사단과 라바울의 제17군사령부는 환희에 차 서로 "축하하네!"를 연발했다. 이모토 참모는 업무일지 한쪽을 몽땅 차지할 정도로 크게 '천하에 다시없는 밤'이라는 호방한 메모를 써놓았다. 햐쿠타케 사령관은 사실 여부도 확인하지 않고 라바울에 '승전보'를 전했고, 곧 이 승전보는 대본영과 연합함대 사령부, 심지어 히로히토裕仁의 궁에까지 전해졌다. 그들이 정보 처리에 얼마나 미숙한지 잘 보여주는 사례인데, 30분 후 보고가 잘못되었으며 계속 격전이 벌어지고 있다는 전화를 받은 마루야마의 얼굴에 경련이 일었다.

새벽 1시 30분, 풀러 중령은 조우한 적 병력이 일본군의 주공이라고 판단하고 밴더그리프트 장군에게 지원 병력을 요청했다. 이에 장군은 바

---

* 바실론의 이러한 활약은 《퍼시픽》 2화에서 잘 묘사되었다. 한편 당시만 해도 미국인들은 전쟁의 승리를 장담하지 못했고, 특히 태평양 전선은 전세가 어려워서 영웅을 염원하고 있었는데, 그런 그들 앞에 바실론이 나타났다. 그는 대중매체의 집중적인 조명을 받고 단숨에 미국의 영웅이 된다.

●— 하늘에서 내려다본 헨더슨 비행장의 전경. 과달카날 전투의 중심 무대였던 헨더슨 비행장을 탈환하기 위한 일본군의 대공세 작전안 자체는 나쁘지 않았다. 하지만 해병대의 전력을 과소평가한 데다 정글 통과에 대해 지나치게 낙관했다는 결정적인 결함으로 인해 결국 실패하고 말았다.

로 예비대인 제164연대 3대대를 방어선에 급파했다. 이들은 30분 후 일본군 1개 중대 병력을 포위하고 거의 전멸시켰다. 이 일본군은 다름 아닌 후루미야 대좌의 '비행장을 점령한 부대'였다. 후루미야는 이치키처럼 연대기를 불태운 후 자결했는데, 이 연대는 이 전투 동안 대대장과 중대장의 반수 이상을 잃었다.

결과적으로 육군 제164연대 3대대의 증원 타이밍은 기가 막힐 정도였다. 육군 병사들은 탄약을 받으러 온 해병대원의 뒤를 따라가 진지에 배치되었고, 그들과 함께 일본군을 저지했다. 이때 해병대원들은 육군과 함께 처음으로 실전을 치르면서 '대피호 더그의 아이들'이 '뭔가 다른 물건'을 가지고 있다는 것을 알게 되었다. 바로 M1 개런드^{Garand} 반자동소총이었다. 한 발 쏘고 다시 노리쇠를 당겨야 하는 자신들의 스프링필드 소총과 달리, 클립 안의 8발을 한 번에 다 쏠 수 있는 이 '신기한 총'은 금세 해병대원들의 마음을 사로잡았다. 이때부터 육군 전사자나 부상자의 총은 해병대원들의 차지가 되었는데, 일설에 의하면 육군 신병들을 윽박질러 빼앗기도 했다. 육군과 해병대 지휘관들은 해병대원들의 M1 소총 소지를 알고도 눈감아주었다. 어쨌든 육군 제164연대의 선전은 늘상 그들을 '대피호 더그의 아이들'이라고 부른 해병대원들의 '편견'을 어느 정도 바꾸어놓았다.

일본군의 공격은 새벽 3시 반부터 점차 기세가 약해졌고, 결국 아침 7시에는 마루야마 장군의 명령으로 중단되었다. 밤사이 제7해병연대 1대대가 발사한 기관총 탄환만도 2만 6,000발에 달했다. 이날 일본군 전사자는 1,000명이 넘었다. 반면 제7해병연대 1대대의 전사자와 실종자는 31명, 부상자는 30명이었다. 하지만 오전 8시부터 11시까지, 미군들이 '피스톨 페테$^{Pistol Pete}$'라고 부른 일본군의 150밀리 곡사포 공격이 재개돼 포탄이 10분 간격으로 헨더슨 비행장에 떨어졌다.

한편 이날 25일 새벽에는 웃지 못할 촌극도 있었다. '승전보'를 들은 라바울에서 '비행장 탈환'을 선전할 요량으로 8명의 보도반원을 쌍발 폭격기 한 대에 태워 과달카날로 보낸 것이다. 호위 전투기 8대도 함께했다. 그러나 헨더슨 비행장은 여전히 해병대의 것이었고, 이 폭격기가 헨더슨 비행장에 착륙하려 하자 당연히 고사포가 불을 뿜었다. 조종사가 깜짝 놀라 기수를 돌렸지만 이미 늦어서 정글로 추락하고 말았다. 더 민망한 일은 '승전보'가 대본영은 물론 왕궁에까지 전해져 이 전투에 지대한 관심을 기울이고 있던 히로히토의 치하까지 받았다는 사실이다. 이 사실을 전해들은 해병대원들은 "안됐네, 도조" 하며 야유와 조소를 보냈다. 이치키 대좌부터 시작된 일본군의 '설레발'은 이렇게 '대단원의 막'을 내렸다.

오전 10시, 일본 구축함들이 몰려와 포격을 가했다. 해안 포병들은 동료들에게 뒤지지 않겠다는 듯 5인치 해안포로 응사하여 4발의 명중탄을 기록했다.

자결한 후루미야 대좌의 제29연대는 제2사단의 최정예부대였다. 마루야마는 이루 말할 수 없이 낙담했지만 그대로 물러설 수는 없었다. 그는 모든 예비대를 나스 소장의 좌익에 합류시켜 26일 밤 다시 야습을 시도하려고 했다. 그런데 나스 소장이 오히려 하루 앞당겨 25일 밤으로 하자고 제안했다. 이때 나스는 말라리아로 40도가 넘는 고열을 겨우 견디고 있었는데, 병세가 절망적이라는 사실을 알고 조금이라도 기력이 남아 있을 때 공격을 지휘하려고 한 것이었다. 마루야마는 받아들일 수밖에 없었다. 이렇게 사실상 마지막이 될 일본군의 총공격이 시작되었다.

한편 마타니카우강 서쪽의 일본군도 24일 저녁 주공과 함께 공격에 나섰다. 원래 스미요시 장군이 지휘관이었으나 그도 말라리아에 걸려 헛소리를 할 정도여서 오카 대좌가 대신 지휘를 맡았다. 그들은 자신들이 주공에 보조를 맞추지 못했다는 사실을 알고 사기가 많이 떨어졌다. 게다가 전차도 모두 잃고, 포탄도 거의 소모된 상황이었기에 이날 밤 공격은 그야말로 무모한 것이었다. 어쨌든 오카 대좌는 상류로 우회해 제1해병연대와 제5해병연대 사이의 빈 공간에 침투해 제5해병연대의 주방어선을 공략하기로 했다. 하지만 이미 밴더그리프트가 이를 예상하고 제7해병연대 2대대를 그곳에 전진 배치한 뒤여서 그들의 공격은 해병대 화력에 밀려 완전히 실패했다. 이날까지 총 1,700여 명의 병사들과 전차 전부를 상실하는 참담한 패배였다. 더 큰 문제는 이런 희생에도 남쪽의 주공에 어떠한 도움도 주지 못했다는 사실이다.

25일 밤, 보병 제16연대를 증원한 주공인 좌익은 나스 소장이 선두에서 돌진을 감행했다. 하지만 일본군의 재공격을 예상한 미군은 육군 제164연대의 예비대까지 투입하여 방어력을 더 강화해놓은 상태였다. 그 때문에 이곳 방어전의 주역은 해병대가 아니라 육군이었다. 마타니카우 강 쪽의 전투가 끝난 덕에 포병 화력 또한 전날보다 훨씬 강력해져 있었다. 미군의 화력이 불을 뿜는 가운데 일본군은 나스 소장을 비롯해 제16연대장 히로야쓰 도시로 대좌, 그리고 대대장과 중대장들이 절반 이상 전사하는 참패를 당했다. 미군의 화력이 얼마나 압도적이었는지 일본군의 공격은 첫 진지조차 돌파하지 못했다.

26일 날이 밝기 전, 제2사단의 다구치 가즈오 참모는 이 참상을 목도하고 사단장에게 그날 안으로 미군 방어선을 돌파할 가능성은 거의 없다고 보고했다. 쓰지 참모조차 현실적으로 제2사단의 돌파 가능성은 없다는 의견을 밝혔다. 결국 오전 6시, 제17군 사령관은 공격 중지 명령을 내렸다. 그리하여 어렵게 감행되었던 과달카날에서의 2차 총공격도 맥없이 끝나고 말았다.

마루야마 중장은 내심 가와구치 소장을 패장이라고 경멸했는데, 정작 자신은 그보다도 못한 결과를 내고 말았다. 그의 부하 1,500여 명이 전사하는 동안 미 해병은 60명이 전사했을 뿐이다. 10월 29일, 마루야마는 후퇴를 결정했다. 마루야마의 후퇴길도 가와구치와 다를 바 없었다. 그의 부대는 고난의 정글길을 뚫고 서쪽으로 후퇴했고, 정글 속에서 수많은 병사들이 기아와 질병으로 죽어갔다.

이로써 큰 전투는 끝이 났다. 하지만 해병대의 고난은 이게 마지막이 아니었다.

새로운 일본군의 등장

대승을 거둔 밴더그리프트는 남은 일본군을 추격해 섬멸하고 싶은 전의가 솟구쳤다. 특히 일본군의 150밀리 야포는 여전히 귀찮은 존재였기 때문에 마타니카우강 서쪽에 공격 부대를 보내어 이를 뿌리 뽑기로 결정했다.

이 전투에는 앞선 전투에서 예비대였던 제5해병연대와 제7해병연대의 2대대와 3대대 그리고 훨러 대령이 양성한 정찰저격부대가 동원되었다. 공병대가 강에 3개의 교량을 건설했고, 11월 1일 새벽 해병대의 진격이 시작되었다. 진격은 비교적 순조로웠고, 11월 3일에는 산타크루즈 Santa Cruz에서 일본군 잔당을 상대로 작은 포위망을 완성했다. 350명 규모의 일본군은 세 차례에 걸쳐 돌격을 감행했지만 모두 전멸했다. 그다음 목표는 코쿰보나Kokumbona에 있는 일본군 주력을 섬멸하는 것이었는데 이 작전은 보류되었다. 어떤 문제가 있어서는 아니었고, 새로운 사단급 병력의 일본군이 과달카날에 상륙했기 때문이다.

야마모토 제독까지 '과달카날 포기'를 상신했지만 대본영은 오기에 차 '탈환'을 포기하지 않았다. 그 의지의 표현이 바로 제38사단의 과달카날 배치였다. 11월 2일 밤, 아이티와 니카라과에서 전투 경력이 있는 베테랑 허먼 해니컨 중령이 이끄는 제7해병연대 2대대는 일본군의 상륙을 목격했다. 대대는 박격포로 상륙을 저지하려 했지만 중과부적이었고, 오히려 쇼지 대좌가 이끄는 부대의 협공을 받았다. 게다가 하필 폭우로 무전기가 고장 나 구원 요청도 제때 보낼 수 없었다. 2대대는 사지에서 벗어나서야 겨우 구원 요청을 할 수 있었다.

다음 날 오후 2시 45분, 사태의 심각성을 안 밴더그리프트는 마루야마의 공격을 막아냈던 풀러의 제7해병연대 1대대와 육군 제164연대 3대대를 중심으로 강력한 구원 부대를 편성했다. 하지만 대부대였기 때문에 이동에 시간이 걸려 11월 6일에야 이들은 쇼지의 일본군과 조우할 수 있었다.

한편, 남태평양함대에서 상륙과 수송을 맡고 있던 리치먼드 터너 제독은 과달카날에 비행장을 하나 더 건설하고 싶어했다. 그는 후보지로 헨더슨 비행장에서 동쪽으로 50킬로미터 떨어진—과달카날은 길이 140킬로미터, 너비 48킬로미터의 큰 섬이다—아올라Aola를 생각했다. 밴더그리프트는 이 계획에 반대했지만 155밀리 장거리포를 보내주겠다는 제안에 이를 수락했다. 조금 늦기는 했지만 약속대로 도착한 155밀리 장거리포는 일본군의 150밀리 포를 침묵시켰다.

칼슨의 특공대

11월 4일, 중국과 니카라과에서 싸운 경험이 있는 에번스 칼슨 중령이 지휘하는 제2기습대대의 2개 중대가 아올라에서 새 비행장 건설에 착수한 해군 건설대 500명을 호위하기 위해 선박 편으로 이 지역에 파견되었다. 한국계인 이 중위와 박 중위도 소속된 이 부대는 1942년 8월에 있었던 마킨Makin섬 기습으로 유명했다. 한번은 루스벨트 대통령이 유럽에서 눈부신 활약을 펼치는 영국 특공대가 부러웠는지 미국에는 그런 부대가 없느냐고 물었다. 참모들은 해병대에 지원병으로 구성된 2개 기습대대가 있다고 답했는데, 제1기습대대가 바로 툴라기에서 활약하고 피의 능선에서 대승을 거둔 에드슨의 부대였다. 에드슨의 제1기습대대는 이처럼 과달카날로 배치될 예정이어서, 중부 태평양의 마킨섬 공격에는 당시 소령이었던 칼슨의 제2기습대대가 투입되기로 결정되었다.

정보장교 시절 칼슨은 세 차례나 중국에 파견되었는데 중국공산당의 팔로군八路軍과 같이 움직인 적이 있었다. 한번은 600명의 팔로군 병사들과 수백 킬로미터를 행군했는데 한 명도 낙오되지 않은 모습을 보고 큰 감명을 받았다. 그때의 인상이 깊어서인지 그는 그들에 대한 책까지 썼다. 그때 팔로군의 구호가 '경호Gungho, 共和'였다. 칼슨은 '함께 살자'는 뜻의 이 말이 마음에 들었는지 자기 대대의 구호로 삼았다.

칼슨의 부대에 지원한 인물 중에는 루스벨트 대통령의 아들 제임스 루스벨트 대위도 있었다. 그는 평발에 시력이 아주 나빠서 원래는 군복무 면제 대상이었지만 운동화를 신으면서까지 기어코 혹독한 해병대 훈련을 이겨낸 의지의 인물이었다. 칼슨은 루스벨트 대위를 마킨섬 기습 작전에서 제외하려 했지만 그는 아버지에게 부탁해 기어이 이 작전에 참가했다.

8월 17일 새벽 칼슨 소령과 루스벨트 대위를 비롯한 85명의 특공대가 잠수함 노틸러스Nautilus호를 타고 마킨섬에 상륙했다. 이들은 100여 명의 일본군을 사살하고 통신 시설과 유류 저장소를 파괴한 뒤 문서와 군기, 군도 등을 노획해 귀환했다.

21명의 전사자와 9명의 포로가 발생했지만 과감한 공격, 특히 대통령의 아들이 특공 작전에 참가했다는 뉴스는 미국인들의 사기를 크게 높였고, 이 이야기는 다음 해 '경호'라는 제목으로 영화화되었다. 그러나 포로가 된 9명의 대원은 처형되었는데, 이를 지시한 아베 고소 해군 중장은 훗날 전범으로 교수형에 처해졌다.

어쨌든 다시 이야기를 과달카날로 돌려보면, 칼슨 중령의 부대는 제1

해병사단에 배속되어 과달카날에 도착했고, 곧 일본군의 방해 공작에 대비해 육군과 함께 방어선을 구축했다. 그러나 정작 힘들게 착수했던 비행장 공사는 지나치게 습지가 많고 지형이 방어에 부적합하다는 문제가 제기되어 11월 말에 취소되었다. 대신 칼슨 부대는 다른 임무를 부여받았다.

밴더그리프트 장군은 아올라 서쪽에는 일본군이 거의 없어 공사에 별 지장이 없을 거라고 보았고, 정예인 칼슨 부대를 그런 정적인 임무에 묶어두는 것은 낭비라고 생각했다. 11월 5일, 그는 칼슨에게 헨더슨 비행장으로 오라는 명령을 내렸다. 단순한 합류가 아니라 아올라를 출발해 헨더슨 비행장까지 도보로 수색해오면서 2,000~3,000명으로 추정되는 쇼지 부대의 패잔병들을 토벌하라는 어려운 명령이었다. 하지만 칼슨 부대는 원주민들의 지원이라는 큰 이점을 누릴 수 있었다. 보우자를 비롯한 원주민들은 길 안내는 물론 짐을 날라주며 적극적으로 협조했다.

칼슨 부대는 정글을 뚫고 무려 29일간 수색과 전투를 반복하며 정글 속에서 싸우고 승리했다. 너무 깊숙이 들어가서 사단사령부도 드문드문 연락을 받았을 정도였다. 합류 전날인 12월 3일, 그들은 헨더슨 비행장이 내려다보이는 고지의 능선을 확보했다. 칼슨 중령은 대원들과 함께 해병대 군가를 부르며 대장정의 마지막을 자축했다. 그리고 다음 날인 12월 4일 제1해병사단본부에 도착했다. 사단이 출간한 전사에는 그들의 대장정이 이렇게 기록되어 있다.

기습대대의 끈질긴 추격은 산악지대와 전인미답의 지역을 막론했으며, 무려 한 달간 계속되어 12회에 걸친 전투를 통해 400명 이상의 일본군을 사살했다. 물론 칼슨의 부대도 피해가 없지 않아 17명의 희생자를 냈다. 생존자들에게는 '칼슨의 돌격대Carlson's Raiders'라는 별칭이 붙었다.

그렇지 않아도 질병과 기아에 시달리던 쇼지 대좌의 부대는 칼슨 부대의 집요한 수색과 공격으로 막대한 병력 손실을 입었다. 그 때문에 마타니카우강으로 돌아가는 중간 지점인 룽가강가까지 쫓겨났다. 11월 중순에 이르면 그의 부대원은 1,300명 정도만 남았다. 마타니카우강 서쪽 제17군사령부에 도착했을 때는 더 줄어들어 700~800명만이 남았다. 이들은 마타니카우강 상류와 오스틴산에 방어선을 치고 있는 부대들에 분산 배속되었다.

'황소'의 방문

11월 8일, 핼시 제독이 과달카날섬을 방문했다. 전임 곰리 제독 때는 없던 일이었다. 곰리는 '지킬 수 없다고 생각하는' 섬은 방문하지 않는 인물이었다. 밴더그리프트 장군의 안내를 받아 진지를 시찰한 핼시 제독은 그날 밤을 섬에서 보냈는데, 그날도 예외 없이 일본군의 공습이 있었다. 당연히 제독도 방공호로 피신했는데, 이때 그는 방공호 주변에 견고하게 쌓인 모래주머니를 보고 흡족해하며 "단단해 보이는군" 하며 툭툭 쳤다. 그러자 포대가 찢어지면서 모래가 쏟아졌다. 그의 '힘'을 보여주는 일화라 할 수 있다.

이튿날 아침, 기자회견 석상에 등장한 남태평양의 최고사령관은 누가 봐도 자신만만하고 당당해 보였다. 한 기자가 핼시 제독에게 "일본군이 얼마나 더 싸울 것으로 보십니까?" 하고 질문을 던졌다. 그러자 제독은 대수롭지 않게 반문했다. "일본군이 언제까지 전투를 견뎌낼 것이라고 보시오?" 다른 기자가 승리를 위해 어떤 계획을 갖고 있느냐고 묻자 그다운 대답이 나왔다. "일본놈들을 죽이고, 또 죽이고, 또 죽인다!" 이 말은 곧 미국 전역으로 퍼져나갔다. 대원들도 이 말을 정말 좋아해 툴라기 하역장 바닥에 60센티미터 크기로 적어놓았을 정도였다.

한편 밴더그리프트는 제2해병사단 제8해병연대가 증원될 것이라는 사실은 익히 알고 있었다. 그런데 핼시 제독은 섬을 떠나면서 거기에 더해 제23아메리칼사단의 제182연대가 배를 타고 과달카날로 오고 있다는 소식을 전해주었다. 밴더그리프트는 일본군 역시 계속해서 병력을 증원하고 있다는 사실도 잘 알고 있었다. 하지만 그는 곧 이 무대에서 내려와야 했다.

제1해병사단의 철수

포격전과 장거리 정찰대 사이의 전투가 간간이 이어지는 가운데 11월 12일까지 제8해병연대와 육군 제182연대는 예정대로 상륙했다. 또한 핼시가 큰소리친 대로 미 해군이 해전에서 승리를 거두면서 전황은 더욱 좋아졌다. 위스키가 지급될 정도로 급식의 질도 훨씬 좋아졌다. 11월 17일, 밴더그리프트 장군은 기세를 몰아 마타니카우강 서쪽의 일본군을 완전히 소탕하는 대작전을 시작했다. 이 작전에는 제1해병연대와 제8해병연대, 육군 제164연대와 제182연대가 참가할 예정이었다.

한편 미군 총사령부는 그동안 장기말의 위치를 조정하고 있었다. 그 결과, 제1해병사단을 철수시키고 대신 제2해병사단과 육군 제23아메리칼사단을 투입하기로 결정했다. 그로 인해 제1해병연대는 과달카날에서의 마지막 전투에서 제외되었다. 다만 뒤늦게 과달카날에 입성한 제7해병연대는 철수도 후순위여서 좀 더 섬에 남게 되었다.

전투 사흘째인 11월 19일, 미군은 1,000여 명의 포로 가운데 장교 2명과 사병 2명을 뽑아 일본군 진지에 보내 항복 협상을 시도할 정도로 여유가 있었다. 물론 일본군은 거부했다. 게다가 뜻밖에도 이 전투에서 일본군이 승리했다. 해전의 패배에도 불구하고 상륙에 성공한 4,000병력의 일본군 제38사단의 기세를 제압할 수 없었던 것이다. 육군 준장이 지휘하고 육군이 주도한 전투의 패배 소식에 해병대원들은 묘한 '우월감'을 맛보았다. 하지만 완패는 아니어서, 미군은 마타니카우강 서안을 완전히 확보하는 한편 고지대를 차지해 일본군을 편하게 감시할 수 있었다. 일본군도 미군의 공세를 저지했다는 의미와 더불어 460미터 높이의 오스틴산을 확보해 헨더슨 비행장을 굽어보는 관측점을 확보했다.

11월 29일, 밴더그리프트 장군은 제1해병사단을 호주로 철수하고 휴식과 재정비를 하라는 명령을 받았다. 이제 이 지긋지긋한 섬을 떠나 '문명사회'로 돌아가게 된 것이다. 밴더그리프트는 12월 9일을 기해 육군의 알렉산더 패치 소장에게 작전 임무를 이관하고, 그동안의 고생으로 뼈와 가죽만 남은 병사들과 함께 과달카날을 떠났다. 앞서 말했듯이 한꺼번에 전 사단이 떠난 것은 아니었고, 제5해병연대와 제11포병연대가 사단장과 함께 먼저 떠났다. 비록 전투를 완전히 마무리한 것은 아니지만 밴더그리프트 장군은 과달카날 전역의 승장이었다. 그는 고별사로 다음과 같은 말을 남겼다.

야간전투의 공포를 이겨내고 일본군과 싸운 해병대와 육군의 장병들에게. 일본군이 과달카날을 죽음, 참담함과 동의어로 사용할 정도로 대전과를 올린 육군과 해군, 그리고 해병대의 조종사들에게. 기지에서 피땀에 젖어 목숨을 건 중요한 작업을 완수해낸 건설대 용사들에

●— 과달카날 전역을 승리로 이끈 알렉산더 밴더그리프트 장군. 그는 이후 미 해병대 역사상 최초로 사성장군이 되는 영예까지 얻는다.

게. 야간에 일본군을 격멸한 어뢰정의 용사들에게. 소수 병력임에도 헌신적인 협력으로 그 이상의 성과를 올린 연합국 병사들에게. 함께 작전에 참가해 우리를 승리로 이끈 해군 수상함 장병들에게 경의를.

한편 해병대원들은 "공인된 해병대 병참장교에게 합법적으로 지급받은 것 외에 영수증이 없는 육군의 의류나 장비는 절대 소지할 수 없다"는 지시를 받았다. 이런저런 명목으로 챙긴 M1 개런드를 모두 반납해야 한다는 의미였다.

12월 20일,《퍼시픽》의 주인공 가운데 한 명인 시드니 필립스와 전우들은 테나루강 둑을 따라 '헬스 포인트'(이치키 부대를 전멸시킨 전장)까지 함께 걸으며 지난 시간을 회고했다. 지난 5개월 동안 도합 257번의 공습과 163번의 포격, 그리고 9번의 만세 공격에도 그들은 살아남았다. 대원들은 과달카날의 마지막 밤을 영화를 보며 보냈다. 그리고 날이 밝았다. 정말로 과달카날을 떠나는 날이었다. 대원들은 그물사다리를 잡고 배에 오를 수 없을 정도로 쇠약해져 있었다. 그들은 섬을 떠나면서 이런 노래를 불렀다.

천국에 가면 성 베드로에게 말하리.
여기 해병대원 또 하나가 지옥에서 지내다 왔노라고.

1월 5일 배에 오른 제7해병연대를 마지막으로 제1해병사단은 모두 과달카날섬을 떠났다. 사단의 전사자 681명은 처음에는 이름도 몰랐던 과달카날에 묻혔다. 사단이 앞으로 치를 주요 전투들에 비하면 과달카날의 전사자 수는 결코 많은 편이 아니었다. 하지만 그야말로 악전고투여서 경증 환자를 포함해 사단 전 장병의 75퍼센트가 말라리아에 걸렸고, 도합 8,580명이 길건 짧건 병원 신세를 졌다. 환자 명부에는 존 바실론 하사도 있었다. 게다가 말라리아에 걸리지 않았다 해도 40도가 넘는 섬의 폭염을 피할 수는 없었고, 많은 병사들이 건강을 크게 해쳤다. 12월 7~8일에 실시된 건강진단에서 34퍼센트의 병사들이 전투 부적격 판정을 받았다. 최소한 3개월 이상 휴식을 취해야 한다는 의미였다. 하지만 아사자는 단 한 명도 없었다.

이쯤에서 일본군은 어떻게 '아귀도餓鬼島' 과달카날에서의 날들을 마무리했는지 간단히 정리하고, 다시 제1해병사단의 이야기를 이어나가보자.

아귀도 과달카날

과달카날의 일본군 지휘부는 병력과 보급 부족으로 11월에 예정되어 있던 헨더슨 비행장 탈환 작전을 사실상 포기했다. 이때부터는 대본영의 육군과 해군 간부들 사이에서 과달카날 철수설이 나돌았지만 여전히 체면 때문에 공론화되지는 못했다. 그사이 과달카날의 일본군은 식량과 의약품 부족으로 하루에도 수십 명씩 열대병과 기아로 쓰러졌다. 군기마저 무너져 식량 보급소가 자주 약탈당했고, 그로 인해 많은 병사들이 얼마 안 되는 배식마저 얻을 길이 없어졌다. 심지어 병사들이 총기를 닦는 기름을 핥아먹는다거나 식인까지 자행했다는 소문이 돌았다. 동료의 시신을 묻을 힘도 없어 그대로 방치하다가 그 옆에 누워 죽음을 기다리는 자가 부지기수였다. 탄약도 떨어져 쏠 일이 없어진 많은 총기가 녹슨 쇠막대기로 전락했다.

연합군의 해공군 전력이 나날이 강화되면서 구축함을 이용한 보급조차 여의치 않게 되었다. 11월 후반에는 잠수함을 동원해 식량을 공급하기도 했으나 당연히 턱없이 부족했다. 과달카날은 훗날 일본인이 기술한 대로 '아귀도'가 되어갔다. 일본군은 과달카날섬을 'ガ島(가토)'라고 줄여 불렀는데, 'ガ(가)'는 '배고플 아餓'의 발음이기도 했다. 말하자면 'ガ島(가토)'는 '餓島(가토)'가 되어가고 있었다. 『인간의 조건』으로 유명한 전쟁소설의 대가 고미카와 준페이는 이렇게 쓴 바 있다. "군대는 전쟁의 선악에 대해 물어서는 안 되며, 전사戰士가 전장에서 죽는다고 해도 이는 어쩔 수 없는 일이다. 하지만 몇십 일을 굶을 의무는 그것이 국가를 위해서건 장군이나 참모를 위해서건 천황 폐하를 위해서건 있을 수 없다." 그러나 과달카날의 일본군은 '몇십 일 굶는 의무'를 이행 중이었다. 과달카날의 참상은 식인종조차 뒷걸음치며 고개를 돌릴 정도가 아니었을까?

결국 구축함을 통한 보급 과정의 전력 손실을 견디지 못한 일본 해군은 12월 12일 대본영에 과달카날 철수를 정식으로 제안했다. 그제야 대본영은 라바울에 조사단을 파견해 실태 조사에 나섰고, 조사단은 철수를 건의했다. 12월 26일, 드디어 일본 육군 상층부의 재가가 떨어졌다. 이틀 후인 28일, 육군 참모총장 스기야마 겐 원수는 해군 군령부장 나가노 오사미 제독과 함께 히로히토를 알현해 철수를 상주했고, 12월 31일 윤허를 받았다. 3년 후 맥아더는 히로히토에 대해 '전쟁에 연루된 바가 없다'는 '판단'을 내리는데, 결코 그렇지 않다는 사실을 여기서도 알 수 있다. 이후 일본 육군과 해군은 극비리에 철수 작전을 계획했고, 대본영은 1943년 1월 4일 라바울에 철수 명령을 내렸다.

한편 과달카날은 새로 편성된 미 육군 제14군단의 땅이 되었다. 패치 장군이 지휘하는 제14군단 예하에는 육군 제25사단, 제23아메리칼사단과 제2해병사단 등 5만 명에 달하는 병력이 있었다. 공세에 나서기 충분한 병력이었고, 실제로 12월 18일 공격에 나섰다. 하지만 오스틴산을 요새화하고 격렬히 저항하는 일본군을 상대로 고전을 면치 못했다. 결국 1월 4일을 기해 미군의 공세는 실패하고 말았다.

하지만 1월 10일 미군은 다시 공격에 나서 오스틴산과 그 인근의 씨호스Sea horse 능선, 갤로핑호스Galloping horse 능선을 동시에 공격했다. 일본 군은 굶어 죽어가는 가운데서도 완강하게 저항했다. 하지만 육군과 해병대는 1월 23일까지 모든 능선을 점령했다. 이때 해병대는 섬의 북부 해안에 상륙해 상당한 지역을 확보했다. 이 전투에서 일본군은 또다시 3,000명의 병력을 잃었다.

1월 14일부터 일본군의 철수 작전이 사실상 시작되었다. 철수를 엄호하기 위해 1개 대대가 '도쿄 특급'으로 과달카날에 파견되었던 것이다.

햐쿠타케 중장에게 과달카날에서 철수하라는 결정이 통보된 것도 이때였다. 일본군은 철수 작전을 엄호하기 위해 라바울과 부건빌 일대에 항공기들을 증파했다.

일본군이 철수를 위해 서쪽 해안으로 이동하는 가운데 새로 파견된 엄호대가 미군의 추격과 공세를 차단했다. 2월 1일, 미카와 중장의 제8함대는 대부분 제38사단 소속인 패잔병 4,935명을 태우고 과달카날에서 벗어났다. 2월 4일과 7일에도 제8함대는 밤새 남아 있던 거의 모든 일본군을 무사히 철수시켰다. 당초 5,000명 정도의 구출을 예상했던 것에 비하면 작전은 '대성공'이었다. 이를 통해 모두 1만 652명이 간신히 목숨을 건질 수 있었다. 줄곧 미군의 편이었던 행운의 여신이 일본군에 미소를 지어준 순간이었다. 아니 어쩌면 더 이상의 참상을 지켜볼 수 없었던 여신의 마지막 자비였는지도 모르겠다.

사실 일본군의 성공적인 철수 작전에는 다른 내막이 존재했다. 미군은 일본 함대의 도착을 알았지만 병력 증원으로 오해해 오히려 일본군의 대규모 반격에 대비하고 있었다. 즉 철수를 눈치채지 못해 제때 저지하지 못한 것이다. 아무렴 어떠랴. 2월 9일, 패치 사령관은 더 이상 일본군이 남아 있지 않다는 사실을 확인하고 과달카날의 완전 평정을 선언했다. 이로써 1942년 8월 7일 제1해병사단의 상륙으로 시작된 과달카날 전투는 반년간의 처절한 대서사를 남기고 막을 내렸다.

과달카날 전투의 승리 요인과 의의

원래 미군 지휘부는 과달카날을 시작으로 연속적인 상륙작전을 통해 일본 본토로 진격한다는 기본 계획을 가지고 있었다. 지휘부는 과달카날을 장악하면 항공 작전을 통해 미국과 호주 사이의 해상 수송로를 위협하는 일본 기지들을 제어할 수 있다고 보았다. 그다음 목표는 라바울이었는데, 지휘부는 이곳을 점령하면 훗날 일본 본토로의 직접 상륙도 가능할 것이라고 여겼다. 하지만 라바울 공략은 나중 이야기였고 일단 과달카날만 차지해도 미국과 호주 간 해상 수송로의 안전을 지킬 수 있었다. 그래서 과달카날의 일본군이 비행장을 완성하기 전에, 준비가 미흡하더라도 신속히 제1해병사단을 투입해 빠르게 과달카날을 점령하는 것이 중요했다.

일본 육군의 입장은 전혀 달랐다. 일본 육군은 주력을 중국 대륙에 두고 중국 국민당의 근거지가 있는 충칭重慶을 공략할 생각이었다. 따라서 그들에게는 주요 공세 지역이 어디까지나 중국과 인도양 방면이었다. 물론 남태평양 방면에 육군이 배치되지 않은 것은 아니어서, 미국과 호주 사이의 해상 수송을 차단하기 위해 주력부대들이 라바울과 뉴기니섬 동부에 배치되어 있었다. 하지만 거기까지였다. 일본 육군 지휘부에는 과달카날의 이름조차 아는 이가 없었다. 태평양은 기본적으로 해군의 몫이었으므로 아무 관심도 가지지 않았던 것이다. 그런 맥락에서 일본 육군은 미군의 자세한 동향에 대해 깊이 연구한 적도 없고 무지했다.

예를 들어 해병대가 과달카날섬에 상륙한 8월 7일, 대본영의 육군 수뇌부는 오후 3시부터 '최근 미국의 동향'에 대해 듣고 있었다. 대미 정보 담당인 제2부 제6과의 주임참모 스기다 이치지 중좌가 브리핑하는 자리였다. 하지만 여기에서 과달카날에 대한 언급은 전혀 없었다. 미국 정보에 관해 '일가견'이 있다는 스기다의 브리핑은 주로 미 육군의 동향에 할애되었는데, 그는 미군이 해병대를 중심으로 상륙작전을 전개하여 태평양에서 일본 본토를 향해 진격해 오리라고는 꿈에도 예상 못했고, 상륙 당일인 이날 엉뚱하게도 중대한 위협은 극동의 소련 영토 및 인도, 중국 방면에 있다고 '지적'했다.

일본 해군은 육군과 달리 미국 해군을 경계하고 있었다. 그들은 미국 함대 주력을 솔로몬해 부근에서 포착해 격멸한 후 전쟁 종결을 모색하려 했고, 항공기지가 될 과달카날 탈환을 필요조건으로 보았다. 해군 쪽이 좀 더 판세를 잘 읽고 있었던 셈이지만, 미군이 1930년대 중반에 육해공 통합 수륙양용 작전을 개발하고 이를 실현하기 위한 조직 개편을 연구했다는 사실은 전혀 파악하지 못하고 있었다. 또한 섬들에 대한 공방전을 어떻게 수행할 것인가에 대해서도 연구한 바가 없었다.

말하자면 일본 육해군에는 빈약한 전략 인식밖에 없었으므로 제대로 된 통합 작전이 존재할 리 만무했다. 결국 이치키 부대와 가와구치 부대, 제2사단과 제38사단은 마치 과달카날섬에 삼켜진 것처럼 축차적으로 투입되어 차례대로 죽어갔다. 그들의 처참한 패배 이면에는 이런 근본적인 한계가 중요하게 작용하고 있었던 것이다.

또한 일본군은 '보급'에 대한 인식에도 문제가 많았다. 일본 육군에게 '보급'이란 적군에게서 탈취 또는 현지 조달로 해결하는 것이었다. 보급 없이도 제대로 된 군대라면 알아서 해결이 가능하다는 억지가 '상식화' 되어 있었다. 일본 해군 역시 미 해군 주력과의 장엄한 전투를 고민했을 뿐 보급 물자 수송이나 호위 함정의 제공 같은 '잡무'에는 관심이 없었다. 훗날 제17군 참모 이모토 중좌는 다음과 같이 탄식했다.

과달카날섬에서 공격할 때마다 궤멸 상태에 빠진 일본군의 실정은 과거 경험한 적 없는 수준의 참담함 그 자체였다. 대양을 사이에 두고 6,000킬로미터 넘게 떨어진 도쿄의 책상 위에서는 도저히 상상할 수 없는 모습이었다. 몇몇 참모가 현지를 돌아보고 보고를 올려도 수뇌부는 진상을 파악하지 못했다. 고위 책임자들이 직접 현지로, 그게 아니라면 라바울까지라도 와서 제일선의 실정을 파악할 필요가 있었다.

앞서 니미츠나 핼시 제독이 과달카날을 직접 방문해 해병대의 사기를 높인 일화를 소개했는데, 이처럼 전투에 임하는 미군과 일본군 지휘부의 인식과 태도에는 큰 차이가 있었다. 여기서 이미 전쟁의 승패는 갈리고 있었다 해도 무리가 없을 것이다.

그렇다면 미군 입장에서 과달카날의 승리는 어떤 의미가 있었을까? 과달카날 전투의 가장 중요한 의미는 미군이 주도권을 잡게 되었다는 데 있다. 이후 일본군이 태평양에서는 공격 시도조차 하지 못했다는 사실이 좋은 증거다. 일본군은 방어에 급급한 전략을 세울 수밖에 없었고, 나중에는 '절대국방권'*이라는 신조어까지 만들어 사수를 위해 분투했지만 미 해병대와 해군 기동함대에 의해 하나씩 무너지고 만다. 핼시 제독은 과달카날 전투의 의의를 그다운 표현으로 정리했다.

과달카날 이전에 적들은 그들이 원하는 대로 진격했다.
과달카날 이후에 적들은 우리가 원하는 대로 패주했다.

과달카날은 일본을 갉아먹은 거대한 블랙홀이었다. 선박이나 항공기의 손실도 컸고, 6개월간 전사한 장병만 2만 5,000명이었다. 특히 미드웨이 전투에 이어 이곳 과달카날에서 숙련된 조종사들이 2,000명 넘게

---

* 절대국방권絶対国防圏은 1943년 9월 30일 일본 대본영이 어전회의에서 채택한 전쟁 수행 계획이다. 수세에 몰린 일본이 본토 방위를 위해 반드시 필요하다고 판단한 영토와 지점을 설정한 권역이다. 그중 사이판은 가장 중요한 지역이었다.

무더기로 사라졌다. 일본군은 이 손실을 끝내 메우지 못했고, 이는 태평양전쟁 패전의 중요한 한 원인이 되었다.

이런 거대한 의미를 가지는 과달카날 전투의 주역이 제1해병사단이었다. 이들은 섬이 부여한 가혹한 환경과 일본군의 끈질긴 공격을 다섯 달 동안이나 견뎌냈으며, 결과적으로 해병대 역사상 첫 번째 도서 탈환 작전을 기념비적인 승리로 장식했다. 제1해병사단은 머나먼 일본으로의 첫 발자국을 이렇게 내딛었다.

화려한 휴가, 화려한 포상

잠시 시간을 1941년 5월로 돌려 오스틴 쇼프너의 이야기를 해보자. 제 4해병연대 소속으로 풀러 중령과 함께 중국 상하이에서 근무하고 있던 쇼프너는 개전 직전 필리핀으로 이동하라는 명령을 받았다. 이후 전쟁이 일어나자 필리핀의 미군은 일본에 패퇴했는데, 쇼프너 또한 반년간의 분전에도 불구하고 1942년 5월 6일 속절없이 일본군의 포로가 되고 말았다. 세상 무엇보다 해병대를 사랑하는 그에게 포로 신분은 견디기 어려운 모욕이었다. 창설 이후 해병대는 단 한 번도 항복한 적이 없었기 때문이다. 그는 악명 높은 '죽음의 행진'[*]에서 살아남았지만 너무나 고생스러워 체중이 38킬로그램이나 줄었다. 이후에도 그는 포로를 존중할 줄 모르는 일본군의 학대를 이겨내야 했다. 계속해서 탈출의 기회를 노리던 그는 1943년 4월 4일 동료 두 명과 함께 민다나오^{Mindanao}섬 수용소에서 탈출하여 항일 게릴라와 합류하는 데 성공했다.

---

[*] 1942년 4월 9일, 미군과 필리핀 포로 7만 명은 바탄반도의 남쪽 끝 마리벨레스를 출발하여 산페르난도까지 88킬로미터를 강제 행진했고, 이어 카파스까지는 열차를 이용했으며, 다시 카파스부터 오도넬 수용소까지 13킬로미터를 행군했다. 이들은 이 과정에서 기아에 시달렸고, 구타를 당했으며, 낙오자는 총검에 찔려 죽음을 당했다. 결국 7,000~1만 명의 포로들이 행진 중에 사망하고, 단지 5만 4,000명이 수용소에 도착했으며, 일부는 정글 속으로 도망쳤다. 전쟁이 끝난 뒤 그 책임을 물어 당시 일본군 사령관 혼마 마사히루 중장이 기소되었다. 그는 1946년 1~2월 마닐라에서 개최된 미국 군사위원회 재판에서 유죄가 인정되어 4월 3일 처형되었다.

●── 소위 시절의 오스틴 쇼프너.

　그는 게릴라부대인 미 육군 제110사단**의 참모차장이 되었고, 거의 동시에 호주에 있던 미군 사령부의 무선 명령에 따라 소령으로 승진했다. 수용소의 상황을 조사하고 싶었던 미군 사령부는 그를 호주로 데려오기로 결정했다. 1943년 11월, 쇼프너는 다른 동료들과 함께 민다나오섬 해안에 잠입한 잠수함 나왈Narwhal호를 타고 호주 북부의 다윈Darwin 항에 도착했다. 그들은 브리즈번에 있는 맥아더 사령부에 도착했고, 병

** '사단'이라고는 했지만 사단장 계급이 중령일 정도로 실제적으로는 대대 정도의 전투력에 불과했다. 미국이 아직 필리핀을 완전히 잃지 않았다는 상징적인 의미를 담고 있었다.

원에 입원하여 건강검진을 받았다. 그리고 2년 만에 제대로 된 샤워를 하고 면도를 했으며 아이스크림을 먹었다.

맥아더 사령부는 폭탄이 떨어져도 무너지지 않을 정도로 튼튼한 보험 회사 건물에 있었다. 거기서 쇼프너는 평소 혐오하던 맥아더 장군과 면담했고, 그로부터 훈장도 받았다. 하지만 사람의 마음은 통제할 수 없는 것이어서 훗날 쇼프너는 "맥아더는 신이고, 나는 그 곁에 있는 천사였다"고 당시 상황을 비꼬았다.

그리고 놀랍게도, 쇼프너가 최고사령관까지 만나 일본군의 포로 학대 실상을 전달하고 동료들의 구출을 요청했지만 구출 작전은커녕 어떤 정보도 공개되지 않았다. 일본보다 독일을 먼저 격파해야 한다는 루스벨트 행정부의 전략, 즉 높으신 분들의 큰 그림 때문이었다. 쇼프너는 국민들이 일본군의 만행을 알게 되면 하루라도 빨리 동료들을 구출할 수 있을 거라 기대했지만 수용소의 참상을 결코 입 밖에 내어서는 안 된다는 명령이 내려왔다. 그는 성탄절 휴가를 가족들과 보낼 수 있었지만 상처 입은 마음은 좀처럼 회복되지 않았다.

한편 호주에 도착한 해병대원들은 호주인들의 열광적인 환영을 받았다. 사단 장병들의 숙소는 호주 스포츠의 성지인 멜버른크리켓경기장 MCG이었다. 이제는 당시 경기장이 헐리고 새 경기장이 들어서 있는데, 10년 전 필자가 방문했을 때는 아쉽게도 제1해병사단의 흔적은 남아 있지 않았다. 해병대원들은 호텔은 아니지만 멜버른크리켓경기장 좌석들에 매단 강철 침대에 누워 편안히 쉴 수 있었고, 조금만 걸어가면 도시의 환락도 즐길 수 있었다.

2월 22일, 제1해병사단은 호주 국민들의 열광적인 환영을 받으며 시가에서 개선 행진을 했다. 정확한 코스는 알 수 없지만 아마 멜버른에 있

● 멜버른크리켓경기장. 1956년에는 멜버른올림픽의 주경기장이었다.

는 빅토리아 주의회 의사당 앞을 지났을 것이다. 인파가 모여들어 환호
를 보냈다. 특히 반년 동안 여자라곤 그림자 구경도 못했던 병사들은 호
주 여인들이 날리는 손 키스에 정신을 차리지 못할 지경이었다. '순진한'
병사들을 유혹해서 미국에 가려는 '사심' 섞인 여인들의 뜨거운 눈빛에
대원들은 녹아버렸다. 많은 병사들이 데이트 신청을 받았는데, 여자가
먼저 데이트 신청을 한다는 것은 당시 미국에서는 상상하기 어려운 일
이었다. 실제로 호주 여인들과 사랑에 빠진 이들이 많았고, 결혼에 골인
한 이들도 꽤 있었다. 참고로 2차대전 동안 외국 여성과 결혼한 미군은
100만 명이 넘었다. 독일과 일본은 연합국 병사들에게 "지금 양키들이
너희들의 아내와 누이들을 노리고 있다"는 전단을 뿌려댔는데, 틀린 말

은 아니었던 셈이지만 호주 남자들은 억울했다. 미국 남자들이 과달카날에서 목숨 걸고 싸워 호주를 지킨 것은 사실이지만, 그들 역시 '모국'(영국)을 지키기 위해 북아프리카에 나가 있었으니 말이다.

늦게 도착한 제7해병연대는 조금 '불운'했다. 그들은 멜버른 시내에서 꽤 떨어진 마사^{Martha}산 아래의 캠프를 숙소로 배정받았기 때문이다. 당연히 무단 이탈자가 많았다.

2월이 되자, 사단사령부는 먹고 마시며 즐기던 병사들의 군기를 잡기 시작했다. 고참들은 새 해병사단을 훈련시키기 위한 전출이 예정되어 있었고, 당연하게도 승진과 훈장 등 대대적인 포상이 기다리고 있었다. 밴더그리프트는 백악관에 초청되어 루스벨트 대통령에게 직접 명예훈장과 감사장을 받는 영광을 누렸다. 그 자리에는 아들 알렉산더 주니어 해병대 소령도 함께했는데, 그는 훗날 한국전쟁에도 참전한다. 밴더그리프트는 중장으로 승진해 제1해병군단장이 되었다. 제1해병사단의 후임 사단장은 소장으로 승진한 부사단장 루퍼터스였다. 신임 부사단장에는 1차대전에 참전했고, 중국과 아이티에서 경력을 쌓은 레뮤얼 셰퍼드 준장이 부임했다.

한편 이 무렵 제1해병사단은 사단 단위로는 최초로 군복에 사단 고유 마크를 다는 영광을 누린다. 사단 마크는 메릴 트와이닝 중령이 디자인했는데, 남십자성 별자리와 과달카날의 영문 철자 그리고 숫자 '1'을 조화시켜 만들어졌다. 사단 마크는 곧 모든 대원들의 어깨 위에 부착되었다. 이후 과달카날에서 싸운 제1해병사단의 간부들은 부러움 반, 비아냥 반이 섞인 '과달카날 마피아'라는 말을 들으면서 승승장구한다.

1943년 5월 7일, 니미츠 제독은 최고의 무공훈장인 명예훈장 수상자 이름이 적힌 서류에 서명했다. 앞서 받은 밴더그리프트 외에 제1해병사단은 4명의 대원이 명예훈장을 받는 영광을 누렸는데, 에드슨 대령과 바실론 하사, 2차 마타니카우 전투에서 맹활약한 앤서니 카사멘토, 그리고 피의 능선 전투의 영웅이자 1차 마타니카우 전투에서 전사한 베일리 소령이 주인공이었다.

존 바실론은 밴더그리프트 중장에게 명예훈장을 받았다. 열흘 후 이 훈장은 그의 인생을 완전히 바꾸어놓는다. 휴 앰브로스의 『퍼시픽』에서는 훈장 수여 장소가 제7해병연대 연병장으로 기록되어 있는데, 이 책을 영상화한 미니시리즈 《퍼시픽》에서는 훈장 수여식이 멜버른크리켓경기장에서 열린 것으로 묘사되어 있다. 어느 쪽이 맞는지는 알 수 없는데, 어쩌면 연대가 그 사이 숙소를 멜버른크리켓경기장으로 옮긴 것인지도 모르겠다. 어쨌든 그는 수여식에서 풀러 중령에게 경례를 받는 또 다른 '영광'도 누렸다.

기자들은 바실론의 고향인 뉴저지주 래리턴으로 몰려들었다. 바실론은 곧 국민적 영웅이 되었다. 7월 25일 호주를 떠나 워싱턴에 간 그는 제독과 장군 그리고 기자들에게 둘러싸였다. 놀랍게도 재무부도 그에게 관심을 보였는데, 전쟁국채 판매 운동의 얼굴로 그가 가장 적합하다고 보았기 때문이다. 그는 9월 6일부터 할리우드 스타들과 함께 전쟁국채 판매 운동에 정식으로 참가했다. 이탈리아 나폴리에서 온 가난한 이민자의 아들은 이렇게 '아메리카 드림'을 이루었다.

과달카날의 승리는 곧바로 '과달카날 다이어리'라는 제목으로 영화화되었는데, 명배우 앤서니 퀸이 출연했다. 이 영화는 '미국판 배달의 기수' 같은 작품으로, 마지막 장면에는 전쟁국채 판매 홍보 문구가 나온다. 어쨌든 과달카날의 승리와 이 영화는 많은 소년들에게 영감을 주어 해병대에 지원자가 몰려들었다. 어떤 소년들은 억지로 체중을 불리거나 시

● — '블루 다이아몬드'라는 애칭을 가진 제1해병사단의 마크.

력을 속여 입대하기도 했다.

호주에서 휴식과 재정비에 들어간 제1해병사단 장병들은 사단 마크
뿐 아니라 그토록 탐내던 M1 개런드 반자동소총과 'U.S. Marine Coprs'
라는 글자가 새겨진 새 전투복도 받았다. 멋진 황동 단추가 달린, 새로운
소재를 사용한 군복이었다.

그런 가운데 밴더그리프트와 존 바실론뿐 아니라 에드슨 대령도 제2
해병사단으로 전출되었고, 그 외에도 많은 간부들이 사단을 떠났다. 새
로운 간부들이 미국 본토에서 날아와 그 자리를 메웠다.

9월 말, 해병대원들에게 사단이 맥아더 휘하에 배속되었다는 소식이
전해졌다. 너무도 당연하게 해병대원들은 조소와 야유로 화답했다. 한편
맥아더는 제1해병사단에 더 이상 휴식을 줄 생각이 없었다. 다음 달, 사
단에서 가장 먼저 제1해병연대가 뉴기니 근처의 굿이너프Goodenough라는

작은 섬으로 보내졌다. 전투를 위한 이동은 아니었지만 또다시 정글이었다. 이곳에서 제1해병사단은 새로 개발된 전차상륙정Landing Craft Tank, LCT에 관한 교육과 훈련을 받았다. 그리고 앞으로는 M3 스튜어트 전차 대신 강력한 75밀리 포가 장착된 M4 셔먼 전차가 이들과 여정을 함께할 예정이었다.

3장

일본 본토로 가는
길을 열어라!

글로스터곶 상륙

제1해병사단의 주력은 1943년 12월 26일 뉴브리튼섬의 서쪽 끝인 글로스터곶으로 향했다. 이 섬 북쪽에는 일본군의 대규모 기지가 있는 라바울이 있었다. 뉴브리튼의 면적은 3만 6,555제곱킬로미터로 과달카날보다 6배나 큰 섬이다. 따라서 작전 목표는 섬 전체가 아니라 섬 서쪽을 차지하여, 댐피어해협과 비티아즈해협 항로의 안전을 확보하는 데 있었다.

순양함과 구축함이 오전 6시부터 상륙 예정지에 엄청난 포격을 퍼부었고, 하늘에서도 B-24와 B-25 폭격기가 수백 톤의 폭탄을 투하했다. 이어서 제1해병사단이 상륙정^{Landing Craft Infantry, LCI}을 타고 상륙을 시작했다. 선봉은 제7해병연대 1대대와 3대대였고, 뒤이어 제1해병연대가 상륙했다. 이곳의 일본군은 제17사단 제65여단이었는데, 이들은 미군의 공격을 전혀 예상하지 못했고, 따라서 해안에서 미 해병대는 아무런 저항도 받지 않았다.

하지만 해병대원들은 곧 일본군보다 더 무서운 적이 있다는 사실을 깨달았다. 바로 섬의 자연환경이었다. 정글도를 휘둘러 간신히 길을 내어 전진하면 늪지가 나왔는데, 방심하다가는 목까지 잠겨버렸다. '전문가'들의 항공사진 분석에 따르면 그곳은 꽤 질척거리기는 하지만 평지여야 했다. 결론적으로, 그곳은 자연이 만든 지뢰가 널려 있는, 과달카날보다 위험한 곳이었다! 어디를 가도 최소한 무릎까지 빠지는 진창이 존재했다. 게다가 포격과 폭격으로 지반이 약해져 나무들은 자그마한 충격에도 잘 쓰러졌다. 실제로 첫 '전사자'도 나무에 깔려 죽은 불운한 병사였다.

12월 26일 오전 10시부터 전투가 시작되었다. 그와 별도로 제1해병연대 2대대는 오전 7시에 타우알리Tauali 북쪽에 상륙하여 글로스터곶 쪽에서 후퇴하는 일본군의 퇴로를 끊고 남쪽에서 북쪽으로 증원되는 일본군을 저지하는 임무를 맡았다.

글로스터 전투가 시작될 무렵, 필리핀에서 돌아온 쇼프너와 그의 동료들은 밴더그리프트 중장을 면담하고 그들의 소원대로 복수를 위한 복귀를 약속받았다. 그 무대는 제1해병사단이 제공한다. 그리고 거의 같은 시기에 전 국민적 영웅 존 바실론도 전선 복귀를 결심했다. '스타'가 된 그는 꼭 위험한 전장으로 돌아가지 않아도 되었다. 하지만 그는 자신이 뼛속 깊이 '영원한 해병'이라는 사실과 있어야 할 곳이 해병대라는 것을 깨달았다. 가족들이 만류했지만 별 소용이 없었다. 바실론 또한 밴더그리프트를 만났고, 장군은 그의 소원을 들어주었다.

뉴브리튼섬 전투

글로스터곶 전투는 일본군의 강력한 벙커로 인해 초반에는 중대장 한 명이 전사하는 등 해병대가 고전하는 양상으로 시작되었다. 하지만 새로 도입된 수륙양용장갑차 LVT와 셔먼 전차의 활약으로 4개의 벙커를 제압하면서 서전을 승리로 장식했다. 일본군에는 셔먼 전차를 상대할 대전차 무기가 전무했고, 앞으로도 이 전차에 큰 피해를 입는다. 그런 가운데 일본 항공기가 몰려들면서 비록 규모는 작지만 과달카날에서처럼 육해공 입체 전투가 벌어졌다. 해병대의 1차 목표가 '비행장'이라는 점도 과달카날과 비슷했다. 12월 26일, 해병대는 해질녘까지 1만 1,000여 명이 상륙을 마쳤고, 단단한 교두보를 구축하는 데 성공했다.

불의의 기습을 허용했지만 일본군 역시 그대로 물러날 생각은 없었다. 바로 그날 밤, 제53연대를 중심으로 일본군의 야습이 시작되었다. 이역시 규모만 작을 뿐 과달카날의 재판이었다. 사흘 동안 치열한 전투가 벌어졌다. 하지만 일본군은 별 성과 없이 200명이 넘는 전사자를 내고 물러났다. 일본군을 물리친 해병대는 29일 오전 9시 항공 지원을 받으며 비행장을 목표로 진격했다.

셔먼 전차 1대당 1개 분대의 보병이 배치되었다. 그들은 셔먼 전차를 뒤따르며 일본군의 육탄 공격을 저지했고, 벙커를 하나씩 제압해나갔다. 오후 4시 30분, 마지막 벙커가 제압되면서 비행장으로 가는 길이 열렸다. 그사이 해병대는 일본군 266명을 사살하고, 9명의 동료를 잃었다. 일본군은 비행장 근처 고지에 병력을 집중시켜 저항했지만 장비와 화력, 전투력의 모든 면에서 해병대의 상대가 되지 못했다.

제1해병사단장 루퍼터스 장군은 1943년의 마지막 날 정오에 성조기를 비행장에 걸었다. 이 전투에서 보여준 제1해병사단의 전투력은 말 그

●— 글로스터곶의 해병대 81밀리 박격포부대. 글로스터곶 전투는 미군의 대승으로 끝났지만 81밀리 박격포는 그다지 큰 역할을 하지 못했다.

대로 막강했고, 이 빛나는 전과는 장군의 자랑이 되었다. 하지만 그는 그로 인해 과신에 빠졌고, 다음 전투에서 쓴맛을 본다.

한편 타우알리에 상륙했던 제1해병연대 2대대는 12월 30일 새벽 일본군의 야습을 받았다. 일본군 제51연대 1대대 소속의 116명이었다. 하지만 2대대의 병력은 1,200명, 지원 병력까지 합하면 1,500명에 달했기 때문에 아무리 야습이라지만 너무도 무모한 공격이었다. 그럼에도 일본군은 4차례나 돌격을 시도했고, 결국 89명이 전사하고 5명이 포로가 되어 사실상 전멸했다. 제1해병연대 2대대는 7명의 전사자와 17명의 부상자가 나왔을 뿐이다.

그럼에도 일본군은 야습에 대한 환상을 포기하지 않았다. 일본군은 미군의 화력에 밀려 후퇴를 거듭하다가 지휘관이 인내심을 잃고 소규모 부대로 돌격 명령을 내리면 이를 시도하다 전멸하는 패턴을 반복했다. 이런 일본군을 상대로 해병대는 자살샛강 전투, 아오기리 능선 전투, 201고지* 전투에서 모두 승리했다. 1944년 1월 16일 이후 해병대는 일본군의 조직적 저항을 거의 받지 않았고, 그에 따라 소탕과 추격전을 전개했다. 특히 201고지 전투에서는 어마어마한 화력을 쏟아부어 해병대원들조차 이런 공격을 당하는 일본군을 애석해하며 고지가 10미터쯤 낮아지지 않겠냐는 농담을 할 정도였다. 한편 일본군 요새를 함락하는 등 일련의 전투에서 많은 전공을 세운 풀러 중령은 2월 1일 대령으로 승진하며 제1해병연대장이 되었다.

일본군은 2월 23일 후퇴 명령을 받고 라바울 쪽으로 철수했다. 지리에 익숙하지 않은 해병대는 그들을 놓치고 마는데, 이에 제5해병연대를 동쪽의 볼루파이Volupai에 상륙시켜 퇴로를 끊으려고 했다. 이때 새 연대장이 부임했는데, 바로 6년 후 한국전쟁에서 사단장으로서 제1해병사단을 지휘하는 올리버 스미스였다. 아이티와 아이슬란드 근무 경력이 있는 그는 오래도록 실전에 참여하기를 염원해왔지만 좀처럼 기회를 얻지 못하다 뒤늦게 기회를 잡은 것이었다. 하지만 제5해병연대는 라바울 쪽에서 증원된 일본군의 견제 때문에 적 섬멸에는 실패하고, 대신 윌아우메즈Willaumez반도를 장악하는 데 성공했다.

한편 이 시기에 해병대가 진정 진저리를 낸 적은 일본군이 아니라 거의 매일 억수같이 쏟아지는 비였다. 폭우로 나무가 쓰러져서 병사들이 여럿 깔려 죽었고, 병사들의 건강도 악화되어갔다. 그리고 이때부터 흔히

---

* 고지 앞에 붙은 숫자는 높이를 의미한다. 즉 201미터 높이의 고지라는 뜻이다.

'덕 헌터Duck Hunter'라고 부르는 얼룩무늬 전투복이 지급되었다. 이 전투복은 원래 유럽 전선에서 사용되었지만 독일의 무장 친위대로 혼동되는 경우가 많아 태평양 전선의 해병대에 던져준 것이었다. 어쨌든 그 덕(?)에 덕 헌터 위장복은 2차대전 후기 미 해병대의 상징 중 하나가 되었다.

뉴브리튼을 떠나다

뉴브리튼섬의 서부를 장악한다는 목표가 달성되자 해군과 맥아더 사이에는 제1해병사단의 배치를 두고 치열한 다툼이 벌어졌다. 일단 맥아더는 자기 손에 들어온 이 정예부대를 내놓을 생각이 없었고, 해군은 중부 태평양의 섬을 공격하기 위해서는 반드시 이 사단이 필요하다는 입장이었다. 해군 사령관 어네스트 킹 제독은 두 달 앞으로 다가온 노르망디 상륙 준비에 정신이 없는 조지 마셜 장군을 1주일 동안이나 괴롭혀 결국 사단을 되찾는 데 성공했다.

그리하여 제1해병사단은 맥아더의 '마수'에서 벗어났다. 임무 교대를 할 부대는 육군 제40사단이었는데, 두 사단은 시간 절약을 위해 장비는 그대로 두고 병력만 교체했다. 공통된 장비는 그대로 장부상 교환으로 대체하고 남거나 모자라는 것들에 대해서는 사후 정산하는 식으로 처리했다. 4월 26일 제5해병연대가 첫 번째로 뉴브리튼섬을 떠났고, 5월 4일 마지막 부대가 배에 올랐다.

다섯 달 동안의 전투에서 제1해병사단의 손실은 전사자와 실종자 310명, 부상자 1,083명이었다. 일본군은 훨씬 더 큰 손실을 입어 3,868명의 전사자와 거의 같은 수의 부상자를 냈다. 사단이 붙잡은 포로는 420명이었다. 전투 종료 후, 늘 그렇듯 인사이동이 있었다. 올리버 스미스 대령은 준장으로 승진하는 것과 동시에 제1해병사단의 부사단장이 되었고,

해니컨 중령은 대령으로 승진하여 제7해병연대장이 되었다.

파부부에서의 날들

제1해병사단 장병들은 다시 '천국' 멜버른으로의 귀환을 기대했지만 이루어지지 않았다. 그들의 새로운 주둔지는 러셀제도에 있는 파부부 Pavuvu섬으로, 전쟁 전에는 호주인들의 코코넛 농장과 소목장이 있었다. 원래 내정되었던 주둔지는 과달카날이었다. 이때 과달카날은 그들이 목숨 걸고 사수하던 때와는 달리 대규모 기지로 변모하여 완벽에 가까운 시설을 자랑하고 있었다. 하지만 아무리 미국이라도 전쟁 중 인력은 부족하기 마련이어서 하역 작업에 병사들이 동원되는 경우가 많았다. 제3수륙양용군단장 로이 가이거 장군은 정예 해병대가 그런 잡무에서 해방되어 휴식과 훈련에 전념하기를 바랐다. 내정된 과달카날이 아닌 파부부가 휴식처로 결정된 이유다. 장군은 병사들의 막사와 훈련 시설을 지어줄 제15해군건설대대의 파견도 잊지 않았다.

하지만 장군의 배려는 나쁜 결과로 나타났다. 근처의 바니카Banika섬에 1,300병상 규모의 해군 병원 건설이 결정되었는데, 막 본토에서 온 터라 우선순위를 몰랐던 제15해군건설대대는 이 공사를 먼저 진행했다. 따라서 파부부에 해병대가 도착했을 때, 병원과 도로는 잘 만들어져 있었지만 정작 막사가 없었다. 해병들은 노역에서 해방되기는커녕 살 집부터 직접 지어야 했고, 그 전에 산더미같이 쌓여 있는 코코넛 더미부터 치워야 했다. 그 결과 환자가 급증했다. 하루 평균 200명이 넘는 병사들이 병원 신세를 졌는데, 어이없게도 해군 병원을 먼저 지은 것이 '선견지명'이 되어버렸다. 사실 파부부에는 감당할 수 없을 정도로 쥐와 게가 많았다.

보급도 형편없었다. 과달카날과 뉴브리튼에서 '개고생'을 한 고참들에게는 큰 문제가 되지 않았지만, 신병들은 달랐다. 코앞에 과달카날의 대규모 기지가 있는데도 파부부에서 전투식량과 냉동식품이나 먹고 있어야 했다. 병사들은 섬에서 반쯤 야생화된 소들을 잡아먹었다. 하지만 알고 보면 전부 주인이 있는 소들이어서 호주에서 비난 여론이 일었다. 결국 '사냥'과 '도축'은 금지되었다. 사실 과달카날 전투 직후만 해도 미군에 '열광' 일변도였던 호주인들의 감정은 전쟁 위기감이 어느 정도 해소되고 여유가 좀 생기면서 달라져 있었다.

제1해병사단은 이렇듯 파부부섬에서 휴식을 취하기는커녕 이런저런 전투 외적 상황에 시달리며 지쳐버렸고, 사기도 떨어졌다. 루퍼터스 사단장은 장기 원정 중인 부하들, 특히 24개월을 넘긴 대원들을 귀국시키고 싶어했다. 하지만 사령부는 앞으로 있을 상륙작전을 대비해 고참병이 필요하다고 판단했다. 이에 루퍼터스 사단장은 직접 워싱턴으로 날아가 해병대 총사령관 밴더그리프트 장군을 만났다. 장군은 현장의 상황을 가장 잘 아는 인물이어서, 루퍼터스는 24개월을 채운 대원 가운데 3분의 1은 귀국시키겠다는 약속을 받아낼 수 있었다. 부상을 입었거나 형제 가운데 전사자가 있는 대원들이 먼저 결정됐고, 나머지는 제비뽑기로 결정되었다. 행운아 중에는 시드니 필립스도 있었다.

물론 떠나는 인원만큼 새로운 병사를 받아야 했다. 5월 말부터 4,860명의 신병이 파부부에 도착했다. 원래 해병대는 지원제가 원칙이었지만 1944년 들어서는 징병된 신병들도 받았는데 이때 사단에 합류한 병사들 중에도 섞여 있었다.《퍼시픽》의 주인공 중 한 명이며 시드니 필립스의 절친한 친구인 유진 슬레지도 해병대에 지원했지만 심장 박동에 이상이 있다는 이유로 입대 불가 판정을 받은 청년이었다. 하지만 이를 부끄럽게 여긴 슬레지는 어찌어찌 입대에 성공했고, 박격포 사수로 훈련을 받은 뒤 제5해병연대 3대대에 배속되었다. 그가 파부부에 도착한 날은 6월 1일이었다. 며칠 후 슬레지는 이젠 '말년 병장'으로 곧 섬을 떠날 필립스를 찾아갔다. 멀고 먼 파부부에서 다시 만난 두 친구는 얼싸안고 바닥을 뒹굴었다.

6월 6일, 해병대원들은 영화를 보고 있었다. 나치의 탄압에 맞서 프랑스 교사가 고군분투하는 내용이었다. 그런데 갑자기 영화가 중단되더니 한 장교가 나와 노르망디 상륙 소식을 전했다. 그 순간 함성으로 지축이 흔들렸다. 사실 그들의 형제들은—유진 슬레지의 형을 포함해—유럽 전선에 있는 경우가 많았다. 지구 반대편 전선에 있지만 미군들은 피로써 강하게 연결되어 있었다.

이때쯤 신병들의 훈련이 본격적으로 시작되었다. 6월 22일에는 칼슨 특공대의 마킨섬 기습을 다룬 《경호!》(1943년)가 야외극장에서 상영되었다. 병사들이 약속이나 한 듯 철조망에 몸을 내던지면 다른 사람이 그걸 밟고 넘어가는 등 장면장면은 '장렬'했지만 전혀 피가 튀지 않아 고참들은 이 영화에 심드렁했다.

6월 24일, 필립스와 고참병은 귀국하는 배에 몸을 실었다. 그들은 과달카날과 뉴브리튼에서 혹독하게 고생했지만, 뒤에 일어난 일을 생각하면 오히려 행운아였다. 펠렐리우Peleliu와 오키나와의 지옥을 맛보지 않아도 되었기 때문이다.

한편 국민 영웅 존 바실론은 그사이 해병대 지원병과에서 일하는 같은 이탈리아계 여군 리나 리지를 만나 사랑에 빠졌다. 그는 7월 10일 결혼식을 올리고 신혼여행에서 돌아온 후 새로 배속된 제5해병사단 제27연대를 향해 출발했다. 한편 쇼프너는 그동안 해병대 지휘참모학교를 졸업하고 7월 7일 파부부에 도착했다. 그가 맡은 부대는 유진 슬레지가 있는 제5해병연대 3대대였다.

보낼 사람 보내고 받을 사람 받은 제1해병사단은 본격적인 훈련에 들어갔다. 크게 두 부분에 역점을 두었는데, 하나는 신병들의 조련이었고 다른 하나는 '새로운 전술'의 훈련이었다. 파부부섬은 작은 데다 거의 울창한 정글이어서 훈련에 적합한 장소는 아니었다. 그래서 주로 중대나 소대 단위의 훈련이 이루어졌고, 대원들은 실전처럼 실탄이 날아다니는 가운데 포복 침투 훈련을 했다. 또 교관들은 칼과 총검, 삽 등 손에 들 수 있는 것은 무엇이든 쓰는 백병전 기술을 가르쳤다. 훈련은 엄격한 시간표에 따라 빡빡하게 운영되었다. 신병 훈련이 급한 탓에 고참들은 기초 훈련에서 제외되었다. 이런 식으로 8월 중순까지 그럭저럭 만족할 만한 수준의 훈련을 마칠 수 있었다.

한편 이 기간에 또 다른 훈련 목표로 삼은 '새로운 전술'은 '진정한 의미의 적전상륙작전'을 뜻했다. 물론 제1해병사단은 과달카날과 뉴브리튼에서 두 차례 상륙작전을 훌륭하게 수행했지만 둘 다 큰 섬이었고, 상륙 순간 공격을 받은 적도 없었다. 하지만 앞으로의 상륙은 그런 행운을 기대하기 어려운 곳에서 이루어질 게 분명했다.

작전 내용은 다음과 같았다. 사전에 수중폭파반UDT이 상륙에 방해가 되는 산호초들을 폭파, 제거한다. 이어 병사들을 실은 수륙양용장갑차LVT들이 해상에서 컨베이어벨트를 이루며 상륙을 시작한다. 37밀리 대전차포 또는 75밀리 단포신 곡사포를 단 수륙양용장갑차들이 앞장서 적의 엄폐호를 파괴한다. 1분 후, 첫 해병들이 상륙하고 5분 간격으로 후발대가 뒤를 잇는다. 이렇게 20분 안에 5개 대대 4,500명이 예정된 해안에 도착한다. 동시에 부양 장비를 장착해 수상 이동이 가능해진 전차도 곧장 해안으로 이동해서 즉각 화력 지원에 나선다. 이어 연대 직할 화기중대가 5분 후 상륙하며, 인양기를 단 수륙양용트럭^{DUKW}을 이용해 105밀리 곡사포를 내린다. 그사이 병력을 양륙한 수륙양용장갑차들은 산호초 밖으로 나가 더 많은 병력을 싣고 돌아온다. 작전 개시 85분 후, 3개 대대가 더 상륙하고, 이어 전투를 지속 가능하게 해줄 물자와 장비를 가지고 지원부대가 상륙한다…….

놀라울 정도로 정교하고, 거대하고, 기계화된 작전계획이었다. 많은 장교들이 입을 다물지 못했지만 필리핀에서 낡은 소총 몇 자루로 일본군을 상대했던 쇼프너는 더 큰 충격을 받았다. 조금 거창하게 이야기하면 전술혁명의 현장에 서 있는 셈이었다. 하지만 이런 '전술혁명'은 해병대가 수행한 타라와^{Tarawa}와 사이판 상륙작전에서 얻은 뼈저린 교훈의 결과였다. 아무래도 제1해병사단의 이야기를 이어가려면 먼저 이 두 상륙작전을 짚고 넘어가야 할 것 같다.

타라와의 교훈

과달카날의 승리 이후 남태평양을 장악한 미군은 나날이 증강되는 해군과 항공대에 힘입어 자연스럽게 일본 본토로 가는 징검다리인 중부 태평양의 섬들을 다음 목표로 삼았다. 이 지역의 산호섬들은 남태평양의 섬들과 달리 평탄했고, 울창한 정글도 없었다. 일단 점령한다면 이상적인 비행장과 항구가 되어줄 섬들이었다.

문제는 이런 환경이 상륙작전에는 최악의 조건이라는 점이었다. 상륙용 주정과 장갑차는 산호초에 걸려 좌초할 확률이 높았다. 또 무사히 상륙한다고 해도 엄폐물이 없어 병사들이 적의 포화를 그대로 뒤집어쓸 것이 분명했다. 미군 지휘부도 이를 모르지 않았는데, 다만 해상과 공중에서 화력을 쏟아부으면 '이런 어려움 정도'는 극복할 수 있는 수준이라고 믿었다. 이런 믿음에 근거가 없진 않았다. 1943년 11월 5일 미군은 중부 태평양의 일본군 중심 기지인 트럭^{Truk}섬을 대공습으로 쓸어버렸고, 그 덕분에 바다와 하늘의 위협이 대부분 사라진 상황이었다. 그래서 미군 지휘부는 중부 태평양 섬들에 대한 상륙작전에 자신감을 가졌다.

첫 목표는 길버트제도$^{Gilbert\ Islands}$에 속하는 타라와 환초의 베티오^{Betio} 섬과 그로부터 160킬로미터 떨어진 마킨섬이었다. 마킨섬은 칼슨의 특공대가 기습했던 바로 그 섬이다. 베티오섬 공략은 제2해병사단이 맡았고, 마킨섬은 육군 제27사단이 맡았다. 두 사단을 지휘하는 제5상륙작전 군단의 사령관은 제1해병사단의 초대 사단장을 역임한 홀랜드 스미스 중장이었다.

중부 태평양의 일본군은 연전연패 중이었지만 지레 포기하지는 않았다. 또 전쟁 중 바보 같은 행위를 많이 했지만 이 환초의 전략적 가치를 모를 정도로 일본군 수뇌부가 어리석지도 않았다. 일본군은 본토에서 2,600명 남짓 되는 정예 해군 육전대를 차출해 타라와 환초, 특히 14대의 95식 경전차를 포함한 주 전력을 좋은 비행장이 있는 베티오섬에 배치했다. 일본의 해군 육전대는 미군의 해병대에 해당하는 부대이므로 타라와 전투는 해병 대 해병의 싸움이 될 터였다.

베티오섬은 센트럴파크보다도 작은, 면적이 3제곱킬로미터도 안 되는 작은 섬이었다. 일본군은 이곳에 방어진지를 구축하기 위해 1,200명가량의 노동자를 투입했는데, 대부분 조선인들이었다. 시바자키 게이지 해군 소장이 방어진지 구축과 방어를 맡았다. 그는 해안포를 설치했고, 특히 싱가포르 전투에서 노획한 영국제 8인치 포까지 가져다놓았다. 여기에 500개에 달하는 견고한 벙커와 토치카를 구축했으며, 모든 거점을 잇는 참호까지 완비했다. 지뢰 지대와 대전차호, 정교한 화망도 완벽에 가깝게 준비했다. 여기에 초호礁湖*에서 육지로 이어지는 얕은 해변에는 통나무나 쇠로 된 꼬챙이들을 박아 상륙용 주정과 장갑차들이 쉽게 접근할 수 없도록 했다.

11월 20일 새벽 3시, 미군의 대함대가 베티오섬 앞바다에 도착했다. 배들의 갑판 면적을 전부 합하면 베티오섬의 45배가 넘는 대함대였다. 제1해병연대 출신의 58세 노장 줄리언 스미스 소장이 지휘하는 제2해병사단 대원들은 상륙용 주정에 올라탄 뒤 대기했다. 상륙에 앞서 새벽 5시 5분부터 1톤짜리 포탄을 쏘는 16인치 함포를 포함한 함대의 모든 함포가 불을 뿜었다. 1시간 후에는 항모에서 발진한 100여 대의 함재기 폭격까지 더해졌다. 오전 8시까지 섬 전체를 써레질하듯 함포사격이 계속되었고, 그 결과 섬 안의 야자나무가 모두 사라질 정도로 섬 전체가 초토화되었다. 오전 8시 24분, 마침내 제2해병연대장 데이비드 슈프 대령이 지휘하는 선봉 5,000여 명이 해안으로 쇄도했다. 슈프 대령은 과달카날 전투 후반에 참전한 바 있었다. 너무도 엄청난 포격과 폭격이 있은 뒤여서 대원들은 살아남은 일본군이 거의 없을 거라고 생각했다. 그들은 자신들이 해야 할 일이란 그저 '다리미질'일 것이라고 생각했다.

그러나 일본군의 벙커는 대부분 살아남아 있었다. 게다가 상륙을 시도하는 과정에서 미군 지휘부는 중요한 오판이 있었음을 깨달았다. 미군은 1세기 전의 해도를 보고 작전을 짰는데, 그동안 산호가 많이 자랐다는 사실을 간과해 많은 LVT-1 장갑차와 주정들이 좌초한 것이다. 게다가 상륙에 성공한 해병들도 벙커와 참호 뒤에 숨은 일본군의 '환영'을 받았다. 일본군은 정확한 사격으로 개활지에 노출된 해병들을 살육했다. 6시

---

* 산호초들 가운데 바닷물이 얕게 괸 곳.

간 동안 90미터밖에 전진하지 못할 정도로 어려운 전투였다. 하지만 슈프 대령은 침착하게 구축함들을 불러 근접지원을 요구하고 돌파구를 열어나갔다. 상륙에 성공한 전차와 불도저가 위력을 발휘하는 가운데, 화염방사기와 폭약을 들고 코앞까지 육탄 돌격하는 대원들의 활약으로 교두보가 조금씩 확대되었다. 이튿날 오후 4시, 해병대는 비행장 활주로를 점령하는 데 성공했다. 힘겨운 전투 와중에 녹초가 된 슈프 대령은 그제야 겨우 숨을 돌렸고, 오후 5시 50분을 기해 사단 참모장인 에드슨 대령에게 지휘를 넘겼다(과달카날 때는 반대로 슈프가 에드슨의 역할을 담당한 바 있다). 피비린내 나는 전투는 나흘간 쉬지 않고 계속되었다.

결국 타라와-베티오 전투는 11월 23일 오전 미 해병대의 승리로 끝이 났다. 75시간 45분 동안 쉼 없이 이어진 이 전투에서 해병대는 무려 1,085명이 전사하고, 2,248명이 부상을 입었다. 물론 일본군의 피해는 더 커서 3,600여 명 가운데 17명의 포로를 제외하고 시바자키 장군을 포함해 전원이 전사했다. 조선인 노동자들은 두 군대의 십자포화 속에 대부분 죽고 겨우 129명만이 살아남았다. 48년 후인 1991년 11월 21일 이곳에는 죽은 조선인 노동자들의 넋을 위로하는 위령비가 세워졌다.

전투 소식은 미국 본토에도 전해졌다. 미국인들은 손바닥만 한 섬을 점령하는 데 엄청난 피를 흘렸다는 사실에 큰 충격을 받았다. 엄청난 비난이 쏟아졌고, 상륙 전술 개선에 더욱 심혈을 기울이는 계기가 되었다. 그 과정에서 차체 뒷부분에 출입구가 달리고, 육상 이동속도가 빨라진 LVT-3이 개발되었다.

한편 같은 날 육군 제27사단도 마킨섬에 상륙했는데 이들이 맞닥뜨린 일본군은 베티오에 비하면 초라했다. 전체 병력이 800명도 안 되었고, 섬의 요새화도 이루어져 있지 않았다. 저항도 대단하지 않았다. 그럼에도 제27사단은 고전을 면치 못했다. 소수의 저격병을 어쩌지 못해 대부대의 진격이 중단되는가 하면, 연대장이 전사했음에도 이틀이나 시신을 수습하지 못하고 방치하는 등 모든 게 엉망진창이었다. '울부짖는 미치광이'라는 별명의 홀랜드 스미스 군단장은 분노를 참지 못하고 제27사단장 랠프 스미스 소장을 심하게 다그쳤다.

여기에는 사실 전술 기동에 대한 해병대와 육군의 견해 차이가 크게 작용했다. 육군은 손실을 줄이기 위한 신중한 기동과 배후를 위협하는 패잔병의 완전한 처리를 중시하지만, 해병대에는 희생을 무릅쓴 빠른 진격이라는 전통이 확립되어 있었다. 해병대에게 전장에서 멈칫하는 것보다 위험한 짓은 없었다. 시간을 낭비하면 엄호하는 함대의 대기 시간이 길어지고, 결과적으로 함대가 적의 공격에 노출될 확률이 높아진다. 그러면 함대는 큰 손실을 감수하든가 전장에서 이탈해야 한다. 하지만 지원 함대 없는 상륙은 그야말로 끔찍한 것으로, 마킨섬의 경험은 해병대의 전술이 옳다는 것을 증명했다. 며칠 뒤 마킨섬 주위에 있던 호위 항모* 리스컴 베이Liscome Bay호가 적 잠수함에게 격침당하면서 644명의 수병이 전사한 것이다. 이는 마킨섬 전투에서 전사한 육군의 10배나 되는 인원이었다. 이들 중에는 진주만 기습 때 기관총을 잡고 일본 항공기에 맞섰던 공로로 흑인 최초이자 태평양전쟁 최초로 해군 십자장을 받은 도리스 밀러도 있었다.

---

* 호위 항모는 상선을 개조한 일종의 '간이 항모'로 크기도 작고 방어력과 속도도 떨어지지만 저렴하게 대량 건조할 수 있다는 강점이 있다.

사이판의 교훈

미군의 다음 목표는 마셜제도의 콰잘린섬이었다. 1944년 1월 31일, 타라와를 훨씬 능가하는 어마어마한 포격이 콰잘린섬에 가해졌다. 타라와 때와 비교해 방어 시설이나 일본군 지휘관의 능력이 훨씬 떨어졌기에 미군은 가볍게 섬을 차지했다. 이 작전에는 육군 제7사단도 참가했는데, 이 부대는 해병대, 특히 제1해병사단과 계속해서 인연을 맺는다.

2월 17일에는 제22해병연대가 콰잘린섬에서 600킬로미터 떨어진 에니웨톡섬에 상륙해 이 역시 가볍게 점령했다. 이후 제22해병연대는 5월에 제4해병연대와 제1임시해병여단을 구성해 7월에 괌 탈환 상륙작전에 투입되는데, 제1해병사단 부사단장 출신의 레뮤얼 셰퍼드 준장이 여단장으로서 지휘를 맡았다. 제1임시해병여단은 얼마 후 제6해병사단이 되는데, 자연스럽게 셰퍼드 장군이 사단장이 된다. 훗날 셰퍼드 장군은 올리버 스미스 장군의 라이벌 아닌 라이벌이 된다. 어쨌든 에니웨톡섬 점령을 끝으로 마셜군도는 미군의 차지가 되었다. 싱겁게 끝난 이곳의 전투들에서도 일본군의 전멸과, 포로 대부분이 조선인 노동자라는 '공식'에는 변함이 없었다.

상륙작전 경험이 착착 쌓이면서 앞서 말한 기계화된 상륙작전 교리도 완성되어갔다. 그리고 이 시점에 비로소 수중폭파반인 UDT가 등장한다. 그 밖의 주목할 만한 변화 중 하나는 상륙작전 전용 지휘함의 등장이었다. 이전까지 지휘함으로 사용된 함선은 주로 순양함 같은 군함이었는데, 대형 함포와 각종 화기의 소음이 지휘를 방해하는 경우가 많아서 아예 수송선에 통신 장비를 대거 설치한 지휘함을 새로이 개발한 것이다. 1971년 건조되어 아직도 제7함대의 기함으로 건재한 블루리지Blue Ridge호는 바로 이 지휘함의 연장선상에서 개발된 함정이다. 또한 야습을

●── 글로스터곶의 레뮤얼 셰퍼드(왼쪽). 1차대전에 참전했고, 중국과 아이티에서도 경력을 쌓은 그는 전 세계를 무대로 활동했던 인물로, 한국전쟁의 영웅 올리버 스미스와는 묘한 라이벌 관계를 형성했다.

자주 구사하는 일본군에 대응하기 위해 엄청난 양의 조명탄을 확보하는 한편 그것들을 함포로 쏘아올릴 수 있도록 만들었다.

이제 다음 목표는 새로 개발된 B-29 폭격기의 기지가 될, 마리아나제도에서 가장 중요한 섬인 사이판이었다. 이 섬은 제주도 면적의 10분 1에 불과했다.

홀랜드 스미스 중장의 제5상륙작전군단 소속 제2해병사단, 제4해병사단과 육군 제27사단이 사이판 상륙부대로 정해졌다. 군단은 상륙에 앞서 사탕수수 숲이 무성한, 사이판과 지형이 비슷한 하와이에서 맹훈련을 실시했다. 한편 일본군 대본영도 사이판을 '절대국방권'의 핵심으로 보고 병력 증원과 방어 시설 공사를 서두르고 있었다. 하지만 미 해군의 잠수함에 의해 많은 수송선이 격침되어 엄청난 병력과 장비, 건설용 자재가 바닷속으로 가라앉았다. 결국 일본군은 원하는 수준의 방어력을 갖추지 못한 채 3만 1,000명의 병력과 불완전한 방어진지로 2배 이상의 병력에, 압도적인 해공군력을 갖춘 미군을 맞이해야 했다.

1944년 6월 15일, 제2해병사단과 제4해병사단이 상륙을 감행했다. 육군 제27사단은 예비대였다. 불과 9일 전 노르망디에서 거대한 상륙전을 전개했던 미국이 지구 반대편에서 또 하나의 대규모 상륙전을 감행한 것이다. 미국의 국력이 어느 정도였는지 실감되는 대목이 아닐 수 없다. 그런데 일본군 사령관 사이토 요시쓰구 중장은 종심방어가 아니라 작은 환초섬에서나 쓸 구시대적 해안 방어 전술을 쓰기로 결정했다. 따라서 일본군의 주력은 해안 방어진지에 대기하고 있다가 전투가 시작되자마자 미 해군의 엄청난 함포사격을 받고 큰 피해를 입었다. 하지만 살아남은 일본군은 상륙하는 해병대에 맹렬히 저항했고, 이로 인해 해병대는 상륙이 완료되고 길이 9킬로미터 폭 900미터의 교두보가 확보될 때까지 1,500여 명의 사상자라는 큰 대가를 치러야 했다.

상륙 첫날 밤, 어김없이 일본군의 야습이 있었다. 하지만 함포사격과 미군의 지상 화력에 3개 대대 병력이 거의 전멸했다. 그럼에도 일본군은 전차까지 동원해 16~17일 계속 야습을 시도했다. 하지만 이 역시 별다른 전과를 거두지 못하고 대부분의 전차만 잃고 패퇴했다. 이때 해병대의 2.36인치 바주카포가 맹활약을 했다. 16일에는 육군 제27사단도 상륙해 미군의 전력이 증강되었고, 이틀 후에는 비행장을 손에 넣었다.

한편 사이판을 구원하고 미 기동함대를 격멸하기 위해 출동한 일본 연합함대는 오히려 필리핀해 해전에서 대패하고 400대 이상의 함재기를 잃었다. 이로써 사이판의 일본군은 완전히 고립되었다. 완벽하게 승기를 잡은 미군은 사이판에서 대공세를 감행했고, 일본군은 무너져내렸다. 결국 6월 24일, 대본영은 그간 '난공불락'이라고 호언장담하던 사이판을 포기하는 결정을 내렸다. 제공권과 제해권은 미군에게 완전히 넘어갔고, 사이판 최대 도시 가라판^{Garapan}도 함락되었다.

남은 일본군은 산악지대와 동굴에 숨어 끝까지 저항했지만 식량도 탄약도 없었다. 시대착오적인 해안 방어 전술 때문에 식량과 장비, 탄약이 전투 초반에 소실되거나 미군의 손에 떨어졌기 때문에 당장 먹을 것도 없었다. 미군은 잔존 일본군을 상대로 비행장을 지키느니 차라리 작은 섬인 사이판 전체를 쓸어버리기로 했다. 절멸전이 방어 면에서나 비용 면에서 낫다고 본 것이다.

그런 와중에 미군 내부에서 심각한 내분이 일어났다. 6월 24일, 제5상륙작전군단장 홀랜드 스미스 중장이 육군 제27사단장 랠프 스미스 소장을 해임하는 사건이 벌어진 것이다. 두 스미스 장군은 7개월 전에도 충돌한 바 있었는데, 제27사단의 진격이 해병대와 보조를 맞추지 못하는 데다 기껏 진격했다가도 일본군의 저항을 이유로 자주 공격 개시선 뒤로 병력을 물리자 분노한 스미스 군단장이 스미스 사단장을 해임해버린 것이다. 과달카날 전투 때 일본군의 마루야마 중장과 쓰지 참모가 가와구치 소장을 해임한 사건을 떠올리지 않을 수 없다. 다만 스미스 군단장은 미국으로 승부가 기운 상황에서 사단장을 해임했다는 점, 또 레이먼드 스프루언스 제독 등 해군의 동의를 얻고 나서 행동했다는 점에서 달랐다.

태평양 전선의 미군은 통합군 체제로 전쟁을 수행했기에 원론적으로는 통합군 사령관에게 인사권이 있지만 해병대가 소속된 해군의 최상급

자인 니미츠 제독과 맥아더 장군에게 귀띔조차 없었던 해임이어서 육군과 해병대 사이에 엄청난 분란이 벌어졌다. 이 조치가 옳았는지 아닌지에 대해서는 지금까지도 논쟁이 있지만 결국 두 스미스 장군 모두에게 불행한 결과로 이어졌다. 해병대의 스미스 장군은 미주리호에 오르는 영예를 누리지 못했고, 육군의 스미스는 사실상 군 경력이 끝장났다. 하지만 이 '충격요법'은 효과가 있었다. 굴욕을 당한 육군 제27사단은 일본군을 상대로 '분풀이'하듯 열심히 싸워, 영관장교 4명과 중대장 22명이 죽거나 부상을 당하는 큰 손실을 입었지만, 일본군을 완전히 북쪽으로 밀어붙였다.

7월 6일, 진주만 기습 함대의 사령관이었으나 함대를 잃고 사이판에 '갇힌' 신세가 된 나구모 주이치 중장이 자결했다. 사이판 방어 책임자 사이토도 마지막 공격을 명령하고 그의 뒤를 따랐다. 7월 7일 새벽, 잔존 일본군과 민간인 자원병들이 만세 공격으로 전멸하면서 일본군의 저항은 끝이 났다. 7월 9일에는 일부 병사와 민간인 4,000명이 아이들을 먼저 절벽 아래로 내던지고 자신들도 뛰어내렸다. 그곳엔 '만세 절벽'이란 이름이 붙었고 사이판의 '명소'가 되었는데, 미군들은 사이판에서 민간인을 처음 보았기에 더 큰 충격을 받았다. 물론 전부 그랬던 것은 아니어서 조선인 1,300여 명과 일본인 1만여 명, 원주민 3,225명은 포로가 되어 살아남았다. 미군은 해병대 2,382명, 육군 1,059명이 전사했고, 1만 1,000명이 부상을 입었다. 일본군은 3만 명 이상이 전사했고, 921명만 포로가 되었다.

미군의 다음 목표는 사이판 바로 옆의 티니안Tinian섬과 전쟁 전에는 미국령이었던 괌이었다. 티니안의 면적은 사이판의 절반을 조금 넘는 101제곱킬로미터로, 평탄한 지형이어서 사이판보다도 비행장을 만들기에 더 좋은 섬이었다.

7월 24일, 티니안 상륙작전에 제2, 제4해병사단이 투입되었다. 주력은 제4해병사단이었다. 과달카날 전투에서 제1해병연대를 지휘한 클리프턴 케이츠 소장이 사이판 전투 직후 새로 부임해 지휘를 맡았다. 이 전투에서 해병대는 효율적인 전쟁 기계처럼 움직였고, 규모만 작을 뿐 사이판과 마셜제도 전투의 판박이처럼 진행되었다. 어김없이 일본군의 야습이 있었고, 결과는 전과 같았다. 심지어 집단 자살이라는 비극도 반복되었다. 평지여서 전차와 포병이 훨씬 위력을 발휘해 미군 전사자는 328명, 부상자는 1,571명에 그쳤지만 일본군 전사자는 8,000여 명에 달했다. 전문가들은 이 전투를 가장 완벽하고 효율적인 상륙작전이었다고 평가했다. 덕분에 케이츠 장군은 훗날 해병대 사령관까지 승진하고, 한국전쟁에서도 한몫을 하게 된다.

마리아나제도를 거의 평정하고 B-29 폭격기 기지를 확보한 미군은 7월 21일 괌 상륙작전을 감행했다. 사령관은 가이거 해병대 소장이었는데, 그는 과달카날 전투 당시 준장으로 해병 항공대를 지휘해 큰 공을 세운 바 있었다. 1차대전 때 해병 항공대의 창설 멤버이기도 한 그는 과달카날에서는 57세의 나이에도 급강하 폭격기를 직접 조종해 일본군 진지를 폭격하는 노익장을 과시하기도 했다. 한편 상륙작전군단 예하에는 제5해병연대 출신의 앨런 터네이지 소장의 제3해병사단과 셰퍼드 준장의 제1해병임시여단 그리고 육군 제77사단이 있었다.

사이판의 3배에 달하는 면적 때문에 괌에 대한 미 해군의 함포사격은 사상 최대 규모였다. 13일 동안 16인치 포탄 836발, 14인치 5,442발, 8인치 3,862발, 6인치 2,430발, 5인치 1만 6,214발을 퍼부었고, 함재기들이 떨어뜨린 폭탄도 1,131톤에 달했다.

괌 상륙작전 역시 그 전과 별다를 바 없이 진행되었다. 다만 7월 25일 밤 일본군의 야습은 특기할 만했다. 무려 일곱 차례나 이어진 이날 밤의 전투는 취사병과 통신병, 행정병까지 무기를 들고 나와 육박전을 벌여야 했을 정도로 치열했다. 하지만 결과는 같았다. 8월 10일, 일본군의 저항이 사실상 종료되었고, 다행히 이곳에서는 집단 자살 같은 참극은 없었다. 미군 전사자는 1,745명이었는데, 그중 해병대 전사자가 1,568명이었다. 전사자 중에는 풀러 대령의 동생 새뮤얼 풀러 소령도 있었다. 소식을 들은 풀러 대령은 상하이 주둔 시절(제5해병연대 2대대 부대대장) 부하였던 쇼프너 중령을 불러 버번 위스키를 마시며 밤을 새웠다. 일본군의 전사자는 1만 명이 넘었고, 생존자들은 정글 속으로 도주했다. 그중에는 종전 후 27년이 지난 1972년에야 붙잡힌 요코이 쇼이치 상병 같은 이도 있었다. 일본으로 귀국한 그는 놀랍게도 결혼 후 신혼여행지로 괌을 찾았다고 한다.

괌은 얼마 후 완벽한 미군 기지로 변모했다. 그리고 니미츠 제독이 이곳에 전선 사령부를 두고 직접 지휘하면서 사실상 태평양함대의 사령부가 되었다. 그의 사령부가 있던 언덕을 니미츠 힐이라고 부르는데, 1997년 8월 6일에는 불행하게도 대한항공 여객기가 이곳에 충돌하면서 229명이 사망하는 참사가 벌어지기도 했다.

이제 이야기를 다시 이 책의 주인공인 제1해병사단으로 돌릴 때가 되었다.

펠렐리우 전투 전야

제1해병사단이 다음에 정복해야 할 섬은 일본령 팔라우제도의 펠렐리우섬이었다. 필리핀과 뉴기니 중간에 위치해서 필리핀 탈환을 위해서는 '반드시 공략할 필요가 있다'고 보였다. 그 때문에 마리아나 공략이 시작될 당시에 팔라우제도 공략은 이미 예정되어 있었고, 제1해병사단 지휘부가 작전계획을 짰다.

그런데 과달카날과 뉴브리튼에서 연전연승한 루퍼터스 장군은 지나친 자신감에 차 있었다. 그는 펠렐리우 공략에 육군 지원은 필요하지 않으며, 심지어 휘하 3개 연대 가운데 2개 연대만으로 공격하고 1개 연대는 예비대로 두려고 생각했을 정도였다. 루퍼터스보다 먼저 이 계획에 참여하고 있던 스미스 부사단장과도 불화를 빚었는데, 그나마 사이판에서 노획한 문서를 분석한 결과 펠렐리우섬에 1만 명이 넘는 적군이 있다는 사실이 판명되어 3개 연대가 나란히 상륙하게 되었다. 사실 이 정도로도 부족했지만 루퍼터스는 압도적인 화력이 메워줄 거라고 믿었다. 이 과정에서 스미스는 그의 상관이 우월의식이 강하고, 인내심이 없으며, 적군을 경시한다는 사실을 깨달았다. 그는 상관 복이 없는지 6년 후 한국전쟁에서 더 나쁜 상관을 만난다.

시작 전부터 징조가 좋지 않았다. 루퍼터스 사단장이 신형 상륙용 장갑차에서 내리다가 발목이 부러져 지팡이를 짚는 신세가 된 것이다. 어쨌든 연대장과 대대장들은 과달카날 때보다는 훨씬 정확한 지도를 검토하며 작전계획 준비에 여념이 없었다. 사단은 8월 27일부터 29일까지 사흘간 과달카날에서 상륙 훈련을 실시했고, 드디어 선봉을 맡은 제5해병연대 3대대가 9월 4일 배에 올랐다. 루퍼터스 장군은 부하들 앞에서 전투는 치열하겠지만 나흘이면 끝날 것이라고 호언했다.

하지만 불길한 징조는 계속 나타났다. 우선 육군과 해군의 주목표가 필리핀이냐 타이완이냐가 정해지지 않았다. 맥아더는 당연히 필리핀 공략을 지지했고, 해군은 타이완을 원했다. 루스벨트 대통령과 합동참모본부는 팔라우 공격 외에는 어느 쪽도 지지하지 못하고 질질 끌다가, 9월 11일에야 겨우 1945년 3월 1일까지 진행할 작전계획을 내놓았다. 내용은 다음과 같았다.

맥아더의 남서태평양해역군은 9월 15일 예정대로 모로타이^{Morotai}섬에 상륙하고, 11월 15일에는 필리핀의 민다나오섬, 12월 20일에는 레이테^{Leyte}섬에 상륙한다. 그동안 니미츠의 태평양해역군은 9월 15일 팔라우제도에 상륙하고, 10월 15일까지 캐롤라인제도의 야프^{Yap}섬과 울리시^{Ulithi}섬을 점령한다. 이후 양군은 연합하여 1945년 2월 20일 루손*에 상륙하거나 3월 1일 타이완에 상륙한다.

하지만 불과 이틀 후 이 계획은 흔들렸다. 정말 황소처럼 태평양 전체를 누비며 곳곳을 박살내고 있던 핼시 제독이 갑자기 전혀 다른 제안을 내놓은 것이다. 그는 일본군의 저항이 생각보다 약하니 팔라우니 모로타이니 하는 섬들은 무시하고 바로 레이테섬에 상륙하자고 주장했다. 니미츠 제독은 원칙적으로는 그의 제안에 찬성했지만 팔라우제도를 해군의 근거지로 사용하고 싶었기 때문에 원안대로 작전이 진행되기를 원했다. 게다가 그 시각 제1해병사단은 이미 출발했고, 기지가 구축된 뉴기니나 마리아나제도에서 필리핀으로 향할 때 그 사이에 있는 팔라우를 우회한다는 것은 전략적으로도 바람직하지 않았기에 니미츠의 의견이 관철되었다. 맥아더의 모로타이 상륙 역시 그대로 진행되었는데, 10달 동안 준비한 작전을 만 하루를 남기고 취소하는 것은 아무래도 무리였기 때문이다. 하지만 그다음 단계에 대해서는 맥아더도 핼시의 제안을 반대할 이유가 없었다. 갈망하는 필리핀 상륙이 앞당겨지기 때문이었다. 작전계

---

* 필리핀의 수도가 있는 가장 중요한 섬.

획은 불과 90분 만에 수정되었다. 그렇게 오랫동안 승강이하다 겨우 만든 작전이 너무도 쉽게 바뀐 것인데, 이는 합참이 니미츠와 맥아더 그리고 핼시 제독을 얼마나 신임했는지 잘 보여주는 증거라고 할 수 있다.

맥아더는 계획대로 모로타이섬에 상륙했다. 일본군이 적어서 쉽게 점령할 수 있었다. 하지만 불행하게도 제1해병사단은 그런 행운을 누리지 못했다(작전명도 '교착상태Stalemate'라는 불길하기 짝이 없는 이름이었다). 소용없는 결과론이지만 니미츠 제독은 핼시 제독의 제안을 받아들였어야 했다.

팔라우제도를 지키는 일본군은 약 3만 5,000명으로, 그중 나카가와 구니오 대좌가 지휘하는 약 1만 명이 펠렐리우에 도사리고 있었다. 이들은 악명이 자자한 관동군 중에서도 정예인 제14사단 소속이었다. 하지만 주력은 바벨투아프Babelthuap섬과 야프섬에 있었는데 앞서 상륙이 검토된 섬들이었다. 팔라우제도 방어를 책임진 제14사단장 이노우에 사다에 중장은 사이판의 전훈을 살려 지금까지와는 전혀 다른 명령을 내렸다. 해안에서 미군을 섬멸하기 위해 탄약과 병력을 낭비하는 짓을 막고 무모한 돌격도 금지한 것이다.

팔라우제도에서는 인광석이 풍부해서 채굴 작업이 활발했는데, 일본군은 이 채굴 기술을 이용해 산속에 있는 산호 동굴을 확장하고 새로운 동굴도 많이 팠다. 이런 동굴은 500개가 넘었는데, 가장 큰 것은 1,000명 이상을 수용할 정도였다. 일부 동굴에는 강철 문이 달려 있어 닫으면 포격을 끝낸 야포를 보호할 수도 있었다. 또한 식량과 탄약도 충분히 비축하고 있었다.

이노우에 중장은 상륙한 미군의 교두보를 분쇄하기 위해 전력을 기울이되, 실패하면 미련 없이 동굴로 후퇴한 뒤 사전에 조준을 마친 야포와 박격포로 적을 공격하라고 명령을 내리는 한편, 전투 중에 적에게 압도되더라도 일단 몸을 숨겨 살아남은 뒤 배후에서 적을 공격하라고 지시했다. 그는 일곱 가지 반격 계획을 준비해 훈련시켰고, 한편으로는 통신선이 절단되는 사태에 대비해 조명판이나 깃발로 부대를 통제할 수 있도록 만반의 준비를 마쳤다.

제1해병사단이 팔라우제도 펠렐리우섬에 상륙한 9월 15일, 이노우에 중장이 다른 섬에 가 있는 바람에 나카가와 대좌가 대신 지휘해야 했다. 하지만 전투 준비에는 문제가 없었다.

지옥문이 열리다

펠렐리우에 대한 사전 포격과 폭격은 거의 반년 전인 3월 30일부터 시작된 상태였다. 그리고 본격적인 상륙작전을 앞둔 9월 12일부터는 소해정들이 펠렐리우 앞바다에서 '청소'를 시작했고, 전함 5척을 위시한 대함대가 섬을 향해 포격을 가했다. 상륙일인 15일까지 무려 2,255톤의 포탄이 13제곱킬로미터밖에 안 되는 펠렐리우섬에 떨어졌다. 포격도 포격이지만 이때 일본군의 눈에 인상적이었던 것이 흰 바탕에 빨간 십자가를 새긴 4척의 병원선이었는데, 생존자들은 '천황 폐하의 치하' 외에는 외부의 어떤 지원도 받지 못하는 상황에서 그것은 위화감이 느껴지는 존재였다고 증언했다. 한편 포격을 가하는 동안 주로 흑인 병사들로 이루어진 수중폭파반원들은 물속으로 쏘아대는 일본군의 소총과 기관총 사격을 무릅쓰고 위험한 산호초와 장애물들을 제거하는 한편 상륙을 도와줄 안내 부표와 표지를 설치했다.

9월 15일의 날씨는 아주 좋았다. 유진 슬레지를 비롯한 신병들은 태어나서 처음으로 거대한 16인치 함포를 위시해 각종 함포들이 불을 뿜는 장관을 목도했다. 너무도 강렬해서 그들은 그런 포화 아래 살아남을 인간은 하나도 없을 거라고 생각했다. 상륙을 앞둔 대원들 중 30퍼센트만이 과달카날을 겪은 베테랑이었고, 40퍼센트는 신병이었다. 베테랑들은 아무리 엄청나 보이는 함포사격도 적을 전멸시킬 수 없다는 사실을 잘 알고 있었다. 자신들도 과달카날에서 14인치 포탄을 두들겨 맞았지만 살아남지 않았던가? 당시 전사자는 41명에 그쳤다.

상륙부대의 좌익을 맡은 제1해병연대장 풀러는 상륙정에 몸을 실으면서 수송선 함장에게 이런 말을 들었다. "저녁식사 전까지는 돌아오지 않겠어요? 저곳은 이미 끝장났어요. 걸어서 갈 수 있을 거예요." 그러자 대령은 대꾸했다. "정말 그렇게 생각한다면, 이따 5시에 해안가에서 보자고. 거기서 나랑 저녁도 먹고 뭔가 기념품이라도 줍는 게 어때?"

오전 8시, 상륙용 장갑차들이 섬으로 쇄도했다. 시작은 순조로웠다. 그동안의 전투에서 얻은 교훈으로 LVT가 주력이 되었고, 화력 지원용인 LVT-A에는 화염방사기가 장착되어 있었다. 통신수단도 매우 개선되어 일단 상륙에 성공하고 나면 항공기든 함포든 대대장이 원하는 대로 지원 화력을 부를 수 있었다. 16인치 함포까지도 말이다!

일본군은 함포사격에 전혀 대응하지 않았다. 해병대원들이 농담 반 진담 반으로 '크고 느린 표적Large Slow Target'이라고 부르는 LVT가 연막탄을 두르고 접근하자 그제야 일본군의 야포와 박격포탄이 떨어졌는데, 큰 피해는 없었다. 하지만 LVT가 산호초 위로 올라선 순간, 대대적인 반격이 시작되었다. 가장 무서운 무기는 47밀리 대전차포였다. 엄청난 포격과 폭격에도 큰 피해 없이 전력을 보존한 일본군은 LVT를 하나하나 조준 사격하여 순식간에 LVT와 수중트럭 60대 이상을 파괴하거나 일시적으로 가동 불능 상태에 빠뜨렸다. 하지만 숙련된 승무원들이 위험을 무릅

●— 바다를 가르며 펠렐리우를 향해 전진하는 LVT의 모습. 과달카날 때와 달리 상륙작전이 얼마나 기계화되었는지 잘 보여주는 장면이다.

쓰고 수리에 나서 완전 상실은 26대에 그쳤다. 상륙한 30대의 셔먼 전차는 장갑이 두꺼워서 3대가 격파되긴 했지만 단단하게 버텼다. 하지만 병사들은 상륙과 동시에 일본군의 강력한 기관총 세례에 노출되었다.

오전 11시 30분, 발목 골절로 거동이 힘든 루퍼터스 사단장을 대신해 스미스 부사단장이 섬에 상륙했다. 그는 일본군이 파놓은 대전차호에 사단본부를 차리고 보고를 받았다. 제5해병연대, 제7해병연대는 괜찮았지만 풀러의 제1해병연대와는 연락이 되지 않았다. 사단 전체가 고전 중이었지만 사실 제1해병연대는 그중에서도 가장 어려운 상황에 몰려 있었다. 하필이면 사령부 요원이 탄 상륙장갑차가 포탄에 맞으면서 통신병들이 전사하고 무전기의 대부분을 잃어서 제때 구원 요청도 못하고 있었다. 다음 날 오후가 되어서야 부분적으로나마 사단본부와 연락할 수 있었다. 풀러는 직접 최전선에 나서 병사들의 사기를 높이고 전황을 파악함으로써 겨우 최전선의 붕괴를 막을 수 있었다.

일본군은 만세 공격이 아니라 전차로 반격을 시도했다. 하지만 장갑이 약하기로 유명한 97식 '치하'보다도 못한 95식 경전차 '하고'였다. 장갑이 얼마나 약한지, 미군 전차병들은 철갑탄이 하고의 장갑을 그냥 '관통'하는 장면을 보고 황당해 입을 다물지 못했다.* 그 때문에 고폭탄으로 바꾸어 쐈는데, 그제야 전차가 격파되었다. 이후로 일본군 전차를 상대할 때는 철갑탄 대신 고폭탄을 썼다. 물론 바주카포로도 하고를 쉽게 격파할 수 있었다. 사실 해병대원에게 일본 전차는 낯선 존재였다. 그래서인지 실제로는 20대도 안 되는 일본군 전차대였음에도 격파 보고는 '180대'에 달할 정도였다. 첫 전투를 겪은 유진 슬레지도 놀란 이들 중 하나였다. 한편 셔먼 전차 가운데 피해를 입은 것은 단 한 대였는데, 아군의 오인 사격으로 바주카포를 3발이나 맞았기 때문이다.

제1해병사단은 길이 2.7킬로미터, 폭 450미터 정도의 교두보를 확보하는 대가로 하루 만에 과달카날 전투의 3분의 1에 해당하는 210명의 전사자와 901명의 부상자를 냈다. 부상자 중에는 유산탄에 맞아 팔뚝의 뼈가 보일 정도로 큰 부상을 당한 쇼프너 중령도 있었다. 하지만 그는 그래도 운이 좋은 편이었다. 회복이 가능한 부상이었으니 말이다. 그를 보좌하던 부대대장은 전사했다.

오후 6시까지 제11포병연대의 야포들이 무사히 육양되었다. 최종적인 승리를 의심하는 자는 아무도 없었다. 하지만 이 섬은 너무 많은 목숨을 요구했다.

---

* 전차 포탄은 적 전차를 상대로 사용하는 철갑탄과 인마 살상용 고폭탄으로 나뉘는데, 철갑탄은 관통력이 뛰어나지만 장갑이 너무 얇으면 격파되지 않고 그냥 통과하는 경우가 있다.

계속되는 격전

이때 해병대는 식수 부족으로 고생하고 있었다. 펠렐리우섬에는 지표수가 거의 없었다. 해병대도 이를 알고 있어 1인당 하루에 7리터씩 5일분의 물을 실었으나 일본군의 집요한 공격으로 LVT 손실이 많았고, 탄약 공급이 우선시되어 식수 공급이 늦어졌다. 또 열대기후여서 물이 금방 동이 났다. 그나마도 식수를 담은 드럼통 가운데 기름을 제대로 닦지 않고 물을 넣은 것들도 있어 병사들이 복통을 일으켰다. "성냥불을 갖다 대면 화염방사기가 되겠군" 하며 누군가 썰렁한 농담을 했을 정도다. 며칠 후 우물을 파고 해수 증류 시설이 작동되면서 식수 부족 문제는 해결되었다.

어쨌든 9월 16일 오전 7시 30분, 함포사격과 폭격이 시작되고, 30분 후 각 연대는 진격을 시작했다. 40도가 넘는 더위 때문에 물은 필수였는데, 물이 부족해 진격이 자주 중지되었다. 해니컨 대령의 제7해병연대는 섬 남부 점령 임무를 맡았는데, 폭격에도 끄떡하지 않은 벙커를 일일이 폭약으로 부수고 화염방사기로 일본군들을 통구이로 만들며 차근차근 공략해나갔다. 그리하여 18일 오후 3시 20분, 해니컨 대령은 섬 남부의 평정을 사단사령부에 보고했다. 나흘 동안 제7해병연대는 83명을 잃고, 414명이 부상을 입었으며, 적군 2,609명을 사살했다. 포로는 단 한 명도 없었다. 패잔병들은 집단 자살을 선택했다.

제5해병연대의 가장 중요한 임무는 비행장 점령이었다. 16일, 날이 밝자마자 제5해병연대 진영에 일본군의 포격이 쏟아졌다. 연대 지휘소에도 포탄이 떨어져 통신 시설이 파괴되었고, 연대 지휘부 요원 여러 명이 전사했다. 연대장 해럴드 해리스 대령도 무릎을 다쳤는데, 그는 후송을 거부하고 절뚝거리며 전투를 지휘했다. 앞서 부상을 입은 쇼프너 중령은 대대를 지휘할 수 없는 처지였지만 전선으로 돌아와 사단본부와의 연락장교 역할을 맡았다.

비행장을 점령하려면 엄폐물이 거의 없는 지형을 돌파해야 했다. 많은 사상자가 나왔고, 고온과 식수 부족으로 많은 병사들이 열사병으로 쓰러졌다. 아군 항공기의 오폭도 한몫했다. 하지만 제5해병연대는 투혼을 발휘하며 백병전을 불사하면서 일본군을 조여 들어갔다. 믿음직한 셔먼 전차의 지원은 큰 힘이 되었다. 그리하여 17일, 일본군에 의해 훌륭하게 만들어진 비행장이 해병대 손에 들어왔다.

그렇게 사흘째가 지나가고 있었다. 하지만 두 연대의 상황은 제1해병연대에 비하면 정말 운이 좋은 편이었다. 미 해병대가 비행장을 비롯해 섬의 외곽을 모두 점령하고 있던 그 시각, 제1해병연대는 일본군 주력이 도사리고 있는 우무르브로골Umurbrogol산과 마주하고 있었다. 산은 함포 사격으로 거의 알몸이 되어 있었다. 이곳을 제압하지 않으면 섬의 점령은 불가능했다. 일본군은 산호초가 융기해 생긴 이 산을 깎아 온갖 방어시설을 만든 다음 그 속에 숨어 있었다. 경사면에만 35개의 동굴이 있었고, 산 전체가 땅굴로 연결되어 있었다. 대부분의 전투에서 일본군의 중화기는 보통은 폭격으로 무력화가 가능했는데, 펠렐리우에서는 불가능했다. 그들은 중화기를 동굴 속에 숨겨두고 필요할 때만 꺼내어 미군에 피해를 입혔다. 구경도 100밀리 이상이어서 파괴력이 강했다. 식량과 탄약도 충분했다. 다만 식수가 부족했다.

17일, 제1해병연대 2대대는 우무르브로골을 기어오르며 공격을 가했다. 뾰족한 산호로 이루어진 산세 때문에 엎드릴 때마다 군복과 군화가 찢어지고 팔다리에 상처가 났다. 참호 굴착도 불가능했고, 발 디딜 만한 땅도 넓지 않았다. 적군의 포탄이 떨어지면 산호가 부서지며 파편이 튀었다. 반면 아군의 지원 포격은 적에 별 타격을 주지 못했다. 네이팜탄도 별 소용이 없었다. 하지만 전차와 바주카포는 위력이 있었고, 덕분에 해병대는 동굴을 하나씩 제압해가며 이날 능선 기슭에 도달할 수 있었다. 하지만 다음 날이 되자 재편성과 휴식이 필요해 제1해병연대 1대대는 전선을 이탈해야 했다. 이때부터 병사들은 우무르브로골을 과달카날처럼 '피의 능선'이라고 부르기 시작했다. 루퍼터스 장군이 절뚝거리며 독전했지만 소용이 없었다.

워낙 악조건이기도 했지만 행정병과 취사병까지 동원한 풀러의 지나친 정면공격 전술로 인해 18~19일을 거쳐 20일이 되자 제1해병연대는 전투부대로서 구실할 수 없을 정도로 완전히 망가졌다. 1대대는 멀쩡한 장병이 74명에 불과했고, 소대장들도 모두 전사하거나 부상당해 성한 사람이 아무도 없었다. 연대 전체의 손실이 1,700명에 달했다. 한 병사는 "우리는 연대가 아니라 잔존병일 뿐이다"고 자조했다. 결국 연대 전체가 사실상 병원선의 환자가 되었고, 파부부로 돌아갈 수밖에 없었다.

9월 20일부터 제7해병연대가 대신 투입되었다. 하지만 진격은 여전히 지지부진했다. 결국 육군의 도움을 받아야 했다. 육군 제81사단 제321연대가 섬에 도착해, 23일 제1해병연대와 교대했다. 그러는 동안 제5해병연대는 해안가 평지를 돌아 북상하여 별다른 피해 없이 섬의 북단을 장악했고, 북쪽에서 우무르브로골을 공략했다. 그 와중에 28일부터 비가 쏟아졌는데, 이 비는 일본군의 식수난을 해결해주고 미군을 더 고생스럽게 만들었다.

전투는 분명 미군이 이기고 있었다. 몇 대 안 되는 일본군 전차는 셔먼전차의 상대가 되지 않았고, 개개인의 전투력도 해병대가 한 수 위였다. 물론 보급과 지원 화력도 비교가 되지 않았다. 일본군도 이를 잘 알고 있었다. 하지만 그들이 노리는 것은 승리가 아니라 미군의 출혈이었다. 일본군은 소부대를 계속 침투시켰다. 그 전에도 있었지만 28일부터 비가 계속되자 더 활발해졌다. 해병대는 차근차근 하나씩 격파했지만, 언제 야습이 있을지 몰라 밤마다 팽팽한 긴장감 속에 잠들어야 했다. 일본군 3명에게 사단본부까지 접근을 허용했다가 사살한 일도 있었다.

일본군 저격수들도 큰 문제였다. 대원들은 저격수들이 자주 나타나는 곳을 '죽은 자의 커브Dead Man's Curve'라고 불렀는데, 결국 사단 헌병대장 겸 본부 대대장 조지프 핸킨스 대령이 저격을 당해 전사하고 말았다. 분노한 해병대는 이 지역을 굽어보는 감시초소 3개소를 새로 구축하고 저격이 있을 때마다 셔먼 전차를 3대씩 동원해 해당 지역을 쓸어버리며 복수했다.

그동안 슬레지가 속한 제5해병연대 3대대는 9월 27일 펠렐리우섬의 북서쪽 550미터 거리에 있는 니드버스Ngesbus섬에서 상륙작전을 시작했다. 이날 해병 항공대의 코르세어Corsair기들은, 안전을 위해 400미터 이상의 상공에서 기총소사를 하는 해군 항공대와 달리, 거의 바다에 스치듯이 낮게 비행하면서 일본군의 진지를 공격해 대원들의 열렬한 환호를 받았다. 이 전투는 해병 항공대가 상륙작전에서 항공 지원을 전담한 첫 전투였는데, 해병대 지휘관들은 조종사들의 몸을 아끼지 않은 공격에 강한 인상을 받아 이후 가능한 한 해병 항공대의 지원을 받기 위해 최선을 다했다. 물론 함포와 해병대 포병의 지원사격이 더해졌고, 뭍에서는 셔먼 전차가 앞장서서 대원들의 상륙을 도왔다. 대대장이 부상당할 정도로 치열한 전투가 벌어졌지만 진격은 순조롭게 이루어졌고, 29일 오후 3시 해병대는 섬 점령을 선언했다. 15명을 잃고, 33명이 부상을 입었지만 일본군 440명을 사살하고, 23명을 포로로 잡았다. 박격포 대원인 슬레지도 카빈 소총으로 일본군을 사살해 한몫했다. 이 작전은 펠렐리우 전역 중 가장 효율적으로 진행된 전투였다.

하지만 펠렐리우섬에서의 전투는 승리와는 거리가 멀었다. 전투가 지리멸렬한 양상이 되자 대원들은 매우 신경질적으로 변해갔다. 특히 동료들의 시신이 목이 잘려 있거나 총검술 표적으로 사용되었거나 고환이 잘려 있는 등 훼손되어 발견되는 경우가 많았는데, 이 때문에 '일본군'들에 대한 증오가 차올라 그들 역시 죄책감 없이 일본군 시신을 함부로 다루었다. 누군가는 금니를 뽑아 챙기기도 했다.* 사실 해병대원들은 잡을 수 있는 포로도 살려두지 않고 사살하곤 했다. 여기에는 다른 이유도 있었다. 일본군이 항복하는 척하고 다가와 자폭하거나 들것 운반병을 집중적으로 저격하는 경우를 거의 매일 보아왔기 때문이다.

이런저런 이유로 시신이 너무 많았다. 하지만 매장이 어려운 지형 탓에 시신을 그대로 방치해둘 수밖에 없어 파리가 구름처럼 모여들었다. 여기에 "어떤 인간도 참을 수 없는 냄새"가 온 공간을 채워 식사조차 제대로 하기 어려웠다.

그사이, 쇼프너는 전사한 핸킨스의 후임으로 사단본부 대대장 겸 헌병 대장직을 맡았다. 자신만만했던 루퍼터스 장군은 신경쇠약에 걸려 10월 초 우무르브로골 지역에 대한 지휘권을 사실상 해리스 대령에게 넘겼다. 대령은 앞서 이 지역에 대한 정면공격을 피하라고 경고한 바 있었다.

---

* 미군 병사들의 전리품에 대한 탐욕은 유명했다. 유럽 전선의 최고 인기 품목이 루거 권총이었다면 태평양 전선에서는 일본도였다. 둘 다 장교의 물건으로, 이를 탐내다가 저격이나 부비트랩으로 죽은 병사도 많았다.

공허한 승리

한창 고전 중이던 10월 4일, 제7해병연대 3대대 L중대의 48명이 일본군의 함정에 빠져 195분간의 혼전 끝에 37명이 전사하는 일이 일어났다. 연대로서는 큰 타격이었다. 이날은 사실상 제7해병연대가 펠렐리우에서 전투를 치른 마지막 날이기도 했다. 우무르브로골 소탕 임무를 수행하는 동안 전 병력의 60퍼센트가 전투력을 잃어 더 이상 부대로서 기능할 수 없는 상태였기 때문이다. 이로써 제1해병사단의 두 연대가 이 섬에서 거의 날아간 셈이 되었다. 그 뒤는 그나마 팔팔한 제5해병연대가 맡을 수밖에 없었다.

다행히 10월 6일부터 시작된 제5해병연대의 공격은 그 전보다 성공적이었다. 항공기로 화학물질을 살포해 파리가 줄어들고 지독한 냄새도 많이 가셔서 그럭저럭 살 만한 환경이 되었다. 전투 상황도 좋아졌다. 일본군이 긴 전투로 지쳐 있기도 했지만 해리스 대령의 전술 변경이 주효했다. 그는 우세한 화력과 전차를 활용해 천천히 진격하는 방식을 채택했다. 그리고 일선 지휘관들에게 고지를 점령했더라도 적의 반격에 노출되기 쉽다고 판단되면 과감하게 포기하라고 명령했다. 대원들은 곧바로 변화를 체감했다. "신이시여, 우리 지휘관이 체스티가 아니라 '버키'(해리스 대령의 별명)인 것에 감사드립니다"라고 말할 정도였다. 사단장이 진격 속도가 늦다고 재촉했지만, 제5해병연대의 착실한 진격은 일본군의 피를 말리고 있었다. 이례적으로 10월 10일에는 질려버린 일본군 50명이 한꺼번에 투항하기도 했다. 그리고 11일 오후에는 연대가 140고지를 점령해 전투 후 처음으로 일본군보다 높은 위치를 차지했다. 이로써 해병대는 비록 희생이 계속 늘어나고 있고, 나카가와 대좌의 일본군 사령부가 건재했지만, '작전 성공'이라고 할 만하다고 판단했다. 이에 10월

12일 오전 8시, 펠렐리우 점령을 선언했다.

좀 더 내막을 살펴보면, 이 선언은 전투가 완전히 끝났다는 의미라기보다 육군에 이 지긋지긋한 섬을 인계하기 위한 모양새를 갖추려는 것이었다. 실제로 제1해병사단은 산발적이긴 하지만 20일까지 계속 전투를 치렀다. 육군 제81사단과의 교대는 15일부터 본격적으로 시작되었다. 하지만 수송선 배정이 늦어져 10월 말에야 사단 전체가 배에 오를 수 있었다.

9월 15일 상륙해 10월 20일까지 한 달여 동안 제1해병사단은 1,252명이 전사하고, 5,274명이 부상당해 총 사상자가 6,526명이었다. 전사자는 과달카날의 거의 2배에 달했다. 과달카날이 펠렐리우보다 훨씬 큰 섬이고, 4배나 더 오랜 기간에 걸친 싸움이었다는 점을 감안하면, 이 전투가 얼마나 밀도 있고 처절했는지 알 수 있다. 제7해병연대 3대대 L중대는 상륙 후 5명의 중대장을 두었는데, 전임자 4명 중 3명이 전사했기 때문이다. 물론 일본군의 손실은 훨씬 더해 1만 695명이 전사하고, 301명이 포로가 되었다. 10월 20일, 시신이 수습된 1,058명의 장병이 섬에 묻혔고, 간단한 예식이 거행되었다.

뒤를 이은 육군 제81사단 제31연대는 일본군 400여 명을 사살하는 동안 146명의 전사자와 469명의 부상자를 냈고, 그 뒤를 이은 제323연대는 118명의 전사자와 420명의 부상자를 냈다. 11월 24일에 이르러 마침내 나카가와 대좌의 지휘부가 함락되고 그가 자결하면서 일본군의 조직적인 저항은 막을 내렸다. 하지만 그 후에도 소소한 소탕전은 계속되었고, 다른 섬의 일본군 73명이 상륙해 비행장을 공격하기도 했다. 팔라우제도 전체를 맡은 이노우에 중장의 공식 항복은 종전 이후로, 당시 남아 있던 일본군과 민간인은 총 3만 9,997명이었다. 미군은 종전까지도

섬의 일본군을 완전히 소탕하지 못해 숨어 살던 일본군이 계속 발견되었고, 1955년에는 한국인 조병기 씨가 원주민에게 붙잡혀 송환되기도 했다.

팔라우제도 공략 기간 동안, 미군은 방어가 잘된 섬은 최대한 피했지만 결국 펠렐리우에서 참사를 맞이했다. 하지만 이런 희생에도 불구하고 이 섬은 이후 별 역할을 하지 못했다. 오히려 아무 피해 없이 원주민의 환영을 받으면서 상륙한 울리시섬이 항구와 보급기지로서 훨씬 중요한 역할을 했고, 가미카제 공격을 받기도 했다. 펠렐리우 전투는 정말 필요했는가, 해병대원들의 희생은 정말 불가피했는가에 대해서는 지금까지도 논란이 있다.

핼시의 제안에 따랐다면 훨씬 적은 희생을 치렀을 것이라는 생각이 들 수밖에 없지만 이는 결과론일 뿐이다. 당시 펠렐리우를 내버려두고 필리핀으로 가기에는 너무 찝찝한 상황이었다고 결론을 내릴 수밖에 없다.

펠렐리우 전투의 후유증

펠렐리우 전투 후, 제1해병사단은 엄청난 피해를 보았음에도 과달카날 전투 때와 같은 찬사를 받지도 못했고, 그렇다고 타라와에서처럼 피를 너무 많이 흘렸다고 언론으로부터 욕을 먹지도 않았다. 10월 20일, 맥아더가 레이테에 상륙하면서 모든 언론의 관심이 그쪽으로 집중되었기 때문이다. 대원들은 자신들이 헛된 희생을 치렀다는 사실을 알고 분노했다. 그나마 사단 종군기자이자 화가인 톰 리가 쓴 기사와 그림이 대원들에게 작은 위안을 주었다.

휴식처이자 훈련지인 파부부로 돌아온 뒤 사단은 큰 홍역을 치렀다. 펠렐리우 전투에서 정신적으로든 육체적으로든 망가져버린 루퍼터스

●── 톰 리의 〈2,000야드의 응시〉. 해병대원의 뒤로 '블러디 노즈 리지Bloody Nose Ridge'가 보인다. 1마일 길이의 삐죽삐죽한 이 절벽은 펠렐리우 일본군의 가장 강력한 보루였다.

사단장은 사직서를 내고 귀국해 해병학교 교장이 되었지만 넉 달 후인 1945년 3월 심장마비로 세상을 떠났다. 펠렐리우는 결국 사단장까지 집어삼킨 셈이었다. 그 자리는 델 발레 장군이 대신했다. 그는 2차대전 전에 니카라과와 아이티, 쿠바, 도미니카에서 많은 전투를 치렀고, 무솔리니의 전성기 시절 로마에서 미국대사관의 경비를 맡았다. 무엇보다 그는 제11포병연대장으로서 과달카날에서 싸운 전우였다. 제3상륙작전군단 소속으로 괌 탈환전에도 참가했던 그는 친정으로 금의환향했다.

델 발레는 사단 전체를 물갈이하는 과업에 착수했다. 1년 전처럼 다시 6,000여 명의 장병을 본국으로 돌려보내고 6,000여 명의 신병을 받는 작업이었다. 이를 다 마치면 사단의 3분의 1은 뉴브리튼과 펠렐리우를 모두 겪은 고참병, 다른 3분의 1은 펠렐리우를 겪은 중고참, 나머지 3분의 1은 신병으로 구성될 것이었다.

장교들 중에는 과달카날에서부터 지옥 같은 전장을 헤쳐온 이들이 많았고, 사단 입장에서는 이 고참 장교들이 반드시 필요했다. 특히 쇼프너 중령 같은 이는 스스로 펠렐리우에서 제대로 활약하지 못했다고 생각해 다시 한 번 전투를 치르기 위해 부대 잔류를 신청했다. 그런데 뜻밖의 상황이 벌어졌다. 필리핀에서 싸우는 육군 제14군단의 게릴라 관련 연락 장교 겸 자문관으로 발령이 난 것이다. 잔류 신청이 기각된 것은 아쉬웠지만 그는 새 보직의 중요성을 금세 알아차렸다. 포로수용소에 갇혀 있는 동료들을 구출할 수 있는 최고의 자리였다. 그는 바로 짐을 꾸려 사단을 떠났다.

파부부에서 죽치고 있던 제1해병사단 장병들은 한 달에 몇 번 배급되는 맥주로는 만족하지 못해 건포도 등으로 밀주를 만들어 마시며 시간을 때웠다. 물론 한쪽에서는 이런 시기에 늘 그렇듯 신병들의 훈련이 혹독하게 진행되었다. 한가한 시간을 보내면서 어쩌면 대원들은 차라리 펠렐리우에서 싸운 것이 다행이었다고 생각했을지도 모르겠다. 왜냐하면 1945년 2월 19일, 후배 부대인 제3해병사단, 제4해병사단, 제5해병사단이 '유황도硫黃島', 즉 이오지마에 상륙해 지옥을 경험하기 때문이다. 그 지옥에는 제1해병사단이 낳은 영웅 존 바실론도 있었다.

존 바실론의 전사와 뒷이야기

전설적인 전투로 역사에 남은 이오지마 전투에서 3개 해병사단으로 이루어진 상륙작전군단의 지휘관은 앞서 사이판과 마찬가지로 홀랜드 스미스 중장이었다(제4해병사단장은 과달카날 때부터 활약한 케이츠 소장이었다). 문제는 적장이 서구적 합리성에 기초한 명석함과 일본군 특유의 결사적 무사 정신을 겸비한 명장 구리바야시 다다미치였다는 사실이다. 이 때문에 전투에서 해병대는 사상 최악의 인명 피해를 입지만 이 책의 성격상 이오지마 전투 전체를 소개하는 대신, 제1해병사단 출신의 존 바실론 이야기를 마무리해보려고 한다.

1945년 2월 15일 대대적인 함포사격과 폭격으로 시작된 이오지마 전투는 2월 19일 새벽 해병대의 상륙과 함께 막이 올랐다. 바실론 중사는 제5해병사단 제27연대 1대대 소속으로 그 전처럼 기관총분대를 지휘했다. 그의 부하들은 스스로 '바실론의 아이들'이라고 할 정도로 자부심이 대단했다. 그가 소속된 1대대의 상륙은 첫 상륙보다 20분 늦은 9시 30분이었다. 10분 후 일본군의 박격포탄이 비 오듯 쏟아지기 시작했고, 대대는 혼란에 빠졌다. 그 와중에 바실론은 강력한 리더십으로 자신의 분대뿐 아니라 소대 전체의 지휘를 사실상 도맡아 벙커 공격을 시작했다. 그의 벙커 공략법은 모범적이었다. 먼저 기관총의 엄호하에 '병따개'라고

●── 한눈에도 이탈리아계임을 알 수 있었던 바실론은 태평양전쟁을 통해 이탈리아계 미국 이민자들의 영웅이 되었다.

부르는 배낭에 든 고성능 폭약을 벙커에 던져넣어 적 기관총을 침묵시 킨다. 이어 '가스버너'라고 불리는 화염방사기로 벙커 안에 화염을 쏟아 넣고, 미리 참호 뒤쪽으로 가 있던 기관총팀과 다른 대원들이 불을 피해 뛰쳐나온 적들을 사살한다.

바실론은 대대의 선봉을 맡아 오전 내내 맹활약했지만 정오가 되기 전에 박격포탄 한 발이 그의 목숨을 앗아갔다. 이때 왼팔이 날아갔다. 처 절의 극한을 보여준 이 전투는 3월 26일까지 계속되었고, 6,821명이나 되는 해병대원의 목숨을 앗아갔다. 부상자도 2만 865명에 달했다. 일본 군은 포로가 된 1,033명을 제외하고 1만 9,900명이 전사했고, 그중에는 구리바야시 중장도 있었다.

존 바실론의 결혼 때 함께 기념사진을 찍은 해병대원 5명 가운데 3명이 이 전투에서 전사했다. 부인 리나는 재혼하지 않고 살다가 1996년 6월 세상을 떠났고, 결혼반지를 낀 채 땅에 묻혔다. 왜 재혼하지 않았느냐는 질문에 그녀는 이렇게 답했다. "일단 최고를 갖게 되면 차선으로는 만족할 수 없거든요." 1945년 7월 새로 건조된 기어링^{Gearing}급 구축함에 바실론의 이름이 부여되었는데, 리나는 진수식에 참가해 직접 샴페인 병을 깨뜨렸다. 이 군함은 바실론 집안의 고향인 이탈리아 나폴리를 방문했고, 해병대와 함께 베트남전쟁에 참가했다가 1977년 퇴역했다. 한편 바실론의 고향 래리턴에서도 기관총을 든 바실론의 동상이 만들어져 1948년 6월 제막식이 열렸다. 동상은 여전히 그 자리를 지키고 있다.

대전투 사이의 막간극

파부부섬의 제1해병사단은 새해 초부터 시가전 훈련을 시작했다. 그들의 생각이 윗분들의 결정에 영향을 미칠 수 있는 것은 아니었지만, 대원들 사이에서는 다음 전장이 타이완이냐 중국이냐 일본 본토냐를 놓고 매일 갑론을박이 벌어졌다. 2월 중순이 되자 싸우기 위해 출발할 것이라는 소식이 퍼졌다. 한두 달밖에 남지 않은 시간에 신병들을 훈련시켜야 해서 부대는 바쁘게 돌아갔다. 그사이 이오지마의 소식이 전해졌다. 슬레지는 부모에게 보낸 편지에 이렇게 썼다. "저는 이오지마의 해병들을 정말 동정합니다. 그들이 어떤 상황에 처해 있는지 정말 잘 알기 때문이죠."

필리핀으로 간 쇼프너는 사방이 온통 육군 천지인 곳에서 일본군의 손아귀에 잡혀 있는 포로들을 구출하기 위해, 현지 게릴라와의 협동작전을 위해 동분서주했지만 '왕따' 신세를 면하지 못했다. 그런 가운데 1

월 말 포로수용소의 해방 소식이 전해졌다. 531명이 구출되었다는 소식에 미국 국민들은 열광했지만, 쇼프너는 이미 1,000명 가까운 전우들이 일본군의 학대 속에 세상을 떠났다는 사실에 괴로워했다. 그는 파부부로 돌아왔다(하지만 지휘할 대대가 없었다). 파부부의 병사들은 위문단의 노래와 음담패설에 열광하며 마지막으로 즐거운 시간을 보냈고, 곧 짐을 싼 뒤 과달카날로 떠나 다시 훈련에 들어갔다.

해니컨 대령은 펠렐리우 전투를 가리키며 "이제까지 내가 본 전투 가운데 가장 비통하고 격렬한 전투였다"고 말한 바 있다. 그는 아마도 최악을 경험했다고 생각했을 것이다. 하지만 대원들이 향할 곳은 일본 본토의 발끝에 해당하는 오키나와였다. 오키나와는 인구가 많은 섬이어서, 장교들은 상륙을 준비하며 전과는 다른 새로운 문제를 마주해야 했다. 바로 수십만 명에 달하는 주민 관리였다. 그들은 서툴게나마 준비에 들어갔다. 주민들을 위험한 자들과 무해한 인물로 구분해 안전 구역에 수용하고, 식량을 제공하고 인원 관리를 해내야 하는 문제였다. 쇼프너는 사단 헌병대장이 되어 상륙작전의 최상위 단위인 제10군의 군정부대에 배속되었다. 재미 일본인 2세로 일본어에 능통한 장교들이 그와 함께 했다.

제1해병사단을 실은 배들은 3월 초 과달카날을 떠나 3월 21일 미 해군의 든든한 근거지로 변모한 울리시 환초에 도착했다. 훌륭한 시설과 대함대가 어우러진 장관이 대원들의 눈에 들어왔다. 하지만 대원들에게 이곳 환초의 생활은 결코 마음이 편하지 않았을 텐데, 자신들이 펠렐리우에서 피 흘리며 죽어갈 때 무혈입성한 곳이었기 때문이다. 어쨌든, 그들은 태평양을 횡단하고 수많은 전투를 거쳐 그곳에 있었다. 그리고 이제 일본 제국의 문턱을 넘을 참이었다.

오키나와 상륙 전야

원래 오키나와는 류큐라는 이름의 독립 왕국이었다가 1879년 일본에 합병되었다. 오키나와는 규슈와 불과 560킬로미터, 도쿄와는 1,600킬로미터밖에 떨어져 있지 않아 폭격기 기지로는 아주 이상적인 곳에 위치해 있었다. 더구나 섬이 커서 비행장도 크게 만들 수 있었고, 일본 본토 진격을 위한 엄청난 수의 장비와 보급품을 수용할 공간도 충분했다.

미 해군은 완벽한 제해권과 제공권을 바탕으로 일본을 아사 직전까지 몰아넣고 항복을 유도할 수 있으리라고 믿었다. 하지만 육군은 본토를 점령하지 않는 한 일본의 항복은 없을 것이라고 보았다. 어쨌든 해군과 육군은 오키나와가 꼭 필요하다는 데는 의견이 일치해서, 이 섬의 공략을 위해 육군과 해병대를 합해 18만 명이 넘는 대군을 투입하기로 결정했다. 이를 위해 제10군이 편성되었다. 해병대는 이오지마에서 진이 다 빠진 세 사단은 빼고 제1해병사단, 제2해병사단, 제6해병사단을 투입하기로 했다. 제1해병사단과 제6해병사단이 먼저 상륙하고, 제2해병사단은 예비대로 해상 대기하는 방식이었다. 제2해병사단은 과달카날 때 제5해병연대장이었던 헌트가 사단장을 맡고 있었고, 제6해병사단은 그사이 승진한 셰퍼드 소장이 사단장이었다. 70만 톤이 넘는 물자와 수백 척이 넘는 함대가 동원될 예정이어서 참모들과 보급병들은 정신없이 뛰어다녔다.

제1해병사단도 사단 단위의 작전 준비에 들어갔다. 세 연대 중 제1연대는 펠렐리우에서 가장 어려운 임무를 맡았던 대가로 예비대로 빠졌고, 제5연대와 제7연대가 먼저 상륙하게 되었다. 난제는 상륙 해안 바로 앞에 높은 방조제가 구축되어 있어서 사다리를 타야 한다는 것이었다. 이에 관해서는 오로지 적의 공격이 없기를 바라는 수밖에 없었는데, 실제 상륙할 때는 포격으로 파괴되어 1미터 정도밖에 되지 않았다. 상륙일은 만우절이자 부활절인 4월 1일로 정해졌다.

　모든 전선이 붕괴 일로의 상황이었지만 일본군도 가만히 앉아서 기다리고 있지만은 않았다. 방어군 총사령관인 우시지마 미쓰루 중장 휘하에 10만 병력이 있었다. 그는 그간의 전훈을 바탕으로 해안 및 중부 평야지대 그리고 방어에 유리한 북부 산악지대마저 과감하게 포기하고, 대신 슈리성^{首里城}을 중심으로 한 남부 산악지대에 병력과 화력을 집중했다. 특히 슈리성 일대의 포병 전력은 그 전의 어떤 전투에서보다 강력해서 70밀리 이상의 야포 287문을 준비했다. 여기에 해안포를 제외한 대부분의 야포가 이동식이어서 동굴 입구에서 발포한 뒤 레일을 타고 안으로 숨을 수 있었다. 뿐만 아니라 가짜 야포들도 곳곳에 배치되었다. 오키나와의 토질은 파내기 무척 어려웠지만 일단 파기만 하면 땅 자체가 콘크리트처럼 단단해서 능히 포격을 견딜 수 있었다. 또 일본군은 오키나와에 산재한 자연 동굴을 최대한 활용해 방어진지를 보강했다. 여기에 공교롭게도 현지 주민들은 가족의 유골을 돌로 만든 지하 납골실에 안치하는 풍습이 있었는데, 이 석제 납골실은 그대로 훌륭한 기관총좌나 박격포 진지가 되었다. 대전차호와 대전차지뢰, 대전차포가 조화된 대전차 방어망도 정성스럽게 준비되었다. 태평양전쟁 사상 최대이자 최악, 최후의 전투가 일어날 무대와 배우 그리고 무대장치가 이렇게 마련되었다.

평온한 상륙, 그러나…

　엄청난 굉음이 4월 1일의 아침을 열었다. 영국 해군까지 가세한 상륙작전에 참가한 함대 규모나 항공기 수, 포격의 양은 펠렐리우와 비교도 안 될 정도로 대규모였다. 하지만 이것이 자신들의 전투와는 별 상관이 없다는 것을 너무도 잘 알고 있는 대원들은 배 위에서 무표정하게 지켜볼 뿐이었다. 5인치 이상의 포탄 4만 5,000발이 쏟아부어졌다. 일본군 참모부의 야하라 히로미치 대좌는 슈리성이 있는 산정의 일본군 지휘부에서 미군의 상륙을 지켜본 소감을 이렇게 묘사했다.

오전 8시, 적 상륙부대가 수천 척의 상륙정에 몸을 싣고 일제히 몰려들었다. 그 장대하고 질서 정연한 모습, 스피드와 중량감이 넘쳐흐르는 당당한 돌진은 마치 쓰나미가 몰려오는 듯했다. 하지만 그들은 포격 대부분을 우리가 병력을 배치하지 않은 무인지대에 폭포처럼 쏟아붓고 있었다.

해병대원들은 해변에 서면 소나기처럼 쏟아지는 조명탄과 해변의 모래를 뒤집어놓는 박격포탄 그리고 귀를 찢는 듯한 기관총 발사음을 들을 거라고 생각했다. 하지만 놀랍게도 선두는 아무 위험 없이 전원 선 채로 뭍에 발을 디뎠다. 포탄도 떨어지지 않았다. 거대한 컨베이어벨트는 쉴 새 없이 병사들과 전차, 야포와 차량, 보급품들을 육지에 뱉어놓았다. 첫날 10만 명이 넘는 미군이 상륙했지만 전사자는 28명에 불과했다. 가장 큰 목표인 가데나嘉手納 비행장도 쉽게 점령했다.

4월 5일이 되어서야 전투가 시작되었는데 육군이 맡은 지역들이었다. 제1해병사단 옆에는 육군 제7사단이 있었다. 두 사단은 한국에서도 어깨를 나란히 하고 싸우게 된다. 어쨌든 처음 며칠 동안, 제1해병사단은 야외극장까지 마련된 캠프를 만들고 도로에 자갈까지 공들여 까는 등 여유가 있었다. 다만 쇼프너가 이끄는 헌병과 민사작전부대는 정신없이 바빴는데, 며칠 만에 1만 명이 넘는 주민들이 몰려들었기 때문이다. 하지만 호시절도 잠깐, 시간은 점차 사단을 지옥으로 이끌었다.

생지옥! 오키나와 전투 1

일본군의 본진인 슈리성 앞에는 폭 5.4킬로미터의 평탄한 지형이 펼쳐져 있었다. 일본군이 전방 방어지대로 삼은 이곳에는 지뢰밭과 대전차호가 설치되었고, 모든 경사면에 기관총과 박격포가 교묘하게 위장 배치되었다. 요소에 자리 잡은 관측병들에 의해 즐비하게 배치된 대구경 포들의 포격이 유도될 곳이기도 했다. 이 때문에 이 방어지대는 전초선에 불과했음에도 방어선의 동쪽 절반을 맡은 미 육군 제7사단과 서쪽 절반을 맡은 육군 제97사단은 둘 다 1,000명이 넘는 사상자를 냈고, 돌파하는 데만도 1주일이나 걸렸다. 물론 그 이후의 공격은 더욱 부진했고, 사상자만 늘어갔다.

한편 4월 6일부터 바다와 하늘에서는 슈리성과 함께 오키나와 전투의 또 다른 상징으로 역사에 남을 가미카제 대공세가 시작되었다. 가미카제는 미 해군에 엄청난 희생을 강요했다. 해군은 지상전을 지원하기 위해 오키나와 해역에 머물러야 했으므로, 지상전이 빨리 끝나야 해군의 출혈도 줄어들 것이었다.

상황이 이렇자 제10군 사령관 사이먼 버크너 중장은 4월 19일자로 대공세를 개시했다. 사이판 전투에 참전했던 육군 제27사단을 새로 투입하고, 태평양전쟁 사상 가장 밀도 높은 포병 화력을 집결시켰다. 105밀리 이상의 야포만 324문에 달했고, 1만 9,000발의 포탄이 일본군 진영을 향해 날아갔다. 해군과 해병 항공대도 동참해 650대의 항공기와 6척의 전함을 위시한 어마어마한 화력을 지원했다. 슈리성에도 455킬로그램짜리 폭탄들이 떨어졌다. 하지만 우시지마 장군의 지휘소는 지하 30

미터 암반 속에 있어서 끄떡도 하지 않았다. 결국 엄청난 화력 지원에도 이날 보병들의 공격은 실패로 돌아갔다. 3개 사단 중 단 하나의 사단도 돌파구를 뚫지 못했다. 그나마 육군 제7사단이 '스카이 리지Sky Ridge'라고 이름 지은 고지를 점령했지만 이마저도 반대쪽 경사면에서 몰려든 일본군에 의해 격퇴되었다.* 심지어 육군 제27사단은 단 하루 만에 셔먼 전차 30대 중 22대를 적의 포화와 지뢰로 잃었다.

이러한 상황에 몸이 단 니미츠 제독이 4월 22일 저녁 오키나와로 날아왔다. 밴더그리프트 해병대 사령관도 동행했다. 그는 불과 얼마 전인 4월 4일 해병대 사상 최초로 사성장군에 오르는 영예를 안았는데, 이후 하와이로 날아가 이오지마에서 큰 상처를 입고 휴식 중인 제4해병사단을 위로하고 다시 괌으로 가 제3해병사단을 위문했다. 그리고 거기서 니미츠 제독을 만나 함께 오키나와로 온 것이다.

스프루언스 제독까지 상륙해 참가한 회의에서 밴더그리프트 장군은 예비대인 제2해병사단을 일본군의 배후에 상륙시키자고 제안했다. 하지만 버크너 장군은 해안이 좁고 지형이 급경사를 이루고 있어 상륙은 곤란하다고 반대했고, 대신 제1해병사단, 제6해병사단을 투입해 전투를 빨리 끝내겠다는 대안을 내놓았다. 니미츠 제독은 이를 승인했다. 4월 30일, 우선 제1해병사단이 제27사단과 교대하기 위해 전선으로 향했다. 제27사단이 맡고 있던 전선은 슈리성 정면 지역이었다. 임무 교대는 5월 1일 오후 2시에 이루어졌다. 군 직할로 전선에 투입되었던 제11포병연

---

* 미군 부대들은 보통 현지 지명을 발음하지 못해 고지나 산에 멋대로 미국식 지명을 붙였다. 하지만 제1해병사단은 해외에서 숱한 전투를 치러왔고, 현지인들을 상대로 민사 작전을 많이 경험한 장병들이 주축이 되어 탄생한 부대여서 그런 짓을 경멸하며 원어 발음을 부르는 전통이 있었다. 단 한국전쟁 때의 두드러진 한 전장에 대해서는 본의 아니게 다른 이름을 쓰게 된다.

대가 제1해병사단의 투입과 더불어 다시 사단의 지휘를 받았고, 제27사단의 포병대가 새로이 제1해병사단에 배속되었다.

과달카날과 뉴브리튼, 펠렐리우에서 전투를 치러오면서 제1해병사단은 자신들이 시작한 전투를 육군에 인계하기만 했지 그 반대의 경우는 없었다. 해병대원들은 육군이 1주일 이상 별다른 진격을 하지 못했다는 말을 듣고 육군을 비웃었다. 그러나 그곳이 그렇게 만만한 전장이 아니라는 사실을 아는 데는 오랜 시간이 필요하지 않았다. 어쨌든 해병대와 육군의 협조는 상당히 원활했다.

전선 인수 당일부터 소규모 전투가 벌어졌다. 5월 3일부터는 제1해병연대, 제5해병연대가 본격적인 공세를 가했다. 하지만 일본군 제62사단의 완강한 방어로 겨우 몇백 미터를 진격하는 데 그쳤다. 그런데 해병대로서는 운 좋게도 5월 4일 밤, 호전적인 일본군 참모장 조 이사무 중장의 '반격'해야 한다는 주장 때문에 벌인 일본군의 역상륙작전이 일어났다. 공격 지점은 제1해병사단의 후방이었는데, 이 무모한 공격은 노름꾼의 마지막 베팅에 비유할 만한 것이었다.

결국 이 '역상륙작전'은 발각되어 미군의 압도적인 화력을 뒤집어쓰고 일본군 400여 명이 전사하며 완전한 실패로 돌아간다. 그런데 노획물 중에 전서구가 있었다. 해병대는 다음과 같은 내용의 편지를 써 일본군 진영에 돌려보냈다. "여기 당신들의 비둘기를 돌려보냅니다. 하지만 병사들은 돌려보내지 못해 유감입니다."

여담으로, 필자는 악명 높은 야스쿠니신사에 간 적이 있다. 거기에는 유슈칸遊就館이라는 전쟁 박물관이 딸려 있는데, 그 앞에는 전쟁에서 죽은 군마와 군견, 전서구의 영혼을 위로하는 '위령 동상'이 서 있다. 필자는 그 앞에서 이렇게 동물들에게까지 '배려'할 줄 아는 일본인들이 왜 희생된 한국인과 중국인들에 대해서는 그러지 않는 것일까 하는 생각을 했다.

미 육군 제7사단과 제77사단에 가한 일본군의 지상 공격도 완전히 실패하여 7,000명이 넘는 전사자가 나왔다. 일본 육군의 마지막 공격인 이 전투로 그들은 치명적인 정도까지는 아니지만 상당한 전력을 상실했다. 공격 지원을 위해 안전한 동굴에서 나온 야포 59문의 파괴와 포탄 재고량의 격감 또한 미군에는 고무적인 전과였다.

5월 4일 오전 10시, 제1해병사단은 공격을 감행했지만 강력한 방어선에 막혀 별다른 성과를 거두지 못했다. 다음 날과 그다음 날에는 더 치열한 전투가 벌어졌고, 649명이나 되는 사상자를 냈는데, 이는 일본군보다 적은 수치가 아니었다. 하지만 제6해병사단이 남하해 전선을 분담하자, 제1해병사단은 굴하지 않고 다시 공세에 나섰다. 특히 60고지 전투는 치열하기 그지없었다. 결국 5월 9일 저녁 함락했다. 이 전투에서 가장 활약한 부대는 제1해병연대 1대대였는데, 그들의 용기와 팀워크는 놀라웠다. 하지만 대대장 레이먼드 머리 중령이 저격병의 총탄에 부상을 입어 쇼프너 중령이 그 자리를 대신했다. 쇼프너의 1대대가 소속된 제1해병연대는 다쿠시 계곡 쪽으로 진격해갔다. 한편 머리 중령은 기억해두어야 할 인물인데, 그는 장차 한국전쟁에서 맹활약한다. 그 역시 전쟁 전에는 중국에서 근무했고, 제2해병사단 제6해병연대 소속으로 과달카날에서 싸웠으며, 타라와와 사이판 전투에도 참가한 역전의 용사였다.

제5해병연대는 '사탄'이라는 별명을 얻은 강력한 화염방사 전차의 지원에도 일본군의 요새 지역인 아와차에서 고전을 면치 못하다가 5월 10일 제압에 성공했다. 다쿠시 계곡 쪽이 문제였는데, 제7해병연대가 단독으로 다쿠시 능선을 공격했으나 실패했고, 제1해병연대가 새로 전장에 합류했다. 이제 사단의 1차 목표는 이 능선이 되었다.

5월 11일, 제1해병사단은 육군과 함께 대공세에 나섰다. 전투는 치열했고 진격 속도는 여전히 느렸다. 다쿠시 능선과 마을을 지키는 일본군 제64여단은 여단장 아리카와 가즈이치가 직접 총을 들고 병사들과 함께 싸울 정도로 완강하게 저항했다. 하지만 사단은 14일 다쿠시를 함락했다. 이제 다음 목표는 와나★名 계곡과 능선으로 슈리성에 성조기를 꽂기 위해서는 반드시 점령해야 하는 곳이었다.

쇼프너 등의 장교들은 펠렐리우에서 저지른 풀러의 '실수', 즉 정면공격을 고집하다가 완강한 방어 때문에 고립되고 희생자만 늘어나는 사태를 우려해 우회하려고 했지만 우시지마 장군이 구축한 방어선은 그것을 허용하지 않았다. 결국 적의 진지를 하나하나 격파하는 것 외에는 다른 방법이 없었지만 지형이 복잡했다.

셔먼 전차가 없다면 공격이 불가능할 정도였고, 부상자 후송도, 보급품 수송도 전차가 맡았다. 일본군도 전차가 미군의 핵심이라는 사실을 잘 알고 있었기에 이를 격파하기 위해 육지의 가미카제, 즉 육탄 결사대를 투입했다. 사실 전차를 무용지물로 만들려면 전차 밑바닥까지 도달해야 하는데 그런 일이 일어날 가능성은 거의 없었다. 하지만 전차 근처까지 도달해 자폭할 가능성은 적지 않았고, 이에 대원들은 예비 캐터필러로 장갑을 보강했다. 대원들은 최선을 다해 전차를 지켰다. 사단의 제1전차대대장이었던 아서 스튜어트 중령의 회고다.

전술 교과서에 나오지 않는 상황들이 매일 일어났다. 하지만 한 가지만은 늘 같았다. 전차대와 해병은 언제나 서로 의지해 함께 계곡에 들어갔고, 함께 나왔다. 살아 있건, 죽어 있건, 부상당해 병신이 되었건,

●─ 말의 의미 그대로 '초토화'된 상태의 와나 계곡에서 작전 수행 중인 해병대원.

피를 흘리며 울부짖으면서건, 어떻게 되었건 함께 나왔다.

제1전차대대가 16일 하루 동안 와나 계곡 전투에서 소모한 탄약만 75밀리 주포탄 5,000발과 7.62밀리 기관총탄 17만 3,000발이었고, 화염방사기 용액도 1,140리터나 사용했다. 일본군의 포격도 강도를 더해갔는데, 물론 화력의 절대적인 수준에서는 미군에 비할 바가 아니었지만, 미군은 지하 진지 같은 몸을 숨길 만한 곳이 마땅치 않았다는 점에서 더 큰 위험을 감수하고 있었다. 죽거나 다치지 않더라도 많은 대원들이 고막 손상을 입었고, 방향 감각을 잃었다.

5월 15일, 제1해병연대는 제5해병연대와 임무를 교대했다. 연대는 전사자와 부상자, 실종자를 합해 1,000명 이상의 사상자가 발생하여 나가 떨어진 상태였다. 이제 사단은 파부부섬에서 훈련시킨 신병들을 전선에 투입할 수밖에 없었다. 그때까지 신병들은 해변에서 하역 작업을 돕고 있었다. 일이 급하게 돌아가면서 신병들은 겨우 이틀 동안 다시 훈련을 받은 뒤 전선에 투입되었다.

제1해병연대원들은 잠깐이나마 온수로 샤워하고 뜨거운 음식을 먹으며 쉬었다. 하지만 곧 500여 명의 신병이 보충되자 다시 지옥 같은 전장에 나서야 했다. 그래도 이번에는 운이 좋았다. 제5해병연대가 와나 계곡의 서쪽 입구를 장악했기 때문이다. 이제 슈리성까지는 능선 하나를 남겨두었을 뿐이다. 하지만 그 능선 하나를 넘기 위해서는 또다시 엄청난 희생이 필요했다.

생지옥! 오키나와 전투 2

21일부터 비가 쏟아졌다. 비구름은 계속 머물렀고, 한기가 뼛속까지 스며들었다. 와나 계곡은 진흙 바다로 변했다. 도로가 유실되었고, 전차조차 움직일 수 없었다. 이를 틈타 22일 새벽, 일본군 200여 명이 제1해병연대를 기습했다. 격렬한 백병전 끝에 물리치고 나니 참호 주변에 널브러진 적군의 시신이 180구가 넘었다.

비는 계속 쏟아졌고, 피해는 끔찍했다. 유진 슬레지가 소속된 중대는 25명의 신병을 새로 받았는데, 저녁이 되니 6명만 남았다. 상황이 너무 심각해서 많은 신병들이 말 그대로 '돌아버렸던' 것이다. 상륙용 장갑차가 보급에 투입되었지만 마지막 단계에서는 병사들의 등짝에 의존해야 했다. 온통 진창이어서 부상자가 누운 들것에 12명 이상이 들러붙어야 할 정도였다. 상륙용 장갑차가 아예 움직일 수 없게 되자 뇌격기(어뢰로 적함을 공격하는 비행기)들이 저공비행해서 보급품을 투하했다. 하지만 폭우가 폭풍으로 바뀌자 비행기도 이용할 수 없었다. 군복과 장비가 젖은 것은 물론이고 시신을 처리하지 못해 악취가 진동하고 구더기가 창궐하여 위생 상태도 최악이었다. 당연히 사기가 크게 떨어졌고, 비전투 사상자가 급증했다. 공격이 불가능하다고 판단한 사단 지휘부는 당분간 소규모 정찰만 수행하게 했다.

자신들의 피를 끊임없이 요구하는 슈리성을 바라보는 대원들의 감정은 아마 몬테카시노의 연합군 장병들과 비슷했을 것이다.[*] 1주일 동안 내린 폭우와 일본군의 저항으로 제1해병사단은 거의 전진하지 못했다. 육군 제77사단과 제96사단도 마찬가지였다. 제6해병사단과 육군 제7사단만 약간의 전진에 성공했을 뿐이다.

슈리성을 함락하다

미군들이 폭우와 사투를 벌이는 동안, 우시지마 중장은 이제까지 일본군이 보인 적 없는 작전상 후퇴라는 결정을 내렸다. 사실 미군의 좌절감과는 별개로 슈리 방어선은 한계를 드러내고 있었다. 아직 5만 명이 남아 있었지만, 이들의 전투력을 효과적으로 사용하려면 후퇴해서 방어선을 축소하는 길밖에 없었다. 폭우로 미군 정찰기가 활동하지 못했기에 더욱 절호의 기회였다. 폭우와 진창에도 일본군은 남쪽의 갸喜屋武곶으로 이동했다. 물론 슈리성을 공짜로 넘겨줄 생각은 없었다. 우시지마는

---

[*] 1944년 1월에서 5월까지 로마로 진격하려는 연합군과 이를 저지하려는 독일군이 유서 깊은 베네딕토수도원이 있는 몬테카시노에서 격전을 치렀다. 그런데 산 정상에 있는 베네딕토수도원이 연합군 병사들에게 압박을 주었고, 결국 폭격으로 파괴되었다. 산 정상에 있는 슈리성은 몬테카시노의 수도원과 비슷한 이미지를 주었을 것이다.

5,000여 명의 병력을 남겨 미군을 견제하며 시간을 버는 역할을 맡겼다.

하지만 워낙 대규모의 이동이어서 미군의 눈을 완전히 속인다는 것은 불가능했다. 5월 26일, 제1해병사단의 관측소는 이들의 이동을 발견했고, 잠깐 날씨가 갠 틈을 이용해 함재기가 출격했다. 함재기는 대부분 흰옷을 입은 엄청난 수의 사람과 차량 행렬을 발견하고 기총소사를 가했다. 조종사는 총탄에 맞은 몇 명의 몸이 폭발했다고 보고했다. 즉 탄약을 지녔다는 의미였다. 일본군의 이동임은 분명했지만, 민간인이 섞여 있는 것인지 아니면 군인들이 사복으로 갈아입은 것인지는 불확실했다. 다시 악천후로 항공 공격이 불가능해지자, 순양함의 8인치 함포와 해병대 야포가 행렬을 향해 불을 뿜었다. 3,000명 이상이 이 포화로 쓰러졌고, 많은 장비가 파괴되었다. 델 발레 사단장은 이렇게 말했다. "일본놈들이 도로 위에서 불시 기습을 당했군!"

하지만 실제로는 많은 민간인들이 행렬에 섞여 있다가 희생되었다. 이 때문에 주민들은 미군들이 주민들을 몰살하기 위해 상륙했다는 일본군의 선전을 믿게 되었다. 이로 인해 죽지 않아도 됐을 수많은 주민들이 희생되었다. 어쨌든 이때 미군 지휘부는 일본군의 움직임을 본격적인 철수가 아닌 전선 재조정으로 보는 오판을 했고, 덕분에 우시지마의 주력은 많은 희생을 치렀지만 남쪽으로 철수할 수 있었다. 폭우가 큰 도움을 주었음은 물론이다.

28일에야 비구름이 걷히기 시작했다. 그동안 보급품을 비축한 제1해병사단은 슈리성을 향해 다시 공격을 가했다. 제1해병연대는 와나 계곡 동쪽 끝에 있는 고지 공격에 실패했지만, 제5해병연대 1대대는 29일 오전 10시 15분 별다른 저항 없이 슈리성 정상에 도달했다. 당연히 성조기를 꽂아야 했지만 준비된 것이 없어 사우스캐롤라이나 출신의 줄리언

두젠버리 대위는 철모 안에 넣고 다니던 남부연합기를 꽂았다.[*]

이 소식에 미군 사령부는 약간 긴장했지만 다음 날 오후 델 발레 사단 장이 보낸 성조기가 내걸리며 문제가 해결되었다. 펠렐리우섬에 걸렸던 깃발이었다. 그동안 이름 모를 열대의 섬만 정복해온 제1해병사단은 처음으로 제법 '폼' 나는 장소에서 국기 게양을 한 셈이었다. 전황 보고를 받은 버크너 장군은 일본군의 퇴각이 전면적이라는 사실을 깨달았지만 너무 늦었다.

그 시각 제1해병연대는 쇼프너의 1대대 소속 기관총 사수가 일본군 35명을 쓰러뜨리는 큰 전공을 세우기도 했지만 전반적 전황은 여전히 좋지 않았다. 보급품, 특히 식수가 바다나 포탄 구멍에 고인 물을 마셔야 했다. 낙하산 보급도 투하가 잘못되어 대부분 일본군 지역에 떨어졌다. 30일 늦은 오후가 되어서야 약간의 전투식량과 식수가 보급되었다. 다시 공격을 시작하자 그간 주력부대의 철수를 위해 시간을 벌었던 적군이 철수하면서, 슈리성 주위는 완전히 미군의 차지가 되었다.

하지만 전투는 아직 끝난 게 아니었다. 일본군은 간곳에 방어선을 구축하는 한편, 슈리성 정남쪽 16킬로미터 지점에 있는 마부니摩文仁 고지 지하에 새 사령부를 설치했다. 구니요시國吉 능선을 중심으로 한 이 방어선은 말 그대로 최후의 보루였다. 그 뒤로는 방어 가능한 지형 자체가 존재하지 않았다. 우시지마 장군은 이렇게 명령했다. "목숨이 붙어 있는 한 최후의 하나까지 진지를 사수하라!"

일본군의 주력이 빠져나가 새 방어선을 쳤다는 사실을 안 버크너 장

---

[*] 사우스캐롤라이나는 남북전쟁 당시 첫 번째로 연방을 탈퇴하고 섬터 요새를 공격해 전쟁의 포문을 열었던 주다.

●─ 슈리성에 '제대로 된 깃발'을 꽂기 위해 올라가고 있는 해병.

군은 새로운 작전계획을 세우고 있었다. 이틀 동안 잠잠했던 폭우가 다시 쏟아졌다. 해병대는 대규모 전투 대신 소탕전과, 일본군의 소규모 야습을 저지하는 데 집중했다. 일본군의 야습에 이골이 난 해병대는 피아노 줄로 연결된 조명탄과 조명지뢰를 활용해 효과적으로 막아냈다. 한편 보급은 여전히 엉망인 도로 때문에 해병의 등짝과 뇌격기에 의존했고, 6월 5일이 되어서야 트럭을 통해 가능해졌다.

마지막 전투

제1해병사단, 아니 해병대와 육군을 통틀어 태평양 전선의 마지막 전투가 시작되고 있었다. 제1해병사단은 일본군의 방어진지까지 순조롭게 남하했다. 며칠 동안은 사상자가 거의 나오지 않았고, 6월 8일쯤 도로가 마르면서 엄청난 보급품이 도착했다. 항공기도 이제는 보급품 투하에 익숙해져서 떨어진 낙하산과 보급품 상자들만 따라가도 진격로가 충실하게 그려질 정도였다. 이 동안은 전투보다 오키나와 주민들을 만나 그들을 후방의 수용소로 보내는 게 주 업무였다. 또 많은 신병들이 도착했는데 장교와 부사관들은 이들을 훈련시킬 약간의 여유도 얻었다.

하지만 마지막 전투는 피할 수 없었다. 일본군은 남쪽 끝 갼곳에 마지막 방어선을 치고 있었다. 6.4킬로미터에 이르는 이 방어선은 동쪽 해안에 있는 95미터 고지에서 시작해 서해안에 이르렀다. 제1해병사단이 맡은 구니요시 능선은 남사면과 북사면이 동굴 진지로 강력하게 요새화되었고, 전면에는 논밭이 펼쳐져 있어 절호의 사격 공간을 제공했다. 더구나 전차가 지나갈 두 줄의 길을 향해 대전차포가 배치되어 있었다. 3만여 명의 일본군 중 제대로 훈련된 병사는 20퍼센트 정도, 나머지는 신병 또는 현지 징집 병력으로 전투력이 낮았지만 구니요시 능선에 배치된 병력은 잘 훈련된 제24사단 제32연대였다. 식량은 20일 치 정도였는데, 우시지마 장군은 그 정도면 충분하다고 보았다. 그리고 그 예상은 정확히 맞아떨어졌다.

6월 10일 아침, 제1해병사단은 다른 사단들과 함께 공격에 나섰다. 사단의 우익을 맡은 제7해병연대는 상륙장갑차를 타고 무쿠에報得강을 건너 공격을 가했다. 정면과 우회 공격을 병행한 제7해병연대는 강 건너 방어진지를 제압하는 데 성공했다. 하지만 좌익을 담당한 제1해병연대는 상황이 나빴다. 제1해병연대 1대대는 요자다케与座岳 절벽을 공격해야 했는데, 선두에 선 C중대가 평지를 가로지르다 175명 중 75명이 쓰러지고 말았다. 그래도 선두는 고지의 기슭에 다다랐다. 쇼프너 중령은 B중대를 투입하면서 좌익의 육군 제96사단이 공격을 가해 부하들의 부담을 줄여주길 바랐지만 그들은 기대를 저버렸다. 점령지를 지키기 위해 서둘러 참호를 파는 두 해병중대 위로 일본군의 포탄과 총탄이 사정없이 쏟아졌다. 쇼프너는 육군 제96사단의 연대장을 찾아가 대대의 측면이 '완전히 개방된' 이유를 따져 물었다. 연대장이 쇼프너의 대대를 격찬하며 자신의 병사들로서는 어쩔 수 없었다고 변명하자, 그는 "당신과 당신 부하들은 내 해병들의 전사와 부상에 책임이 있소!"라고 쏘아붙이고는 밖으로 나왔다.

전부 합해 120명이 넘는 사상자가 나왔지만 두 중대는 제96사단이 요자다케의 일본군을 무너뜨릴 때까지 끈덕지게 버텼다. 6월 15일에야 제1해병연대는 제5해병연대와 교대해 예비대로 빠졌는데, 20명의 장교와 471명의 병사를 잃은 뒤였다. 대원들은 "다시 전선으로 나갈 일이 없기를 기도"했다. 다행히 신은 그 기도를 들어주었다.

제7해병연대는 구니요시 능선을 공격하며 일본군의 정확한 포화에 적지 않은 피해를 입었다. 하지만 항복 권유 방송을 내보냈을 때는 놀랍게도 6명이 항복했다. 적은 수이지만 그 지독했던 일본군이 서서히 무너지고 있다는 증거였다. 그러나 여전히 전투는 치열했다. 전차대는 보급품을 수송하고, 증원부대를 데려오고, 1,000명이 넘는 부상병을 후송하는 등 돋보인 활약을 보였다. 한 중대는 7명의 장교 중 6명이 전사하거나 부상을 입었고, 전차로 후송된 부상자만도 110명에 달할 정도로 엄청난 손실을 입었다. 간신히 일본군을 격퇴한 날 밤에도 일본군은 다시 역습을 가해 제7해병연대를 괴롭혔다. 그래도 연대는 꾸준히 전진하여 구니요시 능선의 대부분을 장악하는 데 성공했다. 그러나 지칠 대로 지쳐 더 이상의 전투는 불가능했다.

6월 18일, 제7해병연대를 대신해 그동안 오키나와 주위의 작은 섬들을 점령했던 제2해병사단 제8해병연대가 제1해병사단에 임시로 배속되어 전선에 배치되었다. 하지만 이 교대가 비극을 부를지는 아무도 상상하지 못했다.

양군 사령관의 최후

버크너 장군은 넉 달 전인 2월, 사이판에서 제8해병연대를 시찰하다 그들의 훌륭한 훈련 상태를 보고 감탄하며 자신이 본 최고의 연대라는 찬사를 보낸 적이 있다. 그렇기에 6월 18일, 그는 이 연대의 전투를 직접 지켜보고자 전선, 정확히 말하면 마에자토眞榮里 고지로 갔다. 제6해병사단의 제22연대장 헤럴드 로버츠 대령이 이 사실을 알고 장군에게 달려가 그 고지는 적 진지에 노출된 아주 위험한 지역이라고 경고했지만 묵살되었다. 로버츠 대령의 말대로 근처에는 제8해병연대가 우회 진격을 채택하면서 제압되지 않은 적 진지가 있었다.

버크너 장군은 오후 1시 30분경 제8해병연대 3대대 지휘소를 들렀다가 감시초소에 올라 쌍안경으로 전투를 관찰했다. 바로 그때 일본군의 47밀리 포탄 5발이 떨어졌다. 직격탄은 없었지만 산호 바위를 부수고, 그 파편이 장군의 가슴을 박살냈다. 의무병이 응급조치를 취하고 군의관이 달려들었지만 순식간에 너무 많은 피를 흘려 어쩔 수 없었다. 바로 옆의 참모들은 가벼운 상처조차 입지 않은 기막힌 경우였는데, 아이러니하게도 위험을 경고한 로버츠 대령과 그의 부연대장 어거스틴 라슨 중령도 한 시간 후 일본군 저격수의 총탄을 맞고 전사했다.

버크너 중장은 태평양 전선에서 전사한 최고위 장성으로 역사에 남았다. 생전에 그는 후임자로 가이거 장군을 지명해두었다. 가이거는 소장에서 중장으로 승진하여, 단 나흘이지만 미국 역사상 유일하게 해병대 장군으로 야전군 사령관이 되는 기록을 남겼다. 나흘 후 중국에서 오랜 경험을 쌓은 조지프 스틸웰 장군이 제10군의 지휘권을 인수했는데, 이미 전세가 기운 시점이었다.

물론 그렇다고 최전방 대원들이 무사한 것은 아니었다. 그들은 갈 곳도 없지만 항복도 거부하며 오로지 자신들을 죽이려는 일념뿐인 일본군을 상대해야 했다. 슬레지는 이렇게 말했다. "이 미친놈들은 도대체 뭐가 문제인 걸까?"

전투의 규모도, 횟수도 줄어들었지만 병사들의 고난은 계속되었다. 대원들은 '일본군'들을 다 죽이든지 아니면 자기들이 죽어야 비로소 이 빌어먹을 섬에서 벗어날 수 있다는 사실을 깨닫고 점점 더 난폭해졌다. 제5연대는 병력의 3분의 2를 잃었고, 한 중대는 100명도 채 되지 않았는데, 그나마도 대부분 신병이었다. 하지만 이 지긋지긋한 전투도 끝이 보였다. 미군은 포로가 된 일본군 장교를 이용해 우시지마에게 항복을 권유하는 방송을 내보냈다. 하지만 우시지마와 그의 참모장 조는 최후를 준비하고 있었다. 그들은 버크너 장군이 전사한 하루 전날인 17일 하늘에서 투하한 편지를 받았다. 내용은 다음과 같았다.

귀하가 지휘하는 부대는 용감하게 싸웠고 선전했습니다. 귀하의 보병 전술은 적인 우리로서도 찬탄해 마지않는 것이었습니다. 나와 마찬가지로 귀하도 오래 보병 전투를 가르치고 실천해온 보병과 장군입니다. 따라서 귀하도 나와 마찬가지로 이 섬에서 귀측의 저항이 며칠 안에 종말을 고하지 않을 수 없다는 사실을 이해하고 계시리라 믿습니다.

우시지마는 편지를 조 참모장에게 주었고, 둘은 큰 소리로 웃었다. 사무라이의 '명예'는 생명과 같았고, '항복'은 명예의 포기였다. 그들은 적장에게 항복이라는 전리품을 줄 생각이 전혀 없었다. 오키나와 전투, 아니 태평양을 캔버스로 한 거대한 그림은 두 군대의 피와 불꽃으로 마무리되고 있었다. 전차대가 5일 동안 쏟아부은 14만 리터 이상의 화염방사액도 훌륭한 물감이 되었다. 요충지가 차례로 함락되어도 우시지마는 포기하지 않고 역습을 지시했다. 하지만 결과는 뻔했다. 제1해병사단은 혼신의 힘을 다해 고지를 차근차근 함락했고, 6월 21일 저녁에는 조직적 저항을 거의 종식시켰다. 이후에는 소탕 작전만 남은 셈이었다.

우시지마는 유능한 장교들을 희생시킨다는 것은 일본 육군의 손실이라고 보았기에 전투에서 완전히 패배하면 지휘관들이 마지막 병력을 모아 돌격해서 '옥쇄'하는 '전통'을 거부했다. 이렇듯 그는 합리적인 면모도 갖춘 장수였다. 하지만 항복은 생각조차 하지 않았다는 점에서 한계도 명확했다. 그는 부하들에게 탈출 후 북부에서 게릴라전을 펼치라고 명령했다. 적장이 전사한 다음 날 저녁, 우시지마는 대본영에 이별 전보를 보내고 참모들과 작별 연회를 열었다. 참모들은 북쪽으로 갔지만 20일까지 대부분이 전사했다. 그러자 우시지마는 야하라에게 이렇게 말했다. "자네가 죽으면 오키나와 전투의 진상을 아는 자가 아무도 남지 않게 되네. 일시적인 치욕을 참고 견뎌주게. 사령관으로서 마지막 명령이네."

당황한 야하라는 두 장군의 시신을 수습한 다음 거취를 결정하겠다고 대답했지만 참모장 조 장군은 끝까지 물고 늘어져 반드시 살아남겠다는 대답을 받아냈다.

6월 21일 저녁, 두 중장은 요리사가 정성껏 준비한 백미, 복어, 된장국, 파인애플, 신선한 야채 그리고 스카치위스키로 된 저녁식사를 즐기고 놀랍게도 푹 잠들었다. 다음 날 새벽 2시, 부하들이 잠을 깨우자 두 사람은 정복으로 갈아입었다. 그들은 하얀 천을 깔고 할복 준비를 마쳤는데, 바로 옆에서 수류탄의 폭발 소리가 들릴 정도로 미군이 가까이 와 있었다. 두 사람은 천황이 있는 북쪽을 향해 절을 한 다음 단검으로 배를 갈랐고, 부관이 가이샤쿠介錯*를 해주면서 '천황 폐하에 대한 의무'를 다했다. 새벽 3시 40분의 일이었다. 역사상 수많은 전투가 있었지만 양군의 최고사령관이 승패를 떠나 이처럼 며칠 사이에 모두 죽은 경우는 매우 드문 일이었다.

상관의 시신을 매장한 야하라는 아침을 먹고 요리사와 함께 가까운 미군에게로 가서 포로가 되었고, 훗날 『오키나와 결전』이라는 대작을 써 상관의 마지막 명령을 '완수'했다. 다른 참모들은 마지막 돌격을 '감행'하고 대부분 전사했다.

---

* 할복하는 사람의 고통을 덜어주기 위해 큰 칼로 목을 쳐주는 것을 말한다.

전투 종료와 소탕전

일본군의 두 장군이 자살하기 직전인 6월 21일 오후 1시, 가이거 장군은 오키나와에서 일본군의 조직적 저항은 끝났으며, 점령이 이루어졌다고 공식 선언했다. 다음 날 오전 10시 국기 게양식이 열렸다. 일본 대본영도 25일에는 오키나와 상실을 공식 인정하고 본토 결전 준비에 들어갔다. 하지만 이후에도 산발적인 전투가 계속되었고, 아직 1만 명 이상의 일본군이 남아 있었다. 23일부터 가이거에게 지휘권을 인계받은 스틸웰 장군은 그날부터 열흘 동안 소탕전을 벌였다. 제1해병사단은 봉쇄 임무를 맡고, 제6해병사단과 육군이 소탕전을 수행했다. 이 기간에 9,000명에 가까운 일본군이 전사했고, 이례적으로 3,000명이 넘는 일본군이 포로로 잡혔다. 7월 2일, 스틸웰 장군은 오키나와 전투의 공식 종결을 선언했다.

미군이 이 전투에서 입은 피해는 태평양전쟁의 모든 전투를 통틀어 최대 규모였다. 제1해병사단, 제2해병사단, 제6해병사단과 해병 항공대는 전사자 및 실종자 2,938명, 부상자 1만 3,708명의 인적 손실을 입었다. 그 외 전투 피로와 신경증으로 인한 비전투 손실도 1만 598명에 달했다. 그중에서 제1해병사단의 피해만 계산하면 전사자 1,115명, 실종자 41명, 부상자 6,745명, 비전투 손실 5,101명이었다.

육군은 전사자 및 실종자 4,675명, 부상자 1만 8,099명, 비전투 사상자 1만 5,613명의 손실을 입었고, 해군은 주로 가미카제 공격으로 전사자 4,907명, 부상자 4,824명의 인명 피해를 입었으며 36척의 함정을 잃었다. 전사자 수가 1만 명이 넘은 전투는 태평양전쟁에서 오키나와 전투가 처음이자 마지막이었다.

물론 일본군의 손실은 훨씬 커서 거의 10만 명이 전사하고 7,401명이 포로가 되었다. 또한 수천 대의 항공기를 잃었으며, 초전함 야마토大和를 비롯해 16척의 함정이 격침되었다. 무엇보다 본토인 규슈에서 560킬로미터밖에 떨어져 있지 않은 큰 섬을 미군 기지로 내준 것이야말로 커다란 전략적 손실이 아닐 수 없었다.

두 나라 군대 사이에서 죄 없이 죽은 오키나와인의 수는 아무도 알 수 없다. 최소 4만 2,000명, 최대 15만 명 사이의 수치가 언급될 뿐이다. 그래도 해병대는 막대한 희생을 치르고 점령한 오키나와를 지금까지 기지로 사용하고 있으니 보람이라도 있겠지만 이 기지로 줄곧 피해를 입은 오키나와 주민들의 불만은 클 수밖에 없다. 일본의 집권당인 자민당은 가장 최근 총선에서 전국적인 승리에도 오키나와에서는 단 한 명의 당선자도 내지 못했다. 주민들의 절대 다수는 여전히 해병대의 철수를 원하고 있는 것이다.

한편 제1해병사단의 병사들은 휴양을 위해 본토는 아니더라도 하와이 정도는 가기를 원했다. 이때 대원들은 스스로를 '너덜너덜한 엉덩이'라고 표현했는데, 2년 전 호주를 떠난 후 줄곧 노숙해왔기 때문에 자신들의 요구가 정당하다고 생각했다. 델 발레 사단장도 동의했기에 파부부에 남아 있던 후방 지원부대는 휴양을 준비하기 위해 하와이로 떠났다. 마지막 병사가 배에 올랐을 때, 수백만 마리의 게와 쥐들이 부두로 몰려들어 이 섬이 해병대가 점령하지 못한 유일한 섬임을 알렸다.

하지만 얼마 못 가 일본 본토 침공을 위해 오키나와에 남아야 한다는 명령이 떨어졌다. 그나마 11월 1일 시작될 예정인 규슈 상륙작전에서는 빠졌지만 1946년 3월 도쿄 부근에 상륙하는 코로넷Coronet 작전 투입이 결정되면서 해병들의 사기는 바닥으로 떨어졌다. 사단은 섬 북쪽으로 주둔지를 옮겼는데, 섬은 그사이 새로운 비행장과 넓은 도로, 창고, 병원,

●── 오키나와 전투에서 포로로 잡은 일본군 소년병들. 일본 군국주의자들이 얼마나 미쳐 돌아갔는지 잘 보여주는 장면이다.

건물 등이 속속 건설되면서 엄청나게 변해 있었다.

부하들과의 약속을 지킬 수 없게 된 델 발레 장군은 아쉬운 대로 사단에서 30개월 이상 복무한 장병 800명을 본토로 돌려보냈다. 위문공연단의 쇼도 자주 열렸다. 하지만 병사들은 묵시록적 공포에 빠져 있었다. 모두 도쿄 부근에 상륙한다면 참혹한 결과가 나올 것이 명약관화하다고 생각했다. '아무도 살아남지 못할 것이다. 해병도, 일본군도.'

다행히 그런 일은 일어나지 않았다. 두 발의 원자탄 투하와 소련의 참전으로 8월 15일 일본이 항복했기 때문이다. 해병대가 상륙전을 치른 섬, 과달카날과 타라와, 사이판, 괌, 펠렐리우, 이오지마, 오키나와는 훗날 상륙함들의 이름이 된다.

토사구팽을 모면하다

전쟁은 이렇게 '허무하게' 끝났다. 비로소 안도한 제1해병사단의 장병들은 맥아더가 자신들의 '대표'로 일본의 항복을 받는다는 소식을 듣고 분개했지만 그들이 할 수 있는 건 별로 없었다. 설상가상으로 전쟁 초반부터 싸웠음에도 사단은 뉴욕은 물론 도쿄에서도 전승 퍼레이드를 할 수 없었다. 대원들의 실망감은 이만저만이 아니었다.

당시 태평양의 미군들은 전투가 끝난 후 아시아 각국에 파견되어 반은 점령군, 반은 해방군이 되었는데, 뜻밖에도 '가장 적대적이었던' 일본에서 가장 성공적인 결과를 얻었고, 다른 나라에서는 실패하거나 부분적인 성공에 그쳤다. 제1해병사단은 일본 본토 점령군에 포함되지 못했다. 사실 대부분의 대원들은, 니미츠 제독처럼 일본 점령 임무에는 별 관심이 없었다. 하지만 어찌 되었건 자신들에게 아무런 전후 처리 임무도 떨어지지 않은 데 대해선 그 이유를 따져보지 않을 수 없었는데, '벽안의 쇼군' 맥아더가 자신들을 싫어하기 때문이라고 생각했다. 사실 그들의 짐작이 완전히 틀린 것은 아니었지만 내막이 그렇게 단순하지는 않았다.

사단 대원들은 새 모포와 외투, 긴 내의, 모직 옷을 지급받았다. 그들에게 최소 두 가지는 확실했다. 오키나와를 떠난다는 것과 그들의 목적지가 북쪽이라는 사실이었다. 그들이 갈 곳은 선배들이 싸웠던 전장이자 주요 근무지였던 중국이었는데, 공교롭게도 반세기 전 '베이징의 55일'을 치렀던 선배들이 간 길과 똑같은 길이었다. 사단의 임무는 베이핑北平(오늘날 베이징)*과 허베이성 일대에 있는 일본군의 무장 해제였다. 덩치에 비해 허약한 국민당 군대를 돕고, 그들과 인민해방군 사이에서 완충 역할을 수행하기 위한 아주 '정치적'인 목적의 파견이었다. 한편 새로운 부사단장으로 에드워드 크레이그 준장이 취임했다. 도미니카와 니카라과, 중국을 거쳐 전쟁이 터진 후에는 과달카날과 괌, 이오지마에서 제2해병사단의 전투를 지휘한 인물이었다.

제7해병연대가 먼저 텐진에 도착했고, 뒤이어 제1해병연대, 마지막으로 제5해병연대가 도착했다. 특히 쇼프너 중령의 제1해병연대 1대대가 중국 땅을 밟은 날은 10월 1일이었다. 누구도 상상하지 못했지만, 정확히 4년 후 같은 날 중화인민공화국이 수립을 선포한다.

제1해병사단은 일본군 트럭을 타고 시내로 진입했다. 그리고 전원 하차하여 4열 종대로 퍼레이드를 시작했다. 주민들이 뛰쳐나와 키스 세례를 퍼붓는 바람에 행렬은 곧 1열 종대가 되고 말았다. 중국인들은 일본과 싸우면서 치른 그들의 희생을 알고 있었다. 반세기 전 그들의 선배들이 이 땅에서 '외세'가 되어 받았던 '대접'과는 하늘과 땅 차이였다. 물론 그곳의 어느 누구도 불과 5년 후 미국과 중국이 서로 적대할 운명이라는 것을 상상할 수 없었을 것이다.

사단본부와 제5해병연대는 베이핑에, 제1해병연대는 텐진에 주둔했다. 텐진의 병영은 원래 영국군의 작품으로 최근까지 일본군이 사용하던 장소였다. 제7해병연대는 만리장성의 끝단인 친황다오秦皇島에 배치되었다.

---

* 여러 번 '베이징'과 '베이핑'을 오가는 개칭이 있었으며, 일본의 패망과 더불어 다시 베이핑으로 개칭된다. 이후 중화인민공화국 수립 과정을 거치며 다시 베이징으로 개칭된다.

10월 6일, 제1해병연대는 옛 프랑스 조계 건물 앞에서 톈진과 그 주위의 일본군을 상대로 항복을 받았다. 거리를 가득 메운 중국인들이 지켜보는 가운데, 일본군 장군들은 칼을 내려놓았다. 포로가 된 그들은 〈해병대 찬가〉에 맞추어 수용소로 행진했다. 일본군은 질서 정연하게 연대의 지시에 따랐고, 생존에 필요 없는 모든 장비를 포기했다. 연대는 성난 중국인들로부터 포로들을 보호하기 위해 10명당 1정의 소총과 5발의 실탄 휴대를 허용했다. 10월 11일에는 제6해병사단이 칭다오靑島에 상륙했다.

10월 13일, 해병대는 분노가 폭발한 중국인들과 일본군을 떼어놓느라 이상한 '전투'를 치러야 했다. 미군은 중국인들이 일본군을 해치는 행동을 결코 용납하지 않았다. 심지어 미군은 아직 중국에 남아 있던 일본군과 함께 공산군을 상대로 소규모 총격전을 벌이기도 했다. 45년 전 의화단의 난 이후 두 나라 군대의 협조가 아주 소규모지만 재현된 셈이었다. 이 또한 5년 후 일어날 전쟁의 전조였다고 이해해도 무방할 것이다.

어느 날 오후, 잘 차려입은 일본영사관 직원 두 명이 쇼프너 중령을 찾아와 일본인들을 잘 보호해주어 감사하다는 인사를 전했다. 이에 쇼프너는 이렇게 답했다. "이번 일은 도의심에 있어서 미국과 일본이 얼마나 차이가 나는지 잘 보여준다." 그러고는 필리핀에서 겪은 일을 그들에게 이야기해주었다. 두 사람은 어쩔 줄 몰라 하다가 그에 대해 자신들은 잘 알지 못한다고 말했다. 쇼프너는 "고마워하지 않아도 된다. 돌아가도 좋다"고 답했다. 그로서는 일본군을 상대로 한 '복수'에 성공한 셈이었다. 단 한 가지 이루지 못한 것은 히로히토의 교수대행이었다. 이 꿈은 그의 또 다른 '적' 맥아더가 '농간'을 부리는 바람에 물거품이 되고 말았다.

유진 슬레지는 베이핑에서 중국 고대 문화의 정취를 즐기며 즐거운 시간을 보냈지만 원하는 귀국은 쉽게 이루어지지 않았다. 이미 수만 명의 일본군 포로가 미군의 배를 타고 귀국하고 있었는데도 말이다. 미군은 국민당군을 돕기 위해 만주로의 물자 수송도 도와주고 있었다. 하지만 1946년 초까지는 쇼프너와 슬레지를 비롯한 고참 병사들도 대부분 중국을 떠날 수 있었다.

한편 루스벨트 대통령의 서거는 대부분의 해병대원들에게 큰 관심을 끌지 못했다. 오키나와 상륙 후 얼마 지나지 않은 시점의 일이었다. 하지만 전쟁이 끝난 후 군비 축소가 진행되었고, 해병대는 직격탄을 맞았다. 루스벨트는 아들 제임스가 칼슨 특공대 출신의 해병 대령이었고, 본인도 해군 차관 출신이어서 해군과 해병대에 애정이 많았다. 하지만 1차대전에서 육군 장교로 참전했던 트루먼 대통령은 해병대에 아무런 애정이 없었다. 더구나 유럽 전선에서 육군을 지휘했던 드와이트 아이젠하워나 오마 브래들리가 2차대전 후 군부를 장악했는데, 그들은 해병대와 같이 싸워본 적이 없었고, 당연히 관심도 없었다. 그나마 맥아더가 해병대와 같이 싸운 경험이 있는 최고위급 장군이었는데, 노골적으로 과도한 축소를 찬성하지는 않았지만, 그렇다고 해병대 편을 들어주지도 않았다.

그들은 앞으로는 상륙작전이 없을 것 같다는 '전제' 아래 해병 항공대는 신생 공군에 편입시키고, 나머지 해병대에 대해서는 연대 이상의 편제를 폐지하는 한편, 임무를 재외 공관과 국민, 해군 함정과 육상 시설 경비에 국한하려는 계획을 비밀리에 진행했다. 말하자면 그들은 내심 해병대를 '해군 경찰'로 격하해 다시는 해병대 장군이 육군 장성을 지휘하거나 해임하는 일이 없도록 하려 했다. 밴더그리프트는 강수를 두었다. 그는 의회에서 다음과 같이 말했다. "해병대는 전통적으로 무릎을 꿇지 않습니다. 보잘것없는 존재로 격하되느니 차라리 해체를 원합니다." 다행히 니미츠 원수가 해병대를 지원하고 나섰다. 그는 육군이 효과적인 전투부대인 해병대를 해군 경찰 정도로 격하해 없애려고 한다고 비난했다.

이쯤에서 2차대전 동안 해병대가 치른 희생에 대해 살필 필요가 있다. 전쟁 전 2만여 명에 불과했던 해병대는 종전 무렵에는 6개 현역 사단, 1개 예비사단, 5개 항공단과 지원 병력을 포함해 48만 5,000명에 달하는 규모로 커져 있었다. 그중 8만 7,000명이 죽거나 다쳤다. 그리고 존 바실론을 포함해 82명이 명예훈장을 받았다. 2차대전 동안 전군을 통틀어 이 훈장의 수상자는 294명에 불과했다. 전 병력의 5퍼센트 정도인 해병대가 전체 명예훈장 수상자의 약 28퍼센트를 차지한 것인데, 그야말로 해병대의 용전분투를 잘 보여주는 증거가 아닐 수 없다.

밴더그리프트 장군을 비롯한 해병대원들은 해병대의 운명을 놓고 워싱턴에서 '전쟁'을 치렀고, 결국 승리했다. 1947년 7월, 트루먼은 국가안보법에 서명하며 해병대의 지위를 보장했다. 지금도 건재한 이 법의 10장 5063항의 내용은 다음과 같다.

(해병대는) 전방 해군기지의 점령이나 방어와 함께 해상 전력을 지원하는 각종 지상 작전을 수행하며, 상륙부대에 필요한 전술과 장비를 개발하며, 대통령이 지시하는 임무를 수행한다.

여기서 "대통령이 지시하는 임무를 수행한다"는 구절은 그 전부터 해병대가 가지고 있던 군사적, 외교적 성격을 명문화한 것이다. 이는 이후 해병대가 참가한 전쟁에 큰 영향을 미친다. 동시에 임무도 추가되었다. 대통령의 의전과 이동에 책임을 지고, 대통령 별장의 경비도 맡게 된 것이다. 그래서 대통령과 부통령의 전용 헬기인 마린원과 마린투도 해병 항공대 소속이 되었다. 또한 관례였던 해외 공관 경비도 1946년에 개정된 외교업무법에 따라 해병대의 임무로 완전히 법제화되었다.

하지만 군비 축소는 대세였고, 해병대도 이를 피해갈 수는 없었다. 그리하여 제1해병사단, 제2해병사단만 남고 다른 사단들은 해체되었다. 병력 수도 7만 5,000명 수준으로 줄어들었고, 실제 전투 병력은 그 3분의 1 수준에 불과했다. 더 정확하게 말하면, 캘리포니아의 캠프 펜들턴에 사단본부를 둔 제1해병사단은 8,000명, 노스캐롤라이나의 캠프 레준에 사단본부를 둔 제2해병사단은 9,000명 정도로 줄어들었다. 신임 해병대 사령관은 1차대전부터 해병대원으로 싸워온 케이츠 장군과 셰퍼드 장군이 경합했는데, 4년 후 셰퍼드에게 자리를 물려준다는 언질을 주고 케이츠 장군이 그 자리를 맡았다. 셰퍼드는 태평양 지구 해병대 사령관 자리에 올랐다. 그럼에도 불구하고 해병대의 생존은 아직 완전히 보장된 것이 아니었다. 트루먼의 진심은 여전히 해병대의 '해군 경찰화'에 있었기 때문이다.

한편 중국 대륙의 사정은, 충분한 무기를 '퍼준' 덕분에 국공내전 초기에는 국민당군이 '승기'를 잡은 듯 보였다. 이에 미군 일부가 1949년까지 남아 있긴 했지만 대부분 중국에서 철수했다. 하지만 국공내전의 전세는 곧 역전되었고, 잘 알려진 것처럼 중국공산당의 놀라울 정도로 빠른 대승리로 끝났다. 미군이 국민당군에 퍼준 무기는 나중에 한국과 베트남으로 흘러들어가 미군과 동맹군을 죽이는 데 사용된다.

4장

한국을
구하라!

한국전쟁 전야

1950년 6월 25일, 북한군의 남침으로 한국전쟁이 시작되었다. 개전 시점에 신생 한국군의 상황이야 그렇다 치고, 미군 역시 2차대전을 승리로 끝낸 지 5년 만에 형편없는 군대로 전락한 상태였다. 미국은 평화 무드에 젖어 있었고, 백악관은 핵전쟁이라는 미래 전망에 경도되어 재래식 전력을 경시했다. 트루먼 대통령은 전쟁부와 해군부를 통합해 국방부를 만들고, 첫 장관으로 부유한 변호사이자 대선 공신인 육군부 차관 루이스 존슨을 임명했다. 그의 최우선적인 국방 정책은 '감군'이었다. 이로 인해 '제독들의 반란' 등 수많은 문제가 일어났다.

어쨌든 미국의 지나친 감군이 한국전쟁을 유발한 원인 중 하나이고, 전쟁 초반에 미군이 참패한 중요한 원인 가운데 하나인 것은 분명하다. 여기에 한반도를 방어선에서 제외한 '애치슨 라인^{Acheson Line}'이 발표되면서 김일성의 야욕을 자극하는 원인이 되었다. 하지만 사실을 말하면, 트루먼과 국무부 장관 딘 애치슨은 기본적으로 유럽에 집중하고 있었고, 아시아의 정세를 사려 깊게 따지는 편은 아니었다. 아시아의 방위는 사실상 일본에 있던 '쇼군' 맥아더가 맡고 있었다.

이 시기에 맥아더는 히로히토가 사는 왕궁이 바라보이는 다이이치세이메이第一生命 빌딩에서 '일본 개조'에 전념하고 있었다. 거의 육군인 일본 주둔 미군은 게이샤와 흥청망청 놀면서 좋은 시절을 보내고 있었는데, 만약 맥아더가 동아시아 방위에 깊은 관심을 가지고 있었다면 '애치슨 라인'이 오늘날 전해지는 것처럼 그어지도록 방치하지는 않았을 것이다. 맥아더는 한국과 필리핀의 정부 수립 행사에 참석했으나 모두 당일 일본으로 되돌아왔고, 장제스의 초청을 받아 타이완에 갔을 때도 그랬다. 마찬가지로 한국전쟁 기간에도 그는 단 하루도 한반도에서 잠을 잔 적이 없으며, 한반도에 온 경우에도 그날로 일본으로 되돌아갔다. 그는 실로 '벽안의 쇼군'이었던 것이다.

그렇게 보면 오산부터 대전까지 당한 미 육군의 참패와 낙동강으로의 패주는 어쩌면 당연한 결과였다. 그러면 이 책의 주인공이자 겨우 해체를 면한 제1해병사단과 해병대는 그동안 무엇을 하고 있었을까?

1950년 6월 25일 북한군의 남침이 시작되었을 때, 미 해병대는 앞서 말했듯이 불완전한 2개 사단뿐이었고, 그마저도 미국 본토와 일본, 태평양의 여러 섬, 심지어 유럽에까지 곳곳에 흩어져 있었다. 그나마 2차대전 후 미 육군은 장비를 해외에 그대로 두고 귀국한 경우가 많았는데, 해병대 보급장교들이 그 장비들, 즉 전차와 장갑차, 트럭 등에 적당히 '해병대' 표시를 해서 캘리포니아 사막지대의 해병대 병참기지에 보관해두었던 것이 다행이었다. 건조한 기후 덕분에 장비들의 보존 상태는 좋았고, 이는 해병대 전투력에 큰 도움이 되었다.

　연전연패로 궁지에 몰린 맥아더는 극적인 상륙작전을 통해 적의 후방을 차단하려는 구상을 가지고 있었다. 해병대 사령부의 브라이트 갓볼드 중령은 "한국전쟁이 해병대가 다시 생존할 수 있는 기회가 될 것"이라고 여겼는데, 다른 해병대 지휘관들의 생각도 비슷했을 것이다. 해병대 사령관 케이츠 대장은 제1해병사단장에 부임할 스미스 소장에게 출동 명령을 내리면서 7월 31일로 날짜를 예고했다. 하지만 당장 동원이 가능한 부대는 머리 중령의 제5해병연대뿐이었다. 급한 대로 이 연대에다 포병대대와 전차대대, 항공대와 지원부대를 합해 6,500명 규모의 제1해병여단을 7월 7일 임시로 편성하고, 에드워드 크레이그 준장을 여단장에 임명했다. 장교들은 대부분 태평양을 누빈 역전의 용사였다. 갓볼드 중령도 참모로 참가했다. 이 부대는 첫 정식 해병원정여단^{Marine Expeditionary} ^{Brigarde, MEB}*으로서 해병대 중 첫 번째로 실전에 참여한다.

　한편, 7월 25일 펜들턴 기지에 도착한 스미스 장군은 그제야 8월 15일까지 전투태세를 갖춘 사단 전체를 이끌고 한국으로 가야 한다는 사실을 알았다. 하지만 휘하 병력은 전역을 기다리는 3,386명이 전부였다. 8년 전 과달카날의 재판이었다. 해병대 사령부는 전역 예정자의 전역을 연기하고, 12만 9,000명의 예비역을 소집했다. 또 기지 운영 요원의 절반을 차출하는 한편 동부의 제2해병사단과 제1보충병 교육소 병력까지 빼내어 제1해병사단을 다시 만들기 시작했다.

　동원된 예비역의 상당수는 5년 전의 참전 용사들이었다. 그중에는 중

---

* 해병대의 여단 편성은 1차대전에서 처음 있었지만 항공대가 없는 단순한 지상군 여단이었기에 이때와는 성격이 많이 달랐다.

국계인 커트 추엔 리 중위도 있었고, 변호사 개업을 한 지 2년밖에 안 되었지만 사무소 문을 닫고 소집에 응한 윌리엄 홉킨스 대위도 있었다. 부건빌과 펠렐리우, 괌, 오키나와에서 싸웠다가 자동차 수리공으로 살던 로이 펄 상병은 얼마 안 되는 예비역 수당을 생활비에 보태며 살다가 아무 불만 없이 소집에 응했다. 대부분의 예비역이 비슷했다.

제1해병연대는 풀러 대령이 다시 연대장을 맡았다. 제1해병연대는 우선 대서양 해변에 있는 캠프 레준에 집결했다가 파나마운하를 통해 펜들턴으로 이동한 뒤, 다시 태평양을 건너 일본의 고베로 향했다. 이때 호머 리첸버그 대령의 제7해병연대는 지중해에 나가 있었기 때문에 가장 늦게 한국에 들어온다. 이 연대는 8년 전에도 사모아에 외따로 떨어져 있어서 과달카날에 늦게 도착했는데, 공교롭게도 그 상황이 재현되었다. 스미스 사단장 자신은 예정보다 사흘 늦은 8월 18일, 비행기를 타고 고베에 도착했다.

8월 1일, 한국인 악단이 어설프지만 열정적으로 연주한 〈해병대 찬가〉가 울려퍼지는 가운데 제1해병여단이 한국에 발을 디뎠다. 그리고 바로 다음 날 전선에 투입되었다. 해병대의 한국전쟁이 시작되는 순간이었다.

올리버 스미스 사단장

역사상 많은 전쟁이 있었지만 단대호單隊號*가 붙은 부대 하나의 전투가 역사를 바꾼 예는 흔하지 않다. 카이사르의 제10군단, 갈리폴리 전투 당시 케말의 제19사단, 4차 중동전쟁 때 골란고원을 사수한 이스라엘군 제7기갑여단 정도가 그 드문 예에 속한다. 그런데 제1해병사단은 두 번

---

* 소속, 규모, 병과 등을 나타내는 단위부대 부호.

이나 이런 위업을 달성했으니, 바로 과달카날 전투와 장진호 전투였다. 더구나 극단적인 기후 아래서의 전투, 즉 열대의 전투와 혹한의 전투였다는 점에서 의미가 더 특별하다.

여기서 제1해병사단장 스미스 장군을 충분히 소개해두는 게 좋을 것 같다. 사실 그는 앞서 펠렐리우 전투 편에서도 살짝 등장한 바 있다. 스미스는 1893년 10월 26일 텍사스에서 태어났다. 하지만 아버지가 일찍 세상을 떠나자 캘리포니아로 이사해 그곳에서 성장했다. 180센티미터의 장신에 호리호리한 체격의 스미스는 천성적으로 근면하고 성실해서 고교 시절에도 일을 했다. 버클리 대학교 경제학과에 입학했고, 부전공으로 스페인어와 프랑스어를 배웠다. 속기와 타자도 익혔는데 모두 그의 인생에 큰 보탬이 되었다. 특히 속기 능력은 전투에 대한 많은 기록을 남기는 데 도움을 주었다. 졸업 직전 해병대 장교 모집 광고를 보고 입대해 '영원한 해병'이 되었다. 1차대전 때는 괌에 있어 참전하지 못했고, 전쟁이 끝날 무렵 대위로 승진했다. 이때는 대위 계급장을 17년이나 달 줄 꿈에도 몰랐을 것이다. 여담이지만 아이젠하워도 스미스의 진급이 적체되어 있던 것과 거의 같은 기간 동안, 정확하게 말하면 1920년에서 1936년까지 만년 소령이었다. 양차 대전 사이 미군의 진급 체계는 이렇듯 문제가 많았다. 여하튼 해병대를 사랑하지 않았다면 그렇게 오래 버티기는 힘들었을 것이다.

1921년에는 고향의 이름을 딴 전함 텍사스를 지키는 해병대를 지휘했다. 또한 1928~1931년에는 다른 수많은 동료들처럼 중앙아메리카에서 경력을 쌓았는데, 정확하게 말하면 아이티였다. 아마도 그의 프랑스어 실력 덕분이었을 것이다. 귀국해서는 조지아주 포트베닝에 있는 육군 보병학교에 입학해 고급 전술을 배웠는데, 조지 마셜이 학교 교무부장,

●— '교수'란 별명을 가졌던 스미스 사단장은 전형적인 외유내강형
의 인물이었다.

브래들리와 스틸웰이 교관이었다. 얼마 후 입학한 인물들 가운데에는 가
장 친한 후배가 되는 풀러도 있었다. 프랑스어 실력을 인정받은 '늙은 대
위'는 프랑스 전쟁대학원에 입학한다. 그리고 이 시기에 프랑스군의 전
술은 장점이 없지 않지만 지나치게 방어적이고, 장교들은 합의와 협의에
너무 많은 시간을 쏟아 결정적인 행동을 하지 못한다는 내용의 보고서
를 제출한다. 그로부터 몇 년 후, 프랑스는 세계사에 길이 남을 대참패를
당한다. 스미스는 귀국하고서야 소령으로 승진했다.

스미스는 버지니아에 있는 콴티코 해병학교에서 일본을 '가상의 적'
으로 상정한 상륙작전 연구에 참여했고, 1941년 6월에는 아이슬란드 점령과 경비 임무를 맡았다. 이 기간에 그는 대령으로 승진했으며, 그사이 전쟁이 터지자 섬을 육군에 맡기고 본국으로 돌아왔는데, 그가 귀국한 가장 중요한 이유는 태평양에서 일본군과 싸우고 싶었기 때문이다. 그리하여 소망했던 것처럼 제5해병연대장으로 뉴브리튼에서, 부사단장으로 펠렐리우에서 싸울 수 있었다. 앞서 보았듯이, 펠렐리우는 예상과 달리 엄청나게 고전한 전투였다. 이때 스미스는 어떤 전투에서든 최악에 대비해야 한다는 교훈을 얻었고, 이 교훈은 장진호 전투에서 빛을 발한다.

이후 스미스는 사단을 떠났지만 제10군 참모차장으로 오키나와 전투에 참가하면서 다시 사단과 간접적으로 인연을 맺는다. 오키나와 전투 후에는 콴티코 해병학교장으로 발령이 나 근무하다가 종전을 맞았다. 전후 그는 해병교육대 사령관과 카리브해 방면 비상대기 부대인 제1해병특수여단장을 겸임했다. 해병대 사령관에 오른 케이츠 장군이 부사령관 직을 제의하면서 소장 진급과 더불어 2년 동안 그 직을 수행했는데, 이후 스미스가 사단장직을 원하자 사령관은 그를 제1해병사단장에 임명했다. 언론은 그를 성이 같은 홀랜드 스미스 장군과 종종 혼동했는데, 사실 두 '스미스' 장군은 성과 '가방 끈이 길다'는 점을 빼고는 아주 대조적인 성격이었다. 틈만 나면 책을 읽는 올리버 스미스 장군은 천천히 생각하고 지적이며 종교적이고 끈기가 있는 사람이었고, 이런 그를 주위 사람들과 부하들은 '교수'라고 불렀다. 혹자는 그의 실제 미들네임이 '프린스Prince'가 아니라 '프로페서Professor'일 거라고 농담했다. 그는 전쟁사책과 역사책을 대량 소장한 장서가이기도 했다. 사단장에 취임하기 전, 그는 아내와 함께 모처럼의 휴가를 보내려고 계획을 짰다. 하지만 한국전쟁 발발로 계획은 취소되었다. 그는 인생에서 가장 중요한 반년을 보내게 될 터였다. 그리고 이 '반년'은 한국 현대사에 있어서도 정말 중요한 반년이 되었다.

낙동강 전선의 소방수

급히 편성되었지만 제1해병여단은 역전의 용사들로 구성되어 있었고, 장비도 충실했다. M4 셔먼 전차로 훈련을 받았던 전차병들은 신뢰성은 조금 떨어지지만 화력과 장갑 면에서 비교가 안 될 정도로 뛰어난 "싸우는 바보" M26 퍼싱 전차 3대를 수령했다. 이들은 창원에 와서야 퍼싱 전차 주포의 영점 사격을 할 수 있었다고 하니, 상황이 얼마나 급박했는지 알 수 있다. 하지만 이 전차들은 부품이 없는 상태로 진주에 급히 투입되어 무리하게 움직이다가 북한군에게 포획되고 말았다. 해병대는 대신 기존의 2.36인치 바주카포보다 훨씬 강력한 3.5인치 바주카포를 지급받았다. 하지만 개인장비는 2차대전 때와 별 차이가 없었다.

해병 항공대는 처음으로 최신 시코르스키 헬기를 장비한 덕에 정찰 능력이 크게 향상되었다. 8월 2일, 크레이그 준장은 미군 최초로 실전에서 직접 헬기를 타고 정찰하여 전장 지휘에 큰 도움을 받았다.

『라이프』 기자이자 사진의 대가인 데이비드 덩컨이 여단과 동행했다. 육군 병사들은 오산 전투 이후 연전연패하고 있었기에 해병대원들을 '슈퍼맨'처럼 동경하며 그들에게 큰 기대를 걸고 있었다.

제1해병여단은 8월 3일 오후 2시경 창원-마산 전선에 도착했다. 그들의 등 뒤로는 낙동강이 흐르고 있었다. 말 그대로 배수의 진이었다. 8월 7일 새벽 1시 30분, 제5해병연대 3대대는 로버트 테플릿 중령의 지휘 아래 진동리에서 첫 전투에 참여했다. 육군 제25사단 제27연대가 지키는 진동리가 북한군의 공세로 위태로웠기 때문이다. 제5해병연대 3대대는 치열한 백병전 끝에 255고지를 점령했다. 하지만 D중대는 소대장 2명이 전사하고 1명이 중상을 입을 정도로 손실이 만만치 않았고, 섭씨 40도 가까운 더위로 장병들은 녹초가 되었다.

연대장 머리는 북한군이 집결해 있는 경남 고성을 공격해서 그들을 사천까지 밀어내자는 계획을 세웠다. 이 전투에는 한국 해병대도 함께해 전공을 세웠다. 이 과정에서 해병 항공대의 정찰기가 고성에서 서쪽으로 빠져나가는 북한군 제83기계화연대의 차량 행렬을 발견했고, 바로 해병 항공대의 코르세어 전투기들이 출격해 각종 차량 118대를 파괴하고 많은 적병을 쓰러뜨리는 대전과를 거두었다. 이를 대원들은 '고성의 칠면조 사냥Kosung Turkey Shoot'이라고 불렀다. 한편 파괴한 차량 상당수가 대전 전투에서 포획된 미군 지프이거나 포드 엔진을 단 소련제*였다는 사실은 전쟁과 역사의 아이러니를 보여주는 작은 증거였다.

하지만 낯선 적인 북한군은 만만치 않았다. 8월 12일, 진주 방면으로 진격하던 육군 제25사단 제5연대와 제555포병대대가 북한 제83기계화연대 잔존 부대의 매복에 걸려 큰 피해를 입었다. 특히 제555포병대대는 야포 12문과 차량 100대를 북한군에 빼앗기고 거의 전멸하는 참패를 당했다. 다급해진 육군 제25사단장 윌리엄 킨 소장은 크레이그 여단장에게 도움을 청했고, 크레이그는 제5해병연대 3대대에 구원 명령을 내렸다. 하지만 해병대가 장촌리 계곡에서 분투했음에도 일시적이지만 북한군이 낙동강을 건너는 등 전체적인 전황이 악화되었기에 제8군 사령관 월턴 워커 중장은 해병대에게 밀양으로 후퇴하라는 명령을 내렸다. 전선의 3대대 장교들이 "우리는 놈들을 꺾어버렸는데 왜 후퇴를 하냐"고 분통을 터뜨렸지만 별수 없는 일이었다.

---

* 2차대전 당시 미국은 소련에 엄청난 원조를 제공했고, 자동차 엔진도 그중 하나였다.

밀양에 도착한 해병대는 잠시 휴식을 취했다. 워커 장군은 제1해병여단을 위급해진 전선의 불을 끄는 소방수로 활용했다. 여단은 8월 17일 오전 8시를 기해 함안군 칠원면 오봉리 전선에 투입되었다. 이 전투에서 한국전쟁에서는 보기 드문 전차전이 벌어졌는데, 결과는 해병대의 압승이었다. 진주만 기습 당시 부상을 입었고, 괌과 이오지마에서도 싸웠던 그랜빌 스위트 소위가 지휘하는 M26 퍼싱 전차 5대는 무반동총과 바주카포 그리고 해병 항공대 코르세어 전투기의 헌신적인 지원에 힘입어 T34/85 전차 4대를 격파했다.

다음 날 밤 2시 30분, 북한군은 제5해병연대 1대대를 향해 대대적인 공격을 가해왔다. 해병대는 다시 지긋지긋한 야간전투를 치렀지만 해병 항공대의 지원을 받으며 방어에 성공했다. 낙동강 전선에서 해병 항공대의 코르세어 전투기들은 지상의 해병대와 손발을 맞추어 어떤 전투에서도 유례를 찾아보기 힘든 시의적절한 지원을 했다. 같은 해병대원이라는 유대감이 낳은 놀라운 결과였다.

아침이 되어 북한군의 공격이 잦아들자 테플릿 중령은 3대대를 이끌고 반격해 그들이 차지하고 있던 능선을 점령했다. 마침 육군의 공격도 성공하여 북한군은 이틀간의 오봉리 전투에서 1,200명이 넘는 전사자를 남기고 강 건너로 후퇴했다. 승리의 대가로 해병대는 66명이 죽고, 1명이 실종되었으며, 278명이 부상을 입었다. 워커 장군은 크레이그 준장에게 감사를 표했고, 마침 제8군사령부를 찾은 조지프 콜린스 육군 참모총장도 해병대에 고마움을 전했다.

8월 21일, 제1해병여단은 마산 부근에서 야영을 하며 휴식을 취하고 있다 상륙작전이 임박했다는 소식을 들었다. 며칠 후에는 제1해병사단 사령부가 일본에 도착했다는 소식이 전해져 다 같이 기뻐했다. 하지만 아직 제1해병여단에게는 낙동강에서 해야 할 일이 남아 있었다.

8월 31일 저녁, 북한군 제9사단이 창녕 이남의 영산에서 미 육군 제2사단을 향한 공세에 나섰다. 방어선이 돌파되었고, 제2사단 제9연대는 무질서하게 후퇴했다. 이때 워커 장군은 직접 경비행기를 타고 저공비행을 하며 창밖으로 몸을 내밀고 "멈춰! 이새끼들아! 돌아가 싸우란 말이야!" 하고 외쳤지만 병사들은 듣지 않았다. 사단장 로런스 카이저 소장과 제9연대장 존 힐 대령의 무능은 사태를 더욱 악화시켰다. 그나마 부사단장 브래들리 준장의 독전으로 방어선이 완전히 무너지지는 않았다. 워커 장군은 고민 끝에 영산 방면이 가장 위급하다고 판단하고, 제1해병여단을 투입하기로 결심했다. 이때 여단은 앞으로 있을 상륙작전에 참여하기 위해 후방에 빠져 있었지만 달리 방법이 없었다. 9월 2일 오전, 워커 장군은 맥아더 원수가 사령관으로 있는 미 극동군사령부의 부참모장 도일 히키 소장에게 전화를 걸어 제1해병여단의 투입을 공식적으로 요청했다.

워커 장군은 인천상륙작전을 이유로 자신의 요청이 거절당할 수도 있다고 생각했지만 의외로 히키 소장은 호의적인 반응을 보였다. "사전에 맥아더 원수가 워커 장군의 요청이 있을 경우 언제든지 해병대를 지원하라고 지시했다"는 것이다. 이때 워커 장군은 휘하 장교들에게 이렇게 말했다. "지금 필요한 것은 전차를 보고 겁을 먹는 애송이들이 아니다. 실전에 쓸모 있는 프로가 필요하다!"

그리하여 제5해병연대 1대대와 2대대는 영산으로 향했다. 종군기자 덩컨도 그들과 함께했다. 돌이켜보면 1차대전 당시 육군 제1사단에게 홀대를 받다가 쫓겨난 해병대를 받아준 것이 육군 제2사단이었다. 33년 만에 해병대가 그들을 위해 전선에 나서는 순간이었다. 제5해병연대는

●— 낙동강 전투에서의 M26 전차. 기동력과 기계적 신뢰성에는 다소 문제가 있었지만 강력한 화력과 방어력으로 전세 역전에 크게 기여했다.

9월 3일 아침부터 영산 방면에서 강력한 반격을 시작해 다음 날에는 능선을 장악했다. 폭우에도 불구하고 코르세어 전투기들은 과감한 근접지원으로 화답했다. 해병대대에는 조종사 출신 관제장교 두 명이 배치되어 있어 폭격의 효율이 높을 수밖에 없었다. 이를 본 육군 제23연대장 폴 프리먼 대령은 상부에 편지를 썼다.

우리 왼쪽에 있는 해병대는 해병 항공기의 직접적인 지원을 받고 있습니다. 그들은 항공 지원을 마치 포병 지원처럼 이용하고 있습니다. 우리도 해병과 같은 항공 지원을 받든가, 아니면 보병을 해체하고 해병대로 합쳐야 할 것입니다!

다행히 기력을 찾은 제2사단 제9연대도 영산 돌출부의 중심인 클로버 고지를 장악했고, 이로써 북한군 제9사단은 거의 괴멸되었다. 제5해병연대는 34명이 전사하고 157명이 부상을 당했는데, 이로써 낙동강 전투 동안 입은 해병대의 손실은 모두 합해 903명이 되었다. 덧붙여 이 전투에서 해병대는 육군이 포기한 엄청난 양의 장비를 회수했는데 전부 돌려주지는 않았다. 이 전투는 미군에 의해 '낙동강 벌지 전투'라고 불렸는데, 2차대전 당시 유럽 서부 전선의 '벌지 전투'에서 따온 것이다. 물론 규모는 그때와 비교도 안 되었지만, 전차전도 벌어져, 해병대는 2대의 M26 전차를 잃고 4대의 T34/85 전차를 격파했다. 이 전투 후 제1해병여단은 인천상륙작전을 위해 다시 부산으로 이동했다.

인천 상륙 전야

전쟁 초반부터 맥아더 장군은 상륙작전을 통해 전세를 뒤집을 생각을 하고 있었다. 그래서 일찌감치 7월 21일 제1해병사단과, 오키나와에서 사단과 함께 싸운 뒤 당시에는 홋카이도 삿포로에 주둔하고 있던 육군 제7사단을 상륙부대로 결정했다.

다만 상륙 지점이 문제였다. 셰퍼드는 군산을, 스미스는 평택을 지목했으나 맥아더는 인천을 지지했다. 맥아더가 선택한 인천은 서울과 가까운 만큼 조기에 서울 탈환이 가능하다는 장점이 있었고, 항만 시설이 있고 김포공항도 가까워 보급에도 유리한 면이 있었다. 하지만 조수 간만의 차가 너무 심해 첫 부대 상륙 후 후속 부대 상륙은 반나절이 지나서야 가능할 것이라는 지적이 있었고, 서울과 가까운 만큼 북한군의 저항도 완강할 것으로 예상되었다. 또한 항구를 둘러싸고 있는 9미터 높이의 제방도 큰 문제였다. 하지만 맥아더는 그 스스로 일본군과 싸우면서 적의 거점을 우회해 상륙하는 전략에 익숙했고, 또 1894년과 1904년에 일본군이 인천에 상륙하여 한반도 전체와 만주를 장악했다는 역사적 사실을 환기하며 인천을 상륙지로 밀어붙였다.

8월 23일, 육군 참모총장 콜린스 대장과 해군 참모총장 포레스트 셔먼 제독, 그리고 셰퍼드 중장이 도쿄에 도착했다. 맥아더는 일생일대의 연기로 그들을 잠시나마 매료시키는 데 성공해 결국 인천이 상륙지로 결정되었다. 군함과 상륙정을 띄울 만한 수위가 되는 날은 9월 15일과 27일 그리고 10월 11일뿐이었다. 물론 날짜는 9월 15일로 결정되었다.

제1해병사단과 육군 제7사단을 묶은 제10군단이 새로 편성되었고, 맥아더는 제10군단을 제8군과 분리해 자신의 직속으로 두었다. 그가 워커 장군을 신뢰하지 않았기 때문이지만, 이 결정은 유엔군과 국군을 통틀어 한국 땅에 있는 야전군이 하나의 지휘 체계가 아니라 두 개로 나뉘는 결과를 낳고 말았다. 하지만 더 큰 잘못은 자신의 참모장인 에드워드 M. 아몬드 소장을 제10군단장으로 임명했다는 사실이다. 한국전쟁에서 가장 조롱받는 장군으로 기록될 아몬드는 아이러니하게도 '한국전쟁의 영웅' 맥아더에 의해 군단장에 임명되었다! 더구나 참모장 직책까지 그대로 유지한 상태였는데, 아주 이례적인 인사였다. 2차대전 당시 이탈리아 전선에서 흑인들로 구성된 아몬드의 제92사단은 추태로 악명을 떨친 바있었다. 콜린스 육군 참모총장은 이 소식을 듣고 경악했지만 이미 엎질러진 물이었다. 어쨌든 제1해병사단 입장에서는 맥아더와의 '악연'이 다시 되풀이되는 순간이자 아몬드와의 악연이 시작되는 순간이었다. 그사이 루이스 존슨 국방부 장관이 해임되고 그 자리에 마셜 원수가 취임했다. 모든 장성은 쌍수를 들어 그의 취임을 환영했다.

상륙 순서는 당연히 상륙전의 '타짜' 제1해병사단이 가장 먼저, 육군 제7사단과 한국군이 뒤를 잇기로 했다. 스미스 장군은 이 세기의 대작전을 준비하느라 정신없는 시간을 보냈다. 그런데 워커 장군이 자기 휘하의 최고 부대인 제1해병여단을 내놓기 싫어서 맥아더와 아몬드는 제1해병여단 대신 제7사단 제32연대의 상륙작전 투입을 고려했다. 하지만 제1해병여단 없이 제1해병연대만으로 상륙전을 감행한다는 것은 상식 밖의 일이었고, 이에 스미스 장군은 인천에 상륙하지 않겠다고 버텼다. 결국 맥아더는 제7사단 제17연대를 부산에 예비대로 보내주는 한편, 9월 18일부로 제3사단 제65연대를 보내주는 약속으로 워커를 달래는 데 성공했다.

제1해병여단은 부산에 모여 휴식하면서 탄약과 무기를 보충하고 군복과 군화를 새로 지급받았다. 무엇보다 본국에서 보충 병력 1,165명이 도착해, 제5해병연대는 사상자의 공백을 메우고 3,611명의 정상적인 연대 병력을 확보했다. 9월 13일, 제1해병여단이 정식으로 해체되고, 크레이그 여단장은 부사단장으로 보직이 바뀌었다. 아직 바다에 있는 제7해병연대를 대신해 한국군 제1해병연대 2,786명이 제1해병사단 예하에 들어왔다. 창설된 지 1년밖에 되지 않은 한국 해병대는 장항과 군산, 이리, 마산에서 분투하며 전공을 세웠고, 통영에서 벌인 첫 상륙작전도 성공리에 수행했으며, 9차례에 걸친 적의 공격을 저지하여 해외 언론의 찬사를 받은 바 있다. 그 후 제주도에서 학도병을 모집해 처음으로 연대 병력으로 재편되었다가, 9월 1일 제주항을 떠나 6일 부산항에 도착한 뒤 미국의 제5해병연대와 합동으로 단기 특수 훈련을 받았다. 그리고 인천 상륙을 위해 9월 12일 부산을 출발했다.

제1해병사단 인천으로 향하다

제1해병사단의 병사들은 미국 전역은 물론 일부는 유럽에서 출발해 수에즈운하를 통과하여 집결했다. 일개 사단 병력이 이토록 광범위한 산개 상태에 있다가 전투를 위해 집결한 경우는 전무후무했다. 해병대는 전쟁 발발 4주 만에 여단급 전투부대를 만들었고, 8주 만에 특급 전투사단으로서의 면모를 갖추었다. 특기할 만한 사실은 중대장급 이상의 지휘관들은 모두 전투 경험이 있고, 현역 초급 장교들과 초급 부사관, 병사들은 전투 경험이 거의 없었다는 점이다. 반면 예비역은 장교의 99퍼센트, 병사의 77.5퍼센트가 참전 용사였다. 몇 주 전까지만 해도 민간인이었던 이들은 재입대 후 훈련을 거의 받지 못했음에도 현역들을 이끌며 전투를 승리로 이끌었다.

해병대원들은 배 위에서 훈련도 하고 무기들도 시험하면서 시간을 보냈다. 심심했던 누군가는 해병대 축소를 강력하게 원한 해리 트루먼 대통령을 비꼬는 의미로 전차 장갑에 '끔찍한 해리Horrible Harry'라고 갈겨쓰기도 했다.

제1해병연대와 제11포병연대 그리고 사단의 직할부대는 9월 3일까지 고베에 도착했다. 이동에 소요되는 날짜를 고려하면 상륙일인 9월 15일까지 시간이 너무 촉박했다. 더구나 상륙에 성공한다고 해도 서울까지 전투 환경이 너무 변화무쌍했다. 인천 시가지를 지나 30킬로미터 이상을 돌파해야 하는데, 대체로 평탄하지만 북한군이 방어 거점으로 삼을 만한 언덕들이 많았다. 또 전장이 될 영등포는 산업지대였고, 여기를 지나면 지금은 존재하지 않지만 넓은 백사장을 가진 한강을 도하해야 했다. 물론 그다음에는 인구 100만 명이 넘는 대도시 서울에서의 시가전이 기다리고 있었다. 또한 군데군데 있는 고지들과 산악지대에서의 전투도 각오해야 했다. 인천 상륙은 이 모든 전장을 헤쳐나가야 한다는 의미였다. 하지만 그에 대비해서 훈련을 할 시간은 거의 없었다. 단위부대 적재(병력과 장비, 보급품을 완전히 한 배에 싣는 것)만으로도 많은 시간이 필요했고, 그마저도 태풍이 불어닥쳐 지연되었다.

이처럼 작전 준비에 여념이 없는 스미스 장군에게 아몬드 군단장은 쓸데없는 작전안을 3개나 내밀었다. 첫 번째는 244명으로 구성된 육군 특공대와 해병대를 별도로 인천 북쪽에 상륙시켜 김포공항을 장악하고 나중에 상륙부대가 그들을 구조한다는 안이었는데, 스미스 장군은 거부했다. 그러자 아몬드는 군산을 무대로 한 비슷한 내용의 양동작전을 제시했다. 하지만 이 역시 고립될 우려가 커서 받아들여지지 않았다. 마지막은 육군 1개 대대를 미리 월미도에 상륙, 대기시켜놓고, 주력이 상륙하는 동안, 그 부대를 트럭과 전차에 태워 서울 외곽을 둘러싼 고지들을 장악하자는 것이었다. 이 역시 해당 부대가 보급을 오직 항공에 의지할 수밖에 없고, 현실성이 부족하다는 이유로 받아들여지지 않았다. 말하자면 아몬드는 '수학 시간에 영어책 펴놓고 공부하는' 스타일이었는데, 독자들께서는 그의 '활약(?)'을 기대해도 좋다.

'상륙작전'의 문외한인 아몬드는 상륙 당일 맥아더와 함께 마운트 맥킨리Mount McKinley호 함상에 있었다. 그때 해병대 선임장교 빅터 크룰락이 지나가는 말로 수륙양용장갑차LVT가 우수한 첨단 장비라고 말하자 이렇게 물었다. "그러면 LVT는 바다에서도 뜰 수 있는가?" 크룰락은 이렇게 회상했다. "나는 즉시 그 말을 10명이 넘는 사람들에게 퍼뜨렸다. 세상에, 인천상륙작전의 총지휘자가 LVT를 보고 저것도 물에 뜰 수 있냐고 묻다니! 어처구니없는 일이었다."

오! 인천

우여곡절 끝에 사단의 주력은 9월 10일과 11일 고베를 떠났다. 9월 10일부터 상륙을 준비하는 사전 공습과 포격 그리고 소해 작업*이 시작되었다. 일이 잘되려는 것인지 태풍 케지아^{Kezia}는 선단을 피해 진로를 북쪽으로 틀었다.

9월 14일 자정, 해군 특공대를 이끌고 팔미도 등대를 점령한 유진 클라크가 등대의 스위치를 켰다. 미국과 영국 순양함 4척과 구축함 7척이 좁은 수로를 따라 새벽 5시 45분부터 월미도에 포격을 가했다. 오전 6시에는 호위 항모에서 발진한 해병 항공대의 코르세어 전투기들과 정규 항모**에서 발진한 해군 항공대가 상륙 지점인 월미도를 강타했다. 폭격은 6시 15분에 끝났고, 상륙로켓함 3척이 접근해 비 오듯이 로켓탄을 퍼부었다. 고참들에게는 아무리 함포사격과 폭격을 가해도 적 벙커를 파괴하는 데 한계가 있다는 것이 상식에 해당했다. 하지만 인천의 경우는 달랐다. 요새화가 미진했고, 9월 초순에 많은 병력이 떠나고 북한군 제226독립해군육전연대와 제918포병연대의 일부만 주둔 중이었는데, 병력도 2,000여 명이 전부였던 것이다. 그중 400여 명이 첫 목표인 월미도에 주둔하고 있었다.

오전 6시, 선봉을 맡은 제5해병연대 3대대와 9대의 M26 전차가 상륙용 주정에 옮겨 탔다. 수중폭파반이 해안에 있는 침몰선 잔해 제거에 실패해 우회해야 했지만 6시 33분과 35분 사이에 월미도 '그린 비치'에 상

---

* 안전한 항해를 위해 바다에 부설한 기뢰 등의 위험물을 치워 없애는 것을 말한다.
** 상선을 개조해 저렴한 가격으로 대량 건조할 수 있는 호위 항모와 달리 정규 항모는 처음부터 항모로 건조한 군함이어서 방어력과 속도에서 뛰어났다. 다만 건조와 유지에 비용이 많이 들었다.

류하는 데 성공했다. 이어서 해병대는 방파제에 걸린 알루미늄제 사다리를 넘어 첫 목표인 '라디오 방송국 고지'를 6시 55분에 장악하고 성조기를 걸었다. 고지는 초토화되어 있었고, 살아남은 북한군 병사들도 완전히 넋이 나가 순순히 항복했다.

오전 8시 30분까지 월미도는 완전히 점령되었다. 해병대는 북한군 시신 118구를 확인했으며, 포로는 136명이었다. 그들은 북한군이 요새화 작업 중이었다는 걸 알 수 있었는데, 만들다 만 참호와 요새에서 북한군 150~200명이 빠져나오지 못하고 생매장된 것으로 추정했다. 헤엄을 쳐 인천으로 탈출하는 데 성공한 자들도 있었지만 극소수였다. 만일 상륙일이 9월 27일이나 10월 11일이었다면 요새화가 더 진행되었을 것이고, 해병대는 상당한 피해를 감수해야 했을 것이다.

해병대는 오전 10시 전차를 앞장세우고 소월미도로 진격해 1시간 15분 후 점령을 완료했다. 태평양 섬들에서의 나날에 비하면 연습 수준이었던 이 '전투'에서 해병대의 피해는 경상자 17명에 불과했다. 인천항을 통제할 수 있는 월미도를 쉽게 장악한 맥아더는 기뻐하며 길이 전해질 두 개의 코멘트를 남겼다.

"해군과 해병대가 오늘 아침보다 더 빛난 적은 없었다!"
"교통사고로 죽는 사람들도 그보다는 많다!"

상륙에 성공한 대원들도 기쁘긴 매한가지여서 종군기자들에게 너스레를 떨었다. "섬은 이제 안전합니다. 그렇지만 어쨌든 부두를 재건하고 시멘트 계단도 놓아야 하지 않을까요? 육군이 상륙할 수 있도록 말입니다."

훗날 북한에서는《월미도》라는 영화를 만들어, 이 전투에서 북한군이 용전분투하다가 옥쇄했으며, 특히 해안포의 첫 포격이 미군의 구축함을 격침시켰다는 꽤 무리한 역사 창작을 시도했다. 2016년 우리나라에서 만든《인천상륙작전》도 정도는 덜하지만 역사 왜곡*이기는 마찬가지였다. 그에 반해 월미도를 삶의 터전으로 삼았던 100여 명의 주민들이 희생된 사실은 거의 알려지지 않았다.

오후 1시부터 조수가 빠져나가기 시작했다. 갯벌을 통해 공격하려는 북한군은 없었고, 다만 인천 시내를 오가는 시민 몇 명만 눈에 띌 뿐이었다. 같이 상륙한 포병 정찰대는 포병대대가 자리 잡을 장소를 물색했다. 오후 만조에 두 번째 상륙이 이루어질 예정이었고, 상륙 시간은 5시 30분으로 결정되었다.

그사이 해병들은 후갑판에서 열린 신구교의 예배와 미사에 참석했다. 그리고 당분간 먹을 수 없을 뜨거운 식사를 즐겼다. 오후 4시 30분, 제5해병연대 1대대와 2대대, 한국 제1해병연대가 상륙용 주정에 몸을 실었다. 그들의 주정은 인천항 북쪽의 '레드 비치'로 향했다. 그동안 구축함들이 함포사격을 퍼붓고 상륙로켓함 3척이 다시 접근해 로켓탄 6,500여 발을 퍼부었다.

15분 후, 제1해병연대 장병들은 남쪽 송도 쪽의 '블루 비치'로 향했다. 잿빛 하늘 아래에서 바닷물에 젖은 채 이동하는 해병들은 상륙 후 자신들의 목표가 한반도에서 가장 큰 도시라는 사실을 잘 알고 있었다. 그러나 이번이 해병대의 마지막 적전상륙이라는 사실은 알 리 없었다. 레드

---

* 상륙작전 직전에 실행된 국군 첩보부대의 활약이 과장되었고, 북측 가상인물인 림계진의 성격도 지나치게 작위적이다. 휴머니스트에 가까운 맥아더의 인물 설정도 논란을 일으켰다.

비치에 상륙한 제5해병연대 1대대는 사다리를 이용해 방파제를 넘었다. 이때 선두에 선 인물이 1대대 A중대 3소대장 발도메로 로페즈 소위였다. 해병대는 월미도에서와는 달리 많은 희생을 치렀다. 대표적인 희생자가 바로 로페즈 중위(사후 승진)였다. 그는 인천상륙작전 과정의 단 두 명뿐인 명예훈장 수상자이자 한국전쟁을 통틀어 해병대의 첫 명예훈장 수상자가 되었다. 훈장과 함께 작성된 공문의 일부를 소개한다.

로페즈 중위는 해안에 상륙해 즉시 적 방어진지를 분쇄하는 작전에 돌입했다. 적의 사격에 몸을 노출시킨 채, 그는 벙커를 따라 전진하다가 옆에 있는 벙커를 향해 수류탄을 던지려 했다. 이 벙커에서 가해온 사격 때문에 그가 담당한 상륙 구역의 전진은 정체된 상태였다. 적의 자동화기 사격에 몸을 노출시킨 채 수류탄을 던지려는 순간 오른쪽 어깨와 가슴을 피격당한 로페즈 중위는 뒤로 쓰러지며 치명적인 수류탄을 떨어뜨렸다. 곧 몸의 방향을 돌린 그는 수류탄을 다시 집어 적에게 던지기 위해 기어갔다. 부상의 고통과 과다 출혈로 생명이 위태로운 상황이어서 수류탄을 던질 정도로 강하게 쥘 수 없었다. 그러자 그는 소대원의 생명을 위태롭게 하기보다는 자신을 희생하기로 결심했다. 부상당한 팔을 크게 휘둘러 수류탄을 배 밑에 깔고 수류탄 폭발의 충격을 모두 자신의 몸으로 흡수한 것이다.

로페즈 소대의 화염방사기 운용팀 2명도 그 벙커를 파괴하려다 총탄에 맞았다. 아직 아무런 피해도 입지 않은 우측의 2소대에게 3소대를 지원하라는 지시가 떨어졌다. 그들이 벙커에 있는 적을 소탕하는 동안 1소대는 공동묘지 고지를 공격해 뒤에 오는 부대가 안전하게 상륙할 수 있

●— 적전상륙 후 사다리를 이용해 방파제를 넘는 해병대원들. 앞장서 방파제를 넘고 있는 이가 로 페즈 중위이다.

게 해주었다. 레드 비치나 블루 비치 모두 수륙양용장갑차 승무원들의 경험이 전무하여 이미 장악한 진지에 포격을 가해 아군 사상자가 발생하는 등 혼란도 있었지만 자정이 될 때까지 모든 상륙 지점에서 병력은 물론 많은 장비와 물자까지 내려 확고한 발판을 구축하는 데 성공했다. 크레이그 준장은 월미도에 사령부를 차렸다.

9월 15일 하루 동안의 전투로 전사자 21명, 실종자 1명, 부상자 174명의 전투 손실과 비전투 손실 14명이 나왔지만, 무혈점령이나 마찬가지였다. 당초의 우려와는 아주 다른 결과였다. 하지만 여기에 만족할 수는 없었다. 성공적인 상륙에 만족한 맥아더가 5일 안에 서울을 탈환하겠다고 큰소리쳤기 때문이다!

15일 밤 동안 수백 톤의 보급 물자와 장비, 특히 105밀리 곡사포가 양륙되었다. 가능한 한 빨리 인천을 돌파해야 했기에 16일 아침, 공격 명령이 내려졌다. 스미스 사단장은 대략 경인국도를 기준으로 북쪽에는 제5해병연대, 남쪽에는 제1해병연대를 배치하고 동쪽으로 진격을 시작했다. 1차 목표는 김포공항과 일본군 군수공장·병기고가 있었고, 해방 이후 주한 미군이 인수해 군수기지로 사용하면서 '애스콤 시티ASCOM City'라고 불렸던 부평이었다.

여기서 잠깐 경인 지방의 군사시설들을 살펴볼 필요가 있다. 구한말부터 한국에 주둔한 일본군은 청나라군이 사용하던 남영동南營洞과 용산 일대를 차지한 뒤 군사기지화했다(남영이라는 이름 자체도 '남쪽에 있는 군부대'라는 뜻이다). 경인선 중간에 위치한 부평에는 소총 등을 생산하는 군수공장과 병기고를 만들었는데, 이 구조는 최근까지도 이어져서 부평-영등포 일대는 거대한 산업단지가 되었다.

용산에는 육군본부의 이전에도 불구하고 국방부가 건재하고, 최근까지도 일본군이 있던 자리에 들어선 미군 기지가 있었다. 다만 지금은 평택으로 거의 철수를 완료했다. 곧 서울은 3세기에 걸쳐 세 나라 군대가 주둔해온 '흑역사'를 끝내는 셈이 된다. 어쨌든 해병대는 기본적으로 일본이 만들어놓은 이 거점들을 함락하면서 진격할 수밖에 없었다.

한편 인천과 서울의 북한군 규모는 어느 정도였고, 지휘관은 누구였으며, 어떤 방어 전략을 수립하고 있었을까? 조금 허탈하지만 알려진 바가 거의 없다. 주력은 대부분 낙동강 전선에 가 있었기에, 그 시각 인천과 서울에 북한군 정규 사단은 없었고, 대부분 급조한 부대이거나 후방

●— 인천 상륙에 성공한 직후의 미군의 모습. 그들의 물량 규모가 어느 정도였는지 가늠할 수 있는
장면이기도 하다.

치안을 담당하는 2선급 부대들이었다. 당시 인천 수비대는 제226독립육
전연대와 제918해안포병연대 예하 2개 포병중대 정도로 2,000여 명에
불과했다. 서울에 주둔한 부대는 제18사단을 비롯하여 제25여단, 제9사
단 87연대, 제42전차연대 등 잡다한 부대들이었는데, 정확히 알려진 바
는 없지만 2만 명에 한참 못 미치는 수준이었다. 급조된 부대 가운데 대
표적인 것이 김포공항을 지키기 위해 인천에서 밀려난 부대와 공군 지
상 병력을 모아 만든 '제1항공사단'이었다.

　한국전쟁 전까지 많아봐야 수백 명 정도를 지휘한 경험이 전부였던 김일성은 낙동강 전선에 '올인'하고 있다가 미군의 상륙 소식을 들었다. 그는 인천을 다시 찾을 수 있다고 생각하고 서울 주둔 북한군에게 반격 명령을 내리는 한편 서울에 보낼 원군을 조직하기 시작했다. 하지만 병력과 장비의 열세를 떠나 북한군에는 기본적으로 미군을 막을 수 있는 전략 자체가 없었고, 통합된 방어사령부조차 존재하지 않았다. 더구나 상대는 미군 최고의 전투부대인 해병대였다.

김포, 부평, 부천 전투

9월 16일 새벽 6시, 북쪽을 맡은 제5해병연대는 김포공항을 목표로 진격했다. 2대대가 선봉이었고, 1대대와 3대대가 뒤를 따랐다. 시내 소탕 전투는 한국 제1해병연대가 맡았다. 한국 제1해병연대는 경인선 철도를 중심으로 북쪽은 1대대, 남쪽은 3대대가 맡아 작전을 전개했다. 북한군의 상당수는 민간인 복장으로 갈아입고 숨어 있었는데, 일부는 시민들의 신고로 체포되고 일부는 저항하다가 또는 도주하다가 사살되었다. 181명이 투항했다. 인천시청도 3대대에 의해 탈환되었다.

종군기자의 증언에 따르면, 상당히 거칠게 시민들을 다룬 한국 해병대 덕분이기도 했지만, 제1해병사단이 인천 시내를 지나는 동안 전투는 거의 없었고, 인적이 끊겨 괴기스러운 분위기가 감돌았다. 인천은 연기가 치솟는 죽음의 도시였고, 특히 담배공장이 불타면서 엄청난 악취가 진동했다. 3명의 북한군 수병을 포로로 잡았는데, 그들은 미군의 상륙에 대해 전혀 알지 못했다. 놀랍게도 낙동강 돌파에 미련을 버리지 못한 김일성이 미군의 인천 상륙 사실을 공개하지 않았기 때문이다. 한편, 하늘에서는 코르세어 전투기들이 오전 7시에 인천 쪽으로 향하는 T84/85 6대를 발견하고 공격을 퍼부어 3대를 격파했다. 그 과정에서 1대가 격추되어 조종사 윌리엄 심슨 대위가 전사했다. 그는 서울 탈환전의 첫 전사자로 역사에 기록됐다. 남은 3대는 재빨리 숨었는데, 조종사들은 2차 비행에서 파괴된 전차들을 다시 부수고 6대 모두를 격파한 것으로 착각했다. 결국 남은 3대는 해병대의 M26 전차가 정리했다.

16일 밤, D중대를 지휘하는 스미스 중위는 부평 외곽에서 북한군 트럭 1대를 노획하고 장교 1명과 병사 5명을 포로로 잡았다. 그들은 후속 부대의 선두였는데, 이들 역시 미군의 진출 사실을 전혀 모르고 있었다. 과연 북한군 제42전차연대 소속 T34/85 전차 6대와 250여 명의 병사들이 주먹밥으로 아침을 먹으면서 아무 생각 없이 접근해왔다. 해병대는 일단 선두를 통과시켜 완벽한 포위망을 만든 뒤 전차포와 무반동총, 바주카포로 맹공을 퍼부어 불과 5분 만에 전차 6대를 모두 격파하고 공황 상태가 된 250명을 대부분 사살했다. 그야말로 보전 합동 대전차전의 표본인 이 전투에서 해병대가 입은 피해는 경상자 1명뿐이었다. 이 전투는 작긴 했지만 1,129일 동안 벌어진 한국전쟁의 전투 가운데 가장 완벽한 승리였다. 맥아더와 아몬드는 전선을 시찰하는 길에 기자들을 불러 부서진 전차를 촬영하게 하면서 홍보에 열중했다. 그 때문에 진격 속도가 늦어져 대원들은 냉소를 보냈다.

그사이 제5해병연대의 다른 부대들은 도중에 있는 100미터 남짓의 고지들을 장악하면서 김포공항을 향한 진격을 계속했다. 그리하여 9월 17일 오전 7시 공항에 이르렀고, 전차를 앞장세워 공격을 가했다. 전차 1대는 격납고 문을 밀고 들어가 멀쩡한 전투기 1대를 노획하기도 했다. 급조된 북한군 제1항공사단은 나름대로 최선을 다했고, 18일 새벽 3시에는 야습을 시도하여 근접전을 벌이기도 했으나 실패했다. 일부는 활주로 사이의 무성한 수풀 속에 숨어 최후까지 저항했으나 대부분 사살되었다.

한편 북한군 제1항공사단장은 40세의 왕연 준장이었는데, 그는 인천상륙작전-서울 탈환전에서 이름이 알려진 몇 안 되는 북한군 고위 지휘관이었다. 하지만 그조차 중국에서 군사교육을 받았다는 사실 외에는 알려진 게 거의 없다.

결국 18일 오전 10시, 김포공항은 해병대의 손에 들어왔다. 오후 4시부터 항공기들이 속속 김포공항에 착륙했고, 다음 날 제10군단은 이곳에 전술항공사령부를 설치했다. 이로써 일본에 있던 3개 항공대대가 이곳으로 이동하여 작전을 펼 수 있게 되었다. 이 정도로 내륙 깊숙이 진격하면 함포 지원이 불가능했기에 그만큼 포병과 항공대의 활용이 중요하다. 그런 점에서 길이 2킬로미터, 폭 50미터에 달하는 활주로를 갖춘 김포공항의 가치는 매우 컸다. 공중 보급에도 유리했음은 물론이다. 김포공항을 확보한 제5해병연대는 곧바로 한강 도하를 준비했다.

한편 제1해병사단 지휘부는 9월 16일 정오 인천항 남동쪽에 지휘부를 설치했는데, 고베에서 정비를 마친 제7해병연대가 21일 인천에 도착한다는 희소식이 전해졌다. 그사이 공병대는 인천역에 있는 기차를 수리해 부평까지 병력과 물자 수송을 할 수 있게 준비했다. 하지만 이 기차가 지나갈 길은 공짜가 아니었다. 제1해병연대가 부평과 부천을 확보하고 영등포로 진격하는 임무를 맡았고, 이는 제5해병연대가 담당했던 김포공항 확보보다 훨씬 치열한 전투를 각오해야 했다.

17일 오전, 제1해병연대의 선봉 M26 퍼싱 전차대는 지금의 송내 일대에서 민가를 은폐물로 삼아 포탑만 내놓고 있던 T34/85 전차 1대를 격파하고, 이내 다음 목표인 영등포를 향해 진격했다. 도중에 부천 소사에서는 낮은 언덕에 매복한 북한군 제18사단 제22연대의 공격을 받고 한바탕 격전을 벌였다. 2대대 소속의 19세 월터 모니건 일병과 그의 바주카포팀은 전차대와 함께 T34/85 전차 4대를 격파하는 기염을 토했고 이 전투의 주인공으로 등극했다.

그렇게 제1해병연대는 진격로를 열었지만 통행료는 치러야 했다. 퍼싱 전차 2대가 대전차지뢰를 밟아 파괴되었고, 공병대가 지뢰를 제거해야 했기에 진격이 지체되었다. 하지만 멈추지는 않았다. 19일이 되면 제1해병연대는 영등포 입구인 안양천 부근까지 진입했다. 당시 영등포는 한강 이남에서 유일한 서울시 행정구역(영등포구)으로 당당한 서울의 일부였다. 그래서인지 북한군은 그 전까지와 달리 한층 강력한 전력과 결의를 가지고 방어에 나섰다.

20일 새벽 4시 30분, 대대 병력의 북한군이 T34/85 전차 5대를 앞장 세우고 자살폭탄 트럭까지 준비해 제1해병연대의 진지를 기습했다. 해병대는 어느 전장을 가든, 그곳이 섬이건 육지건 시골이건 도시건, 야간 전투를 치를 운명이었다. 트럭이 폭발했고, 그와 함께 전투가 시작되었다. 모니건 일병은 포복으로 적 전차에 접근하여 물탱크 뒤에 숨어 정확한 바주카포 사격으로 전차 2대를 격파해 이번에도 기세를 올렸다. 하지만 3번째 전차를 조준하는 중에 다른 전차의 기관총탄에 맞아 전사하고 말았다. 나중에 그에게는 명예훈장이 추서되었고, 그의 이야기는 1960년대 우리나라 초등학교 교과서에 실리기도 했다. 결국 치열한 백병전이 동반된 이 전투에서 제1해병연대는 전차 4대를 격파하고, 1대를 노획했으며, 적병 300여 명을 쓰러뜨리는 승리를 거뒀다. 전투가 끝난 도로에는 사방으로 시신과 부서진 전차가 널려 있었다. 연대는 이를 치우고 다시 진격을 시작했다.

제1해병연대는 그날 오전 영등포로 가는 길을 막고 있던 80고지와 85고지마저 격전 끝에 장악했다. 여기서 대원들은 한강과 서울 시내를 바라볼 수 있었다. 그런데 두 고지를 발판으로 공격을 준비하고 있던 풀러 대령에게 반갑지 않은 손님이 찾아왔다. 바로 군단장 아몬드였다. 그가 최전선까지 온 목적은 '은성훈장 수여'를 위해서였다. 풀러는 군단장의 접근에도 웅크린 자세를 풀지 않았는데 이를 본 아몬드가 물었다. "체스티, 왜 그런 자세로 앉아 있는 건가?" 풀러가 대답했다. "적의 공격에 대비하기 위해서입니다. 그렇게 서 있다가는 적의 공격을 받을 수 있습니다." 아몬드가 말했다. "걱정하지 말게. 우리는 적의 사정거리에서 멀리 떨어져 있네." 이에 풀러는 "장군님, 저는 그러다가 제 동생을 잃었습니다" 하고 아몬드를 잡아당겨 앉혔다. 아몬드는 몸을 앞으로 숙인 채 용건을 말했다. "자네의 용맹을 기리기 위해 은성훈장을 수여하고자 하네. 일어나서 나에게 경례를 하게. 자네에게 훈장을 달아주는 모습을 촬영하세나."

할 수 없이 풀러는 자세를 풀고 일어났다. 하지만 사진병이 촬영을 끝내자마자 군단장의 손에서 훈장을 낚아채고 다시 웅크려 앉았다. 그러고는 장군을 다시 웅크려 앉힌 뒤 이렇게 말했다. "장군님, 훈장 포상서는 안 읽으셔도 됩니다. 나중에 제가 읽겠습니다. 우선 다른 시급한 문제부터 논의하는 게 좋을 것 같습니다."

한편 18~19일 인천에 상륙한 육군 제7사단도 전선에 투입되었다. 그들의 주 임무는 수원 쪽으로 남하해 제1해병사단의 남쪽 측면을 보호하고 동시에 낙동강에서 북진하는 제8군, 한국군과 합류하는 것이었다. 하지만 제7사단의 제32연대는 따로 빠져서 서울탈환작전에 참가했는데, 아마도 미 육군과 한국 육군에도 서울 탈환의 공을 나눠주기 위한 '정치적 배려'가 작용한 결정이었을 것이다.

한편 낙동강 전선에만 정신이 팔려 있던 김일성은 그제야 사태의 심각성을 알아차리고 서울 방어 병력을 끌어모았다. 철원에서 편성 중인 제25여단, 제70연대와 제78연대, 제9사단 제87연대 등 2만여 명을 투입했는데, 상당수 정예부대였다. 이처럼 북한군이 재정비되면서 '5일 이내의 서울 탈환'은 물 건너간 일이 되었다. 하지만 맥아더와 아몬드는 또다시 '아름다운 숫자'를 찾아내어 9월 25일, 즉 전쟁 발발 3개월째 되는 날에 서울 탈환을 선언하겠다는 '목표'를 세우고, 언론플레이와 군사작전을 병행했다. 덕분에 해병대는 상당한 어려움을 겪어야 했다.

영등포 전투와 한강 도하

19일 저녁, 제5해병연대는 강 건너 125미터 높이의 행주산성이 바라보이는 지점에서 한국군 제1해병연대 2대대와 함께 한강 도하를 준비했다. 저녁 8시, 14명의 해병이 한강을 헤엄쳐 건너 적진을 정찰하고 돌아왔다. 이들은 산 중턱을 정상으로 착각하고 북한군이 없다는 잘못된 보고를 했다. 그리하여 밤 9시, 연대는 상륙용 장갑차 9대를 타고 한강 도하를 시도했는데, 북한군의 포화를 맞고 장갑차 2대를 상실하고 작전은 결국 실패하고 말았다. 다행히 사상자는 많지 않았지만, 대양을 주름잡은 해병대가 폭 360미터에 불과한 강—오늘날과 달리 당시 한강은 강폭이 좁고 깊이도 상대적으로 얕았다—을 건너지 못한다는 것은 해병대의 자존심 때문에라도 도저히 용납이 안 되는 일이었다. 이에 머리 연대장은 20일 새벽 6시 반, 짧은 준비포격을 가한 뒤 다시 부대를 도하시켰다.

이번에도 맹렬한 적의 사격이 쏟아졌다. 하지만 해병대는 코르세어의 지원을 받으며 한강 도하를 밀어붙였다. 3시간 후 3대대가 고지 하나를 점령했고, 잇달아 북쪽의 51고지와 95고지도 점령했다. 전투 후 200여 구의 시신이 발견되었다. 뒤이어 도하한 2대대는 능곡 등 경의선 철도변과 179미터 높이의 망월산, 126미터 높이의 대덕산 등 주요 감제고지*를 장악했다. 한국 해병대는 한강 도하 후 후방을 보호하는 역할을 맡았고, 제5해병연대 1대대도 21일 도하했다.

한강 도하와 이어진 전투에서 해병대는 21명이 전사했다. 행주산성에 가면 산성 입구에 세워진 기념비와 상륙용 장갑차를 볼 수 있다. 지금도 행주산성 방면 한강에서는 가끔 공병대의 도하 훈련이 실시된다.

제5해병연대가 한강을 도하하고 있던 20일 새벽, 제1해병연대는 당시에는 '갈천'이라고 부른 안양천 변에 포진해 있다가 북한군의 역습을 받았으나 격퇴했다. 그리고 21일 오전 6시 30분, 영등포 공략을 시작했다. 서울에 입성하기 위해서는 값비싼 '통행료'를 치르지 않을 수 없었지만 일부 대원들은 한 가지 '전리품'에 관심이 있었다. 영등포역 옆에 맥주공장들이 있다는 사실을 알고 목을 좀 축이고 싶었던 것이다. 이 공장들은 현재 공원과 아파트 단지가 되었는데, 맥아더는 서울 함락 다음 날인 6월 29일 바로 이곳에서 전황을 살핀 바 있다.**

1대대와 2대대는 좌우로 갈라져 안양천과 논바닥을 가로지르며 논둑에 방어선을 친 북한군과 치열한 전투를 벌였다. 적지 않은 희생자가 나왔다. 하지만 두 대대는 화력과 전투력에서 우위를 보이며 적군을 밀어붙였다. 전투 중에 1대대 A중대는 북한군을 우회해 1.6킬로미터 정도 침투해서 한강 인도교 남단까지 진출했다. 깜짝 놀란 북한군은 당황하여 도주하기 시작했다. 제방을 따라 길게 늘어선 방어진지가 A중대 손에 들어왔다. 거기서 A중대원들은 한강의 긴 모래톱과, 강 너머 북서쪽에서

---

* 적의 활동을 살피기에 적합한, 주변이 두루 내려다보이는 고지를 말한다.
** 우리에게 익숙한 '카스'의 OB맥주(옛 동양맥주. OB는 'Oriental Brewery'의 약자이다)와 '하이트'의 조선맥주는 일제강점기에 세워진 이 공장들을 이어받아 시작된 기업들이다.

북한군을 밀어붙이는 다른 해병대 부대의 모습을 볼 수 있었다. 한편 석탄 더미처럼 보이는 것이 있었는데, A중대는 그것이 영등포 방어를 위한 보급품 창고라는 사실을 알고 폭파해버렸다. 중대의 행운은 계속되었다. 놀랍게도 인근의 한 건물에서 미국제 대포와 탄약, 장비, 의약품이 가득 차 있는 것을 발견한 것이다. 전혀 생각하지 못한 곳에서 발견한 최고의 선물이었다.

A중대원들은 개인 참호를 깊숙이 파고 노심초사하며 동료들이 진격해오기를 기다렸다. 그런데 저녁에 불청객들이 찾아왔다. T34/85전차 5대였다. 그런데 놀랍게도 보병의 지원이 전혀 없는 전차 단독 공격이었다. 중대는 곧 요격에 나서 3.5인치 바주카포로 3대를 파괴했다. 나머지 2대는 도주했다.

풀러 중령은 예비대인 3대대까지 투입해 더욱 몰아붙였다. 그러자 보급품까지 잃은 북한군은 포위를 걱정해 후퇴하기 시작했다. 특히 포로가 된 한 장교는 자신의 동료들에게 미국 해병들이 너무 강하니 공격을 멈추라고 권유했는데, 이 말이 통했는지 북한군은 22일 날이 밝기 전 영등포를 포기하고 철수했다. 제1해병연대는 이날 영등포를 완전히 장악하고, 노량진 부근 고지를 점령해 한강 인도교를 감시할 수 있었다. 덤으로 강을 못 건넌 T34/85전차 4대도 노획했다.

한편 강 너머 터널 모양의 용산 철도 정비소에서 서너 대의 T34/85전차를 발견한 M26 퍼싱 전차대는 폴 커티스 중위의 지휘 아래 포격을 가했다. 한강을 사이에 두고 벌어진 이 보기 드문 전차전에서 해병 전차대는 T34/85전차 3대와 대전차포 6문을 파괴하는 압승을 거두었다.

연희고지 혈투 1

잠깐만 시간을 뒤로 돌려보자. 해병대가 한강 도하 준비를 서두르던 그 시각, 육군 제7사단 제32연대와 한국 육군 제17연대가 도착했다. 제1해병연대는 영등포에서 마포 쪽으로, 제32연대와 한국군 제17연대는 흑석동에서 용산 쪽으로 도하를 하기로 결정되었다. 제1해병사단 제11포병연대는 영등포 북서쪽에 자리를 잡고 화력 지원을 하기로 했다. 그사이 제5해병연대는 한국 해병대와 함께 서쪽에서 서울 시내로 진격하고 있었다. 이때 한국 해병대는, 분대장급은 장항·군산 지구나 진동리, 통영 전투 등에서 전투 경험을 쌓은 역전의 용사들이었던 데 반해 나머지 병사들의 과반수는 2주일 전 제주도에서 징집한 신병들이었다.

수색역에 사령부를 둔 제5해병연대는 안산에서 연희동으로 이어지는 능선과 노고산, 와우산 등을 확보해야 했다. 9월 21일 오후 4시 15분, 연대는 진격을 시작했다. 좌익이자 북쪽을 맡은 3대대는 응암동과 홍은동 사이에 걸쳐 있는 216미터 높이의 백련산(스위스그랜드호텔 뒷산)을, 한국 해병 1대대는 전선 중앙의 연희고지라 불리는 104고지(서연중학교 뒷산)를, 제5해병연대 1대대는 한강과 경의선 철도 사이 68미터 높이의 성산(정확히는 성산초등학교 뒷산)을 목표로 진격했다. 연대의 2대대는 예비대로 대기했다.

해병들이 노린 고지와 능선들은 서울 방어의 핵심이었기에 북한군은 이곳에 주력인 제25여단과 제78연대를 투입해 5.5킬로미터에 이르는 견고한 방어선을 구축해두고 있었다. 편성 중에 긴급 투입되어 정원을 제대로 채우지는 못했지만 두 부대의 장교와 부사관들 가운데 상당수가 중국군 출신이어서 전투 경험이 많았고, 포병과 중기관총을 상당수 보유하고 있어 화력도 충실했다.

● — 제5해병연대본부로 쓰였던 수색역사. 지금의 현대식 역사와 달리 당시에는 빨간 벽돌 건물이었다. 지금의 자리에서 500미터 떨어진 곳에 있었다.

백련산과 성산은 북한군의 저항이 거의 없어 쉽게 차지했다. 하지만 한국 해병 1대대가 맡은 연희고지는 사정이 좀 달랐다. 연희고지를 차지하기 위해서는 모래내를 지나는 개활지를 통과한 다음 북한군의 치열한 저항을 뚫어야 했다. 한국 해병대는 상당한 희생을 치렀지만 오후 6시 30분, 결국 연희고지를 점령하는 데 성공했다. 그러나 고난은 이게 끝이 아니어서 22일 새벽 3시경 약 600명으로 추산되는 북한군이 120밀리 박격포의 지원을 받으며 야습했다. 한국 해병대는 3시간 동안의 전투 끝에 이들을 격퇴했다. 하지만 이 역시 끝은 아니었다. 적은 야습과 병행해 바로 전방에 구축 중인 주진지에 대한 마지막 보강 작업을 강행하는 한편 병력 배치를 서두르고 있었다. 한편 이곳의 상황과 대조적으로 한국 해병대 좌우측의 미 해병대대들은 밤사이 전방에서 별다른 활동을 목격하지 못했고, 이에 대현동이나 아현동쯤에 가서야 적의 주 방어선을 만날 것으로 판단했다(다만 밤사이에 북한군이 쏜 포탄이 수색역의 연대본부에 떨어져 부연대장 헤이즈 중령이 다리에 중상을 입고 후송되는 일이 벌어졌다). 증거는 없지만 북한군은 좀 더 '만만해 보이는' 한국 해병대를 노렸을 가능성이 크다. 이렇듯 수도 서울 탈환을 위해 넘지 않으면 안 되는 사선들이 시시각각 나타나고 있었지만 두 나라의 해병대는 이를 돌파해야만 했다.

9월 22일 오전 7시, 공격이 시작되었다. 제5해병연대 3대대의 목표는 296고지, 즉 안산이었고, 우측방 1대대의 목표는 105고지인 와우산이었다. 와우산은 지금의 홍익대학교 뒷산인데 1970년 와우아파트 참사가 일어난 곳이기도 하다. 중앙에 위치한 한국 해병 1대대의 목표는 의령터널고지(이화여대 정문에서 동쪽으로 100미터 떨어진 철도 터널), 또 다른 105고지였다.

3대대가 백련산에서 296고지(안산)로 진출하면서 문제가 발생했다. 머리 중령은 이날 공격에서 좌익을 맡은 3대대가 안산을 신속하게 확보하면, 중앙과 우익의 진격이 좀 더 용이할 거라고 생각했다. 해병 항공대의 전투기들이 안산 일대를 강타하는 동안 선봉에 선 H중대는 대단치 않은 적의 저항을 물리치고 오전 9시 45분 안산 주봉을 점령했고, 곧 정상을 확보했다고 보고했다. 그러나 그 뒤에 전개된 연대의 공격 상황은 머리 중령의 기대와 달리 순탄하지 않았다. 남쪽으로 뻗어 있는, 주봉과 거의 같은 높이의 3개 능선을 여전히 북한군이 장악하고 있었기 때문이다. 이들의 역습을 받아 3대대도 이날 고전을 면치 못했다. 전투는 치열했다. 특히 지금도 안산 주봉에 올라보면 바로 알 수 있는데, 온통 바위투성이여서 제대로 된 진지 구축이 불가능했다. 그래서인지 주봉에 '복원'된 지금의 봉수대도 어딘가 부실한 모습을 하고 있다. 따라서 필자는 당시 북한군이 일부러 안산 정상을 비운 것이 아닐까 생각한다. 실제로 안산 정상을 굽어보는 338미터 높이의 인왕산에서 쏟아졌던 포화에 3대대의 진격은 거의 정지되었다. 다행히 전날 영등포 전투가 끝나 해병 항공대는 제5해병연대의 지원에 전념할 수 있었다.

한국 해병 1대대는 목표인 북쪽 105고지를 공격하기에 앞서 대대 정면을 가로막고 있는 연희 능선, 즉 안산에서 56고지로 이어지는 능선과, 이 능선 너머에 있는 88고지(세브란스병원 북쪽, 연세대 노천극장 동쪽의 언덕)를 먼저 점령해야 했다. 대대의 공격개시선인 104고지 능선과 그 전방의 연희 능선은 불과 1킬로미터 간격을 두고 평행하게 있었는데, 말하자면 두 능선 사이 저지대에 펼쳐진 300~500미터 폭의 논들(오늘날 연희로 주변)이 실질적으로 극복해야 할 장애물이었다. 이곳과 현재 서대문 우체국 인근 연희터널이 전쟁터가 되었다.

대대원들이 개활지에 들어서자 전방의 연희 능선에서 적의 중화기와 자동화기들이 불을 뿜었고, 야포와 박격포탄이 날아왔다. 일선 중대의 공격이 저지되자 미군 포병과 항공기가 지원에 나섰다. 우군의 지원사격에도 상황이 타개되지 않자 대대는 배속된 전차소대와 함께 철로를 따라 전방으로 진격했다. 하지만 56고지와 연희터널고지로부터 집중되는 적의 자동화기와 대전차포 사격을 피할 길이 없었다. 이 때문에 전차도 더는 전진하지 못했다. 전방에서 날아오는 적의 사격도 견디기 어려운 것이었지만 안산 쪽에서 날아오는 측면사격도 치명적이었다. 날이 어두워지자 한국 해병 1대대는 공격개시선이었던 104고지로 물러나 부대를 수습했다. 전사자가 11명, 부상자가 45명이나 나왔다.

와우산이 목표인 제5해병연대 1대대는 이날 용산선 철도를 따라 전차와 B중대를 앞세워 한국 해병 1대대와 협조하여 공격을 펼치려 했으나 전차소대가 한국 해병대로 배속되자 계획을 바꾸었다. 이날 10시 30분쯤에야 진짜 공격에 나선 A중대는 와우산 아래까지 접근했으나 1소대장이 전사하고 3소대장이 중상을 입는 등 많은 사상자를 내고 공격이 저지되었다. 오른쪽으로 우회 기동한 C중대 역시 한동안 고전했으나 항공과 포병 화력이 퍼부어지는 동안 부대를 수습해 뒤따라 가세한 A중대와 함께 오후 5시 35분 와우산 정상을 점령했다.

3대대가 목표인 안산을 확보하면 쉽게 풀리리라 믿었던 제5해병연대는 안산은 물론 와우고지를 점령했음에도 전황이 기대에 미치지 못하자 자초지종이 어쨌든 유일하게 고지를 점령하지 못한 한국 해병대의 미숙함 때문이라고 생각했다. 하지만 연희고지 일대는 북한군이 서울 방어의 주저항선으로 삼은 곳으로, 매우 강력한 화망을 구축하고 있었다. 50정 이상의 중기관총을 주축으로 그 사이에 경기관총과 자동소총이 배치되고, 사각지대에는 박격포가 도사리고 있었다. 즉 1킬로미터당 자동화기 밀도가 중기관총 13~14정에 자동화기 52~56정으로, 20미터당 1정씩 기관총이 배치되어 아무리 정예부대라도 돌파하기 어려운 화망이었다.

하지만 23일에도 두 나라의 해병대는 공격을 멈추지 않았다. 곧 있을 제1해병연대의 한강 도하를 엄호하려면 공격 속도를 늦출 수 없었다. 이번에는 수색역 일대에 대기하고 있던 2대대까지 투입되었다. 한국 해병 1대대는 공격력을 극대화하기 위해 3개 중대를 병진하는 전술을 택했다. 하루 종일 격전을 치르면서 한국 해병 1대대는 전사 32명, 부상 68명, 실종 1명이라는 엄청난 손실을 입었고, 특히 22일과 23일 양일간 거의 모든 분대장을 잃었다.

결국 예비대였던 제5해병연대 2대대가 한국 해병대의 전선을 인계받았다. 하지만 그들 역시 여러 명의 소대장을 잃는 등 사상자가 속출하며 고전을 면치 못했다. 한편 전선 양 측면의 1대대와 3대대는 전날 장악한 각자의 목표를 계속 확보하면서 2대대의 전진을 사격으로 지원하라는 명령을 받았다. 23일 새벽에 적의 가벼운 역습을 물리친 두 대대는 만만치 않은 적의 저항을 받았다. 사격 지원 역시 말처럼 쉬운 일이 아니었다. 그렇게 23일도 별다른 진전을 이루지 못하고 지나갔다.

연희고지 혈투 2

9월 24일 2대대의 공격이 다시 시작되었을 때, 분명 해가 떠 있었지만 주위는 한 치 앞도 내다볼 수 없는 짙은 안개와 연기로 덮여 있었다. 이즈음 북한군은 공중 관측으로부터 진지를 은폐하기 위해 대량의 발연통을 피워댔는데 이날은 안개까지 짙게 깔렸던 것이다. 그 때문에 선두 분대가 진격하여 적의 교통호*를 수류탄 투척 거리에 둘 정도가 될 때까지도 적들은—물론 해병대도—2대대의 접근을 전혀 알아차리지 못했다. 이내 전투가 벌어졌다.

D중대장 스미스 중위는 중대본부 요원을 포함한 동원 가능한 전 병력을 전방으로 보냈다. 60밀리 박격포소대는 포탄이 소진되자 소총수로 나섰다. 포병과 81밀리 박격포가 지원에 나섰다. 해병대의 코르세어가 폭탄과 로켓탄, 네이팜탄 등으로 적진을 사정없이 공격했지만 너무 낮게 비행하는 바람에 두 번째 공격에서는 10대 중 5대가 적의 대공포탄에 맞았다. 오전 내내 D중대가 혈전을 벌이는 동안 전날의 손실로 가용 병력이 90명 정도에 불과했던 F중대는 또 다른 해병 항공대의 지원을 받

---

* 참호와 참호 사이를 잇는 호를 말한다.

으며 연희터널고지 동쪽의 한 고지에 올라섰다. 한낮이 지날 무렵, 1주일 전 부평 전투에서 북한군의 전차대와 보병을 전멸시켰던 스미스 중위는 돌격을 결심했다. 그는 대대장과 협의해 돌격 요령을 다음과 같이 결정했다.

1. 돌격부대 33명은 돌격개시선 100미터 정면에 산개하여 돌격 준비를 한다.
2. 돌격 지원을 위해 스미스 중위의 무전 유도에 따라 코르세어가 기총소사와 폭격, 네이팜탄 투하를 감행한다.
3. 공습이 효과가 있다고 판단되면, 코르세어편대는 보병에게 돌격 신호를 보내고 이후 위장 공격으로 전환, 즉 기총소사와 폭격을 멈추고 위협 비행을 계속한다.
4. 돌격부대는 코르세어의 신호와 동시에 130미터 전방의 적 진지로 돌입한다.
5. 기관총부대 11명은 돌격대를 따라간다.

조지 맥노턴 중위가 관측을 맡고 스미스 중위가 무전으로 항공대에 연락을 취해 공중폭격이 시작되었다. 1번기의 폭격은 130미터나 빗나갔다. 2번기는 정확하게 폭격했으나 3번기는 중대 전방 50미터에 폭탄을 떨어뜨리는 오폭을 저질렀다. 해병들은 코르세어가 급강하할 때마다 환호성을 올렸는데 3번기의 폭격 때는 환성이 욕설로 바뀌었다. 4번기가 신호탄을 발사하며 적을 향해 날아갔다. 이 신호탄은 복싱으로 치면 페이크 모션, 즉 가짜 공격을 실시한다는 의미였다. 대부분의 북한군은 당연히 폭격을 예상하고 참호 속으로 숨어들었는데, 거의 동시에 스미스 중대장을 선두로 32명의 대원들이 돌격을 감행했다. D중대는 A자 돌격 대형을 유지한 채 맹렬하게 적진을 향해 뛰었다. 얼마 지나지 않아 스미스 중대장이 돌격 중에 즉사했다. 하지만 맥노턴 중위가 뒤를 이었고, 돌진을 멈추지 않았다. 마침내 26명의 돌격대원이 정상에 있는 적 진지에 돌입했다. 일부 적병이 남아 있었는데, 몇 명은 죽은 척을 하고 있었다. 다른 수백 명은 동쪽 산비탈로 도망쳤다.

미 해병대 전사에서 이 돌격은 격찬을 받았다.

격전의 승패가 결정되는 '때'는 정신적인 균형이 깨지는 바로 '그때'이다. 불타는 전의를 가진 용자에겐 승리가 있고, 우유부단한 쪽엔 패배가 있다. 적과 죽음에 직면할 것을 알면서도 주저 없이 능선으로 뛰어오르는 소수의 젊은이(10퍼센트 이내)에 의해 승부의 저울은 기운다.

정상을 정복한 맥노턴 중위는 인원 점검을 위해 계급별로 손을 들게 했다. 사지가 멀쩡한 자가 30명에 불과했다. 전투 전 D중대원은 206명이었지만 36명이 전사하고, 116명이 부상으로 후송되었으며, 나머지는 부상을 입고도 전선에 남았다. 중대의 85퍼센트가 죽거나 다친 것이다.

훗날 안산에서 56고지로 이어지는 이 능선은 미 해병들에 의해 '스미스 능선'이라고 명명되었다. 이 능선을 확보하고 나서야 해병대는 이곳이 서울 서쪽을 방어하기 위한 북한군의 주진지였다는 사실을 알았고, 지난 이틀간 치른 한국 해병들의 분투가 재평가되었다. 포로들도 모두 연희 능선의 상실로 전의를 잃었다고 진술했다. 이로써 한국 해병대는 미 해병대에게 자신들과 함께할 수 있는 유일한 한국군 부대로 인정받았고, 그리하여 스미스 사단장은 '네 번째 연대'를 얻었다.

제5해병연대 2대대장 해럴드 로이스 중령의 추정에 의하면, 이 능선 일대에 널린 적의 시신은 1,500여 구에 달했다. 24일 오후, 중령은 예비대인 E중대를 56고지 동쪽으로 이동시켰으나 최종 목표(북쪽 105고지)에 대한 공격은 다음 날로 미루었다. 최종 목표 공격에 위협이 될 것으로 보이는 72고지(창천동 4번지, 경의선 신촌역과 CGV 사이의 언덕)에는 아직 적이 포진하고 있어서 이날 중 이 고지에 대한 공격을 실행하기에는 시간적으로 이미 늦었다고 판단했기 때문이다. 북쪽 105고지를 비롯해 안산 주변 주요 능선들의 점령은 25일에 이르러서야 이루어졌다.

한국 해병 1대대와 제5해병연대 2대대에 의해 연희고지 일대에서 벌어진 혈투는 서울 서쪽에서 수행된 돌파 작전의 일부였지만, 적 방어선의 붕괴를 유도한 결정적인 전투였다. 연희고지가 지닌 이런 의미 때문에 신촌 일대의 전투가 '연희고지 전투'라고 명명된 것은 당연했다(전투의 시발점이었던 104고지는 버스 정류장 이름이 되었으며, 전적비가 서 있다). 하지만 신촌에서의 혈전에도 불구하고 아직 서울 중심가는 북한군이 장악하고 있었고, 해병대는 피비린내 나는 시가전을 치러야 했다.

서울 탈환전 1

한편 뒤늦게 인천에 도착한 제7해병연대는 예하 부대로 배속된 한국 해병 제1연대 5대대와 함께 23일부터 잔적들을 소탕했다. 그렇게 적응 기간을 마친 제7해병연대에게 새로운 임무가 떨어졌다. 김포를 지나 한강을 건너 제5해병연대의 후방을 보호하면서 북동쪽으로 이동해 경의가도를 차단하고, 더 나아가 북한군이 북동쪽으로 도주하지 못하게 막는 것이었다. 참고로 한국 해병 2대대는 제1해병연대에 배속되었고, 한국 해병 3대대는 제1해병사단의 예비대가 되었다.

한편 스미스 사단장은 맥아더와 아몬드라는 두 상관과 '내전'을 치르고 있었다. 원래 그는 신중한 작전으로 피해를 최소화하면서 적군의 퇴로를 차단하겠다는 의도를 가지고 있었다. 그래서 제5해병연대의 진격이 더 어려워지면 제7해병연대를 적의 저항이 거의 없는 서울 북쪽으로 투입한 후 남진하는 작전을 구상했다. 하지만 아몬드는 부대들을 신속하게 진격시켜 서울을 탈환하겠다는 생각뿐이었는데, 전쟁이 난 지 정확히 석 달째 되는 9월 25일에 서울 탈환을 뉴스거리로 기자들에게 던져주고 싶었기 때문이다(정확하게 말하면 맥아더의 생각이었다). 사실 육군 제7사단의 투입도 9월 25일까지 서울을 탈환하고자 하는 맥아더와 아몬드의 간절한 바람이 깃든 조치였다.

당연히 23일 참모회의에서 아몬드는 스미스의 반대에 부딪혔다. 스미스가 육군이었다면 아몬드는 그를 파면했을 것이다. 하지만 아몬드는 홀랜드 스미스의 전례를 잘 알고 있었고, 자신의 작전을 밀어붙이는 선에서 '참고' 넘어갔다. 만약 이때 참지 않았다면, 석 달 후 장진호에서 철저하게 파멸했을 것이다. 어쨌든 6년 전에는 육군의 부진에 해병대 장군이 열받은 경우라면 이번에는 반대였다.

9월 24일 오전 8시, 제1해병연대 2대대는 합정동 절두산 일대로 도하했다. 연대본부와 1대대가 뒤를 이었고, 저녁에는 3대대도 한강을 도하했다. 이로써 제1해병사단의 모든 부대가 한강을 건넜다. 제1해병연대는 와우산 남쪽에서 용산 쪽으로 동진하다가 방향을 북쪽으로 틀어 서울역과 시청 쪽으로 진격했다. 제1해병연대의 최종 목표는 안암동 고려대학교 뒷산인 133고지였다.

그사이 북한군은 서울시 전역에 종심방어진지를 구축하고 있었다. 튼튼한 건물은 요새화하고, 옥상에는 저격수들을 배치했다. 도로에는

●── 스미스 사단장이 원치 않았던 시가전으로 인해 서울은 크게 파괴되었다. 훗날 도시의 복구 비용은 대부분 미국이 부담해야 했다.

200~300미터마다 쌀가마니와 건물 파편을 쌓아올려 수백 개의 바리케이드를 설치했다. 전차와 자주포가 곳곳에 배치되었고, 지뢰 부설은 물론 대공포화도 충실하게 갖추었다. 이 때문에 해병대원들은 서울 시가전을 '바리케이드 전투'라고 불렀다.

9월 25일 날이 밝자 제32연대와 한국군 제17연대도 흑석동과 신사리(지금의 신사동) 일대에서 용산 쪽으로 도하했다. 거의 동시에 나흘간의 혈전을 치른 제5해병연대는 아직 남은 고지들의 점령과 적병 소탕을 병행하면서 시내 쪽으로 밀고 들어갔다. 연대의 최종 목표는 미아리고개 북쪽의 177고지로, 의정부로 가는 국도를 굽어볼 수 있는 곳이었다.

제7해병연대는 서울 외곽을 조여 들어가고 있었다. 2대대는 서울행 도로를 차단했고, 1대대는 제5해병연대와의 사이 지역을 정찰했다. 제1

해병연대는 서울역 쪽으로 올라가면서 격전을 치렀다. 이 전투는 희대의 '망작'으로 유명한 《오! 인천》(1981년)에서 재현되는데, 당시로서는 드물게 촬영을 위해 도로 통제까지 했다. 25일 저녁, 제5해병연대는 서대문 형무소를 점령하지만 400여 명의 미군 포로는 이미 북쪽으로 끌려간 뒤였다. 따라서 25일은 '서울 탈환일'이 아니라 서울 시가전이 시작된 날에 불과했다. 그럼에도 아몬드는 '서울 탈환'이라고 공식 발표했다. 눈 가리고 아웅 하는 억지에 다음 날 AP통신 기자는 다음과 같이 비꼬았다.

서울을 해방시켰다고 발표했지만 정작 그곳에 남아 있는 인민군들은 그 사실을 몰랐을 것이다.

아몬드는 여기서 그치지 않고 25일이 채 지나가기도 전에 또 하나의 추태를 저지른다. 9월 25일 밤 8시, 전투식량으로 늦은 저녁을 때우고 있는 스미스 장군에게 그의 지시가 내려왔다. 스미스는 그것을 읽다가 기가 막혀 음식이 목에 걸릴 뻔했다. 내용은 이랬다. "북한군이 서울 북쪽으로 도망치고 있으니 당장 공격에 나서서 격파하라!"

아몬드가 말한 '북쪽으로 도망치고 있는 적군'의 실체는 시가전을 피해 서울 바깥으로 빠져나가는 시민들이었고, 그 시간에도 해병대원들은 야간 시가전을 치르고 있었다. 스미스 장군은 군단사령부에 명령을 재확인해달라고 요청하면서 낯선 도시에서의 야간전투가 얼마나 위험한지 재고해달라고 덧붙였다. 하지만 아몬드의 머리에는 '서울은 이미 함락된 도시'였으니 막무가내일 수밖에 없었다. 결국 스미스는 풀러와 머리에게 전화를 걸어 "조심스럽게 진격하되 천천히 하고, 야간에는 위협이 없는 대로를 따라 전진하라"고 지시할 수밖에 없었다.

아니나 다를까 26일 새벽 1시 45분, '북쪽으로 도망갔다던' 적군이 역습을 가해왔다. T34/85전차 6대와 SU76 자주포 2대를 앞세운 북한군 제25여단이었다. 다행히 해병대는 야습에 대비해 대전차지뢰까지 묻어두고 전투준비를 마친 상태였다. 치열한 전투가 벌어졌다. 해병대의 포병과 전차가 쏜 포탄 수만 1,000발이 넘었고, 중기관총탄은 3만 발이 넘었다. 이는 과달카날의 기록을 넘어선 것이었다.

연대는 날이 밝은 뒤 전과를 확인할 수 있었는데, 전차와 자주포는 모두 파괴되어 거리에 방치되어 있었고, 약 500구의 북한군 시신이 널려 있었다. 포로는 80명이었다. 기자가 풀러 대령에게 전날 아몬드가 말한 '도망치는 적군'에 대해 어떻게 생각하느냐고 물었다. 이에 풀러는 "내가 아는 것은 저기에 적군 수백 명이 누워 더 이상 도망치지 않는다는 것뿐입니다. 전부 다 죽었죠" 하고 대답했다.

"25일 오후 2시 서울은 '탈환'되었고 적은 북쪽으로 도주했다"는 보도자료가 배포되었지만 기자들은 믿지 않았다. 오히려 『타임』의 기자는 "아직도 대로에서는 치열한 교전이 벌어지고 있다"는 기사를 썼다. 나아가 『타임』은 극히 이례적으로 사단장에 불과한 스미스를 9월 25일자 표지 모델로 내세우기까지 했다. 하지만 이런 '출세'는 아몬드의 질투심을 더 자극하여 그와 해병대를 더한 고생길로 몰아넣을 뿐이었다.

26일에도 전투는 치열했다. 육군 제32연대는 남산에서의 야간전투 끝에 약 400명을 죽이고 175명을 포로로 잡았다. 새로 도착한 제187공정연대는 제5해병연대와 같이 진격해 중앙청 1킬로미터 지점에 이르렀다. 한국 해병 5대대가 배속된 제7해병연대도 북쪽 고지들을 점령하며 포위망을 조였다.

하지만 서울의 심장부를 탈환하는 임무는 기본적으로 제1해병연대의

●— 영화의 한 장면을 보는 듯하지만 서울 한복판에서 실제로 벌어진 전투 장면으로, 동자동 쪽에서 서울역으로 공격해 들어가는 해병대의 모습이다.

몫이었다. 전차로 가마니 바리케이드를 밀어내고, 저격수와 기관총 사격에 시달리면서 1대대는 한국 해병대와 함께 서울역을 점령했다. 서울 시가전에서는 90밀리 장포신의 직사포를 단 퍼싱 전차나 76밀리 장포신의 직사포를 단 셔먼 전차보다는 단포신의 105밀리 곡사포를 단 셔먼 전차가 더 큰 활약을 보였다. 서울 시내의 도로가 좁아 포신이 짧은 이 전차가 보병의 지원 요청이 있을 때마다 쉽게 사격할 수 있었기 때문이다. 이날 제1해병연대는 제7해병연대, 제32연대와 접촉에 성공했다. 또 다른 중요한 접촉이 서울 남쪽에서도 이루어졌다. 인천 상륙 이후 낙동강 전선의 북한군은 급속히 무너졌는데, 제8군이 빠르게 북진해 그날 남하한 육군 제7사단과 접촉하는 데 성공한 것이다.

27일에는 제7해병연대가 인왕산 북쪽 고지들과 접근로를 장악했다. 제5해병연대 1대대도 인왕산을 완전히 점령했고, 3대대는 지금은 서울시의회가 된 국회의사당을 점령했다. 제1해병연대 2대대 역시 프랑스대사관과 미국대사관을 점령했다. 이때 미국대사관에는 당연히 성조기가 내걸렸는데, 당시 미국대사관은 롯데호텔 건너편의 서울특별시 을지로 청사였다. 나중에는 미 문화원으로 쓰이다가 '미 문화원 점거 사건'(1985년)의 무대가 된 곳이기도 하다. 한국 해병 2대대의 박정모 소위와 양병수 병장, 최국방 이병이 중앙청에 태극기를 건 날도 이날이다.

북한군의 바리케이드와 저격수, 자살 공격은 여전했고, 전투 역시 계속되었지만 강도는 약해졌다. 그 덕에 27일 밤은 비교적 편안히 보낼 수 있었다.

서울 탈환전 2

한편 도쿄에 있던 맥아더는 서울에서 이승만을 데리고 탈환 기념식을 열어 통치권을 돌려주는 행사를 꼭 열고 싶어했다. 이는 정치적 논란을 가져왔지만, 전투 중심인 이 책의 성격상 자세한 내막은 소개하지 않겠다. 문제는 맥아더가 김포공항에 도착해 헬기나 수륙양용장갑차로 한강을 건너면 '폼'이 나지 않는다는 이유로 부교 건설을 고집해 공병대가 '개고생'을 했다는 사실이다. 한 술 더 떠 아몬드는 김포공항과 행사장인 중앙청에 해병 의장대 도열을 명령했는데, 이에 분노한 스미스 장군은 군단 참모장에게 "아직 전투 중이란 말이오!" 하고 외쳤다. 다행히 이 미친 짓은 맥아더가 취소해서 없던 일이 되었다.

결국 9월 28일에야 서울 탈환이 공식 선언되었다. 9월 29일, 맥아더가

10시, 이승만이 11시에 김포공항에 도착하고, 12시에 중앙청에서 기념식이 열릴 예정이었다. 부교는 아슬아슬하게 한 시간 전에 겨우 완성되었다. 70대로 나이도 성격도 비슷한 두 노인은 4대의 쉐보레와 40대의 지프로 이루어진 차량 행렬을 이끌고 한강을 건넜다. 두 노인은 분명 들떠 있었다. 하지만 그들의 미소는 폐허가 된 서울 시가지가 눈에 들어오자 차갑게 식어버렸다.

사실 이러한 결과에는 그들에게도 상당한 책임이 있었다. 만약 맥아더가 서울 탈환에 열을 올리기보다 스미스 장군의 의견대로 적군의 퇴로를 막고 포위전을 했다면 파괴는 최소화되고, 군사적으로도 더 큰 승리를 이끌어낼 수 있었을 것이다. 즉 정치적 과시가 우선시되는 바람에 북한군의 상당수가 북으로 도망치고, 수도 서울은 처참하게 파괴된 것이다. 워커 사령관은 서울을 수복한 제10군단을 언론 보도용 군단이라고 비꼬기도 했다. 어쨌든 두 노인은 포탄 하나가 날아와 중앙청의 중앙홀 채광창을 산산조각 내는 소동이 있었음에도 의연하게, 그리고 많은 이들의 눈물을 자아내며 멋지게 행사를 치러냈다.

도주하는 적군에 대한 추격은 제5해병연대, 제7해병연대가 맡고, 잔적 소탕은 제1해병연대와 한국 해병대가 맡았다. 제7해병연대는 창동을 지나 10월 3일 의정부를 점령했다. 이때 한 중대가 은행을 폭파했는데 폭약을 너무 많이 사용한 바람에 앞문이 뒷문까지 날아갔다. 한국 해병대는 남한강과 북한강이 만나는 양수리와 경춘가도 일대까지 진출했다. 이렇게 10월 5일까지 제1해병사단은 작전을 모두 끝냈지만 다음 상륙작전이 예정되어 있었다. 이에 사단은 서둘러 인천에 해병 묘지를 만들어 동료들을 안장한 뒤, 배를 타고 한반도를 도는 항해를 시작했다.

3주 동안의 전투에서 제1해병사단은 415명이 전사하고 6명이 실종,

●— 포로가 된 북한군 중에는 민간인 복장을 한 경우도 있었는데, 전선에서 도망칠 때 민간인 복장으로 갈아입는 경우가 많았기 때문이다. 사진은 서울 탈환 과정에서 포로가 된 이들의 모습이다.

2,029명이 부상당했다. 대신 적군 1만 3,700명을 섬멸하고, 4,692명을 포로로 잡았으며, 44대의 전차를 격파하고, '서울 탈환'이라는 찬란한 전공을 세웠다. 그에 비해 육군 제7사단은 106명이 전사하고, 57명이 실종되었으며, 409명이 부상당했다. 전과는 4,000여 명을 섬멸하고, 1,300명을 포로로 잡는 데 그쳤다.

인천과 서울에서 제1해병사단은 가장 큰 공을 세우고, 가장 큰 희생을 치른 부대였다. 여기에는 맥아더와 아몬드의 공명심을 떠받치느라 야기된 희생도 포함되어 있었다.

5장

남쪽으로
공격하라!

또 다른 전투를 위한 지루한 막간극

인천상륙작전과 서울탈환작전의 성공으로 영광의 절정에 오른 '상륙작전 중독자' 맥아더는 10월 2일 이상한 명령을 내렸다. "제8군은 38선을 돌파해 개성−사리원−평양으로 진격하고, 제10군단은 원산에 상륙해 함경도 지역으로 올라간다."

한마디로 북진하는 군대와 지휘권을 분리하겠다는 것이었다. 게다가 이를 위해서는 이미 서울 북쪽에 포진해 있던 제10군단이 바다를 통해 빙 돌아 상륙작전을 전개해야 했는데, 한반도처럼 크지 않은 땅에서는 너무도 비효율적이고 무모한 짓이었다. 그냥 제10군단을 북진시키면 이미 허약해져 패주 중인 북한군을 더 완벽하게 궤멸시키고, 더 빠르게 북진할 수 있었기 때문이다. 만약 그렇게 했다면 중국군은 부대 전개와 매복에 필요한 시간을 확보하기 어려웠을 것이다. 풀러 대령의 눈에도 이 작전은 대단히 부자연스러웠는데, 한 부하에게 약간의 편견을 섞어 작전에 대해 '해석'해주었다.

"이 전쟁의 책임자는 누구지?"
"그거야 맥아더 장군 아닙니까?"
"맥아더는 육군 출신이야. 자, 그런데 해병대가 서울을 탈환했잖아? 여기서 만약 자네가 맥아더라면 해병대가 서울과 평양을 둘 다 차지하게 내버려두겠나?"

이번 작전은 풀러의 생애 마지막 상륙작전이 될 터였다. 그리고 그의 말은 사실이었다. 원산에 상륙하게 될 제1해병사단과 육군 제7사단은 상륙 후 쭉 서진하여 북진하는 제8군과 평양에서 만나기로 되어 있었다. 거기서 북한군의 퇴로를 차단하고 전멸시킨다는 것이 작전의 개요였다.

하지만 이 계획은 적의 저항이 없었음에도 완전히 실패하고 말았다. 북한은 남침 16일 전인 6월 9일 부산항을 봉쇄할 목적으로 소련에 2,000발의 기뢰를 지원해달라고 요청한 바 있는데, 쓸 일이 없어진 이 기뢰들이 소련군 장교들에 의해 원산 앞바다에 뿌려졌기 때문이다. 만약 이것들을 인천 바다에 뿌려두었다면 인천상륙작전도 실패했겠지만 김일성이 방심한 탓에 그런 일은 일어나지 않았고, 결국 원산 앞바다의 기뢰들은 미군의 상륙작전에 큰 지장을 주었다.

원산 상륙 D-Day는 10월 20일이었다. 이번에는 소해정들이 투입되었다. 태평양전쟁 기간 동안 거의 모든 종류의 해전을 치른 미 해군도 기뢰전 경험은 없었다. 미군은 할 수 없이 일본 보안대 소해정까지 투입했지만 작업은 1주일이나 걸렸다. 사실 규모는 작았지만 인천 때도 소해 작업에 일본은 총 25척의 소해정을 파견한 바 있었다. 일본은 이렇게 '비공식 참전국'이 되었는데, 원산에서는 1명이 죽고 18명이 부상을 입는 희생을 치렀다. 기뢰를 선물하고 뿌린 소련도 비공식 참전국이었다는 점을 생각하면, 원산은 간접적이지만 비공식 참전국들이 '충돌'한 특이한 장소였다.

그사이 해병대는 배 위에서 먹고 자고 카드놀이를 하거나 책, 영화를 보면서 빈둥거렸다. 며칠 동안 계속 배 위에서 대기 상태였기에 뱃멀미에 시달리는 장병도 많았다. 한심한 시간이 계속되자 대원들은 이를 '요요 작전'이라고 부르며 자조했다. 그사이 유명한 코미디언 밥 호프가 방문했는데 그는 배에서 내리지 못해 툴툴거리는 대원들에게 "한국군이 다 해버려서 할 일이 없으신 모양인데, 저라도 상륙할까요?" 하고 농담을 던져 '물의'를 빚기도 했다.

해병대는 10월 26일에야 원산 땅을 밟았다. 하지만 이 항구도시는 한국군 수도사단과 제3사단에 의해 10월 10일 이미 함락된 상태였다. 평양 역시 10월 19일 함락되어 목표 자체가 사라져버렸다. "이번만은 역사가 우리보다 앞서갔다." 상륙이 끝난 뒤 스미스 사단장이 남긴 이 말은 원산상륙작전에 대한 해병대의 생각을 대변했다.

하지만 맥아더와 아몬드가 새로운 목표를 발굴했으니, 바로 '압록강과 두만강 도달'과 '병사들의 크리스마스 전 귀국'이었다. 따라서 제1해병사단에도 장진호를 거쳐 압록강으로 북진하라는 명령이 떨어졌다. 이것이 제1해병사단, 아니 미 해병대의 전설로 남을 '장진호 전투'의 시작이었다. 또한 인천상륙작전에서는 어쩔 수 없이 조연이었던 스미스 사단장이 첫 주연을 맡는 전투가 시작되는 순간이기도 했다.

오만한 맥아더와 생각 없는 아몬드

10월 말 맥아더의 직속부대이기도 한 제10군단은 제1해병사단과 육군 제7사단 외에도 한국군 제3사단과 수도사단 그리고 미 육군 제3사단이 배속될 예정이어서 거의 10만 명에 달할 정도가 되었다. 군단이라기에는 너무 큰 규모였다. 이런 대군, 말하자면 깜냥에 비해 너무 큰 '장난감'을 가지게 된 아몬드의 관심사는 딱 하나였다. 바로 워커의 제8군보다 먼저 압록강에 도달하는 것이었다. 이것은 상관인 맥아더의 야망이기도 했다. 그리고 이 야망은 금세 이루어질 듯 보였다. 하지만 한 가지 변수가 있었으니, 바로 건국된 지 1년이 갓 지난 중화인민공화국(이하 중국)의 존재였다.

중국은 당연히 미군의 압록강 진출을 원하지 않았다. 그래서 인도 등 여러 나라를 통해 미국이 압록강까지 북진할 경우 군사적 개입을 불사하겠다는 신호를 보냈지만 불행하게도 이때 미국은 매카시즘 광풍의 한가운데 있었다. 따라서 맥아더의 무모한 북진을 제어할 수 있는 분위기가 아니었다. 실제로 오늘날에는 미국이 한반도의 목에 해당하는 평양-원산선이나 원산-함흥선 정도에서 진군을 멈췄다면 중국의 공격은 없었을 거라는 견해가 정설이 되어 있다.

중국군은 이미 10월 중순에 상당한 병력을 한반도에 침투시켜놓은 상태였다. 그리고 11월 1일 밤 10시를 기해 평안북도 운산에서 워커 휘하의 제1기병사단 제8연대와 한국군 제15연대를 공격했다. 이어진 4일간의 전투에서 유엔군은 큰 피해를 입었다. 11월 6일에는 미군과 영국군이 그들의 공격을 받아 후퇴했다. 나중에 밝혀졌지만 이 두 차례 공격은 더 이상 북진하지 말라는 경고의 의미가 담긴 것이었다. 하지만 맥아더는 아랑곳하지 않고 오히려 기다렸다는 듯이 제10군단에게 북진을 명령했

●— 아몬드는 '주군' 맥아더를 제외하면 한국전쟁에 참전한 미군 장성 가운데 가장 큰 논란의 대상이자 비웃음의 대상일 것이다.

다. 그는 마음에 들지 않는 워커보다 아끼는 아몬드가 먼저 압록강 도착의 영광을 거머쥘 수 있게 되었다고 생각했는지도 모르겠다.

한편 원산을 통해 들어온 제1해병사단은 서울 전투에서 가장 늦게 참가해 피해가 적었던 제7해병연대를 선봉으로 삼아 112킬로미터 북쪽의 함흥으로 보내놓은 상태였다. 제5해병연대는 함흥 북동쪽의 신흥리에서 별 영양가 없는 수색 활동을 하고 있었다. 제1해병연대는 그 반대편인 원산 서쪽의 마전리와 남쪽의 고저리에서 예기치 않게 큰 규모의 북한군을 만나 전투를 치러 23명의 전사자를 낸 끝에 적군 250명을 사살하고 83명을 포로로 잡았다. 이때 제1해병사단은 예하 부대들이 최대 270킬로미터 이상 거리를 두고 분산된 상태여서 하나의 작전 단위로 기능하기에는 아주 불안정한 상태였다. 스미스 사단장은 이를 시정하려고 노력했지만, 아몬드는 제5해병연대의 복귀만을 허용했다. 그러고는 강력하게 장진호로의 북진을 지시했다.

사실 이때 아몬드는 그렇게 행동할 만했다. 비록 9월 25일자 『타임』의 표지 모델은 스미스에게 '빼앗겼지만' 결국 갈망했던 대로 10월 23일자 『타임』의 표지 모델이 되는 데 성공했기 때문이다. 이때 아몬드는 해병대 장교들이 모인 자리에서 지휘봉으로 지도를 가리키며 이런저런 지시를 내렸는데, "해야 할 일은 한국군의 점령지를 인수하는 것뿐"이라고 강조하는 모습은 마치 "진격이 아니라 주말 산책을 지시하는 것 같았다". 사단 장교들은 이미 중국군이 침입했다는 사실을 들었기에 앞길이 결코 산책로가 아님을 잘 알고 있었지만 자신만만한 군단장 앞에서는 침묵을 지켰다. 스파르타 전사들 같았던 해병대원들의 눈에 아몬드는 제대로 된 지휘관도, 군인도 아니었다. 그와 군단의 참모들은 간혹 전선에 얼굴을 비출 때도 꼬박꼬박 온수가 나오는 트레일러에서 샤워를 한 다음 잠을 잤고, 일본에서 공수한 술과 고기를 즐기며 살았기 때문이다.

10월 31일, 제7해병연대의 정찰대가 3대의 지프를 타고 흥남에서 48킬로미터를 북진해 수동에 도착했다. 이틀 후 연대는 한국군 제26연대와 임무를 교대할 예정이었다. 한국군 제26연대는 이미 중국군과의 교전으로 상당한 피해를 입은 상태였다. 여기서 정찰대는 포로들 대부분이 '중국인'이라는 사실을 알았다. 정찰대는 포로들에게서 중국군이 인근에 포진해 있다는 사실, 게다가 무려 2주 전인 10월 16일에 만포 쪽으로 국경을 넘었으며 규모도 상당하다는 정보를 얻었다. 그들은 포로로 잡혔을 때의 요령을 교육받지 못했는지 순순히 정보를 내놓았다.

이 정보는 도쿄 맥아더 사령부에 보고되었고, 이에 맥아더의 정보참모 찰스 윌러비 장군이 동해를 건너 날아왔다. 그는 맥아더의 수족으로, 상관이 원하는 대로 상황 설명을 짜맞추었다. 그에 따르면, 중국군의 개입은 실체적 위협이 아니라 단순히 김일성과의 약속을 지키기 위한 마오쩌둥의 정치적 결정일 뿐이었다. 규모도 크지 않을뿐더러 서부 전선의 중국군은 만주에 전력을 공급하는 수풍발전소를 '보호'하기 위해 파견된 것이라는 식이었다. 이런 안일한 인식은 동부 전선에 대해서도 마찬가지여서, 그는 장진호의 발전소를 '보호'하기 위해 소규모의 중국군이 파견된 것뿐이라고 상황을 호도했다. 더 큰 문제는 그가 이와 같은 내용으로 '언론플레이'를 하고, 현실도 그런 인식에 맞추려고 했다는 것이다. 당연히 그는 자신의 '확신'을 해병대에 강요만 할 뿐 무엇을 위해 동해를 건너왔는지 알 수 없을 정도로 아무런 도움도 되지 않았다. 오히려 악영향만 미쳤을 뿐이다.

하지만 당당한 풍채를 자랑하는 제7해병연대장 리첸버그 대령은 장차 있을 대규모 중국군과의 전투를 전혀 의심하지 않았다. 오히려 자신들이 치러야 할 전투가 3차대전의 시작이 되지나 않을까 걱정했을 정도였다. 다행히 실제 역사가 그런 끔찍한 상황으로까지 나아가지는 않았지만, 도쿄 사령부의 그릇된 판단과 오만 때문에 해병대와 유엔군이 치러야 할 대가는 혹독했다.

중국군과의 첫 전투, 수동 전투

첫 전투는 11월 1일이 지나자마자 야간전투에 익숙한 중국군의 공격으로 시작되었다. 이 부대는 황푸군관학교 출신으로 대장정에도 참여한 쑹스룬 장군의 제9병단으로, 무려 12만 명의 병력을 휘하에 두었다. 다만 워낙 험난한 지형 때문에 대규모 병력을 집중시키기는 불가능했다.

아몬드의 제10군단 입장에서는 압록강으로 북진을 하건 서부 전선을 지원하기 위해 낭림산맥 쪽으로 서진을 하건 일단 장진호 일대는 반드시 확보해야 했다. '수동 전투'와 함께 격전의 서막이 올랐다. 제7해병연대가 담당한 이 전투는 동부 전선에서 미군과 중국군이 맞붙은 첫 번째 전투였다.

11월 2일 수동 남쪽에서 한국군 제26연대와 교대한 제7해병연대는 곧바로 첫 정찰을 시작했고, 소규모 교전이 일어났다. 연대는 이날 하루 동안의 전투 끝에 감제고지가 되어줄 연대봉을 점령해 전술적 우위를 차지했다. 여담으로, 전투 중 사망한 흑인 해병의 시신을 보고 중국군이 무척 신기해했다는 이야기가 전해진다.

그날 밤 11시, 중국군 제124사단의 공세가 시작되었다. 그때까지 용하게도 남아 있던 북한군 제344전차연대 소속의 전차 5대를 앞세운 공격이었다. 방어선을 적절하게 갖춘 1대대는 정면공격을 걸어온 중국군 제124사단 제371연대를 저지하는 한편, 우회 공격을 시도한 제370연대에 대해서도 상당한 타격을 주었다. 제371연대와 제370연대가 모두 큰 피해를 입으면서 중국군 제124사단은 제대로 사단 편제를 유지하지 못할 정도가 되었다. 리첸버그 연대장의 견고한 진지 구축과 잘 연계된 포병 사격, 공중 지원 덕분이었다. 전투를 승리로 이끈 제7해병연대는 11월 4일 다시 장진호를 향해 진격을 시작해 수동을 지나 진흥리까지 전진했다.

11월 4일 아침, 제7해병연대는 황초령 입구 고개에서 북한군 전차 4대를 앞세운 중국군의 기습을 받았다. 이 전투에서 3명의 대원이 첫 번째 전차에 뛰어들어 망치로 잠망경을 부순 다음 수류탄을 집어넣어 전차를 격파하는 놀라운 장면을 연출했다. 한국전쟁을 통틀어 보기 드문 미군의 대전차 육탄 공격이었다. 나머지 전차들은 해병 항공대의 코르세어와 대전차 화기에 격파되었다.

연대는 11월 7일까지 전투를 계속해 황초령의 저지대가 내려다보이는 고지를 점령했다. 하지만 웬일인지 6일부터 중국군이 흔적도 없이 사라졌는데, 연대는 적의 유인이라고 판단해 추격을 중단했다.

어쨌든 해병대는 중국군 제124사단의 공세를 저지했다. 총 5일간의 전투와 소탕 작전 동안 전사자 45명, 부상자 162명의 손실을 입었지만 중국군 제124사단의 허리를 꺾는 데 성공했다. 이 전투에 참가한 제임스 로런스 소령은 "잠깐이지만 우리는 리틀 빅혼 전투*에 참가한 커스터 장군이 된 기분이었다. 그만큼 전세가 불리했고, 정말 힘든 전투였다"고 회고했다.

거의 같은 시점에 서부 전선의 중국군은 성공적으로 공세를 이어나가고 있었다. 그 때문인지 쑹스룬 장군은 자신이 맡은 동부 전선에서 첫 공세가 실패로 돌아가자 격노했다. 이후 그는 더욱 강도 높은 공세를 시도했고, 이는 동부 전선의 중국군이 무리한 포위와 공세를 반복하는 중요한 원인이 되었다. 사실 중국군 제124사단은 앞서 한국군과도 전투를 치러 전력이 소모된 상태였다. 여기에 수동 전투에서 큰 타격을 입으면서 제124사단은 이후에 벌어지는 장진호 전투에서 빠지게 된다.

제7해병연대가 전담하긴 했지만 사실상 거의 사단급 규모였음에도 군단장 아몬드는 수동 전투의 중요성을 인식하지 못했다. 이 시기에 그는 군단 지휘부가 사용할 기차를 점검했다는 등의 일들만 일기장에 기

---

* 1876년 6월, 커스터 장군이 지휘하는 제7기병대가 라코타, 샤이엔, 아라파호족 원주민들에게 포위되어 268명 전원이 전사한 전투. 장진호 전투는 적진 깊숙하게 들어가 다수의 적에게 포위되었다는 점에서 유사한 면이 있었다.

록했고, 전장 시찰 중에 산 너머를 타격하기 위해 일부러 높은 각도를 유지하고 있는 곡사포를 보고 해병대도 고사포를 보유하고 있느냐고 물어 대원들의 냉소를 자아냈다.

한편 '평등주의'를 도입한 중국군은 일반 사병에게도 작전 내용을 교육했는데 이 때문에 포로들은 중국군의 전체적인 전략을 알고 있었다. 그들이 순순히 털어놓은 이야기들 중에는 무려 24개 사단이 압록강을 넘었다는 정보도 있었다. 수동 전투가 끝난 11월 7일 이 사실이 아몬드 군단장에게 보고되었다. 스미스 사단장은 앞서 운산에서 참패를 당한 아몬드가 이 정보를 들으면 조금이나마 정신을 차릴 거라고 기대했다. 중국군이 사단 단위로 들어와 있는 그 시각에, 그가 지휘하는 제1해병연대는 원산에, 제7해병연대는 수동 남쪽에, 제5해병연대는 신흥 계곡에 있었기 때문이다. 연대들끼리 최장 270킬로미터나 떨어져 있었고, 설상가상으로 겨울이 오고 있었다. 전투와 보급 둘 다 어려워질 것이 분명했고, 특히 사단의 양쪽 측면이 거의 무방비 상태라는 것을 스미스 사단장은 우려했다.

하지만 잠깐 말이 통하는 듯했던 아몬드는 도쿄 사령부의 지시를 확인한 후 다시 진격을 다그쳤다. 맥아더는 11월 초에 있었던 중국군의 두 번의 공격을 별것 아닌 것으로 여겼다. 11월 11일, 아몬드는 함흥으로 사령부를 옮기면서 해병대 1개 중대를 경계부대로 보내달라고 스미스에게 요청했다. 스미스는 어쩔 수 없이 제5연대 C중대를 보냈는데, 그는 다시 한 번 병력을 함부로 사용하는 상관의 나쁜 버릇을 확인할 수 있었다. 육군에서도 얼마든지 경계부대를 차출할 수 있지 않은가? 필자 생각에 아몬드의 요구는 콧대 높은 해병대를 상대로 벌인 기싸움일 뿐이었다.

황초령은 매우 좁은 데다 가파르기까지 해서 지프조차 올라갈 수 없는 지형이었다. 공병대는 이 황초령에 통로를 내고 확장하는 작업을 했다. 이 통로를 통해 제1해병사단은 장진호를 향해 북진했다. 10월 29일 이원에 상륙하여 압록강을 향해 북진하고 있는 육군 제7사단에 비하면 훨씬 느린 속도였다. 하지만 스미스 장군은 아랑곳 않고 거의 명령 불복종에 가까울 정도로 진격 속도를 늦췄고, 이동 중에도 틈틈이 보급품을 비축하고 곳곳에 병력을 남겨두었다.

사단 앞에는 수동 전투의 참패로 독기가 바짝 오른 쑹스룬 휘하의 중국군이 있고, 뒤에는 전장의 상황을 제대로 알지 못한 채 지도에 찍어놓은 점에 집착하는 무능하고 어찌 보면 적군보다 더 위험한 아군 지휘관이 버티고 있었다. 지도도 지도 나름이어서 스미스 사단장은 축척 5만분의 1 지도를 보고 있었던 반면 군단장은 축척 100만분의 1 지도를 보고 있었다. 불행 중 다행은 워낙 험한 지형이어서 중국군 사단들이 일본제 75밀리 산포를 제외한 대부분의 야포를 만주에 두고 온 점이었다. 만약 그들이 대구경 야포를 보유했다면 디엔비엔푸*의 프랑스군처럼 사단은 스미스 장군의 용의주도함에도 불구하고 전멸당하고 말았을 것이다.

천천히 '진격'하는 해병대와 달리 불행하게도 육군 소속의 제7사단은 서둘러 북진해야 했다. 제7사단은 20일 동안 322킬로미터를 주파한 끝에 11월 21일 제17연대 선발대가 드디어 압록강가 혜산진에 도달했다. 제7사단장 데이비드 바 장군은 병사들 대부분이 발에 동상이 걸렸다고 보고하며 열악한 상황을 호소했는데, 그럼에도 아몬드 군단장은 굳이 현장까지 날아왔다. 웬만하면 최전선에 가지 않는 아몬드도 이날만은 놓칠

---

* 1954년 1차 베트남전쟁(인도차이나전쟁)에서 프랑스군은 분지 지형의 오지 디엔비엔푸에 1만 명이 넘는 공수부대를 투입했다. 하지만 베트남군은 3만 명이 넘는 병력으로 이를 포위하고, 특히 105밀리 야포를 주위 능선에 배치하여 화력으로 프랑스군을 압도했다.

수 없었던 것이다. 그는 바 사단장과 함께 압록강과 강 건너 만주를 배경으로 기념 촬영을 했다. 아몬드와 바는 패튼 장군을 흉내 내어 압록강에 오줌을 갈기기도 했다.* 워커 장군이 패튼의 부하였다는 점에서, 아마도 아몬드는 그를 의식하고 이런 장난을 쳤을 것이다.

물론 이 소식은 곧장 맥아더에게 보고되었고, '벽안의 쇼군'은 "바 장군, 제7사단의 노고가 참으로 컸소!"라고 축전을 보냈다. 도쿄 사령부는 축제 분위기였고, 두 장군은 영광의 절정을 맛보았다. 곧 병사들이 지나고 있는 개마고원보다 더한 절벽을 만나게 되지만 말이다.

이틀 후인 11월 23일은 미국 최대 명절 중 하나인 추수감사절이었다. 이를 기념해 제10군단사령부에서도 만찬이 열렸는데, '압록강 근처에도 가지 못한' 스미스 장군도 초대되었다. 만찬에 참석한 스미스와 참모들은 만찬장을 보고 놀라지 않을 수 없었다. 식탁보가 깔린 식탁 위에 자기 그릇과 은식기, 나이프와 포크가 고급스럽게 세팅되어 있었고, 자리마다 정교하게 만든 이름표가 놓여 있었다. 칵테일도 마실 수 있었다. 극한의 추위가 몰아치는 극동의 전장에 미국 본토의 클럽이 재현되어 있었던 것이다! 그 자리에서 아몬드가 자신의 '무용담', 즉 자신의 부대가 이틀 전 최초로 압록강에 도달했다는 자화자찬을 늘어놓았음은 두말할 필요도 없다. 하지만 이 기쁨의 자리에서 정작 바 장군은 스미스 장군에게 '정말 조심하라'는 말을 전했다. 축제의 온기는 일선의 제1해병사단과 제7사단 병사들에게도 전해져 칠면조 요리가 지급되었다. 하지만 영하 30도가 넘는 이곳에서 고기들은 모두 얼어버렸고, 병사들은 맛도 볼 수

---

* 패튼은 1945년 라인강을 건너면서 강에다 오줌을 쌌고, 이를 사진으로 남겨 큰 화제가 되었다.

없었다.

『콜디스트 윈터』의 저자 데이비드 핼버스탬은 맥아더를 가리켜 "최악의 겨울 혹한을 무릅쓰고 가장 크고 인구가 많은 나라와 대결한다는 점에서 나폴레옹과 비슷"한 데가 있다고 했는데, 급속한 몰락도 그랬다. 아몬드의 참모인 윌리엄 매카프리 대령도 험한 지형과 혹한을 우려해 자신의 상관에게 진격 중단을 진언했지만 그의 대답은 이러했다. "자네는 인천상륙작전의 성공을 믿지 않았잖아. 자꾸 그렇게 불안해하는 건 맥아더 장군을 얕보는 것밖에는 안 된다네."

용의주도한 스미스 장군

여기서 이야기를 최전방의 해병대로 돌려보자. 11월 16일, 아이러니하게도 중국계인 커트 추엔 리 중위를 선봉장으로 삼은 제7해병연대는 장진호 남단의 하갈우리에 도착했다. 동쪽으로는 후동리, 서쪽으로는 덕동고개와 그 너머 신흥리, 유담리로 이어지는 하갈우리는 교통의 결절점으로, 장진호 전투 내내 가장 중요한 전략적 요지였다. 다시 말해 부대들은 하갈우리를 배후에 두고 동서 두 길로 진출했고, 전진기지로서 하갈우리는 그 부대들을 연결하고 보급과 재편성을 실시하는 장소였다.

여기에다 하갈우리의 전략적 가치는 스미스 사단장에 의해 더욱 커졌다. 아몬드와 달리 스미스 장군에게 전쟁은 게임이 아니었다. 그는 자신의 권한 안에서 부하들을 구하기 위해 최선을 다했다. 하갈우리 남동쪽에 공병대를 투입해 야전 간이 비행장을 건설했고, 도수교 수리에 쓸 목재 부품을 준비하는 등 전투 외적으로 일어날 돌발 사태에 대한 대비를 게을리하지 않았다. 며칠 후, 아몬드가 스미스 장군에게 무슨 이유로 비행장을 만드냐고 물었다. 이에 스미스가 "사상자를 나르기 위해서입니다"라고 답했는데 아몬드의 반문이 걸작이었다. "사상자라니? 무슨 사상자?" 곧 이 비행장은 사단 전투 병력의 절반에 가까운 4,500명의 목숨을 건지게 된다. 적어도 장진호의 대원들에게 하갈우리 비행장은 8년 전의 헨더슨 비행장 못지않게 중요한 곳이었다.

11월 25일, 제7해병연대는 스미스 사단장의 지시대로 하루 평균 1.5킬로미터라는 엄청난 속도로 '쾌속 진격'한 끝에 하갈우리에서 23킬로미터 떨어진 유담리에 진입했다. 여기서 90킬로미터를 더 가면 무평리에 이르는데, 거기서부터는 도로 사정이 나아지므로 차량을 이용해—'그 빌어먹을' 압록강 직전에 있는—당시 북한의 임시 수도였던 강계로 직행할 수 있었다. 물론 아몬드의 명령대로 진격했다면 강계는 몰라도 무평리는 벌써 지났겠지만, 그랬다면 사단은 전멸당하는 결과를 맞았을 것이다.

주민들이 떠난 유담리는 텅 비어 있었다. 대신 중국군 몇 명을 붙잡았다. 그들이 제공한 정보에 따르면, 그 시각 중국군 제20군 소속 3개 사단이 유담리 일대에 포진해 있었고, 포위와 차단 전술을 병행해 해병대를 전멸시킬 계획이었다. 처음에 대원들은 일개 소총수가 어떻게 그런 고급 정보를 아는지 의아해했고, 함정에 빠뜨리려는 미끼가 아닐까 의심했다. 사실 따지고 보면 무지한 상관의 명령에 따라 이미 함정에 스스로 들어온 상태였지만 말이다. 여하튼 이 소식은 스미스 장군에게 전해졌고, 다음 날 오전 그는 전장을 살피기 위해 헬기에 올랐다.

영하 25도 안팎의 살인적 추위는 밤이 되자 영하 40도까지 떨어졌다. 대부분의 장비가 견뎌내지 못했다. 야포는 작동에 문제가 생겼고 높아진 공기 밀도 때문에 사정거리가 떨어졌다. 박격포는 얼어붙은 땅이 반동을 흡수하지 못해 포판이 깨지기도 했다. 밤이면 모든 차량의 엔진이 작동

●── 장진호 전투 내내 전략적 요충지였던 하갈우리는 스미스 사단장의 탁월한 판단으로 며칠 동안 '비행장'을 보유한 천막도시로 변모했다.

을 거부했다. 카빈 소총과 BAR 자동소총도 추위를 못 이기고 망가졌다. 윤활유도 쓸모가 없었는데, 순발력 좋은 한 해병이 헤어크림으로 윤활유를 대체할 수 있다는 아이디어를 내놓아 성공하기도 했다.

전투 장비에만 문제가 생긴 것이 아니었다. 수통에 물을 가득 채우면 부피가 늘어나 수통이 찢어지기 때문에 반만 채워야 했다. 행여 설사라도 하면 그 병사는 순식간에 지옥을 볼 수 있었다. 어떤 병사는 항문에 동상을 입고 하반신 전체가 얼어붙는 불상사가 일어나기도 했다. 병사들은 엄청난 두께로 옷을 입었고, 벙어리장갑은 방아쇠를 당길 수 있게 집게손가락이 분리되게 개조했다. 겹쳐 입은 옷에 땀이 베이면 소총이 옷에 들러붙는 황당한 일도 일어났다.

사실 맥아더는 이런 혹한 때문에라도 중국군이 공격해오지 못할 것으로 예상했고, 스미스 장군도 내심 그런 '기대'를 품었다. 하지만 혹한은 중국군의 공격을 무디게는 했지만 막지는 못했다. 한편 유담리를 살펴본 스미스 장군은 몇 줄기로 산길이 갈라질 뿐 중요한 전략적 가치는 없다고 보았다. 그는 제7해병연대에 유담리 서남쪽 43킬로미터 지점의 용림동으로 '신중한 진격'을 하라고 명령했다. 동시에 제5해병연대의 대부분은 제7해병연대와 합류하고, 제1해병연대에게는 그 뒤를 받치게 했다.

운명의 11월 27일 아침, 대원들은 유일하게 온기를 주는 경유 난로 옆에 모여 얼어붙은 몸과 총기를 녹이고 있었다. 중국어 통역원이 중국군이 버리고 간 책의 한 단락을 읽어주었다. 『피비린내 나는 역정』으로, 한 소련 대위가 쓴 것이었다. 들어보니 상투적이고 야만적인 문장으로 맥아더를 전범이라고 비난하는 내용이었다. 그런데 맥아더가 "해병대에 약속한 것"이 나오는 대목에서는 대원들도 박장대소하지 않을 수 없었다.

풍요로운 성이 그대들 앞에 있다. 그곳에는 술과 맛난 요리가 차고 넘친다. 그곳의 아가씨들은 그대들 것이다.

여기서 "그대들"은 물론 해병대원들을 말하는 것이다. 대원들은 차라리 맥아더가 그런 약속이라도 해줬다면 좀 더 나았겠다는 생각에 복잡한 심정이 되었다. 어쨌든 이 운명의 날에 낭독된 소련군 장교의 저작 덕분에 대원들은 잠시나마 기분 전환을 할 수 있었다.

해병대는 곧 진격을 시작했지만 자신들과 합류하기로 되어 있는 제8군이 중국군에게 말 그대로 박살이 나고 있다는 사실은 까맣게 모르고 있었다.

장진호 전투가 시작되다!

해럴드 로이스 중령의 제5해병연대 2대대가 선봉을 맡았다. 제5해병연대 3대대가 그 뒤를 따랐고, 다시 그 뒤를 제7해병연대가 따랐다. 도로를 감시할 수 있는 1426고지와 1403고지를 각각 제7해병연대 3대대 일부와 제5해병연대 2대대가 확보했지만, 사단의 진격은 여전히 신중했고 하루 진격 거리는 겨우 2~3킬로미터에 불과했다. 가벼운 총격전이 벌어졌다. 오후 6시, 해병대는 산에 간단한 참호를 파고 박격포와 무반동총을 원형으로 포진해 자리를 잡았다. 후방인 유담리 최남단에는 105밀리 곡사포 40문과 155밀리 곡사포 18문이 배치되어 있었다. 해가 지자 대원들이 '시베리아 특급'이라고 부르는 삭풍이 더 강하게 불었다.

사실 중국군은 제1해병사단의 진격을 저지하기 위한 방어선을 이미 갖추고 있었다. 도로에는 장애물을 설치했고, 이 장애물을 관측할 수 있는 삿갓산에 병력과 포진지를 V자 형태로 집중 배치해놓았다. 이때부터 제1해병사단은 방어하는 입장이 되었고, 실제로 더 이상 진출할 수도 없었다. 오히려 중국군의 대규모 병력이 사단을 강타하기 좋은 위치인 해병대 측면에 도달해 있었다.

그날 밤 10시경 요란한 뿔피리와 금속제 타악기 소리와 함께 중국군의 대공세가 시작되었다. 중국군 제79사단 제235연대 병사들은 해병대 포화에 우수수 쓰러졌지만 말 그대로 전우의 시체를 넘고 넘어 해병대 진지를 향해 파도처럼 밀어닥쳤다. 대원들의 분투에도 1403고지의 진지는 치열한 백병전 끝에 유린되었고, 고지 방어를 맡았던 제5연대 2대대는 로이스 대대장의 명령에 따라 후방으로 후퇴했다.

그 시각, 제5해병연대 3대대장 테플릿 중령은 소규모 부대에 의한 단순한 탐색전 내지 조우전이 일어난 것으로 판단했다. 하지만 곧 1403고지가 함락됐다는 소식이 들어왔고, 그제야 중국군의 공세가 예상과 달리 대단하다는 사실을 알았다. 사실 고원지대의 특성상 강풍이 산 위와 아래의 공기층을 나눠놓기 때문에 1403고지에서 벌어진 전투 소음을 산자락 아래의 제5해병연대 3대대는 알 수 없었다. 그리고 곧 3대대도 치열한 전투에 휩싸였다.

혹한을 피해 난롯가에 모여 있던 제5해병연대 3대대 병사들은 테플릿 중령의 지시가 떨어지자 각자 정해진 위치로 돌아왔다. 그 직후 중국군의 대공세가 시작되었다. 중국군의 접근은 매우 은밀해서 공세를 시작한 지 얼마 안 되어 일부 병력이 대대본부 텐트까지 도달했고, 수류탄 파편에 전화 교환기가 파손되어 긴급 복구 작업을 해야 했다(중국군은 탄약과 장비, 식량과 피복 등 모든 것이 부족했지만 수류탄만은 풍족해서 전투 때마다 비처럼 퍼부었다).

결국 대대본부의 방어선이 무너졌고, 이 때문에 후방인 유담리로 이어지는 도로가 일시적이나마 점령당할 정도로 상황이 악화되었다. 이를 방치할 수 없다고 판단한 테플릿 중령은 즉시 역습을 감행했다. 조명탄이 전방을 밝혔고, 그와 동시에 G중대가 강한 함성을 내지르며 역습을 시작했다. G중대는 중국군의 공세를 꺾고 테플릿 중령이 지시한 대로 산비탈까지 전선을 회복하는 데 성공했지만 중령이 아끼는 부대대장 존 캐니 소령을 잃는 대가를 치러야 했다. 그럼에도 이 역습은 큰 가치가 있었다. 1403고지의 패배로 제5해병연대와 제7해병연대 사이에 틈이 생겼는데, 그곳으로 중국군이 침투할 경우 제5해병연대 지휘부는 곧바로 공격에 노출되고, 그러면 연대 전체가 통제 불능 상태에 빠졌을 것이기 때문이다. 나아가 1282고지와 1240고지, 1426고지 등 유담리 주위에 분산 배치되어 있던 부대들도 '유담리 도로'를 활용한 중국군의 기습을 받아 각개격파당할 위험이 있었다. 캐니 소령과 G중대의 역습은 이런 위험을 막아낸 것이었다. 이로써 1240고지와 1282고지의 위기를 구원할 수 있는 여력도 확보되었다. 놀라운 사실은 이 전투가 벌어지는 와중에도 연대본부는 새벽에 공세를 계속하라는 군단장의 지시를 받고 있었다는 것이다.

거의 같은 시각, 제1해병사단의 오른쪽인 장진호 동안에서 진격 중이던 육군 제7사단도 풍류리에서 중국군의 맹공격을 받았다. 해병대와 달리 제7사단은 아몬드의 명령대로 부대를 잘게 쪼개어 진격하고 있었기 때문에 중국군의 공격에 훨씬 취약했다. 게다가 제31연대장 앨런 매클린 대령은 중국군을 만만하게 보고 경계를 태만히 했고 포병도 적절히 활용하지 못했다. 더구나 부대 간의 연락까지 두절되며 제31연대는 400명 이상의 사상자를 내고 나가떨어졌다.

그러면 군단장 아몬드는 무엇을 하고 있었을까? 사실 아몬드는 제한적인 수준이긴 하지만 지도에 각 부대의 움직임을 이리저리 표시하는데 재미를 붙이고 있었다. 제1해병사단의 작전참모 알파 바우저 대령은 "어쩌면 아몬드는 유럽 전선의 연합군 지휘관들처럼 자신이 대단한 작전을 세우고 있다는 착각에 빠져 있었는지도 모르겠다"고 회상했다. 아몬드는 서부 전선의 참사를 제10군단의 예하 부대에 알리지 않았다. 이는 아군의 측면이 붕괴되고 있다는 사실을 은폐한 것으로, 동부 전선 부대들의 고립과 전멸을 야기할 수 있는, '범죄'에 가까운 부작위였다. 슬프게도 그의 오만과 어리석음은 여기서 끝나지 않았다.

중국군은 밤사이 능선을 넘으며 포위망을 만들었다. 그들의 체력과 군기, 은신술은 2차대전의 용사들조차 감탄을 금치 못하게 했다. 단 중국군은 앞서 말했듯이 중무기를 가져오지 못해 화력의 한계가 명확했고,

특히 대공화기가 전무했다. 덕분에 하늘은 온전히 미군의 차지였고, 지상의 압도적인 병력 차이에도 해병대는 숨구멍을 확보할 수 있었다.

한편 제5해병연대 3대대가 역습할 때 내지른 함성은 연대장 머리 중령에게 3대대 지휘소가 점령당한 것이 아닌가 하는 착각을 불러일으켰다. 중령은 1403고지에서 제7해병연대 H중대가 큰 타격을 입고 물러나면서 생겨난 공백을 우려했다. 2대대의 측면이 노출되기 때문이었다. 이에 28일 새벽 5시 45분 2대대를 삿갓산 방향에서 유담리 쪽으로 이동시켰다. 2대대를 후방으로 이동시켜 중국군 공세에 대비하기 위함이었다. 사단의 백전노장들은 이제 자신들의 부대가 포위될 수 있다는 위험을 알았고, 본능적으로 어떻게든 방어선을 최소화하고 병력을 절약해야 한다고 생각했다. 제5해병연대장과 제7해병연대장은 진격을 멈추고 방어에만 집중하기로 결정했다.

11월 27일과 28일, 함흥의 사단사령부에서 뜬 눈으로 밤을 새운 스미스 사단장은 '올 것이 왔다'고 생각했다. 동시에 그는 자신이 한 일을 곱씹어보았다. 그가 아몬드를 상대로 내밀하게 수행한 '사실상의 명령 불복종'과 하갈우리 비행장 건설은 확실히 탁월한 판단이었다. 오전 10시, 그는 참모들과 함께 하갈우리로 날아갔다. 다행히 지난밤 중국군은 그곳을 공격하지 않았는데 그야말로 천운이었다. 그는 사단본부를 하갈우리로 옮기기로 결정했다. 바우저 대령은 "사단장이 최전선에서 지휘한다는 사실 자체가 장병들에게 자신감을 불어넣어주었다"고 술회했다. 군단장에 대한 그의 회상은 앞서 언급한 바 있다.

2시간 후, 헬기를 타고 하갈우리로 날아온 아몬드는 스미스 장군과 이야기를 나누었는데, 아쉽게도 그 내용은 전해지지 않는다. 다만 스미스 장군이 고개를 가로저으며 눈을 발로 걷어찼다는 일화만 전해진다. 제

1해병사단 시찰을 마친 아몬드는 다시 헬기를 타고 만신창이가 된 제31연대 1대대를 찾았다. 그는 거기서 중국군이 얼마 남지 않은 '잔존 병력'에 불과하다는 '격려사'를 한 다음, 특기인 '훈장 수여'를 시작했다. 그는 은성무공훈장 3개를 꺼내어 대대장 돈 페이스 중령과 장병 둘에게 수여했다. 아몬드가 헬기를 타고 전장을 떠나자 중령은 훈장을 눈 속에 던져버렸다.

아몬드는 흥남으로 돌아오는 도중에 도쿄에서 열리는 대책 회의에 참석하라는 지시를 받았다. 워커 장군도 맥아더의 호출을 받고 도쿄로 날아갔다. 전황이 급박하게 뒤바뀌는 상황이었던지라 일선 지휘관이 자리를 비우기보다는 맥아더가 흥남이나 평양으로 날아와야 했지만, 총사령관이자 일본의 통치자로 '거의 2,000일 동안 도쿄에서만 자는 기록'을 세우게 될 그는 그렇게 하지 않았다.

아몬드는 대책 회의에서 제10군단은 계속 진격하겠다는 의견을 고집했다. 하지만 워커가 현실을 환기시키고, 중국군의 공세가 다시 시작되었다는 소식이 전해지자, 그제야 맥아더는 상황의 심각성을 조금이나마 인식하기 시작했다. 한 작가의 멋진 표현처럼 "승리의 잔에 담긴 와인은 시큼한 식초로 변해가고 있었다".

다음 날 새벽에야 끝난 이 회의에서 일단 제10군단은 후퇴해서 함흥-흥남 지역으로 병력을 집중하라는 지시를 받았다. 극동사령부는 중국군의 개입을 워싱턴에 정식으로 보고했고, 워싱턴은 공세에서 방어로 전환하겠다는 맥아더의 계획을 승인했다. 사령부 일각에서는 서부 전선의 제8군이 계속 후퇴 중이었기 때문에 그에 상응해 흥남에서 제10군단을 철수시키는 계획을 수립하기 시작했다.

그사이 중국군의 공격은 더욱 거세졌다. 28일 자정 무렵, 중국군 제80

사단은 미 육군 제7사단 제31연대를 상대로 강력한 공격을 가해, 매클린 연대장이 전사했다. 이 때문에 아몬드에게서 은성무공훈장을 받은 페이스 중령이 신임 연대장이 되었다. 육군 제7사단 부사단장인 헨리 호즈 준장은 부대원을 버리고 하갈우리로 도망쳐와서 스미스 소장에게 구조를 요청했다. 하지만 그 순간 해병대도 매우 위태로운 상황이었다. 제5해병연대, 제7해병연대는 유담리에서 중국군 3개 사단에 의해 포위되어 있는 상태였고, 사단본부가 있는 하갈우리는 자체 방어에 쓸 병력조차 부족한 실정이었다. 열세 속에서 분투하는 해병대 앞에서 호즈 준장은 추태를 부렸고, 이는 육군에 대한 해병대의 경멸을 더욱 심화시키는 악영향을 미쳤다.

유담리 일대의 해병대는 엄청난 공격을 받고 있었다. 특히 1282고지의 전투는 문자 그대로 혈전이어서 양군 모두에게 큰 충격을 주었다. 엄청난 수의 중국군이 제7해병연대 2대대 E중대가 지키는 이곳을 향해 밀려들었다. 박격포로 조명탄을 쏘아올리자 양군이 격돌한 전장이 훤히 밝혀졌고, 조명에 노출된 무수한 장병들이 쓰러져갔다. 중대장 월터 필립스 대위는 전투 초반부터 팔과 다리에 중상을 입었지만 포기하지 않고 계속해서 부하들을 격려했다. 그는 중국군의 수류탄이 부하들의 참호 옆에 떨어지자 재빨리 그것을 바깥으로 굴려 보냈고, 두 번째 수류탄이 날아오자 눈 속으로 밀어넣어 참사를 막았다. 하지만 운명의 세 번째 수류탄이 떨어지자 그는 본능적으로 처리할 시간이 없다는 것을 깨닫고 자기 몸으로 수류탄을 눌렀다. 이런 헌신적인 행위로 부하 3명이 목숨을 구했지만 찰나에 끊어진 그의 두 다리는 참호에 나뒹굴었다.

잠시 멈췄던 중국군의 공격은 새벽 3시에 다시 시작되었다. 하지만 E중대는 중대장의 전사와 부중대장의 부상에도 불구하고 얀시 중위의 지휘 아래 1282고지를 사수하는 데 성공했다. 안시 중위는 광대뼈에 총탄을 맞아 그 충격으로 안구가 튀어나왔는데 자신에게 총격을 가한 적을 권총으로 쏴 죽인 다음 다시 안구를 끼워넣는 놀라운 무용담까지 남겼다. 과달카날의 바실론에 비견될 만한 초인적인 모습을 보여준 안시는 당시를 이렇게 회상했다. "단단하게 삶은 계란을 판자 구멍에 끼워넣는 것 같았습니다만 제자리에 들어가더군요."

날이 밝아왔다. 해병 항공대의 코르세어 전투기들은 그야말로 몸을 아끼지 않는 저공비행을 감행하여 해병대 진지 몇십 미터 앞의 중국군 위로 폭탄을 투하했다. 결국 중국군의 공세는 잦아들었다. 아마 안시 중위가 없었다면 1282고지는 틀림없이 함락되었을 것이고, 그랬다면 그 틈새를 통해 제5해병연대, 제7해병연대의 지휘소까지 유린되었을 것이다. 중대원 176명 중 120명이 전사하거나 부상당하고 얻은 결과였다.

1282고지 옆의 1240고지에서도 덜 극적이었지만 그에 못지않은 격전이 벌어졌다. 두 고지의 전투에서 위생병들은 그야말로 필사적이었다. 부상자들이 부지기수로 발생했는데, 위생병들이 수혈을 시도하면 수혈관이 얼어붙고, 붕대를 갈아주려고 하면 상처 부위가 얼어버렸다. 환부를 만져야 하는 그들도 당연히 동상에서 예외가 아니었다. 그들은 주사제와 혈장이 얼지 않도록 입에 물고 정신없이 뛰어다녔다. 그 덕분에 다리를 절단당한 케네모어 하사도 살아남을 수 있었다.

한편 하갈우리의 스미스 사단장은 엄청난 위험을 혼자 짊어지고 있었다. 중국군의 공세가 시작되기 하루 전인 26일 부사단장 크레이그 준장이 부친이 위독하다는 소식을 듣고 본토로 떠났기 때문이다. 사실 사단본부가 있는 하갈우리도 풍전등화의 신세였지만, 어느새 이 조그만 분지는 해병대원들의 후퇴를 위해 반드시 사수해야 할 요지가 되어버렸다.

하갈우리 방어의 주축은 제1해병연대 3대대가 맡았다. 대대라지만 G중대가 남쪽으로 빠져 있어 2개 중대 병력에 불과했다. 그래도 육군과 해군, 한국군 등 다른 수십 개 부대에 소속된 병사를 합치면 모두 3,913명이 있었다. 하지만 대부분 10명 이하로 구성된 선발대나 파견대였기에 통합적 지휘가 필요했다. 스미스 장군은 오후 3시경 3대대장 토머스 리지 중령을 하갈우리 방어의 통합 지휘관으로 임명했다. 제11포병연대 2대대 D포대가 지원을 맡았다. 아직 중국군의 모습이 본격적으로 보이지 않은 때, 이 포대는 적절한 대^對포병 사격으로 4문의 중국군 산포를 침묵시켰다. 하지만 이 포격전은 아주 작은 서막에 불과했다.

하갈우리 남서면 전투는 H중대와 I중대가 중요 전선을 맡고 있었다. 밤 10시부터 공격이 시작되었고, 자정 무렵에는 중국군 제172연대가 H중대의 전면을 돌파해, 사단장 숙소까지 기관총 사격을 받을 정도로 위험한 상황에 빠졌다. 0시 30분경, '모든 해병은 소총수다'라는 해병대의 모토대로 공병과 운전병으로 편성된 약 50명의 예비대가 역습을 감행해 일부 지역을 회복하고 저지에 있는 진지를 점령했다. I중대는 진지 강화를 해둔 덕분에 돌파당하지 않았고, 결국 하갈우리 남서면 부대들은 아침 6시 30분까지 주저항선을 회복했다.

동부고지(이스트 힐)는 제1해병연대 소속의 G중대가 방어를 맡기로 되어 있었다. 하지만 고토리에서 하갈우리로 들어가던 중에 중국군의 강력한 공격을 받으면서 진입이 좌절되었다. 대신 육군 제10전투공병대대 D중대와 한국군이 주축이 되어 방어했는데, 이들은 오합지졸에 가까웠다. 29일 새벽 2시, 중국군의 공격이 시작되었고, 이들은 한국군(제10군단 사령부 경비부대)을 돌파한 뒤 동부고지를 차지하는 데 성공했다. 중국군은 하갈우리의 방어진지를 관측할 수 있는 이곳에 견고한 진지를 구축했다. 그래도 효과적인 포격 덕분에 하갈우리 사단본부는 여전히 건재할 수 있었다.

스미스 장군이 밀어붙인 비행장 공사는 이 시점에 절반도 진행되지 않은 상태였다. 공사는 수단 방법을 가리지 않고 밤에도 계속되었다. 심지어 중국 병사들이 난입하여 육박전이 벌어지거나 박격포탄이 비처럼 쏟아져도 멈추지 않았다. 공병대원들은 활주로 공사를 하다가도 전투가 치열해지면 불도저에서 내려 총격전에 가담했고, 그러다 다시 소강상태가 되면 꽁꽁 언 손으로 장비를 조작해 얼어붙은 땅을 갈고 밀어내면서 평탄화 작업을 계속했다.

워낙 극적인 장면이 많았던 장진호 전투이지만 절정은 덕동고개 전투였다. 1,600미터 높이의 이 고개는 유담리와 하갈우리를 잇는 요지였다. 사실 스미스 장군은 북진 도중에 유사시 이 고개를 잃으면 완전히 끝장날 것이라고 여겨 윌리엄 바버 대위의 제7해병연대 2대대 F중대에 이 고개의 방어를 맡겼다(바버 대위는 이오지마 전투를 경험한 경력 10년차의 베테랑이었다). 그래도 안심이 안 됐는지 장군은 중기관총분대와 박격포분대까지 새로 배속해 병력이 보통 중대보다 50명이 많은 240명이 되었다. 여기에 스미스 장군은 하갈우리의 105밀리 포대에게 오로지 F중대만 지원하라고 따로 지시하기까지 했다. 전쟁이 아니라면 아무도 돌아보지 않을 황량한 고지를 지키기 위한 준비는 그렇게 이루어졌고, 곧 장엄하기까지 한 전투가 벌어졌다.

덕동고개 전투

11월 27일, 덕동고개에 도착한 바버 대위는 도로 옆의 버려진 2개의 오두막 가운데 하나를 골라 중대 지휘소를 설치했다. 그러고는 중대 진지를 말굽 모양으로 전개했는데, 도로변에서부터 산 정상 부근을 돌아서 다시 도로로 내려오는 모양이었다. 대위는 강추위에 시달리는 중대원들을 독려하여 강력한 진지를 구축했다. 로런스 슈밋 중위의 증언이다.

나는 우리 진지가 견고하고 강력해서 중국군이 감히 도전할 생각조차 하지 못할 것이라고 생각했습니다. 우리 주위에 있는 적은 우리의 행동을 감시하려는 정찰병 정도라고 생각했죠. 하지만 바버 중대장은 그런 자기만족적 생각에 동의하지 않았습니다. 그는 세심하게 주의를 기울여 야전교범대로 진지 구축을 시켰고, 소대별 방어 구역과 사격 구역을 정하는 것을 포함해 모든 것을 일일이 감독했으며, 만족스러운 사격 각도를 얻을 때까지 중화기들을 이리저리 옮기게 했습니다.

그리고 28일 밤 2시, 드디어 덕동고개 전투가 시작되었다. 상상을 초월할 정도로 치열했던 이 전투에서 또 한 명의 영웅이 등장했다. 가장 덩치가 크고 또 가장 골칫덩어리였던 헥터 카페라타 일병은 케네스 벤슨 일병과 함께 최전방에 배치되어 있었다. 카페라타는 그날 새벽의 첫 장면을 이렇게 기억했다.

잠에서 깨고 싶지 않았지만 시끄러운 총소리 때문에 깨어났죠. 그런데 눈을 뜨니 쌓인 눈 위로 접근해오는 중국군이 보였습니다. 너무 가까워서 총을 조준할 필요도 없을 정도였죠.

다행히 중국군은 참호에 있던 둘을 눈치채지 못하고 그냥 통과했다. 중국군이 지형지물에 가리어 모습이 안 보일 정도가 되자 카페라타와 벤슨은 두 사람이 나를 수 있는 최대한의 탄약을 챙긴 다음, 나머지 소대원들이 중국군을 맞아 간신히 버티고 있는 진지로 달려갔다. 이때 장교들은 대원들이 전사하거나 부상당한 진지의 공백을 메우려고 병력을 이리저리 옮겨 재배치하고 있었는데, 때마침 카페라타와 벤슨이 나타났다. 수류탄이 빗발치듯 날아오는 가운데 카페라타는 믿을 수 없는 용맹을 보여주었다. 참호에 떨어진 수류탄을 보이는 족족 집어들어 되던졌던 것이다! 그러다 수류탄 하나가 참호 바로 앞에 떨어졌다. 이에 그는 몸을 앞으로 기울여 수류탄을 바깥쪽으로 비스듬히 내던지려고 했지만 조금 늦었다. 수류탄이 폭발하면서 손의 일부가 날아갔다. 그러자 그는 욕을 퍼부으면서 소총에 실탄을 재장전하고 탄창이 빌 때까지 사격을 가했다. 실탄이 떨어지자 소총을 야구 배트처럼 잡고 날아오는 수류탄을 야구공 맞히듯 때려 멀리 날려 보냈다.

동료 벤슨은 옆에 떨어진 수류탄이 폭발하면서 그의 안경을 날려 보내는 바람에 잠시 앞을 볼 수 없었다. 그 때문에 자동소총을 쏠 수 없게 된 그는 주위에 널려 있는 실탄 클립을 손으로 더듬어 주워서는, 카페라타의 M-1 소총에서 빈 클립이 튀어나오는 소리가 날 때마다 전달해주었다.

공식적인 해병대 전사에는 중국군이 그 지점에서 해병 진지 침투에 실패한 이유는 카페라타와 벤슨 그리고 또 다른 '스미스'인 제럴드 스미스의 분투 덕분이며, 이 3명은 "2개 소대의 적군을 전멸시켰고 그 공로를 인정받았다"고 기록되어 있다. 6시쯤 끝난 이 전투에서 F중대는 전사 24명, 실종 3명, 부상 54명의 희생을 치르고 고지를 지켜냈다. 나중에 밝혀진 사실이지만, 실종자들은 어이없게도 침낭 속에서 자다가 호흡할 때 생기는 입김 때문에 지퍼가 얼어버리는 바람에 침낭 밖으로 나오지 못하고, 침낭째 중국군에게 끌려간 것이었다.

중국군의 시신은 확인된 것만도 100구가 훨씬 넘었다. 대원들은 그들이 버리고 간 다채로운 장비들에 놀라지 않을 수 없었다. 영국제 리 엔필드 소총과 스텐 기관단총, 8년 전 과달카날 전투 때 해병대가 쓴 스프링필드 소총, 5년 전 그들의 적이었던 일본군이 쓴 소총, 20년 전 장제스가 독일과 친밀한 관계였을 때 받아온 1918년형 마우저 소총, 그리고 미국이 국민당군에게 지원했던 톰슨 기관단총도 12정이나 나왔다. 심지어 구르카 용병들이 쓰는 독특한 디자인의 칼인 쿠크리도 있었다. 오히려 소련제 장비는 드물어서 권총 몇 자루와 '따발총' 몇 자루가 전부였다.

하지만 덕동고개 전투는 이제 시작이었다. 28일, 해가 뜨자 덕동고개의 F중대원들은 중국군이 남긴 장비를 예비 화기로 쓰기 위해 챙기는 한편, C47 수송기가 완벽한 위치에 투하해준 탄약과 의약품, 들것, 모포 등을 거의 회수했다. 이날 밤에도 전투를 치러야 한다는 사실을 모르는 중대원들은 한 명도 없었다. 밤 10시, 대원들은 "너희들은 완전히 포위되었으니 항복하라"는 방송을 들었고, 곧이어 어처구니없게도 중국군이 틀어주는 빙 크로스비의 〈화이트 크리스마스〉를 들을 수 있었다.

29일 오전 2시경, 호각 소리가 나더니 중국군의 탐색전이 시작되었다. 일본제 기관총이 발사되는가 싶더니 얼마 후 백병전이 벌어졌다. 오전 3시, 기온은 영하 31도까지 떨어졌다. 이쯤 되면 자동화기들은 반쯤 얼어 단발 사격만 가능했다. 수류탄도 안전핀에 붙어 있는 얼음을 제거하고 나서야 던질 수 있었다. 공군 지원과 기갑 장비는 물론 포병 지원도 없었다. 이날 밤의 전투는 그야말로 순수한 보병 전투였다. 욕설이 난무하고, 수류탄이 폭발하고, 총검과 야전삽 날이 번뜩였다. 중대장 바버 대위도 부상을 입었지만 다행히도 지휘에는 별 문제가 없었다. 아침 6시쯤 전투

●─ 바버(왼쪽)와 카페라타(오른쪽)로 대표되는 F중대의 용전분투로 제1해병사단은 혈로를 뚫을 수 있었다. 만약 덕동고개가 차단되었다면 사단 병력의 절반은 살아 돌아갈 수 없었을 것이다. 이들의 활약을 다룬 『폭스 중대 최후의 결전』이라는 책이 출간되기도 했다.

가 끝났다. 해병들의 눈앞에는 200여 구의 중국군 시신이 널려 있었다.

한편 유담리에 모여 있는 제5해병연대, 제7해병연대는 이틀 동안 죽을힘을 다해 중국군의 공격을 막아내면서 탈출 계획을 짜고 있었다. 제7해병연대장 리첸버그 대령은 제5해병연대장 머리 중령보다 10살 연상이고 계급도 높았지만 그를 존중하면서 머리를 맞대고 작전을 짰다. 그들의 생각은 이랬다. 만약 덕동고개의 F중대가 궤멸된다면 두 연대는 전멸을 피할 길이 없다. 그렇다면 어떻게든 그곳으로 증원 병력을 보내야 한다! 리첸버그 대령은 상의 끝에 11월 29일 워런 모리스 소령을 지휘관으로 삼아 1개 대대 규모의 구원 부대를 편성하여 11월 29일 덕동으로 보냈다. 하지만 도로 양쪽에서 퍼붓는 중국군의 총탄 때문에 이 시도는 좌절되었다. 리첸버그 대령은 다른 방법을 찾아야 했다.

한편 11월 27일과 28일 중요한 이틀 동안 아몬드가 이끄는 제10군단

사령부는 놀랍게도 어떤 계획이나 지시도 내리지 않고 허송세월하고 있었다. 29일 아침의 종합적인 전황은 다음과 같았다. 가장 병력이 많은 제5해병연대, 제7해병연대는 유담리에서 적군에 포위되어 있었고, 제1해병사단본부가 있는 하갈우리도 겨우 대대 규모의 전투 병력으로 방어중이며 역시 포위되어 있었다. 설상가상으로 하갈우리 남쪽 18킬로미터 지점의 풀러 대령의 고토리도 사실상 포위되어 있었다. 장진호 동쪽 육군의 페이스 중령 부대도 적의 위협에 심각하게 노출된 상황이었다.

이런 상황에서 아몬드 군단장은 29일 이른 아침 스미스 소장에게 새로운 명령을 내렸다. 해병대 1개 연대를 유담리에서 하갈우리로 이동시킨 다음 페이스 부대를 구출하고 하갈우리와 고토리 사이의 도로를 개통하라는 것이었다. 여기에 시간 계획서까지 제출하라는 '그다운' 요구까지 덧붙였다. 하지만 이런 억지를 받아들일 수는 없었다. 스미스는 제7사단장 바 소장의 동의를 얻어 페이스 중령에게 해병 항공대의 지원이 있을 것이니 알아서 하갈우리로 오라고 통보했는데, 사실 다른 방법도 없었다. 스미스 소장은 멀리 남쪽의 진흥리에서 '놀고 있는' 제1해병연대 1대대를 활용하기 위해 이 부대를 고토리로 북상시키고 대신 더 후방에 있는 육군 제3사단을 북상시켜 진흥리를 맡아달라고 요구했지만 놀랍게도 아몬드는 이를 거절했다.

그날 오후, 스미스 사단장은 장진호 전투의 양상을 완전히 바꿔놓을 명령을 내렸다. 유담리의 두 해병연대 가운데 제5해병연대는 일단 그곳에 남아 방어하고, 제7해병연대는 하갈우리로 오는 도로를 확보하라는 것이었다. 두 연대의 보급은 항공대에 맡겼다. 그리고 제1해병연대장 풀러 대령에게는 남쪽의 고토리와 하갈우리 사이의 도로를 확보하라고 명령했다. 이는 군단장의 의지와는 다른 것이었지만 아몬드는 결국 공식적으로 진격 계획을 취소하고 철수를 선택할 수밖에 없게 된다.

스미스의 참모 바우저는 이 절체절명의 순간을 이렇게 회상한다.

그 시점에서 우리에게는 두 개의 간절한 소망이 있었다. 첫 번째 소망은 제5해병연대, 제7해병연대가 전투력을 보존한 채 신속하게 하갈우리에 도착하는 것이었고, 두 번째 소망은 그들이 포위를 돌파하고 도착할 때까지 하갈우리를 지켜내는 것이었다.

드라이스데일 부대, 죽음의 계곡 전투

장진호 전투는 규모와 밀도, 시간의 차이가 있을 뿐 부대들이 위치한 거의 모든 전선에서 전투가 벌어졌다는 점에서 대단히 독특한 전투였다. 지금까지는 주로 유담리와 덕동고개, 장진호 동쪽의 위태로운 상황을 이야기했는데, 사실 하갈우리와 흥남을 연결하는 고토리 일대도 상황은 마찬가지였다. 그리고 사단장의 새로운 명령과 함께, 이 일대를 확보하고 나아가 하갈우리 방어를 지원할 책임은 제1해병연대장 풀러 대령의 몫이었다. 혹서의 태평양 제도를 뒤로하고 혹한의 전장에 선 그는 천막 수송을 최우선시했는데, 덕분에 소총수들은 추위를 피할 수 있었다. 천막을 옮기느라 탄약 수송이 늦어질 정도였다. 참모가 이를 걱정하자 풀러는 이렇게 대답했다. "추위로 몸이 얼어붙으면 전투를 할 수 없지만, 탄약이 떨어지면 착검하고 싸우면 된다!"

풀러는 중국군의 공격이 시작되었다는 소식을 듣고 이런 명언을 남기기도 했다. "적군을 찾아다니고 있었는데 제 발로 걸어와 우리를 포위해주니, 일이 간단해졌군!" 거의 같은 시각, 머나먼 미국 본토의 해병 훈련소 사령관 메릴 트와이닝 준장도 휘하 장교에게 사단이 중국군에 포위

당했다는 소식을 듣고 이렇게 말했다고 한다. "나는 진심으로 중국놈들이 애석하다고 할 수밖에 없겠네!"

하지만 풀러와 트와이닝 두 늙은 해병의 말은 반만 맞았다. 사실 풀러의 손에는 병력이 얼마 없었다. 앞서 소개한 리지 중령의 3대대는 하갈우리에 있었고, 도널드 슈먹 중령의 1대대도 고토리 남쪽 16킬로미터 지점의 진흥리에서 철도 시설과 야적 보급품을 지키고 있었기 때문이다. 말하자면 풀러의 휘하에는 앨런 서터 중령의 2대대와 포대 하나, 공병대와 소수의 비전투 병력이 전부였다.

그나마 다행인 것은 3대대 G중대와 육군 중대 하나, 그리고 더글러스 드라이스데일 중령의 영국 해병대 제41코만도부대가 고토리에 도착해 있었다는 사실이다. 300명으로 구성된 제41코만도부대는 믿음직한 정예부대로 2차대전 때는 제4코만도여단에 소속되어 노르망디와 벨기에에서 활약했고, 전후에 해체되었다가 몇 달 전 재창설된 부대였다. 일부는 이미 인천상륙작전이 이루어지기 전에 서해의 여러 섬에서 다양한 작전을 펼친 바 있다. 원래는 제7해병연대에 배속될 예정이었지만 상황이 이렇게 되자 풀러 휘하에 들어온 것이다. 사실 두 나라의 해병대는 정확히 반세기 전 베이징에서 의화단을 상대로 함께 싸운 적이 있다. 그리고 지금, 전혀 예상하지 못한 장소에서 중국인들을 상대로 한 두 번째 합동작전이 성사된 것이다.

하지만 같은 중국인들이 상대이고, 또 포위망을 뚫어야 한다는 점에서는 같았지만, 질적으로 완전히 다른 군대였다. 풀러는 드라이스데일 중령을 돌파 부대의 지휘관으로 임명하는 한편, 영국 해병대와 미국 해병대를 합해 900명의 특수임무부대를 편성하여 그에게 주었다. 그들의 임무는 하갈우리로 돌파하여 도로를 확보하고, 그곳의 방어를 강화하는 것이었다. 29일 오전 9시 45분, 드라이스데일 중령의 특수임무부대는 눈보라와 강풍을 맞으며 출발했다. 장진호 전투의 또 다른 드라마인 '죽음의 계곡' 전투의 시작이었다.

중국군이 보기에는 대단히 화려한 부대의 진군이었다. 하지만 전차 29대와 일반 차량 141대 등 다수의 차량을 대동하고 105밀리 포와 대구경 박격포의 지원을 받는 드라이스데일 특수임무부대는 매복 중이던 최소 3개 대대 이상의 중국군에 저지당하며, 공격 개시 4시간이 지나도록 겨우 4킬로미터밖에 전진하지 못했다. 하지만 그 정도 전진한 것도 두 나라 해병대가 공히 육군에 대해 우월의식을 가지고 있을 만큼 정예부대였고, 서로 간에도 경쟁심을 불태운 덕분이었다.

오후 1시 50분, 드라이스데일 부대는 눈보라와 강풍이 몰아치는 악천후 속에서 코르세어 2대의 엄호를 받으며 전차부대를 선두로 돌파를 재개했다. 오후 4시 15분, 부대는 고토리 북쪽 6.5킬로미터 지점에 이르렀다. 하지만 도로 유실과 노면의 탄흔 등의 장애로 더 이상 전진할 수 없었다. 스미스 사단장은 야전병원에서 부상자를 위문하는 중에 드라이스데일의 보고를 받았다. 진격이 어렵다는 것이었다. 하지만 그는 증원군 없이는 하갈우리 방어가 불가능하다고 판단했기에 '무자비'하게도 "멈추지 말고 하갈우리로 전진하라!"고 명령했다. 그답지 않은 명령이었지만 전투 중에는 아무리 사상자가 많이 나와도 밀어붙여야 할 때가 있기 마련이고, 이때가 그런 경우였다. 병사들도 지휘관의 이런 의지를 잘 알고 있었다. 20세의 윌리엄 보 일병은 전투 중에 중국군의 수류탄을 자신의 몸으로 막아 사후에 명예훈장이 추서되었다.

격렬한 전투가 이어졌고, 드라이스데일 중령과 부관도 부상을 입었다. 특히 종대 중간에 위치한 탄약 차량이 박격포탄을 맞아 화재가 일어나도로가 폐쇄되고 부대의 절반가량이 후방에 고립되었다. 이 부대들은 영국 해병대원 일부와 제31연대 B중대원 대부분 그리고 보급정비대의 주력이었다. 이들은 황급하게 4개 그룹으로 흩어져 방어진지를 구축했다. 다행히 더 뒤에 있던 2개 그룹은 다음 날 새벽 2시 30분경 고토리로 귀환했다. 하지만 좀 더 앞에 있던 2개 그룹 160여 명은 존 매클로플린 소령을 따라 항복할 수밖에 없었다. 이들의 항복을 받은 중국군 병사들은 차량에 뛰어올라 절실했던 방한복과 식량을 챙겼다.

선두 부대는 후속 부대의 포위 사실도 모른 채 하갈우리를 불과 1킬로미터 남겨두고 다시 중국군의 공격을 받았다. 부대는 드라이스데일 중령이 다시 부상을 당해 어쩔 수 없이 미 해병대 칼 시터 대위에게 지휘권을 넘겼지만 마침내 11월 29일 저녁 7시 15분, 하갈우리에 도착했다. 사실 하갈우리야말로 안전하지 않은 곳이었지만 말이다.

하갈우리에 도착한 300여 명은 거의 전원이 영국과 미국 해병대의 노련한 병사들이었다. 이들이 도착함으로써 하갈우리는 스미스 장군의 생각대로 어느 정도 안정을 찾을 수 있었다. 하지만 드라이스데일 특수임무부대가 입은 피해는 혹독했다. 드라이스데일이 '죽음의 계곡'이라고 명명한 이곳에서 부대는 전력의 3분의 1을 잃었고, 보유 차량의 절반 이상인 75대가 파괴되었다. 리지 중령의 부하인 에드윈 시먼스 소령은 몇십 년 후 이렇게 회상했다. "초록색 베레모를 쓴 드라이스데일은 팔의 상처에서 피를 뚝뚝 흘리면서, 수술실로 쓰는 텐트의 야전램프 불빛 아래서 경례를 한 후 말했죠. '영국 해병 제41코만도가 전투 임무를 수행하기 위해 도착했습니다'라고요. 나는 그 장면을 아직도 생생하게 기억하고 있습니다."

이날 장진호 일대에서는 드라이스데일 부대의 전투 외에는 큰 전투가 없었다. 다만 날이 저물어가는 시각, 고토리의 제1해병연대 소속 잭 스미스 대위의 E중대가 공격을 받았지만 격퇴에 성공했다. 다음 날 아침 스미스의 부하들은 눈 위에 쓰러져 있는 175구의 시신을 확인했다.

한편 중국군 제58사단, 제59사단 일부가 30일을 기해 대대적인 하갈우리 공격을 준비하고 있었다. 그 전에도 그랬지만 이제 쌍방 모두 전의가 극에 달해 있었다. 그야말로 죽음을 각오한, 아마도 당시 지구상에서 가장 강한 전사들의 전투가 벌어지려는 순간이었다.

하갈우리와 덕동고개의 결전

11월 30일 새벽, 제10군단에서 제1해병사단으로 파견된 고위 참모 에드워드 포니 대령은 고토리에서 군단본부가 있는 함흥으로 날아가 아몬드에게 해병대가 처한 상황을 자세히 보고했다. 이때는 맥아더가 뒤늦게나마 유엔군에 전면 철수를 명령한 상태였다. 그제야 상황이 파악된 아몬드는 하갈우리로 향했고, 스미스와 바 두 사단장과 회의를 열었다. 마침내 그의 입에서 "남쪽으로 퇴각하라"는 명령이 나왔다. 그와 함께 아몬드는 스미스에게 장진호 지구 미군에 대한 후퇴 작전 지휘권을 주었고, 동시에 "후퇴에 지장을 주는 모든 장비의 파괴 권한"도 주었다. 이로써 철수는 완전히 공식화되었다. 하지만 스미스는 이렇게 말했다. "우리는 남쪽으로 공격하는 것이다!"

사단은 사방으로 포위되어 있었고, 남쪽으로 철수하려고 해도 치열한 전투를 치러야 하니 사실 스미스의 말도 틀린 것은 아니었다. 스미스는 중장비도 포기하지 않았다. 그것들이 있어야 압도적인 수의 중국군을 제압할 수 있다고 판단했기 때문이다.

여기서 잠시 제1해병사단의 상황을 살펴보자. 유담리와 덕동고개 일대의 혈전에서 3개 중대가 전투력을 상실했고, 사단 전체적으로는 약 1,500여 명의 사상자가 발생했는데, 그중 상당수가 동상자였다. 11월 29일까지 장진호 일대에 배치된 미 해병대와 육군은 약 5,000여 명의 손실을 입었는데, 해병대가 약 1만 3,500명, 육군이 4,500여 명, 모두 합해 약 1만 8,000명의 병력이었음을 감안하면, 장진호 일대의 미군 손실은 전체 병력의 4분의 1 이상이었다.

중국군의 공격은 크게 세 갈래로 나뉘었다. 유담리 일대를 전면적으로 압박하는 3개 사단이 하나, 장진호 동쪽의 육군을 강타한 1개 사단이 다른 하나, 그리고 하갈우리와 고토리 일대를 공격하는 2개 사단이 나머지 하나였다. 총 6개 사단이 전면 공세에 나섰고, 그 외에도 다른 사단들이 하갈우리를 우회해 산악의 능선을 타고 흥남으로 이어지는 도로 주변에 전개하는 중이었다. 앞으로의 전개와 달리, 만약 중국군이 3개 사단 정도의 병력만으로 제1해병사단을 봉쇄하고, 나머지 사단은 모두 흥남 쪽을 향하게 했다면 전황은 완전히 달라졌을 것이다. 물론 중국군이 이런 가정을 실현할 능력이 있었느냐 하면 그렇지는 않았다. 화력은 그렇다 치더라도 중국군이 지닌 이동 능력과 이를 뒷받침하는 보급 능력이 너무 열악해 유동적이고 신속하며 입체적인 공세는 불가능했기 때문이다. 더구나 중국군은 통신 장비 수준도 아주 열악해서 연대 단위를 넘어서면 연락조차 잘되지 않았다. 사실 해병대원들은 잘 모르고 있었지만 이때 중국군은 보유했던 차량 1,000대 가운데 600대 정도를 미군 항공대에 의해 상실해서 최소한의 보급도 어려운 상태였다. 중국군의 트럭 운전병은 미군 항공기가 쏴대는 조명탄이 소멸되는 짧은 순간을 이용해 운전했고, 그나마도 안내자를 대동하지 않으면 길을 잃기 십상이었다. 중국군은 그야말로 모든 비전투 인력, 심지어 문화선전대 소속 배우

●— 휴식 중인 해병대원들. 살인적인 추위와 중국군의 대공세 속에서 해병대원들의 고난도 커져만 갔다.

들까지 동원해 물자를 수송하고 있었다. 중국군도 필사적이었다. 혹한으로 인한 사상자 또한 중국군 쪽이 훨씬 많았다.

11월 30일 자정 무렵, 중국군의 대공세가 거의 같은 시각 하갈우리와 덕동고개 방면에서 시작되었다. 이번에는 미군 포로의 목소리로 항복 권유 방송이 나왔지만 효과는 없었다. 곧이어 자동화기와 수류탄, 휴대용 폭약으로 무장한 약 3개 중대가 덕동고개 서쪽과 남쪽에서 밀고 올라왔다. 하지만 이들의 공세는 잘 은폐된 방어진지에서 대기 중이던 제7해병연대 2대대 F중대의 매복에 걸려 큰 피해를 입고 실패로 돌아갔다. 이날은 바버 대위의 생일이기도 했는데, 대원들은 이를 중대장을 위한 생일

선물로 삼았다. 하지만 다른 곳에서와 달리 중국군은 심각한 피해를 입으면서도 덕동고개에 대한 공세를 멈추지 않았다. 그 이유는 해병대가 이 고개를 사수하는 이유와 결부되어 있었다. 이 고개를 사수하느냐 못하느냐에 따라 유담리 해병대의 주력부대가 철수할 수 있느냐 없느냐가 좌우되었던 것이다. 그러므로 양쪽 모두 필사적이었고, 그만큼 격렬한 충돌이 일어날 수밖에 없었다.

한편 거의 같은 시각에 하갈우리도 공격을 받았다. 중국군 제58사단과 제59사단이 주도한 이 공격은 꽹과리와 나팔, 구호가 섞인 기묘한 함성과 함께 시작되었다. 하지만 영하 32도의 혹한은 그들의 공격력을 무디게 만들었다. 인해전술로 밀어닥치던 중국군 병사들은 심지어 해병대 전차가 쏜 포탄에 의해 헛간에 불이 붙자 그저 몸을 녹일 생각에 그곳으로 모여들었다가 대원들의 사격 목표가 되어 무더기로 쓰러졌다. 스미스 사단장을 비롯한 지휘관들은 중국군이 아편에 취해 있었다고 믿었는데, 사실은 아니었지만, 스미스 본인도 수면 부족으로 제정신이 아닌 상태였으니 적의 무모한 돌격을 아편 탓이라고 믿을 만도 했다.

하갈우리 일대에서는 930구의 중국군 시신이 확인되었다. 그리고 적어도 그 2배에 달하는 부상자가 나왔으며, 그들 대부분 동사했을 것으로 추정된다. 죽음의 계곡을 뚫고 합류한 영국 해병대도 이 전투에서 맹활약했다.

12월의 첫날, 스미스 사단장은 나쁜 소식과 좋은 소식을 동시에 받았다. 우선, 짐작하고 있었지만 하갈우리에만 무려 600명의 부상자가 있으며, 유담리의 두 해병연대에도 최소 500명이 넘는 부상자가 있다는 보고가 첫 번째 '나쁜 소식'이었다. 사단 의무대장인 해군 소속 유진 헤링 중령의 의견이었지만 물론 이조차도 보수적인 수치였고 급격히 늘어날 확률이 '대단히' 높았다.

이들을 후송할 유일한 방법은 비행장의 '완성'뿐이었다. 그리고 기어이 완성했지만 '정상적인 완성'과는 거리가 멀었다. '완공'된 비행장의 활주로가 500미터에 불과했기 때문이다. 그러나 좁은 항모에서 이착륙을 밥 먹듯이 해온 조종사들이 조종간을 잡은 C-47 수송기가 오후 2시 50분 무사히 착륙했고, 30분 후에는 24명의 부상자를 태우고 이륙하는 데 성공했다. 이후 4대의 수송기가 더 착륙했고, 그중 3대가 부상자를 싣고 하갈우리를 떠났다. 이로써 하갈우리는 미약하게나마 외부 세계와 직접적인 연결에 성공한 셈이 되었다. 또 다른 좋은 소식도 전해졌다. 바로 낙동강 전투와 수동 전투에서 부상을 입고 회복 중이던 500명 정도의 해병이 전우들을 구하기 위해 돌아온다는 사실이었다.

하지만 아주 치명적이 될지도 모르는 나쁜 소식도 전해졌다. 바로 제1해병사단의 퇴로가 될 황초령 길에 있는 수문교가 중국군에 의해 파괴되었다는 것이었다. 다시 말해 남쪽으로 퇴각을 하건 진격을 하건 이 다리를 수리해놓아야 한다는 것이었다. 이 역시 스미스 장군의 선견지명에 의해 어느 정도 해결이 되지만 그 이야기는 조금 뒤에 다시 하기로 하자.

그동안 아몬드 군단장은 '자기 목숨이 아까워서인지, 아니면 고까운 해병대 따위야 죽건 말건 상관이 없어서인지' 후방에 있는 제10군단 병력을 북쪽으로 전진시키지 않고 함흥과 흥남 일대 방어에만 주력하게 했다. 물론 이런 행동은 제1해병사단의 고립을 방치하는 것과 다름없었다. 불과 며칠 전까지만 해도 '진격'을 강요하던 것과는 완전히 다른 모습이었다. 물론 나중을 위해 철수지가 될 함흥, 흥남을 잘 지켜둘 필요가 있었다. 하지만 제10군단의 잔여 병력이 그 일대에 발이 묶이면서 중국군 또한 굳이 함흥과 흥남 일대까지 깊숙이 들어오지 않고 해병대에만 집중했고, 그 결과 제1해병사단은 거의 단독으로 수십 킬로미터에 이르는 죽음의 공간을 자력으로 빠져나와야 했다. 스미스 장군의 요청대로 육군 제3사단이 진흥리까지만 진출했더라도 희생자 수가 줄었겠지만 그런 조치는 없었다.

데이비스 대대의 용전

한편 장진호 동쪽 16킬로미터 지점에 있던 육군 제7사단 제31연대의 패잔병들은 페이스 중령의 지휘하에 필사적으로 하갈우리 쪽으로 철수하고 있었다. 다행히 해병 항공대 출신의 관제장교인 에드워드 스탬퍼드 대위가 이 부대와 함께하고 있었다. 스탬퍼드 대위의 관제에 따라 코르세어 전투기의 절묘한 지상 지원 덕분에 이 부대는 거의 대학살을 당할 정도의 참패였음에도 전멸만은 면했다. 어쩔 수 없는 오폭으로 아군 희생자가 발생하기도 했지만 말이다. 얼마 후 페이스 중령이 전사하자 해병대 조종사 출신인 그가 부대 지휘를 맡았다.

한편 리처드 라이디 중령의 제31연대 2대대는 고토리 쪽으로(황초령의 북쪽 끝이 고토리) 전진하고 있었다. 마침 아몬드가 연락기를 타고 그곳을 내려다보니 여러 대의 차량이 부서져 있고 장비들이 버려져 있었다. 그는 조지프 거페인 소령을 라이디 중령에게 보내면서 상황을 알아보고 진격을 서두르게 하라고 지시했다. 하지만 라이디 중령은 소령에게 황초령을 확보하고 있는 부대가 있어야 하지 않겠느냐고 반문했다. 하지만 소령은 "대대장의 건의는 군단장에게 아무 의미도 없으니 시키는 대로 하십시오" 하고 말하더니 사실상 부대의 지휘권을 인수했다.

결국 전진이 재개되었지만 도로 장애물을 치우는 병사들의 실수로 부비트랩이 폭발하면서 병사들은 중국군이 공격하지 않는데도 공황 상태에 빠졌다. 그리고 12월 1일 오전 2시 30분에야 무질서한 상태로 고토리에 들어와 방어선의 한 귀퉁이를 맡았다. 스미스 장군은 특유의 온화하고 실제보다 남의 과오를 줄이는 스타일로 "제31연대 2대대의 전술 행동은 인상적이지 않았다"는 감상을 비망록에 남겼다.

한편 유담리의 두 해병연대는 이렇다 할 전투가 없자 오히려 중국군이 병력을 집결하고 있는 것은 아닌지 두려워졌다. 그래서 리첸버그 대령은 아예 선수를 치기로 했다. 즉 유담리에서 덕동고개까지의 길은 활모양으로 휘어 있는데, 1개 대대로 하여금 이를 직선으로 산악 행군하여 돌파하고, 덕동고개를 포위하고 있는 중국군의 후방을 습격해 F중대를 구출하고 탈출로를 완전히 확보하기로 한 것이다.

제7해병연대 1대대장이자 과달카날, 글로스터곶, 펠렐리우에서 싸운 레이먼드 데이비스 중령이 이 중책을 맡았다. 다른 대대들은 각 방면에서 적의 접근을 차단하다가 테플릿의 제5해병연대 3대대가 선봉으로 탈출한 뒤 차례로 빠져나간다는 계획을 짰다. 데이비스 대대가 덕동고개의 F중대에 합류하는 순간, 테플릿 대대가 덕동고개에서 합류할 수 있다면 이상적인 작전이 될 터였다. 근접 보병전이 될 이 전투에서 장거리용 무기인 155밀리 곡사포대는 별 쓸모가 없었다. 그래서 포탄을 적군이 있을 만한 지점에 모두 쏘아버리고는 '모든 해병은 소총수'란 모토대로 포병도 보병으로 싸우게 하는 등 최대한 병력을 확보했다. 12월 1일 저녁 9시, 데이비스 대대는 사단의 운명, 어쩌면 한국의 운명이 걸린 산악 돌파를 시작했다.

매 3분마다 유담리의 곡사포대대에서 조명탄을 쏴주는 가운데 병사들은 침낭과 무기를 제외한 장비는 모두 두고 갔다. 여분의 공용화기 탄약은 들것으로 날랐는데, 이것은 나중에 부상자를 나르는 데 사용되었다.

음식을 평소처럼 먹을 수 없기에 과일 깡통이나 크래커, 캔디 등을 휴대했다.

다행히 중간 지점까지 중국군의 저항은 없었다. 하지만 아예 길이 없는 깊은 산속, 그것도 혹한 속의 행군은 그 자체로 전투 이상의 고난이었다. 빙판에 미끄러진 해병이 산비탈에 수십 미터나 굴렀고, 그때마다 손에 손을 잡고 인간 띠를 만들어 전우들을 끌어올렸다. 새벽 4시, 1520고지 기슭에서 중국군과 조우하자 대대는 기습적으로 박격포탄과 기관총을 퍼부어 1개 소대 규모의 적병을 전멸시켰다.

부대가 재편성을 위해 행군을 정지하자 탈진한 병사들은 그대로 눈 위에 쓰러져 혹한도 적탄도 아랑곳 않고 잠에 빠졌다. 그대로 놔뒀다가는 '편안한 죽음', 즉 동사하기 십상이었다. 장교와 부사관들은 뛰어다니며 병사들을 깨웠다. 물론 낙오자도 있었지만 그것을 일일이 확인하는 것은 불가능했다. 데이비스 중령은 자신이 정상적인 명령을 내리고 있는지 스스로도 확신이 안 서 때때로 중대장에게 확인을 구할 정도였다. 펠렐리우에서 44도의 폭염을 견뎠던 그는 영하 40도의 혹한까지 겪는 보기 드문 군인이 되었다.

밤새 그야말로 초인적인 강행군을 한 데이비스 대대는 12월 2일 아침 6시, 덕동고개 아래 능선에 도달했다. 81밀리 박격포와 항공 지원을 받으며 중국군의 저항을 두 번 물리치고, 마침내 11시 덕동고개의 F중대와 합류했다. 데이비스와 바버는 당연하게도 전투 후 살아서 명예훈장을 받는 영광을 누린다. 5일간의 혈전에서 F중대는 26명이 전사하고 3명이 실종되었다. 부상자는 89명이었는데, 장교 7명 중 6명이 부상자였다. 특히 데이비스 대대는 군의관 피터 아리올리가 저격병의 총탄에 맞아 희생되는 뼈아픈 손실을 입었다. 사실 데이비스도 저격을 받았지만 몇 센

●— 탈출로 확보의 중책을 맡아 성공적으로 임무를 수행한 레이먼드 데이비스 중령. 그는 이후 사성장군으로까지 진급하며, 해병대 부사령관으로 재직하다가 1972년 퇴역했다.

티미터 차이로 전사를 면했다.

유담리의 두 해병연대는 12월 3일 오전 8시 전차와 불도저를 앞세우고 '남쪽으로의 진격'을 시작했다. 이미 포탄을 다 쏘고 포병들이 총을 잡아 쓸모가 없어진 155밀리 곡사포의 포신에는 전우의 시신을 붙들어 매었다. 그리고 12월 3일 오후 2시 30분경, 박격포 사격을 앞세운 중국군의 공격을 저지하며 치열한 전투를 치른 끝에 마침내 덕동고개에 이르렀다. 덕동고개의 부상자들은 모두 차량에 태웠는데, 자리가 모자라 심지어 연대장용 지프에도 부상자가 가득 탔다.

물론 해병 항공대의 정찰기와 '검은 수호천사' 코르세어가 중국군의 동정을 살피면서 조금만 움직임을 보여도 폭탄을 떨어뜨리고 기총소사를 가했다. 저녁 무렵, 마침내 선두 부대는 하갈우리 진지 입구에 도착했다. 여기서부터 대원들은 '해병대답게' 전열을 가다듬고 질서 정연하게 행군하면서 사단본부로 들어갔다. 하지만 아직도 철수는 멀기만 했고, 그들의 형편은 말이 아니었다.

풍전등화의 하갈우리

두 연대의 후미도 12월 4일 오후에는 하갈우리에 도착하는 데 성공했다. 작은 산골 마을에 불과한 하갈우리에는 제1해병사단 외에 1,500여 명의 제10군단 직할부대원, 제7사단 페이스 부대의 생존자, 영국 해병대, 그리고 종군기자들과 소수의 한국 경찰관과 연락장교, 피난민이 북적거렸다. 각종 차량만 해도 1,000여 대에 달했다. 유감스럽게도 한국 땅에서 벌어졌고 한국의 운명에 큰 영향을 준 이 전투에서 한국인들이 한역할은 아주 작았다. 어쨌든 이들의 생명은 맥아더나 아몬드가 아닌, 스미스 사단장의 두 어깨에 달려 있었다. 당시 베이징의 방송은 "미 해병대의 섬멸은 시간문제일 뿐이다"고 큰소리치고 있었고, 사실 유담리에서 하갈우리보다 훨씬 먼 88킬로미터에 달하는, 게다가 중간에 황초령을 넘어야 하는 흥남으로의 철수는 가능해 보이지 않았다. 서쪽에서 패주 중인 제8군은 개방된 지형 탓에 큰 피해 없이 퇴각이 가능했지만 하갈우리에서 흥남으로 가는 길은 험하기만 했다. 설상가상으로 하갈우리에는 유담리에서 온 1,500여 명을 포함하여 5,000명의 부상자가 가득들어차 있었다. 한 군의관은 이렇게 증언했다.

용해溶解가 안 되고, 수혈관이 얼음 조각 때문에 막혀 혈장을 사용할수가 없었습니다. 붕대를 갈지도 못했는데, 갈기 위해 장갑을 벗으면 손이 바로 동상에 걸리기 때문이죠. 상처 부위를 살펴보기 위해 부상자의 옷을 자를 수도 없었습니다. 왜냐하면 바로 몸이 얼어버렸기 때문이죠. 부상자를 그대로 내버려두는 것이 더 나을 때도 있었습니다. 한 가지 긍정적인 점은 추위 때문에 바로 지혈이 된다는 것이었습니다. 그 외에는 모든 것이 최악이었죠. 부상자를 침낭에 쑤셔넣어본 적 있나요?

수송기 편으로 후송이 이루어졌는데, 후송 여부는 사단 의무참모인 헤링 중령이 판정했다. 어떤 병사들은 후송되고 싶어서 '꾀병'을 부렸고, 반대로 어떤 병사들은 중상에도 불구하고 전우들의 죽음을 슬퍼하면서 후송을 거부했기 때문이다. 그와 군의관들은 병사들의 보행 가능 여부를 보고 후송 여부를 결정했다. 공군과 해병대의 수송기 그리고 육군의 헬기들이 12월 1일에서 5일까지 4,321명의 부상자와 173구의 시신을 실어 날랐다. 부상병들은 요코스카橫須賀와 후쿠오카 등 일본에 있는 병원에 몸을 맡겼다. 수송기들은 오는 길에 부상에서 회복하여 전우들을 구하기 위해 온 500여 명의 해병대원과 보급품을 싣고 왔다. 탄약과 연료, 식량이 대거 투하되었지만, 땅이 워낙 단단하게 얼어 있어 절반 이상이 파괴되었다. 또 눈 속에 떨어져 찾을 수 없거나 중국군 지역에 떨어진 물품도 적지 않았다. 그럼에도 이 보급은 해병대에 큰 도움이 되었다.

사실 군단에서는 전 병력의 공수 철수를 제안했다. 하지만 스미스 장군은 이 제안을 거절했다. "우리는 남쪽으로 공격하는 것이다!"고 한 앞서의 선언 때문만은 아니었다. 공수 철수는 모든 중장비의 포기를 뜻했

●── 마거릿 히긴스는 한국전쟁 기간에 종군기자로 활약하며, 1951
년에는 여성으로서 최초로 퓰리처상을 수상하기도 했다.

고, 무엇보다도 마지막 엄호부대는 전멸을 각오해야 했기 때문이다. 결
국 그는 해병대답게 지상 돌파를 선택했다.

　종군기자들은 '천하무적' 제1해병사단 대원들의 몰골을 보고 충격을
감추지 못했다. 예컨대 석 달 전 인천에 위풍당당하게 상륙했던 머리 연
대장은 너무나 야위어서 같은 사람인가 싶을 정도였다. 한편 종군기자
중에는 한국 해병대에 '귀신 잡는 해병'이라는 별칭을 지어줬다고 알려
진 마거릿 히긴스도 있었다. 젊고 똑똑한 데다 예쁜 용모까지 겸비한 그
녀의 등장은 해병대원들을 깜짝 놀라게 했는데, 그녀가 한 대원에게 가
장 힘들었던 일이 무엇이냐고 묻자 그는 이렇게 답했다고 한다. "오줌이

마려울 때 15센티미터 두께의 옷을 젖히고 8센티미터짜리 거시기를 꺼내는 일요."

아몬드도 하갈우리에 도착했다. 그는 그사이 기가 많이 죽었지만 '훈장 택배 기사'로서의 면모는 잃지 않았다. 스미스와 리첸버그, 머리에게 무공십자훈장을 수여했는데, 이때 아몬드는 스미스가 '제31연대 2대대의 전술 행동이 인상적이지 않았다'고 평가했던, 게다가 실제 지휘를 맡지도 않았던 제31연대 2대대장 라이디 중령에게도 같은 훈장을 주었다.

남쪽으로의 공격이 시작되다

12월 5일 저녁, 하갈우리의 모든 야포가 불을 뿜었다. 사격 목표는 남쪽 도로 주변의 중국군 진지 또는 그것으로 의심되는 모든 장소였다. 도로가 파괴되어서는 안 되기 때문에 지상으로부터 일정한 높이에서 폭발하는 신관이 달린 포탄을 사용했다. 남은 포탄을 소모하려는 목적도 있던 포격은 새벽까지 계속되었다. 그동안 방한용 숙소 등의 시설들과 가져가지 못하는 모든 물자를 소각했다. 그럼에도 중국군 병사들은 미군이 떠나자마자 필요한 물건이 남아 있는지 뒤지기 위해 몰려들었다.

12월 6일 새벽, 안개가 자욱한 가운데 드디어 철수 또는 '남쪽으로의 공격'이 시작되었다. 전차들이 앞장섰고, 덕동고개의 영웅 F중대가 맨 앞에 섰다. 방금 도착한 500여 명의 해병이 그 뒤를 맡았다. 기본적으로 제7해병연대가 전위, 제5해병연대가 후미를 맡는 대형이었다. 6척의 항공모함으로부터 이륙한 함재기와 공군기 수백 대는 순서대로 이륙하면서 같은 고도를 유지하며 상공을 빈틈없이 엄호했다. 지상의 관제장교들과의 호흡도 거의 완벽에 가까울 정도여서 해병대원의 50미터 전방에 대한 폭격을 성공시킬 정도였다.

하지만 중국군도 며칠 동안 혹한을 견디며 이 순간을 기다려왔다. 그들은 전차와 F중대가 2킬로미터가량 지나가게 두었다가 사격을 개시하고 백병전을 시도했다. 한 중국 병사는 수십 미터나 되는 절벽에 매달린 상태에서 수류탄을 던지기도 했다. 하지만 유담리에서 이미 죽을 고비를 몇 번이나 넘긴 대원들은 두려움 없이 그들과 맞섰다. 군악대까지 전투에 가세하고, 포병들이 대구경 곡사포를 수평에 가깝게 눕혀 근거리 직격 포격을 하는 진풍경도 있었다. 전투는 치열했다. 12월 6일 하루 동안 겨우 5킬로미터밖에 전진하지 못했다. 영국 해병대원들은 죽음의 계곡 전투 때 전사한 동료들이 완벽하게 냉동 보존되어 있는 모습을 볼 수 있었다.

전투는 12월 7일 오후까지 이어졌지만 사단은 결국 풀러 대령이 지키고 있는 고토리에 도착했다. 계산하면 38시간 동안 18킬로미터를 남하한 것이었다. 661명의 사상자가 나왔다. 전사자 중에는 보급부대의 엄호를 맡았던 윌리엄 해리스 중령도 있었다. 그의 아버지 제1해병항공단장 필드 해리스는 하늘에서 사단을 지켜주고 있었는데 정작 아들은 지키지 못했다. 스미스 사단장은 고토리의 방어 상태가 훌륭하며, 무엇보다 1만 명을 위한 따뜻한 음식과 텐트가 준비되어 있다는 사실에 감탄했다. 하지만 흥남까지 가려면 70킬로미터를 더 내려가야 했고, 무엇보다 중국군에 의해 파괴된 수문교를 복구해야 했다.

한편 장진호 일대 중국군의 총지휘관 쑹스룬 장군은 미 제8군을 궤멸시킨 서부 전선과 달리 자신이 맡은 장진호 전선에서 미 해병대 대부분이 빠져나가자 분통을 터뜨렸다. 그는 황초령을 넘기 전에 반드시 이들을 전멸시키겠다고 다짐했다. 그 목적을 달성하기 위해서는 반드시 수문교 복구를 저지해야 했다.

●— '남쪽으로 공격' 중인 해병대. 장진호 주변이 얼마나 황량한지 잘 보여준다.

홍남으로 가는 유일한 통로이기도 한 수문교는 고토리 남쪽 6킬로미터 지점에 있었다. 그 시각 그 중요성이 극적일 정도로 도드라지고 있었지만, 사실 중국군도 일찌감치 그 중요성을 잘 알고 있어서 이미 12월 1일 다리를 폭파한 바 있다. 하지만 불과 며칠 사이 해병대의 공병대원들은 수문교를 나무다리로 복구했다. 이는 사실 스미스 사단장의 안배가 기막히게 작용한 것으로 미리 자재들이 준비된 덕분에 빠르게 복구할 수 있었다. 하지만 12월 4일 다리는 또다시 폭파되었고, 이번에는 공병들이 철교로 복구했다. 하지만 중국군은 횟수가 거듭될수록 폭약의 양을 늘렸고, 다리는 세 번째로 파괴되었다.

하지만 스미스 장군을 제외한 미군 수뇌부가 중국군의 힘을 과소평가했듯이 중국군 역시 미군의 능력, 특히 기계의 힘을 과소평가했다. 미군은 놀랍게도 거대한 낙하산을 이용해 1톤이 넘는 자재들을 투하했고, 12월 9일 오후 4시까지 외진 산간지대 절벽에 전차와 모든 차량이 통과할 수 있는 50톤짜리 특수 조립교를 놓았다. 평소 육군을 깔보던 해병대원들도 이 일을 같이한 육군 공병 제58중대에 대해서는 그들의 위업에 칭찬을 아끼지 않았다.

중국군은 이 일대에 대대 병력 정도밖에 배치하지 않았는데, 이는 이 지역의 가치를 몰라서가 아니라 혹한과, 인력에 의존하는 기동력과 병참의 한계 때문이었다. 더구나 통신 장비 또한 낙후해서 제때 정보가 전달되지 못한 탓도 있었다. 아마 한 가지 조건이라도 중국군이 충족했다면 스미스 장군이 아무리 용의주도했고 해병대가 아무리 뛰어났다고 해도 사단은 살아남지 못했을 것이다.

어쨌든 고토리에서 제1해병사단의 세 연대가 원산 상륙 이후 한자리에 모였지만 축하할 상황은 아니었다. 다리가 수리된다고 해도 험준한 황초령 기슭을 지키고 있는 제1해병연대 1대대와 합류하기 위해서는 아직 갈 길이 멀었다.

그사이, 고토리 북쪽에 마련된 짧은 정찰기용 활주로에 이착륙이 가능한 구식 뇌격기가 도착하여 부상자들을 실어 날랐다. 태평양 지구 해병대 사령관인 셰퍼드 중장도 도착했다. 그는 사단과 함께 '남쪽으로의 공격'에 함께하겠다는 의사를 밝혔는데, 1차대전에 참전할 때부터 그와 알고 지냈으며 한국전쟁 이후에는 라이벌 아닌 라이벌이 되는 스미스 장군은 그를 만류했다. "우리 행군로에 얼마나 많은 중국군이 있는지 아무도 모르고, 갈 길도 멉니다. 적에게 섬멸당할 가능성도 존재합니다. 우리

가운데 누구도 해병 중장이 전사하거나 적의 포로가 되는 것을 원치 않습니다."

셰퍼드 중장은 해병대원들에게 등 떠밀려 비행기에 오른 히긴스 기자와 함께 고토리를 떠났다. 그녀는 취재를 위해 동행하고 싶어했지만 대부분의 대원들에게 그녀는 '귀찮은 짐'에 불과했다. 하지만 공식 전사에는 스미스 장군의 '기사도 정신'에 따른 조치였다고 기록되었다. 12월 8일 아침, 제7해병연대가 1328고지를 향해 출발했다. 제5해병연대는 1457고지로 밀고 올라갔다. 그런데 눈이 내리기 시작했다. 이는 항공 지원을 받을 수 없다는 의미였다.

선봉을 맡은 제7해병연대는 칼바람이 부는 강추위와 싸우며 황초령을 향해 나아갔다. 제7해병연대 1대대 B중대는 고토리 남쪽 1.5킬로미터 지점에서 중국군의 강력한 저지선을 만났다. 이 상황을 파악하고자 앞으로 나선 중대장 조지프 쿠카바 중위는 휘하 소대장들을 모아서 돌파 계획을 세우던 중에 한 발의 총탄을 이마에 맞고 절명했다. 사실 그는 기존의 중대장이 부상으로 이탈하면서 지휘권을 인계받아 B중대를 이끌어왔다. 그는 유담리 전투 첫날 C중대 구출 작전과 데이비스 중령 지휘하에 유담리 포위망 돌파의 선두에 서서 산악 행군을 해내는 등 10여 일 동안 휘하 병사들을 훌륭하게 지휘했다. 하지만 아쉽게도 이 덩치 큰 폴란드 혈통의 장교에게는 명예훈장이 주어지지 않았다.

중대장직을 인계받은 추엔 리 중위는 쿠카바 중위가 생전에 지시한 대로 조지프 오언 중위에게 남아 있는 휘하 병력을 이끌고 중국군의 저지선을 우회 공격하도록 명령했다. 하지만 리 중위 역시 부하들을 독려하다가 두 발의 총탄을 각각 오른팔과 얼굴에 맞고 쓰러졌다. 그날 밤은 영하 35도까지 내려가는 혹한의 밤이었다.

눈보라가 잦아들자 살아남은 생존자들 중 일부는 고토리로 물러나 일본으로 후송되었다. 병력이 소모되면서 1대대 B중대는 180명 가운데 27명밖에 남지 않았다. 그 뒤를 따르는 3대대도 3개 중대를 합해 멀쩡한 자는 120명이 전부였다.

한편 황초령 기슭의 진흥리 철도 야적장을 방어하던 도널드 슈먹 중령의 제1해병연대 1대대는 당시 사단 내에서 유일하게 전투력을 온전히 보존한 대대였다. 대대는 사단 본대가 이용할 경로인 황초령 길이 얼마나 안전한가를 확인하기 위해 정찰대를 파견했는데, 슈먹 중령이 직접 지휘를 맡았다.

정찰대는 두 그룹으로 나뉘어, 중령과 윌리엄 베이츠 소령, 포병 전방 관측반으로 이루어진 본대와 소총수로 이루어진 1개 분대의 '미끼 그룹'으로 역할을 분담했다. 미끼 그룹은 일부러 중국군의 눈길을 끌어 본대에 쏠릴지도 모를 주의를 돌리고자 했다. 수문교를 건너 고토리를 포위하고 있는 중국군 방어선의 뒤편까지 진출한 정찰대는 고토리 남쪽 3킬로미터 지점의 능선 반대편에 중국군 병력이 매복해 있는 것을 발견했다. 곧바로 포병 관측반이 포격을 요청해 매복 부대에 상당한 타격을 입혔다. 이 정찰 활동은 중국군 병력 일부에게 타격을 입히기도 했지만, 수문교를 감시할 수 있는 1081고지의 전략적 중요성을 확실하게 인지하는 성과가 있었다. 그에 따라 사단 본대의 움직임에 맞춰 제1해병연대 1대대는 황초령 일대를 장악하기 위한 행동에 나섰다.

때마침 행운이 찾아왔다. 전날인 12월 7일, 중국군 제60사단의 연대 서기가 포로로 고토리 진지 첩보부 텐트에 이송되었는데, 고토리 남단의 중국군 배치 현황을 자세히 알고 있어서 철수 계획 수립에 큰 도움이 되었던 것이다. 그의 진술에 따르면, 중국군 제60사단은 고토리 남단을 막

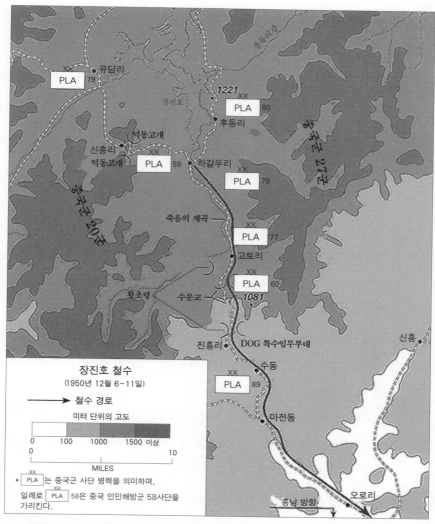

장진호 철수
(1950년 12월 6~11일)

➤ 철수 경로

미터 단위의 고도

| 0 | 100 | 1000 | 1500 이상 |

0   10
MILES

* PLA XX 는 중국군 사단 병력을 의미하며,
일례로 PLA XX 58은 중국 인민해방군 58사단을
가리킨다.

●── 장진호에서 미군과 중국군은 전쟁에서 가장 중요한 원칙으로 삼는 '집중'과는 거리가 먼 전투를 벌였다. 양군의 지휘관이 그에 대해 몰라서 그런 것은 아니었다. 장진호 주변의 지형이 집중을 불가능하게 할 만큼 워낙 험악했기 때문이다. 미군의 장진호 철수 이후 전선은 보다 단순해졌지만 그런 만큼 양군은 더 절박하게 싸워야 했다. 한쪽은 빠져나가기 위해, 다른 한쪽은 상대의 퇴각을 막고 몰살시키기 위해.

아 해병대의 전진을 차단하는 역할을 맡았는데, 그중 제60사단 제178연대가 진흥리의 제1해병연대 1대대의 이동을 차단할 수 있는 위치에 있고, 제179연대는 진흥리 남단의 철도 터널 쪽에 배치되어 있다는 사실을 알게 되었다.

12월 8일 새벽 2시, 이틀 치 식량을 휴대한 제1해병연대 1대대는 연대장 풀러 대령에게 무전으로 집결 보고를 한 후 30분 뒤 폭설을 뚫고 북쪽으로 활로를 열기 위한 행군을 시작했다. 폭설은 항공 지원은 물론 지원 포격도 받을 수 없게 했고 행군 자체에도 방해가 되었지만, 중국군이 그들의 움직임을 포착하지 못하도록 가려주는 역할도 했다. 악천후를 뚫고 얼어붙은 가파른 비탈길을 올라야 하는 10여 킬로미터의 산악 행군 끝에 1대대는 1081고지 정상 턱밑까지 도달했다. A중대가 공격 준비를 마쳤고(공교롭게도 A중대장 로버트 배로 대위는 2차대전 시기에 팔로군과 함께 활동한 전력이 있는 인물이었다), B중대도 고지 근처까지 접근해 지휘소 설치를 마쳤다. 놀랍게도 그들은 107밀리 중박격포까지 매고 이 강행군을 성공시켰다. 이렇게 장진호 전투의 마지막을 장식하는 1081고지 전투가 시작되었다.

도로에서 약 800미터 떨어진 1081고지에는 20센티미터 정도의 눈이 쌓여 있었다. 고지 사방에는 관제장교가 배치되어 전투기의 지상 지원을 유도할 준비를 마쳤다. 정오 무렵 공격이 시작되었다. 중국군은 이런 곳까지 미군이 중화기를 가져올 수 있으리라고는 상상도 하지 못했다. 이날 밤, 사정없이 불어닥친 바람과 함께 영하 32도의 혹한이 두 나라 군대를 강타했다. 해병대원들은 틈나는 대로 얼어버린 장갑과 군화를 벗고 양말을 갈아 신은 다음 다시 군화를 신으며 동상을 방지하고자 했지만 결국 67명이나 되는 병사가 동상에 걸렸고, 그중 7명은 발을 절단해야 했다. 물론 혹한과 기아에 시달리던 중국군도 이 일대를 점령하고자 공격에 나섰지만 단단히 구축된 방어선에 부딪혀 궤멸되었다.

12월 9일의 아침이 밝았다. 맑은 날이어서 공중 지원을 받을 수 있었다. 배로 대위의 A중대는 야포와 박격포의 지원을 받으며 1081고지 정상의 송전탑 공격에 나섰다. 몇 시간에 걸친 격전 끝에 정오 무렵 정상에 올라선 대원들은 500여 구의 중국군 시신을 확인했다. 하지만 더 감격적인 장면이 그들의 눈앞에 펼쳐졌다. 그들이 왜 그렇게 처절하게 싸워야 했는지를 증명하듯 확보한 도로를 따라 사단 본대 병력과 차량들이 올라오고 있었던 것이다. 그사이 다리도 복구되어 있었다. 슈먹 중령과 부하들은 손을 흔들었고, 그들도 화답했다.

한편, 고토리에서는 마지막 부대가 빠져나오고 있었고, 스미스 사단장과 각 연대장들이 참석한 가운데 117구의 미군과 영국군 시신을 묻는 장례 의식이 거행되었다. 그러는 동안에도 육군의 추태는 계속되었다. 통로의 측면을 방어하기로 한 육군 부대가 행군종대에 끼려 했던 것이다. 테플릿 중령은 "너희 같은 쓰레기 군인들이 우리 측면을 막아주기를 바라느니 차라리 우리가 알아서 하겠다"며 그들을 '받아들였다'(테플릿은 장진호 전투에서 입은 심한 동상으로 평생 다리를 저는 장애를 얻는다). 사실 장진호 전투에서 육군은 해병대에 무임승차하는 경우가 많아서 대원들은 그때마다 분개했다. 최후미는 최정예인 수색대가 맡았다. 마지막 부대는 11일 오전 2시에 수문교를 통과했고, 다리는 폭파되었다.

중국군은 피난민 속에 섞여 들어가 마지막 후미 부대에 공격을 시도했지만 격퇴되었다. 본대도 공격을 받아 9대의 차량과 1대의 전차가 파괴되고 도로도 차단되었지만, 과감한 역습으로 격퇴했고 도로 역시 개통되었다. 이것이 장진호의 마지막 전투였다. 중국군 역시 마지막까지 해병대의 철수를 저지하기 위해 분투했지만 혹한과 보급 부족으로 스스로 붕괴하고 말았다.

흥남 철수

황초령을 넘어서면 진흥리이고 이곳부터는 함흥평야가 펼쳐져서 차량을 이용해 편하게 이동할 수 있었다. 그런데 수동 남쪽—첫 전투를 치렀던 곳—을 넘었을 때 갑자기 포격과 사격을 받았다. 해병대는 당연히 중국군의 공격이겠거니 했는데, 알고 보니 아몬드의 제3사단이 쏜 것이었다. 안 그래도 육군에 쌓인 게 많았던 대원들의 혐오감과 분노는 극에 달했다. 이 때문에 해군장관 프랜시스 매슈스가 "해군 및 해병대원은 타군에 대해 부정적 견해나 그들의 역할을 축소하는 발언을 해서는 안 된다"는 내용의 공문을 보냈을 정도였다.

아몬드는 흥남 일대에 반원형의 교두보를 만들어 저지선을 치고 타격이 심한 부대부터 차례로 철수시켰다. 물론 첫 부대는 제1해병사단이었다. 철수 속도에 발맞춰 교두보는 조금씩 축소되었는데, 이 과정에서 교두보 바깥에는 해군의 함포사격과 항공기의 폭격으로 '철의 장막'이 형성되었다. 24일 철수 작전을 완료할 때까지 해군이 퍼부은 함포 포탄만 7만 발이 넘었다.

12월 12일 아침, 제1해병사단은 흥남에서 수송선에 오르기 시작했다. 14일까지 모두 승선을 완료해, 15일 부산에 도착했다. 부상자들은 일본 병원으로 후송되었다. 성탄절 전야인 24일까지 해병대원은 물론 10만 명이 넘는 미 육군과 한국군, 8만 6,000명의 피난민이 1만 8,422대의 각종 차량, 3만 5,000톤의 장비와 함께 흥남 부두를 떠났다. 1,000만 관객을 모은 영화 《국제시장》은 흥남 부두로 몰려가는 피난민들의 모습으로 시작한다. 하지만 당시 미군은 어디까지나 빈 공간에 피난민을 태웠지 장비를 버려가면서까지 태우지는 않았다. 문재인 대통령의 부모도 그들 중 하나였다는 사실은 널리 알려져 있다. 2017년 6월, 문 대통령의 방미 첫 일정이 콴티코의 장진호 전투 기념 시설 방문이었고, 문 대통령이 직접 생존한 제1해병사단의 노병들에게 90도 인사를 해 화제가 되기도 했다.

해병대가 예상한 결말은 아니지만 만약 그들의 분투가 없었다면 대규모 피난민까지 실어 나른 질서 정연한 철수는 불가능했을 것이다. 결과적으로 아몬드 군단장은 스미스 사단장이 그의 명령을 사실상 불복종한 덕분에 군단의 주력을 거의 보존하는 아이러니를 맛보았다. 그가 이때 피난민을 태운 행동은 많은 논자들에 의해 한국전쟁에서 그의 가장 큰 '위업'으로 평가받는다. 하지만 필자의 생각은 좀 다른데, 그의 성격과 일관된 의사 결정 방식을 감안하면, 아마도 그는 철수 작전의 '그럴듯한 마무리'를 고민했을 것이고, 피난민 수용 문제도 그 고민에 포함되어 있었을 것이다.

12월 12일, 홍남의 낮은 구릉에서는 성조기가 반기로 게양된 가운데 전사한 장병들에 대한 장중한 예식이 거행되었다. 스미스 사단장은 반드시 돌아오겠다고 맹세했지만, 지켜지지 못했다. 다행히 북한은 고토리와 이곳에 묻힌 대원들의 유해를 훼손하지 않았는데, 아마도 훗날 정치적 목적으로 이용할 생각이었을 것이다. 이들 유해 중 상당수는 최근에 발굴되어 미국으로 돌아갔다.

거의 두 달 동안 이어진 장진호 전투에서 제1해병사단은 718명이 전사하고, 192명이 실종되었으며, 3,504명이 부상을 입었다. 또한 6,200명에 달하는 비전투 사상자를 냈는데 대부분 동상자였다. 이들 중 3분의 1은 단기간의 치료 이후 복귀했지만 나머지는 그러지 못했다. 제1해병사단

●—— 흥남 철수의 마지막을 보여주는 장면이다. 비록 승리한 전투는 아니었지만 장진호 전투와 흥남 철수에서 보여준 미군의 화력과 기계력은 중국 총사령관 펑더화이에게 깊은 인상을 주어, 이후 전세에 적지 않은 영향을 미쳤다.

은 이 전투에서 병력의 절반 이상을 잃는 엄청난 피해를 입었다. 하지만 중국군의 손실은 더 엄청났다. 정확하지는 않지만 2만 5,000명 이상이 전사하고, 1만 2,000명 이상이 부상을 입었으며, 엄청난 수의 동상자가 나왔다. 쑹스룬 병단은 무력화되어 함흥에서 휴식하며 몇 달간 전선에서 이탈할 수밖에 없었다. 장진호 전투는 결코 승리한 전투는 아니었지만 가장 위대한 철수 작전 중 하나이자 미 해병대 역사에 길이 남을 중요한 전투 중 하나였다.

　유엔군은 계속 패주해, 결국 이듬해 1월 4일 서울을 잃었다(1·4 후퇴). 이 쓰라린 패배조차도 해병대의 분투에 힘입어 충격이 경감된 것이었다. 쑹스룬의 제9병단이 가담했다면 전선의 붕괴는 그 충격과 속도에서 차원이 달랐을 것이고, 그랬다면 유엔군은 대전까지 물러나야 했을지도 모른다.

6장

다시
38선을 넘다

제1해병사단의 휴가와 그사이 벌어진 일들

부산에 도착한 제1해병사단은 육로를 통해 마산으로 이동했다. 마산은 몇 개월 전 해병대가 싸운 전장이기도 했다. 스미스 장군은 마산에 있는 동안 전사한 장병의 부모와 가족들에게 일일이 편지를 썼다.

불과 며칠 사이에 슬픈 소식이 있었다. 제8군 사령관 워커 장군이 12월 23일 불의의 교통사고로 세상을 떠난 것이다. 육군에서 가장 촉망받는 인물이자 참모차장이었던 매슈 리지웨이 중장이 후임이 되었다. 그와 스미스는 서로 존중하는 사이였다. 리지웨이는 땅에 떨어진 육군의 사기를 끌어올리고 반격을 위한 재정비를 과제로 떠안았는데, 그런 맥락에서 해병대에 많은 기대를 걸었다. 그는 스미스가 "다시는 아몬드의 지휘를 받지 않겠다"고 선언하자 선선히 수용했다. 그리하여 제1해병사단은 '드디어' 아몬드의 손아귀에서 벗어나 제8군 예하로 편입되었지만 일단 예비 병력으로 분류되었다.

장병들이 크리스마스 휴가를 보내는 사이 본국에서 3,400명의 보충병이 새로 도착하여 재편이 시작되었다. 새해 들어 풀러와 리첸버그가 준장으로 승진했고, 머리는 대령이 되었다(머리 후임으로 제5해병연대장을 맡은 인물은 갓볼드였다. 그는 인천상륙작전 기획 과정에서 중요한 역할을 맡은 인물이었다). 공로에 합당한 보상이었다. 또한 풀러는 부사단장이 되었다. 훗날 그는 장진호 전우들을 만날 때면 이런 농담을 했다고 한다. "그래, 잘 지냈나! 몸은 좀 녹았고?"

장진호에서 살아남은 해병대원들은 이후 '초신 퓨Chosin Few'라고 불렸다. '초신'은 장진호를 일컫는 일본식 표기다. 당시 미군은 한국 지도가 없어 일본 지도를 사용했는데, 이 때문에 이 기념비적인 전투의 영문 명칭은 'The Battle of Chosin'이 되어버렸다. 결정적인 전투였음에도 이 전투에 기여한 바가 거의 없는 우리나라 입장에서는 더욱 아쉬운 일이 아닐 수 없다(장진호에 갈 수 없는 '초신 퓨'는 비슷한 환경의 알래스카에서 모임을 가진다고 한다). 장진호 전투는 미국 전사에서도 중요하게 자리 잡아, 미 해군 이지스 순양함의 이름이 되었고(초신호), 워싱턴 한국전쟁 기념관에 있는 유명한 기념 조각의 모티브가 되기도 했다.

한국전쟁 동안 해병대원 42명이 명예훈장을 받았는데, 그중 14개가 장진호 전투 참가자에게 수여되었다. 하지만 누구보다 충분한 자격을 갖춘 스미스 장군에게는 이 훈장이 수여되지 않았는데, 그의 공로를 드러낼수록 아몬드의 잘못이 드러나기 때문일 것이다. 사실 동서고금을 막론하고 장군이나 군대에 대한 가장 정확한 평가는 '적군'에 의해 이루어진다. 중국 작가 왕수쩡이 쓴 『한국전쟁: 한국전쟁에 대해 중국이 말하지 않았던 것들』을 읽어보면, 중국군도 스미스에 대해 높이 평가하고 있다.

●— 중장 시절의 리지웨이 장군. 훗날 미 육군 참모총장에까지 오르는데, 재직 당시는 물론 퇴역 후에도 베트남 개입을 결사반대했다. 미국 정부가 그의 고언을 듣지 않은 대가는 혹독했다.

한편 장진호에서 돌아온 제1해병사단은 1월 8일 의외의 일을 맡았다. 안동-횡덕 지구의 북한군 제10사단 토벌, 즉 빨치산 토벌 임무였다.

걸맞지 않은 임무, 빨치산 토벌

당시 유엔군은 평택-원주선까지 밀려나 있었다. 중국군과 북한군은 유엔군을 완전히 밀어내기 위해 정월 대공세를 개시했다. 그중 이반남이 지휘하는 북한군 제10사단은 '걷는 공수부대'라는 별명을 얻을 정도로 기동력이 뛰어났는데, 원주를 지나 산악에 형성된 사각지대를 통해 대구까지 침투하려고 시도했다. 이 시도는 대구를 점령하려는 것은 아니었고, 아몬드가 이끄는 제10군단의 후방, 즉 원주-안동-대구 간의 보급선을 차단하는 게 목적이었다. 물론 이 시점에 제1해병사단은 제10군단의 전력에서 이탈해 있었다. 이반남의 북한군 제10사단은 도중에 미군을 만나 상당한 손실을 입었지만 기어코 안동 부근까지 진출했다. 그러자 그때까지 낙동강 전선에서 도망치지 못하고 남아 있던 빨치산들이 합류하기도 했다. 하지만 북한군 수뇌부는 제10사단의 대구 진출은 무리라고 판단하여 평창으로 철수하라는 명령을 내렸다. 그러나 이때는 이미 퇴로가 막힌 뒤였다.

제1해병사단은 인천상륙작전 이후 다시 예하로 들어온 한국군 제1해병연대와 함께 1월 11일부터 소탕 작전에 착수했다. 한국군이 함께하긴 했지만 제1해병사단은 새로운 곳의 지리에 어둡고 말도 통하지 않아서 항공정찰에 많이 의존했다. 다행히 겨울이라서 빨치산들은 대부분 마을에 머물고 있었는데, 그 덕에 비교적 찾기 쉬웠다. 밥 짓는 연기가 유난히 많이 나거나 사람의 출입이 빈번한 곳, 비행기나 헬리콥터가 날아드는데도 아이들이 몰려들지 않는 곳—평범한 동네라면 으레 아이들이 구경을 나온다—이 가장 먼저 의심을 받았다.

빨치산이 있다는 사실이 확실해지면 그 지역을 포위했고, 병력이 부족한 경우에는 예상 퇴로에 매복을 하고 그곳에 화력과 공중 지원을 집중했다. 항복 권고를 한 뒤 거부하면 화력을 총동원해 '빗질'하는 수순을 밟았다. 때로는 적의 거점을 없애기 위해 주민들을 피난시킨 다음 마을을 폭격해 불태우기도 했다. 태백산맥 일대는 워낙 외져서 마을이 식량과 거처를 구할 수 있는 유일한 희망이었기 때문이다. 일단 마을이 사라지면 빨치산은 어려움을 겪을 수밖에 없었다. 북한군 제10사단의 한 장교는 포로로 붙잡힌 뒤 해병대의 토벌전에 직면해서 부하들에게 은신과 도주 외에는 아무런 대책도 지시할 수 없었다고 우울하게 고백했다.

사단은 약 한 달 가까이 '빗질'을 진행하면서 3,000여 명의 적군을 소탕했다. 스미스 장군은 북한군 제10사단은 더 이상 어떤 종류의 중요한 작전도 수행할 수 없게 되었다는 보고를 올리면서 의기양양하게 새로운 임무를 달라고 요청했다. 사실을 말하자면, 제1해병사단이 커다란 전과를 올렸다고는 하지만, 지역 주민들의 재산과 인명 피해가 커서 자랑할 만한 작전이었다고 하기에는 무리가 있었다.

중국군과 북한군의 정월 대공세는 결국 1월 초순을 넘기지 못하고 빈약한 보급 능력으로 좌절되었다. 그사이 유엔군을 완전히 재편한 리지웨이 장군은 1월 15일부터 북진을 시작해 2월 10일까지 한강 남쪽 대부분을 회복했다. 하지만 2월 11일부터 다시 중국군과 북한군의 반격이 시작되었고, 전선을 뒤로 물려야 했다. 이때 한국군은 횡성에서 심각한 손실을 입기도 했다. 하지만 지평리 전투에서 미군이 중국군에 진정한 의미의 첫 승리를 거두고 유엔군이 압도적인 화력으로 적 병참선을 무너뜨리면서 중국군과 북한군의 반격은 1주일 만에 실패로 돌아갔다. 전쟁의 주도권은 다시 유엔군 쪽으로 넘어왔다.

다시 38선을 넘다

제1해병사단은 다시 최전선으로 돌아왔다. 이번에는 브라이언트 무어 소장이 이끄는 제9군단 휘하였다.

2월 16일 충주에 도착한 사단은 다시 원주로 향했다. 왼편에는 한국군 제6사단이 포진했고, 오른편에는 제10군단이 있었다. 사단은 2월 21일부터 시작되는 '킬러Killer'라는 이름의 반격 작전에서 주공을 맡았다. 사단의 1차 목표는 횡성 탈환이었고, 2차 목표는 북쪽의 홍천을 거쳐 춘천을 탈환하는 것이었다.

공격 첫날부터 계절에 어울리지 않는 큰비가 쏟아졌다. 그 때문에 항공 지원과 정찰이 마비되었고, 심지어 산사태까지 발생했다. 그럼에도 사단은 진격을 멈추지 않았다. 하지만 불상사가 일어났다. 2월 24일, 전방 시찰에 나선 무어 군단장을 태운 헬리콥터가 거대한 폭발과 함께 추락한 것이다. 다행히 무어 장군을 포함한 승무원들은 기적적으로 살아남았다. 하지만 구조 작업이 시작된 지 수 시간 후, 잔해에서 빠져나와 다른 승무원들의 구출을 돕기 위해 움직이던 장군이 갑자기 가슴을 움켜쥐더니 고통 속에서 세상을 떠나고 말았다. 심장마비였다.

비보를 접한 리지웨이는 스미스 장군에게 임시로 제9군단의 지휘를 맡겼다. 하지만 육군 수뇌부는 자신들의 자리에 해병대 장군이 앉는 걸 반기지 않았고, 서둘러 이탈리아에 있던 윌리엄 호지 장군을 불러 무어 장군 후임으로 임명했다. 정작 제9군단의 참모들은 스미스 장군이 지휘봉을 잡았다는 소식에 반색했지만, 어쨌든 스미스의 군단장 역할은 열흘로 끝나고 말았다.

스미스가 자리를 비운 동안 풀러 부사단장이 사단의 지휘를 맡았다. 기상 악화로 지연되었던 보급 물자가 도착하자 그는 3월 1일 횡성 공격을 시도했다. 하지만 중국군의 완강한 저항으로 이날 횡성 진입에는 실패했다. 다음 날 항공 지원이 가능해지자 사단은 다시 공격에 나섰고, 4일에는 횡성 탈환에 성공했다.

다른 부대들도 비교적 순조롭게 북진하여 양평-횡성-평창을 연결하는 애리조나Arizona선까지 진출했다. 3월 6일 종료된 킬러 작전은 중국-북한군의 주력을 포착해 섬멸한다는 목표를 달성하지는 못했지만 적에게 적지 않은 손실을 안겨주었고, 유엔군과 한국군의 자신감을 회복시켜 주었다는 점에서 큰 의의가 있었다.

한편 리지웨이 장군은 '킬러'라는 작전명에 문제가 있다고 여겼는지 다음 작전에는 '리퍼Ripper'라는 이름을 붙였다. '절단기' 또는 '칼로 찔러 죽이는 살인자'라는 의미였다. 이에 스미스 장군은 킬러나 리퍼나 그게 그거 아니냐고 대꾸했는데, 훗날 '리퍼'는 해병대가 즐겨 쓰는 단어가 된다.

사단의 작전 목표는 서울 재탈환과 '가평-춘천 북쪽-한계리'를 잇는 아이다호Idaho선이었다. 작전의 골자는 우세한 화력을 활용해 퇴각하는 적군에 최대한의 출혈을 강요하고, 작전 단계별로 통제선을 설정하여 적의 역습이나 침투를 최대한 막는 것이었다. 리지웨이는 이 작전을 위해 전방 공격 부대에 5일분의 보급 물자를 미리 비축하도록 지시하고, 해군에게는 서해안과 동해안에서 상륙작전을 하는 척 위장하여 주의를 분산시켰다. 이때쯤 워싱턴의 분위기는 '군사적인 승리'가 아니라 '현실적인 휴전'을 도모하는 쪽으로 기울고 있었지만, 그들 역시 '휴전 협상'을 위해서라도 유엔군이 적군을 38선 이북으로 물리쳐주기를 희망했다.

3월 7일 아침, 리퍼 작전이 시작되었다. 작전의 1차 목표는 올버니Albany선으로, 양수리에서 홍천 서남쪽 양덕원리를 거쳐 1261고지로 불리는 태기산과 속사리를 잇는 선이었다. 제1해병사단의 목표는 홍천이었다. 3월 7일, 사단은 휘하 연대들이 병진하는 형태로 착실하게 진격했다. 적의 저항은 그리 강하지 않았다. 하지만 홍천에서는 강한 저항이 예상되었고, 이에 호지 군단장은 제1기병사단을 홍천 서쪽에, 제1해병사단을 동쪽에 배치해 양익 포위를 꾀했다.

제1해병사단은 3월 14일 밤까지 홍천에서 5킬로미터 떨어진 지점까지 진출했다. 다음 날, 제7해병연대 1대대가 큰 전투 없이 홍천읍에 진입했다. 이렇게 홍천이 해병대의 손에 들어왔다. 하지만 사단 공병대는 공군이 뿌려놓은, 닿기만 해도 폭발하는 작은 폭탄들을 일일이 제거하는 쉽지 않은 작업을 해야 했다. 같은 날, 미군과 유엔군은 서울을 재탈환했다. 하지만 반년 전과 달리 제1해병사단은 서울에 없었고, 대대적인 축하 행사도 열리지 않았다. 그동안 서울 이남까지 밀린 이유는 미국 정부가 자신의 손발을 묶어놓았기 때문이라고 언론플레이를 해온 맥아더는 서울을 방문하지 않았다. 그는 17일 오전 11시 수원에 들렀다가 항공편으로 원주에 가서 제1해병사단을 방문했는데, 이때 스미스 장군을 만나면서 지프에서 내리지도 않았다. 사실 반격 작전은 리지웨이가 진행한 것이었고 맥아더는 개입하지 않았다. 그런데 리지웨이가 훌륭하게 반격에 성공했으니 당황했을 것이다.

하지만 노회한 장군은 전선을 찾은 뒤 기자들에게 "방금 공격 재개 명령을 내렸다"고 자랑스레 말하여 능수능란하게 상황을 자기 것으로 만들었다. 유럽 전선에서 싸웠기 때문에 맥아더와는 별 인연이 없었고, 그렇기에 별 감정도 없던 리지웨이도 그의 이런 가증스러운 '숟가락 올리기'에는 분노를 금할 수 없었다. 맥아더의 행동은 병사들의 목숨을 위태롭게 하는 행동이었기 때문이다.

3월 16일 아침, 해병대는 홍천 동쪽에서 적의 강력한 저항을 받아 낮동안에는 진격하지 못했다. 하지만 밤이 되자 적군이 철수했다는 정보가 들어왔다. 이에 해병대는 홍천을 지나 북동쪽으로 진격해 들어갔다. 춘천은 중국군과 북한군의 주요 보급기지로 여겨졌고, 이 때문에 제187공수연대를 낙하시키는 작전까지 계획된 곳이었다. 하지만 3월 21일 춘천에 들어선 제1기병사단의 눈에 적군은 보이지 않았다. 그저 약간의 은닉 물자를 찾을 수 있을 뿐이었다.

결국 3월 말까지 유엔군은 목표였던 아이다호선에 도달했다. 포로들의 증언에 따르면, 중국군과 북한군은 38선 이북에서 재정비에 들어간 상태였다. 이에 리지웨이는 38선을 넘는 위력 정찰을 시도했다. 그사이 동부 전선과 서부 전선에서는 새로운 작전('용기 작전Operation Courageous') 이 진행되어, 서부 전선에서는 임진강 일대까지, 동부 전선에서는 양양 부근까지 북진하는 데 성공했다.

3월 27일, 리지웨이 장군은 여주에 있는 사령부로 휘하 군단장과 사단장을 소집했다. 물론 스미스 장군도 참석했다. 여기서 리지웨이 장군은 소련이 몽골 계통의 병사들을 중심으로 한 정규군을 투입할 가능성이 있다는 첩보를 공개했다. 리지웨이는 최악의 경우 소련과의 전면전에 대비해 제8군이 철수할 수도 있다고 말했다. 물론 절대 기밀을 유지하라는 명령도 내렸다. 장군은 또한 미국 정부가 휴전 회담을 제의하면 제8군은 지역 방어로 국한되는 상황을 맞을 수 있으므로 이에 대비해 전선을 최대한 북쪽으로 밀어올릴 필요가 있다고 강조했다. 그러면서 '러기드 작전Operation Rugged'을 구체화했다. '러기드'는 '요철'이라는 뜻으로 여기에는 그동안의 진격으로 울퉁불퉁해진 전선을 정리하겠다는 의미가 담겨있었다.

이를 위해 가장 방해가 되는 존재는 언론이 떠들어 만들어진 평강-철원-김화를 잇는 '철의 삼각지대'였다. 다소 과장이 있지만 이곳이 중국-북한군의 보급과 지휘의 중추인 것은 사실이었다. 장군은 적군이 이 지역에 의지해 쉽게 반격에 나설 수 있다고 보았고, 따라서 이 지역을 제압하기 위한 '돈틀리스 작전Operation Dauntless'도 구상했다. 하지만 돈틀리스 작전은 임진강에서 화천 저수지를 거쳐 양양으로 이어지는 캔자스Kansas

선까지 진출하는 러기드 작전이 성공하지 않는 이상 큰 의미는 없었다. 또한 그 전에 중국군과 북한군의 반격이 있을 가능성도 아주 높았다. 원래 이 작전은 한국군 제6사단을 좌익, 제1기병사단을 우익, 제1해병사단을 예비대로 하여 실시될 예정이었다. 하지만 리지웨이 장군은 불의의 반격에도 대비하고, 여차하면 러기드 작전을 돈틀리스 작전까지 연장할 수도 있다는 생각 아래 제1기병사단을 더 전투력이 강한 제1해병사단으로 교체했다. 이때 리지웨이 장군과 호지 장군은 스미스 장군에게 갑작스러운 변경을 통보하면서 하루 만에 작전 준비가 가능하겠느냐고 물었는데, 대답은 "해병대의 구호 중에 한 시간 이상은 필요 없다는 말이 있습니다. 걱정하지 마십시오!"였다.

이 구호는 해병대원에게 '힘든 일'이란 '쉬운 일'보다 30분 더 걸리는 일이고, '불가능한 일'이란 '힘든 일'보다 30분 더 걸리는 일이니, 결국 따져보면 한 시간 안에 해결 못할 일, 불가능한 일이란 없다는 의미이다. 논리적인 것 같지만 결코 그렇지 않은 이 말은 정말 해병대다웠다. 리지웨이와 호지 장군은 스미스 장군에게 고마움을 표했다. 물론 대원들은 갑작스러운 출동에 투덜댔지만 바로 다음 날인 4월 9일에는 공격을 위한 전선에 섰다.

한국 해병대에도 비슷한 일화가 있다. 박정희 대통령이 월남 파병을 결정하고 각 군 참모총장 및 특전사와 해병대 사령관을 모아놓고 파병 준비에 얼마나 시간이 걸리냐고 물었을 때, 각 군 참모총장은 석 달, 특전사 사령관은 한 달이면 충분하다고 했는데, 공정식 해병대 사령관은 하루면 충분하다고 답했다는 것이다.

한편 이 무렵 제1해병사단은 사상 최초로 강화 플라스틱과 알루미늄 조각을 나일론 소재와 결합한 M1951 방탄복을 대부분의 병사들에게 지급했다. 아직 기술이 부족해서 총탄을 직접 막는다기보다는 튕긴 탄환이나 포탄 파편을 막아주는 수준이었지만 부상자가 줄어들었고, 심리적 효과로 사기도 높아졌다.

공산군 측에도 변화가 있었다. 소련은 앞서 리지웨이 장군이 여주에서 일선 지휘관들에게 소개한 첩보 내용과 달리 공군과 방공군만 비공식적으로 투입했을 뿐 지상군은 보내지 않았다. 대신 장비 지원을 대폭 늘렸고, 덕분에 중국군은 다채로운 장비를 섞어 쓰던 시절에서 벗어나 점차 소련제 장비를 주로 사용하게 되었다.

맥아더의 해임

한편 해병사단이 공격을 시작한 바로 그날, 워싱턴에서는 트루먼 대통령이 애치슨 국무부 장관, 마셜 국방부 장관, 브래들리 합참의장과 회의를 열고 맥아더의 해임을 결정했다. 맥아더의 후임은 리지웨이 장군이었다. 공석이 된 제8군 사령관에는 제임스 밴플리트 중장이 임명되었다. 마침 프랭크 페이스 육군 장관이 한국에 있어, 그가 맥아더에게 해임 소식을 통보하는 역할을 맡았다. 그리하여 맥아더는 도쿄 시각으로 4월 12일 오전 10시, 워싱턴 시각으로는 9일 오후 8시에 해임 통보를 받았다. 미국은 물론 전 세계를 놀라게 한 뉴스였는데, 이승만처럼 매우 실망한 인물들도 있었지만 영국군 등 일부 유엔군 부대는 평화의 전조라고 기뻐하며 축포까지 쏘았다. 같은 날 오후 4시, 리지웨이 장군은 하네다 공항에 도착해 직무를 인계받았고, 밴플리트 장군은 14일 12시 30분 대구 공항에 도착하여 제8군의 지휘봉을 잡았다. 맥아더의 시대는 이렇게 가버렸다.

스미스 장군도 이때쯤 4월 말에 본국으로 돌아와 캘리포니아 펜들턴 기지 사령관으로 가라는 명령을 받았다. 그의 후임은 과달카날 전투 당시 사단 작전참모였던 제럴드 토머스 소장으로 정해졌다.

한편 워싱턴의 사정을 알 리 없는 제1해병사단은 화천댐을 향해 공격을 시작했는데, 장진호에서의 트라우마 때문에 대원들은 댐을 향해 간다는 사실을 알고 다들 찝찝해했다. 그사이 인천상륙작전과 서울 탈환전을 함께한 '네 번째 연대'인 한국 제1해병연대가 다시 사단에 배속되었다.

4월 9일 오전 4시, 중국군이 화천댐의 수문 10개를 모두 열면서 북한강의 물이 엄청나게 불어났다. 이 때문에 해병사단의 오른쪽에서 진격하던 한국군 제6사단은 적지 않은 병사와 장비가 물에 떠내려가는 피해를 입었고, 미군 포병 진지 하나도 수마에 휩쓸렸다. 도로도 마찬가지였다. 사실 제7해병연대는 이런 사태를 걱정해 낮 시간에는 차량으로 이동하는 관례를 깨고 1개 중대를 뽑아 밤 시간을 이용해 행군했지만 한 발 늦고 말았다.

화천댐에 도착한 대원들은 고무보트를 타고 댐을 점령하여 수문을 닫으려고 시도했다. 하지만 지형상의 이유로 야포 지원을 받기 어렵고 안개가 짙어 항공 지원마저 받을 수 없어 어려움을 겪었다. 중국군의 저항도 완강했다. 결국 해병대는 사흘 동안의 공격에도 불구하고 화천댐 점령에 실패했다. 이때 화천댐을 방어한 중국군 지휘관은 해병대에 깊은 인상을 남겼다. 그 때문에 1년 후 휴전 협상이 진행되는 과정에서 미군은 이 전투의 중국군 지휘관을 보고 싶다고 요구했는데, 나타난 인물은 22세에 불과했던 중대장 자오즈리였다. 중국군은 그를 위해 서류 가방과 안경까지 준비해주었다.

자오즈리의 방어뿐만 아니라 홍수도 겹쳐 해병대의 화천댐 공격은 성공적이지 않았다. 하지만 화천댐의 위치가 북위 38도 07분 02도이니 해

●— '강제 퇴역' 후 귀국한 맥아더에 대한 미국인들의 환대는 가히 역대급이라고 할 만큼 열광적이었다. 하지만 그가 의회 청문회에서 쩔쩔매는 모습을 보이자 그 열기는 급속히 식었다.

병대는 38선을 돌파하는 데 성공한 셈이었다. 4월 29일, 미 해군과 해병 항공대가 수문 폭격을 시도했으나 실패하자 5월 1일, 항모 프린스턴 Princeton호에서 출격한 8대의 A-1 스카이레이더가 어뢰를 발사해 기어이 수문을 파괴하는 데 성공했다. 이 공습은 공중 어뢰를 지상 목표물을 대상으로 쓴, 세계적으로 매우 드문 사례였다.

한편 밴플리트 신임 제8군 사령관은 부임하자마자 공격 계획을 수립했다. 중부 전선을 김화 남쪽과 화천 북쪽을 연결하는 와이오밍선으로 끌어올리고, 동부 전선을 양구와 인제를 잇는 앨라배마선까지 진격시키는 한편, 전체적으로는 적의 보급 중심인 철의 삼각지대에 대한 공격 태세까지 갖추겠다는 것이 주요 내용이었다. 밴플리트 사령관은 와이오밍선에 대한 공격은 4월 21일, 앨라배마선에 대한 공격은 4월 23일 시작하겠다고 리지웨이에게 상신했다. 이에 대해 리지웨이 장군은 앨라배마선은 인정하지 않고, 대신 임진강과 한강의 합류점에서 철원과 화천 저수지를 지나 동해안에 이르는 와이오밍선을 새로운 작전으로 승인했다.

4월 21일, 제1해병사단은 우익에 한국군 제1해병연대, 좌익에 제7해병연대, 중앙에 제5해병연대를 두고 제1해병연대를 예비대로 삼아 진격을 시작했다. 사단은 중국군 포로를 통해 다음 날인 22일 중국군의 공세가 시작된다는 정보를 입수하고 있었다. 역정보일 가능성이 없지 않았지만 장진호에서 경험한 바에 따르면 그들의 진술은 대개 사실로 판명되었기에 대비하지 않을 수 없었다.

4월 22일 오후 6시, 사단은 진격을 멈추고 다음 날 오전 6시에 진격을 재개하겠다는 방침을 하달했다. 그런데 바로 직후, 과연 중국군의 공격이 시작되었다. 강력한 포격이 해병대 진지를 강타했고, 이어서 대병력이 피리 소리와 북소리, 꽹과리 소리와 함께 돌진해왔다. 이때 제7해병연대 1대대 C중대 소속의 허버트 리틀턴 일병이 진지에 수류탄이 떨어지자 몸을 날려 동료 병사들의 목숨을 구하고 전사했다. 그의 나이 21세였다. 2009년 12월, 그의 고향인 아이다호주 남파시 우체국에 그의 이름이 붙었다. 중국군의 공격은 해병대의 좌익을 맡은 한국군 제6사단에 집중되었고, 제6사단은 중국군의 압도적인 공세에 밀려 붕괴되고 말았다. 스미스 사단장은 예비대인 제1해병연대를 좌익에 배치해 구멍을 막았다. 그는 한국군 제6사단의 패주병들이 밀려든다는 보고를 받고 이렇게 명령했다. "싸울 의사가 있는 자들은 계급을 불문하고 싸우게 하라. 그렇지 않은 자는 포로로 취급하라!"

한국 제1해병연대는 매우 대조적이었다. 부대는 잠시 후퇴했지만 곧 전열을 정비해 반격에 나섰다. 그들이 어찌나 용전했던지, 중대 하나는

150명의 부대원 중 40명만 남을 정도였다. 이에 놀란 호지 군단장은 한국 제1해병연대에 후퇴를 명령했지만 거부하는 바람에 제1해병사단의 참모들이 나서서 그들을 뜯어말려야 했다. 중국군의 인해전술은 병사들이 놀랄 정도로 계속되었다. 해병대는 이 '방어선'을 자신들의 기지 이름을 붙여 '펜들턴선'이라고 불렀다. 24일, 공중 지원이 이루어지고 해병대가 전열을 정비해 본격적인 반격에 나서자 그제야 중국군의 공격이 중단되었다.

스미스 장군, 한국을 떠나다

4월 24일은 스미스 장군의 한국전쟁 마지막 날이기도 했다. 하지만 부대가 전투 중이어서 사단장의 이취임식은 없었다. 다만 군악대의 연주 속에 장군기를 내리고 올림으로써 이날 사단장의 퇴임과 부임을 표시했다. 스미스 사단장은 10개월간 인천과 서울, 장진호, 원주, 횡성, 홍천, 춘천, 화천에서 한국전쟁의 고비가 되는 전투를 치른 장병들에게 짧은 이임사를 남겼다. 그리고 25일, 춘천에서 비행기에 몸을 실었다. 예상보다 일찍 사단을 떠나게 된 이유는 밝혀지지 않았지만 아마도 차기 해병대 사령관으로 내정되어 있던 셰퍼드 중장 등의 견제 때문이었을 것이다.

4월 26일, 이승만 대통령은 김해공항에서 스미스 장군에게 은성2등무공훈장을 수여했다. 곧 한국을 떠난 스미스 장군은 도쿄와 미드웨이, 하와이를 거쳐 샌프란시스코 근처 앨러미다 해군기지에 도착하여 가족들과 재회했다. 휴가를 얻은 그는 모교인 버클리 대학교와 샌프란시스코 프레스클럽 등의 초청을 받아 연설을 하며 뉴스의 중심인물이 되었다. 그는 한국전쟁의 상황을 논의하기 위해 해병대 본부를 방문하고 싶어했다. 하지만 본부는 그에게 휴가가 끝나는 대로 펜들턴 기지로 부임하라

●— 한국전쟁의 진정한 영웅 올리버 스미스 장군의 일
대기 『조국과 해병대를 위해』. 아쉽게도 우리나라에는
소개되지 않았다.

고 명령했을 뿐이었고, 중장 승진도 보류되었다.

군 내 '정치' 때문이라고 짐작한 그는 다시는 한국전쟁에 대해 입을 열지 않았고, 펜들턴 기지 사령관직에만 충실했다. 특히 현지 경험을 살려 기지 내에 한국의 지리와 마을을 본뜬 '코리아 빌리지'를 만들어 한국 파병을 앞둔 장병들을 훈련했다. 그는 한국전쟁이 끝날 때인 1953년 7월 대서양 지구 해병대 사령관이 되었고, 한 달 후 중장 계급장을 달았다. 1955년 9월, 그는 셰퍼드에게 사령관 자리를 만들어주기 위해 전역을 신청했다. 그리고 전역하는 날 '1일 대장'으로 승진했는데, 부인인 에스터가 계급장을 달아주었다는 후일담이 전해진다.

전역 후 정원이 있는 집을 산 스미스는 샌프란시스코 교외에서 은퇴 생활에 들어갔다. 전사한 부대원의 유가족들에게는 손수 편지를 썼다. 그는 부대원들의 묘소를 자주 찾았다. 1964년 5월 부인이 먼저 세상을 떠났고, 한국전쟁의 진정한 영웅인 그도 1977년 성탄절에 향년 84세로 세상을 떠났다. 2009년 그의 외손녀인 게일 시슬러 여사가 '조국과 해병대를 위해'라는 제목으로 올리버 스미스의 일대기를 책으로 펴냈다.

현리 전투와 해병대의 후퇴

제1해병사단은 중국군의 공격을 잘 막아냈지만 한국군 제6사단의 붕괴로 측면이 노출되면서 북한강 남안으로 철수할 수밖에 없었다. 중국군의 공세는 가공할 만했다. 하지만 역시나 장진호에서처럼 열악한 보급과 화력의 열세가 그들의 발목을 잡았다. 중국군에게는 1주일 이상 공세를 지속할 만한 역량이 없었고, 결과적으로 중서부 전선에서 60킬로미터, 중동부 전선에서 35킬로미터 정도를 진격하는 동안 8만 명 이상의 엄청난 전사자를 대가로 내놓아야 했다. 달리 말해 유엔군은 많은 피해를 입었지만 중국군의 4월 공세를 저지할 수 있었다.

밴플리트 장군은 각 사단에 연대 규모의 적극적인 위력 정찰을 지시하며 다시 북진을 준비했다. 하지만 뜻밖에도 중국군이 5월 중순에 다시 공세에 나설 것이라는 정보가 입수되었다. 이에 유엔군은 다시 방어 태세로 전환하고 강력한 방어선을 구축했다. 이때 스미스 장군이 떠난 제1해병사단은 다시 아몬드의 제10군단 예하로 들어갔고, 육군 제2사단과 함께 춘천-홍천 축선의 방어를 맡았다.

당초 유엔군 지휘부는 중국군 공격이 서울을 목표로 서부와 중부에 집중될 것으로 예상했다. 하지만 중국군 지휘부는 그런 예상을 깨고 동부 전선에 주공을 두었다. 동부 전선은 화력과 기동력이 약한 한국군이 맡은 전선이었다. 제1해병사단이 맡은 춘천 방면으로는 중국군 제39군이 소양강을 도하해 양동작전을 펼쳤다.

5월 16일 저녁 8시, 동부 전선에서 중국군의 공격이 시작되었다. 한국군의 가장 수치스러운 참패로 기록될 현리 전투의 시작이었다. 이 전투로 한국군 제3군단이 붕괴되었고, 밴플리트 장군에 의해 군단이 해체되는 치욕을 겪었다. 사실 이런 참극이 일어난 데는 아몬드의 판단 착오와 고집도 한몫했다. 한국군 제3군단 보급소가 위치한 하진부리에서 현리까지의 구간에는 속사리재와 운두령, 상배재, 고사리재, 오미재(오마치) 등 대체로 지형이 험하고 굴곡이 심한 5개의 고개가 있었다. 그중에서도 오미재와 고사리재는 주저항선에서 7~10킬로미터 후방의 고개로, 전술적으로 매우 중요한 요지였다. 특히 오미재는 대암산에서 남쪽으로 5킬로미터 뻗어내려온 능선에 있는 고개로 만일 적군이 이곳을 장악하면 현리 일대에 배치된 한국군 제3군단의 유일한 보급로가 차단되었다. 뿐만 아니라 후퇴 시에도 기동 장비를 이용한 철수가 불가능하게 되는 결과를 초래할 수 있었다.

이런 이유로 한국군 제3군단에서는 오미재를 매우 중요하게 생각했다. 문제는 하필이면 이곳이 아몬드가 이끄는 제10군단 작전지역에 포함되어 있었다는 것이다. 그러나 5월 공세에 대비하던 시점에 이 사실은 중요한 문제가 안 되었고, 한국군 제3군단장 유재흥은 소신대로 중국군이 즐겨 사용하는 우회 침투 전술에 대비하고 주보급로의 안전을 보장하기 위해 5월 4일 오미재에 군단 예비대인 제9사단 제29연대의 1개 대대를 배치했다. 유재흥은 이 같은 행동을 취하면서 아몬드와 사전에 협조하지 않았는데, 결국 문제가 되었다. 아몬드는 "어찌하여 나의 책임 지역 내에 한국군 제3군단이 부대를 배치한단 말인가?" 하면서 오미재에 배치된 부대의 철수를 요구했다. 이에 대해 유재흥은 "오미재가 우리 군단에는 매우 중요한 지형이므로 우리가 경계하는 것이며, 이 조치가 귀군단에 어떠한 영향도 미치지 않으리라 믿는다. 귀 군단에 배속된 국군 제7사단에서 이곳에 병력을 보낸다면 우리는 언제든지 경계부대를 철수할 용의가 있다"고 답했다.

하지만 이후에도 아몬드는 항의를 계속했고, 제8군사령부에도 이를 보고했다. 이때 제8군사령부는 오미재에 관한 경계 조치의 타당성을 인정하면서도 이곳이 제10군단 작전지역인 점을 감안해 한국군 제3군단에 "오미재의 병력을 철수하라"고 지시했다.

결국 한국군 제3군단은 그 틈을 노린 중국군의 침투로 무너지고 말았다. 어쨌든 오른쪽을 지켜줄 한국군 제3군단이 붕괴하면서, 제10군단 역시 전선을 재조정할 수밖에 없었고, 제1해병사단 또한 조정을 받아 홍천쪽으로 후퇴했다. 하지만 이번에도 중국군의 공격은 보급 부족으로 한계점에 봉착했다. 이제 유엔군과 한국군이 다시 북진할 차례였다. 해병대에 주어진 목표는 양구였다.

도솔산 전투, 한국 해병대의 승리

중국군의 5월 공세가 잦아들자 유엔군 사령부에서는 장차 예상되는 휴전 회담에 대비하여 '임진강 입구─전곡─화천 저수지─양구─인제─양양'을 잇는 캔자스선으로의 진출을 시도했다. 이 선은 훗날의 휴전선과 거의 동일하다.

그 일환으로 제1해병사단은 양구군 동면과 서화면에 걸쳐 있는 도솔산 확보에 나섰다. 도솔산은 좌우로 양구와 인제에서 북상하는 도로를 끼고 있는 요지였다. 이 지역을 확보하지 못하면 앞으로의 진격은 물론 경우에 따라서는 이 돌출된 산악지대로 인해 적에게 포위당할 위험마저 있었다. 사단은 이 산악지대에 24개의 목표를 선정한 뒤 6월 3일 제5해병연대를 앞세워 공격에 나섰다. 하지만 제8목표 앞에 솟아 있는 이름 없는 고지 하나를 점령하는 데도 많은 사상자가 나오자 토머스 사단장은 당시 화천 저수지 일대와 소양강 주변에서 수색전을 전개하고 있던 한국군 제1해병연대를 불러들여 투입했다.

김대식 대령이 지휘하는 한국군 제1해병연대는 6월 4일 공격을 시작해 야간전투를 감행하는 등 그야말로 맹활약하며 1122고지와 1218고지를 차례로 점령했다. 나아가 12일에는 대암산에 진출해 제5해병연대와 연결하여 캔자스선을 확보했다. 그사이 우측의 제5해병연대는 제15목표, 좌측의 제7해병연대는 제24목표를 점령했다. 제1해병사단의 전차대와 포병대는 좌측면 군량고개를 공격하는 한국군 제7사단을 지원하기도 했다.

6월 15일, 한국군 제1해병연대는 2단계 공격을 개시했고, 3대대 10중대와 11중대가 19일 새벽 5시 30분 제22목표이자 최종 목표나 다름없는 해발 1,148미터의 도솔산을 점령하는 데 성공했다. 병사들은 부둥켜안고 기쁨의 눈물을 흘렸고, 몇몇 대원들은 나무에 '무적 해병'이라는 글자를 새겨넣었다. 16일간 벌어진 이 전투에서 한국군 제1해병연대는 적군 2,263명을 사살하고 42명을 생포했으며 다수의 화기를 노획했다. 하지만 연대 또한 210명의 전사자를 포함해 700여 명에 달하는 사상자를 대가로 치렀다.

한편 국군의 연패로 마음이 상해 있던 이승만은 한국 해병대의 승리소식을 듣고 기쁜 마음에 여군 훈련소장 김현숙 중령을 시켜 고추장 19상자를 보내주었다. 매운 고추장을 먹고 더 용감히 싸워달라는 의미였다. 20여 일 후 이승만은 밴플리트 장군과 함께, 이때는 예비대가 되어 홍천강으로 물러나 휴식을 취하면서 정비 중인 연대를 방문해 표창장과 '무적 해병'이라는 휘호를 수여했다.

한편 일설에 의하면 미 해병대의 공격이 실패했던 이유는 공격 계획이 도청되었기 때문이고, 그에 반해 한국 해병대가 공격에 성공한 이유는 제주도 출신 병사들을 '윈드토커(암호 통신병)'로 활용해 도청이 불가능했기 때문이라고 한다. 한국 해병대에는 제주도 출신의 병사들이 많았는데, 슬픈 이야기지만 제주도 출신 병사들은 4·3 사건으로 인해 고향에 붙은 '불순분자들의 섬'이라는 '딱지'를 떼기 위해 더 열심히 싸웠다. 대표적인 인물이 4·3 70주년 추념식에서도 언급되었던 오창기다. "오창기 님은 4·3 당시 군경에게 총상을 입었지만 한국전쟁이 발발하자 '해병대 3기'로 자원입대해 인천상륙작전에 참전했습니다." 현재 양구군 동면 비아리 산 1-2번지에는 도솔산 전투 위령비가 서 있다. 매년 6월 중순 양구에서는 이 전투를 기념하기 위한 '도솔산 전적 문화제'가 열린다.

펀치볼 전투

이제 전선은 1차대전의 참호전을 연상케 할 정도의 교착상태에 빠져들고 있었다. 제1해병사단은 양구 북쪽의 펀치볼(해안亥安분지) 북쪽 고지들을 연결하는 헤이스Hays선을 다음 목표로 삼았다.

펀치볼 공격에 앞서 8월 18일, 이곳의 고지들을 점령하기 위한 전투가 벌어졌다. 이 전투는 후일 붙은 별칭처럼 처절하기 그지없던 그야말로 '피의 능선 전투'였다. 전투가 쉽게 끝나지 않자 제1해병사단도 공격에 나섰다. 한국군 제1해병연대도 홍천을 떠나 8월 28일 사단과 합류했다. 이곳에는 중국군이 아닌 북한군 제1사단이 버티고 있었다. 해병대로서는 서울 탈환전 이후 거의 1년 만에 북한군을 상대하는 것이었다.

토머스 사단장은 좌익에 한국군 제1해병연대를, 우익에 제7해병연대를 배치하고 8월 31일부터 공격에 나섰다. 두 나라 해병대는 지형상의 불리함을 무릅쓰고 북한군의 견고한 진지를 공격했다. 엄청난 양의 지뢰와, 적의 완강한 저항과 집중사격으로 해병들은 많은 피해를 입었다. 하지만 사단 포병과 제1해병항공단의 헌신적인 근접 항공 지원을 받으며 치열한 전투를 거듭한 끝에 결국 한국 해병대는 '김일성고지(924고지)'와 '모택동고지(1026고지)'를 점령했고, 제7해병연대도 주어진 목표를 완수했다. 9월 5일에 끝난 1단계 전투로 북한군은 동부 전선의 요지인 이곳에서 물러나 간무봉 쪽으로 후퇴했고, 해병대는 펀치볼 북쪽으로 진격해 유리한 지형을 확보했다.

사단은 다시 9월 8일 하달된 공격 지침에 따라 북측 간무봉에서 사단 정면으로 뻗어 있는 능선상의 749고지를 점령하기 위해 공격을 재개했다. 이 공격은 간무봉 일대의 적을 견제할 뿐만 아니라 펀치볼에 대한 적의 공격을 사전에 차단할 수 있는 전술적 의미까지 가졌다.

사단은 1단계 작전을 끝낸 후 약 1주일간 부대를 정비한 다음 9월 11일부터 다시 공격을 시작하여 격전 끝에 749고지를 점령하고, 9월 20일에는 펀치볼 북쪽 5킬로미터 지점에 있는 812고지까지 탈취했다. 이 전투에서는 근거리에서 매우 정확한 명중률을 자랑하는 M26 퍼싱 전차의 90밀리 전차포가 큰 위력을 발휘했다. 이 전차포로 수많은 북한군의 벙커와 참호가 파괴되었다. 한 전차중대는 하루에 720발을 발사했을 정도였다. 사단은 812고지를 탈취함으로써 작전 목표를 달성하고 해안분지(펀치볼)를 완벽하게 확보했다.

펀치볼 전투 기간 동안 제1해병사단은 전사자 426명과 실종자 3명, 부상자 1,026명의 손실을 입었다. 대신 적군 2,799명을 죽이고, 557명을 포로로 잡았다. 제7해병연대 1대대의 프레더릭 마우저트 병장은 단독으로 적의 진지를 격파한 다음 적의 사격을 자신에게 집중하도록 유도하다가 전사했다. 이 전투에 참여한 이들 가운데 유일하게 그에게는 명예 훈장이 추서되었다.

2단계 작전에서 사단은 헬기를 이용해 884고지에 224명의 수색중대원과 그들을 위한 36톤의 보급품을 투입하는 과감한 강습 작전을 선보였다. 헬기가 후송이나 정찰, 수송 목적이 아닌 공격 작전을 위한 전투부대 투입에 사용된 것은 이번이 전쟁 역사상 최초였다. 헬기는 27일의 야간 작전에도 투입되었다. 이 작전은 미국의 여러 신문에 보도되어 화제가 되었는데, 태평양 지구 해병대 사령관 셰퍼드 중장과 한 달 전 아몬드의 후임으로 제10군단장이 된 클로비스 바이어스 장군도 해병대의 제161헬리콥터수송대에 격찬을 아끼지 않았다.

한편 이로 인해 해군은 헬기 상륙함을 만들게 되는데, 이 이야기는 별도로 소개하고자 한다. 현재 양구군 동면 팔랑리 1471-5번지를 찾아가면 펀치볼 지구 전적비가 서 있다. 하지만 실제 전투 지역은 비무장지대에 있어 접근이 불가능하다.

서부 전선으로의 이동과 계속되는 전투

1951년 6월 이후 거의 10개월간 펀치볼 일대에서 싸운 제1해병사단은 1952년 3월 서울 방어에 중점을 둔 제8군의 전투부대 재배치 계획에 따라 파주의 장단 지구로 이동했고, 소속도 제1군단으로 변경되었다. 정확하게 말하면 휴전 회담이 진행되고 있던 판문점 우측 고랑포였는데, 사단 소속 한국군 제1해병연대는 판문점 좌측 사천강 전초기지를 맡았다. 이즈음 사단장도 펠렐리우 전투 당시 사단 참모장을 지낸 존 셸든 소장으로 교체되었다.

사단 입장에서는 원산 상륙 이후 지긋지긋했던 고산지대에서 벗어난 셈이었고, 전문 분야인 상륙작전의 기회도 주어질 뻔했다. 그사이 대장으로 승진한 밴플리트 제8군 사령관이 제1해병사단을 중국군 배후에 상륙시켜 포위하는 작전을 상부에 제안했기 때문이다. 장군은 이 작전이 성공한다면 완벽한 승리로 전쟁이 끝날 것이라고 확신했다. 하지만 이미 '제한된 전쟁'을 선택한 워싱턴은 이 제안을 받아들이지 않았다. 소련의 직접적인 개입을 우려했기 때문이다. 실력이야 어찌되었건 '북진 통일'만을 원했던 이승만은 장군을 좋아했다. 하지만 해줄 수 있는 것은 별로 없었고, 겨우 태릉 육군사관학교에 밴플리트 장군의 동상을 세워주었을 뿐이다.

5월 중순 적군의 소규모 야간 정찰대를 격파한 해병대는 몇 달간 별다른 작전 없이 시간을 보냈다. 그러다 1952년 8월, 판문점 동남쪽 6킬로미터 지점 229미터 높이의 백학산과 판문점 동북쪽 7킬로미터 지점 236미터의 대덕산 사이에 있는 벙커 고지(벙커힐)에서 중국군과 다시 격전을 치렀다. 벙커힐은 대덕산을 장악한 중국군이 굽어볼 수 있는 불리한 고지였지만 해병대로서는 백학산의 주진지를 방어하는 전초기지로서 이를 확보해야 했다. 중국군도 비슷한 이유로 결코 내어줘서는 안 되는 고지였기에 전투는 치열할 수밖에 없었다. 사실 '벙커힐'이라는 지명은 미국 보스턴 부근의 언덕 이름으로 1775년 6월 독립전쟁 당시 영국군과 전투를 벌인 곳이었다. 미군은 이를 기념하기 위해 에섹스급 항공모함 등에 '벙커힐'을 사용했는데 한국전쟁에서도 여러 곳에 이 이름을 썼다. 그중에서 가장 유명한 곳이 홍천 북쪽의 800고지였다.

벙커 고지는 휴전 회담 장소인 판문점의 안전을 위해 설정된 사격 제한 지역과 인접해 머릿수보다 화력에 의존해야 하는 해병대에는 불리한 전장이었다. 낮에는 해병대, 밤에는 중국군이 점령하는 식의 전투가 이어졌고, 8월 9일부터 16일까지가 가장 치열했다. 총 458회 출격한 제1해병항공단의 지원을 받으며 7차례에 걸쳐 중국군의 공격을 격퇴했지만 600여 명의 사상자라는 큰 희생을 치렀다. 이 전투에서도 엄청난 수류탄전이 벌어졌는데, 몸으로 수류탄을 막은 제5해병연대 2대대의 로버트 시마넥 일병은 사후 명예훈장을 받았다.

한국에서의 마지막 겨울

이승만 대통령과 밴플리트 장군은 9월 18일 제1해병사단을 방문하여 사열했는데, 두 사람이 무슨 말을 했는지는 알 수 없다. 당시 사단은 많은 고참들이 제대하거나 귀국하고 신병들이 그 자리를 대신하여 이전 같은 전투력을 보이지 못했다. 대신 장비는 더 좋아졌는데, 대표적인 예가 M26 전차를 대신한 M46 패튼 전차였다. 사단은 여분의 M4 셔먼 전차를 한국 해병대에 넘겨주었는데, 덕분에 한국 해병대는 첫 전차중대를 갖게 되었다. 미 해병 전차대의 엘리엇 레인 소위가 사격과 운전, 수리법 등을 전수해주었다.

제1해병사단은 10월 27일 야간전투를 감행하여 후크 능선을 탈환했고, 28일에는 판문점 북동쪽의 외곽 진지를 탈환했지만 이 시기에 큰 전투는 없었다. 12월 초에는 종전을 공약으로 내세운 아이젠하워 대통령 당선자가 방한하면서 전쟁은 점차 파장 분위기로 흘러갔다.

여기서 잠깐 눈을 반년 전 워싱턴으로 돌려보자. 맥아더의 해임 직후인 4월 13일, 인천과 장진호 전투의 영향으로 해병대 증강안이 부상했지만 마셜 국방부 장관은 반대했다. 하지만 두 달 후인 6월 19일, 미국 상하 양원은 해병대 병력을 21만 2,000명에서 40만 명으로 확대하고, 필요하면 해병대 사령관이 합동참모본부에 출석할 수 있다는 내용의 의안을 가결했다. 이 일에는 펠렐리우와 오키나와 참전 용사인 해병대 출신의 폴 더글러스 상원의원이 앞장섰다. 결국 원안인 40만 명까지 늘지는 못했지만 장진호에서의 희생은 결코 헛된 것이 아니었다.

2차대전 후 해체된 제3해병사단이 1월 7일 부활해 펜들턴 기지에서 훈련에 들어갔다. 이 사단은 한국전쟁에 직접 참여하지는 않았지만 스미스 장군의 지도 아래 훈련을 받으며 제1해병사단에 보충병을 보내는 역할을 수행했다.

그리고 한국전쟁에서의 마지막 겨울이 찾아왔다. 1952년은 백마고지 전투로 대표되는 고지전들이 계속해서 벌어진 해였지만 적어도 겨울에는 큰 전투가 없었고, 주전장은 판문점이었다. 그러나 봄이 되자 상황은 달라졌다.

베가스 고지 전투의 영웅 군마 레클리스

1953년 3월 22일, 벙커힐에 대한 중국군의 공격이 있었다. 해병대는 이를 격퇴하고 112명을 쓰러뜨렸지만 이 전투는 전초전에 불과했다. 3월 26일부터 고랑포 서북쪽 전초기지인 베가스Begas 고지와, 그 서북방 2.5킬로미터 지점의 레노Reno 고지 및 베가스 고지 서남방 500미터 지점의 카슨Carson 고지 등 높이 100미터 안팎의 전초 고지들에서 5일 동안 혈전이 벌어졌다. 그중에서 특히 베가스 고지의 중국군을 격퇴하고 457명을 쓰러뜨린 3월 29일의 전투가 가장 치열했다. 이 일련의 전투에서 해병대는 사살(추정) 1,700여 명, 진지 앞 시신 539구를 확인하는 전과를 거두었고, 포로 4명을 잡았다. 대신 전사 116명과 실종 89명, 부상자 801명이라는 손실을 입었다.

5일간 이어진 치열한 전투에서 해병대는 두 가지 특별한 화젯거리를 남겼다. 3월 28일은 베가스 고지에 이어 레노 고지까지 점령당한 날이었는데, 제7해병연대 2대대 소속의 대니얼 매슈스 병장은 자신의 분대원이 적의 기관총 진지 앞에서 부상당해 쓰러지자 분노를 참지 못하고 그를 구하기 위해 소총을 난사하며 돌진했다. 그는 전우를 구하고 적의 기관총좌를 침묵시키는 놀라운 전공을 세웠으나 결국 중국군 기관총 사수와 격투 끝에 전사하고 말았다. 그는 이 전공과 희생정신으로 하사로 추서되었고, 1년 후인 1954년 3월 29일 명예훈장을 받았다.

두 번째는 사람이 아닌 말 이야기다. 사단 소속의 에릭 피터슨 중위는 서울에서 뚝섬경마장의 마주인 김홍문에게 250달러를 주고 '아침해'라는 이름의 암컷 경주마를 샀다. 김홍문은 지뢰를 밟아 다리를 잃은 여동생에게 의족을 해주기 위해 돈이 필요했던 청년이었다. '아침해'는 제5해병연대에서 탄약 수송마로 훈련받았다. 미 해병들이 아침해의 친구가 돼주었다. 친밀감이 깊어지면서 아침해는 동료 해병들이 있는 곳이면 어디든 달려갔고, 동료들은 아침해에게 '레클리스Reckless'라는 이름을 지어주었다. 우리 식으로 번역하면 '깡순이' 정도라고 할 수 있는데, 몬테 카시노 전투의 참전곰 '보이텍'처럼 겁이 없었다. 포탄도, 포성도, 총탄도 두려워하지 않고 무려 386회의 임무를 훌륭하게 완수했다. 주로 나른 물건은 무반동포탄이었지만, 능선에 통신선을 설치하는 임무에서는 일반병 12명의 몫을 해내기도 했다. 레클리스는 전장에서 포탄 파편에 왼쪽 눈 위를 다치고, 왼쪽 옆구리가 찢어지는 등 두 차례 부상을 입었지만 치료를 받고 다시 복귀해 부상당한 병사들을 안전지대로 후송하는 임무를 수행했다. 더 놀라운 사실은 레클리스가 이 같은 모든 임무를 포탄이 쏟아지는 가운데 수행했고, 조정하는 기수 없이 스스로 움직였다는 것이다. 레클리스는 철조망 같은 장애물을 피하고, 포탄이 터지면 바닥에 엎드리게 훈련받아왔다. 해병들은 레클리스를 지켜주기 위해 자신의 방탄복으로 보호해주기까지 했다.

제1해병사단이 한국을 떠날 때 레클리스도 함께 미국으로 건너갔다.

레클리스는 한국과 미국 대통령의 표창을 비롯해 전사자나 부상자에게 수여되는 미 '퍼플하트' 훈장 2개, 미 국방부 종군기장, 미 해병대 모범 근무장, 미 해군 사령관 표창 2개, 한국전쟁 참전 유엔 훈장, 한국전쟁 참전 훈장 4개 등 많은 수훈 표창을 받았다. 2016년 7월에는 영국도 전쟁이나 국가안보에 기여한 동물에게 수여하는 '디킨 메달'을 레클리스에게 수여했다.

레클리스는 1959년 정식으로 하사가 되었다. 무려 1,700명의 해병대원이 도열한 가운데 기념 행진과 예포 발사가 진행되는 등 진급식은 매우 성대하게 열렸다. 제1해병사단은 이날 '레클리스에게 앞으로는 담요 외에 어떤 것도 등에 싣지 않도록 한다'는 명령을 내려 예우를 다했다. 레클리스는 1960년 11월 명예 전역을 하고 캘리포니아주 펜들턴 기지에서 여생을 보냈다. 1마리의 암망아지와 3마리의 수망아지를 낳았으며 1968년 5월 20세의 나이로 생을 마감했다. 해병대는 엄숙한 장례식을 치러주었고, 미국 주요 언론에 크게 보도되는 등 전국적 관심을 불러모았지만 세월이 지나면서 점차 대중의 관심에서 멀어져갔다.

하지만 2013년 한국전쟁 정전 60주년 기념식을 치르면서 레클리스는 재조명되었고, 콴티코 기지에는 동상까지 세워졌다. 다음 해에는 『미국 전쟁 영웅 말, 레클리스 하사』라는 책까지 발간되었는데, 아쉽게도 아직 한국에는 번역되지 않았다. 경기도 연천 한탄강댐물문화관에 레클리스의 업적을 기리는 '군마 아침해 전시 코너'가 마련돼 있을 뿐이다. 레클리스 하사 기념재단도 설립되었는데,『미국 전쟁 영웅 말, 레클리스 하사』는 재단 이사장 로빈 허턴의 작품이다.

허턴 이사장은 책에서 "레클리스는 식탐이 대단했다. 모닝커피와 함께 스크램블드에그와 팬케이크를 즐겼고, 초콜릿 바, 사탕, 코카콜라도

●— 숙녀모를 쓴 레클리스. '그녀'에 대한 해병대원들의 애정을 볼 수 있다.

마셨다. 심지어 맥주도 마셨다"며 "저녁에는 군인들 숙소 텐트 안에서 잠을 자는 등 동료들의 사랑을 받았다"고 술회했다. 다만 보이텍처럼 담배를 피우지는 않았다.

2016년에는 레클리스가 생을 마감한 펜들턴 기지에도 동상이 세워졌다. 그리고 2018년 5월 15일, 켄터키주 렉싱턴에 위치한 호스파크에서도 레클리스의 동상 제막식이 열렸다. 렉싱턴 호스파크에는 영화로도 잘 알려진 전설적인 경주마 '세크리테리엇'(1973년 3대 경마대회를 석권해 '대삼관'을 차지했다)과 1920년대 활약한 20세기 최고의 경주마 '맨오워'의 동상이 있는데, 레클리스도 같은 '급'이 된 것이다. 이날 행사 참석자 중 한 명은 "한국전쟁에 참전하지 않았다면 레클리스는 경주마로 생을 마감했을 것"이라며 "경주마의 명예의 전당인 켄터키 호스파크에 동상이 세워짐으로써 경주마로서의 꿈을 이루었다"고 의미를 부여했다. 이날 행사는 레클리스가 숨을 거둔 지 50주년을 맞아 거행됐으며, 한국전쟁 참전 용사 4명이 자리를 함께했다. 그중 한 명인 하워드 E. 위들리는 "레클리스는 우리의 탄약을 지원해주는 생명선이었다"며 "엄청난 소음과 진동이 요동치는 전장에서 놀라지 않고 견뎌냈다. 그러면서도 무사했던 것을 보면 나는 수호천사가 레클리스를 타고 있었다고 믿는다"고 말했다.

휴전과 귀국

'주전장'이 된 판문점에서는 휴전 회담이 진행되는 가운데 옥신각신하면서도 포로 교환이 이루어지는 등 느리게나마 휴전을 향한 발걸음을 내딛고 있었다. 그동안 해병대원들은 고아원을 방문하여 위문품을 전달하는 등 사회봉사를 하며 시간을 보냈다. 4월 8일에는 벙커힐에 대한 중국군의 공격이 있었고, 이틀 후인 4월 10일 대원들은 '전쟁이 끝났다'는 중국군의 거짓 선전 방송을 듣기도 했다.

4월 말에 이르러 제1해병사단은 대부분의 전선을 미 육군 제25사단에 인계했다. 하지만 찰스 매코이 중령이 지휘하는 전차대대와 일부 부대는 계속 남았고, 전차대대의 1개 중대는 제25사단을, 2개 중대는 판문점 부근으로 이동하여 터키 여단을 지원했다.

5월 15일, 중국군은 칼슨 고지와 베를린 고지에 대한 대공세를 시작했는데, 이 전투에서 전차대대는 여기저기 필요한 곳으로 이동하며 공세를 저지하는 데 큰 역할을 했다.

그 후에도 소소한 전투는 계속 이어졌다. 하지만 '최후까지 싸우겠다'

●— 정전협정 서명. 한국전쟁은 미국이 건국된 이래 처음으로 이기지 못한 전쟁이었다. 그다음은 '패전'이었다.

는 이승만 대통령의 '결의'와 휴전 반대 관제 데모에도 불구하고 워싱턴의 '국방부 시계'는 '시차'는 있을지언정 멈추지 않고 돌아갔다. 휴전협정 조인 직전인 7월 25일, 베를린 고지에서 방어를 위한 마지막 전투가 벌어졌다. 이 전투에서 제7해병연대 2대대 소속으로 멕시코계 미국인인 암브로시오 기옌 하사는 부상자를 대피시키면서 적의 화력에 자신을 노출시켰다가 전사했다. 이 공적으로 그는 한국전쟁에서 해병대의 마지막 명예훈장 수상자가 되었다. 해병대는 적군을 격퇴했다.

  제1해병사단은 휴전 후 1년 반이 지난 1955년 3월 14일 작전지역을 인계했다. 한국군 제1해병연대가 모태가 되어 그보다 두 달 전에 탄생한, 같은 단대호의 한국군 제1해병사단이 그 주인공이었다. 1964년에는 두 나라 해병대의 투혼과 전우애를 기리는 한미해병참전비가 세워졌는데, 여전히 경기도 파주시 조리면 봉일천4리 산8번지에 자리하고 있다.

제1해병사단은 3년간의 한국전쟁에서 전사자 4,509명 등 무려 3만 544명의 사상자를 냈다. 제1해병사단은 말 그대로 한국을 구했고, 그 공로를 인정받았다. 이후 해병대 존재에 대해 시비를 거는 이들은 적어도 표면적으로는 사라졌다.

10년간의 전력 보강

한국전쟁이 끝난 후 당연하게도 많은 변화가 있었다. 그중 가장 큰 변화는 헬기가 해병대의 중요 장비로 떠올랐다는 점이다. 전쟁 중이던 1951년 8월 창설된 제161 헬리콥터수송대는 시코르스키Sikorsky사의 HRS 헬기 15대를 보유했는데, 이후 전쟁이 끝날 때까지 연인원 6만 462명과 3,400톤의 장비를 수송하고, 2,748명의 부상자를 구출하는 놀라운 활약을 보였다. 육군과 해군에 비해 조직이 작고 늘 치열한 전투의 최전선에 있으면서 생존을 위해 빠른 혁신을 거듭했던 해병대는 헬기의 잠재력을 빠르게 인식하고 어느 군종보다도 적극적으로 이 장비를 도입했다.

먼저 1만 1,000톤급의 카사블랑카Casablanca급 호위 항모 테티스베이Thetis Bay가 1955년 7월 캐터펄트와 착함 장비를 철거하고 최대 20대의 헬리콥터와 1,000명의 병력을 실을 수 있는 헬리콥터 모함으로 개조되어 제7함대에 배속되었다. 이 배는 실전용이라기보다는 헬리콥터 운영을 본격화하기 위한 실험함으로서의 성격이 강했다. 테티스베이호는 1959년 해병중대를 태우고 큰 수해를 당한 타이완에서 구조 활동을 벌여 850명을 수용한 적이 있는데, 이후 이런 류의 구조 활동은 해병대의 중요한 비전투 임무가 되었다. 1962년 쿠바 위기가 일어났을 때 테티스베이호는 대서양함대에 배속되어 해상 대기를 한 적이 있지만 결국 한 번도 실전을 치르지 못하고 1964년 퇴역했다.

미 해군은 테티스베이를 운용하면서 강습상륙함의 유용성을 확인했고, 이에 1959년 구식화하기 시작한 에섹스급 항모 가운데 복서Boxer, 밸리포지Valley Forge, 프린스턴Princeton 3척의 캐터펄트와 착함 장비를 철거하고 최대 40대의 헬리콥터와 2,000명의 병력을 수용할 수 있는 강습상륙함으로 개조했다. 하지만 이 역시 테티스베이처럼 처음부터 상륙함으로 만들어진 배는 아니었다.

결국 해병대와 해군은 처음부터 상륙함으로 설계된 이오지마급 7척을 건조해 1961년부터 차례로 실전에 배치했다. 함명은 이오지마, 오키나와, 과달카날, 괌, 트리폴리, 뉴올리언스 그리고 인천이었다. 이 함명들의 유래에 대해서는 따로 설명이 필요하지 않을 것이다. 이 상륙함들은 앞의 4척과 함께 'LPHLanding Platform Helicopter(강습상륙함)'라는 새로운 함종으로 불렸다. 만재 배수량 1만 8,300톤에 23노트의 속력을 낼 수 있는 이 급은 최대 2,090명의 해병과 30대의 헬리콥터를 싣고 육해공의 3차원 작전을 수행할 능력을 지니고 있었다.

한편 펜들턴 기지로 돌아온 제1해병사단은 태평양 방면의 최대 기동부대로서 중요한 역할을 맡았다. 또한 한국전쟁의 전훈을 살려 새로운 훈련에 돌입했다. 전통적인 사격 훈련은 물론이고 복잡한 지형과 기상 조건 아래에서 독립적으로 작전을 구사할 수 있는 능력 배양에 힘을 기울였다. 그중에는 장진호 전투의 경험을 살린 산악전 능력, 설상 행군, 혹한 대비 훈련도 큰 비중을 차지했다. 하지만 이 훈련은 결과적으로 쓸데없는 노력이 된다. 여기에 그 전까지 없던 사막전 훈련도 추가되었다.

그 과정에서 해병대 역사상 최악의 불상사가 발생했다. 1956년 4월 8일 일요일, 노스캐롤라이나 해병대 훈련소에서 교관의 지시에 따라 계획

●— LPH 밸리포지. 캐터펄트와 착함 장비는 철거되었지만 초기 에섹스급의 특징인 비행갑판과 함수의 분리가 눈에 들어온다.

되지 않은 훈련이 계곡에서 실시되었다가 6명이 익사하는 사건이 발생한 것이다. 이로 인해 해병대는 의회 조사를 받았고, 당연히 신병 모집에 큰 어려움을 겪었다.

　다행히 만회할 기회가 생겼다. 대서양 방면을 맡은 제2해병사단이 1958년 레바논 내전에 개입했는데, 단 13시간 만에 현지에 전개함으로써 해병대의 놀라운 기동성을 다시 한 번 만방에 증명한 것이다. 레바논 파병은 한국전쟁과 베트남전쟁 사이에 미군이 최대의 병력을 동원한 군사행동이었다.

　1959년 1월부터는 제3해병사단이 오키나와에 배치되었다. 이후 해병대원들은 펜들턴과 콴티코, 오키나와를 돌며 임무를 수행했다.

1962년 전 세계를 핵전쟁의 공포로 몰아넣었던 쿠바 위기 당시 제2해병사단은 카리브해에 신속하게 전개하여 침공을 준비했지만 현실화되지는 않았다. 그리고 이즈음부터 제1해병사단도 밀림 전투와 대게릴라전 그리고 시위 진압에 대한 훈련 비중을 높였다. 베트남전쟁이 다가오고 있었기 때문이다. 이때 해병대에 입대한 신병 중에는 영화《7월 4일생》(1989년)의 주인공인 론 코빅도 있었다.

베트남전쟁이 일어나기 직전, 해병대는 M1 소총을 자동화한 M14 소총과 M60 기관총을 장비하기 시작했다. 그리고 기분이 좋진 않았지만 육군과 같은 OG107형 전투복을 입게 되었다. 그 외의 개인 장비들은 한국전쟁 때와 별다른 차이가 없이 유지되었다. 그래도 전차는 신형 M48 패튼 전차로 바뀌었고, M53 155밀리 자주포도 도입되었다. 하지만 해병대에 가장 중요한 기갑 장비는 역시 상륙장갑차일 수밖에 없었는데, 한국전쟁 후 기존의 LVT-3C를 개량하여 승무원 3명과 보병 34명을 태울 수 있는 LVT-5가 개발되었다. 이 장갑차는 최대 45명까지 탑승이 가능했고, 지상에서는 시속 48킬로미터, 수상에서는 시속 11킬로미터를 낼 수 있었다.

7장

고난과 굴욕의
베트남전쟁

'멋진' 다낭 상륙작전

통킹만 사건(1964년)＊이 일어난 다음 해 2월 쁠래이꾸Pleiku 공군기지가 공격당하고,＊＊ 무엇보다 남베트남군을 전혀 믿을 수 없다는 사실이 명백해지자 미국 정부는 너무나 어리석게도 지상군 투입을 결정했다. 미국 정부가 내세운 명분은 미 공군 항공기와 병사에 대한 테러를 방어한다는 것이었다.

＊ 1964년 8월 2일 북베트남 어뢰정 3척이 통킹만에서 작전을 수행하고 있는 미 구축함 매독스 호를 향해 어뢰와 기관총으로 선제공격을 가했고, 미 구축함은 즉각 대응하여 1척을 격침하고 2척에는 타격을 가했다고 미국 쪽에서 주장했다. 미국은 이를 빌미로 베트남전쟁에 본격적으로 개입했다. 1971년 펜타곤 보고서는 이 전투가 미국이 베트남전 개입을 위해 조작했을 가능성이 있다고 제기했다. 베트남전 당시 미국 국방부 장관이었던 맥나마라도 1995년 회고록에서 이 사건이 미국의 자작극이었음을 고백했다.
＊＊ 1965년 2월 7일 밤, 베트남민족해방전선은 쁠래이꾸에 있는 미군 기지를 공격해 8명의 병사를 사살하고 126명에게 부상을 입혔다.

첫 번째 파병 부대로는 '미 제국주의의 선봉'인 해병대가 낙점되었다. 그 이유 중 하나가 베트남 해안선이 길다는 것이었는데, 결국 착각에 불과했지만 베트남에서 가장 가까이 있는 오키나와의 제3해병사단이 그임무를 맡았다.

제3해병사단 예하의 제9해병연대 3대대와 제3해병연대 2대대가 이와 쿠니岩國 기지에 주둔한 제1해병항공단의 일부인 3,000여 명과 함께 임시 조직인 제9해병원정여단을 구성해 이 임무를 맡았다. 여단장은 프레더릭 카치 제3해병사단 부사단장이 맡았는데, 그는 사이판과 티니안, 이오지마 전투에 참여한 경력이 있었다.

운명의 날은 1965년 3월 8일로 결정되었고, 장소는 베트남전쟁 내내 해병대의 본거지가 될 다낭이었다. 미국 정부는 극적 효과를 위해 제9해병연대 3대대에게 상륙용 주정으로 해안에 상륙하게 했다. 더구나 이 '상륙작전'의 지휘함은 인천상륙작전의 기함이었던 마운트 매킨리호였다. 하지만 사실 연출 무대 바깥의 사람들, 즉 제3해병연대 2대대를 포함한 대부분의 병사들은 C-130 허큘리스 수송기 편으로 다낭 비행장에 착륙하면서 베트남에 발을 디뎠다.

오전 9시, 해안에 발을 디딘 해병들은 자신들이 각본의 배역을 맡은 줄은 꿈에도 몰랐기에 전투를 각오하고 있었다. 하지만 해안에서 대원들을 맞은 것은 뜻밖에도 환영 인파였다. 특히 남베트남 정부는 여학생들까지 동원하여 해병들에게 꽃다발을 선사했다. 대원들은 적군인 '베트남 민족해방전선(이하 해방전선)의 환영'을 예상하고 있다가 '진짜 환영'을 받은 셈이었다. 해변에는 '미리 와서 안전을 확보한' UDT 대원들도 있었다. 결과적으로 상륙하는 대원들은 종군기자들의 카메라에 담겨 멋진 장면을 연출했다. 하지만 단지 그뿐이었고, 돌아보면 그들은 무의미한 대기로 괜한 뱃멀미만 했던 셈이다. 최초로 TV에 중계된 전쟁인 베트남전쟁은 이처럼 '쇼'로 시작되었다. 쇼에 참가했던 종군기자들 중에는 데이비드 덩컨도 있었다.

하지만 이건 분명 전쟁이었다. 해병대 사령관 월리스 그린 장군이 4월에 다낭을 방문했고, 제3해병연대 2대대와 제4해병연대 3대대도 다낭에 도착했다. 2대대장 데이비드 클레먼트 중령은 한국전쟁 참전 경력이 있었다.

루이스 필즈 소장이 지휘하는 제1해병사단의 예하 부대들도 펜들턴 기지를 떠나 하와이와 오키나와에서 출동을 준비했다. 필즈 사단장은 영관급 장교 시절 글로스터곶 전투에서 제11포병연대 1대대장을 역임했고, 펠렐리우와 오키나와 전투에도 참전한 지휘관이었다.

5월, 제1해병사단의 제7해병연대가 가장 먼저 오키나와로 떠났다. 찰스 보들리 중령의 제7해병연대 3대대는 6월 24일 강습상륙함 이오지마를 타고 오키나와를 떠나 26일에는 베트남 꾸이년에 상륙했다. 나흘 후 중령은 헬기를 타고 베트남 주둔 미군 사령관 윌리엄 웨스트모얼랜드 장군을 만났다. 그사이 중장비들은 계속해서 육양되었다.

이어서 제7해병연대 2대대가 6월 30일 베트남에 도착했고, 1대대도 쭈라이에 포진했다. 제7해병연대는 과달카날과 인천에는 가장 늦게 도착했지만 베트남에는 가장 빨리 도착한 셈이었다. 하지만 첫 임무는 공군기지 보초 노릇이었다. 전원이 지원병이고 가장 강도 높은 훈련을 받았으며 자부심 드높은 부대원들로서는 어이가 없는 일이었지만 어쩔 수 없었다. 해병대는 다낭 공군기지에 대한 해방전선의 소규모 공격을 저지하고 주위를 수색하며 '베트콩'들을 찾아보았지만 별다른 전과를 올리지는 못했다. 하지만 8월이 되자 몸을 풀 기회가 찾아왔다.

첫 전투, 스타라이트 작전

미군은 해방전선 제1연대 병력 1,500여 명이 쭈라이 남쪽 25킬로미터 지점의 해변 반투옹에 집결하여 공격을 준비하고 있다는 정보를 입수했다. 6월 4일 콜린스 장군의 뒤를 이어 제3해병사단장이 된 루이스 월트 장군은 제9해병원정여단장 카치 장군과 제4해병연대장 그리고 방금 베트남에 도착한 제7해병연대장 오스카 피트로스 대령과 함께 선제공격을 하기로 결정했다. 그에 따라 해병 항공대는 물론 해군 순양함의 함포사격 그리고 헬기를 동원하는 대규모 작전이 준비되었다. 작전명은 '스타라이트Starlite'였다. 베트남에서 해병대가 치르는 첫 번째 대규모 전투였다. 제3해병사단장 월트 장군은 백전노장으로 과달카날의 첫 전투였던 툴라기 전투에서 에드슨 중령의 제1기습대대 소속으로 용맹하게 싸웠고, 그 뒤 제5해병연대로 옮겨 과달카날 전투와 글로스터, 펠렐리우에서 싸웠으며, 한국전쟁에서는 참모로 활약했다.

당시 해병 항공대는 장비 면에서 큰 변화를 맞고 있었다. 해병대의 수호천사였던 코르세어를 대신해 A4E 스카이호크 공격기와 최신예 F4B 팬텀 전폭기가 배치되었다. 그 외에도 대지 공격과 공중전이 모두 가능한 F8E 크루세이더 함상 전투기와, 프로펠러기지만 기민한 기동력을 바탕으로 정찰과 공격에 모두 능한 OV-10A 브롱코 공격기도 해병 항공대의 새 날개가 되었다. 하지만 아무래도 가장 큰 변화는 헬리콥터의 대대적인 배치였다. 시코르스키 UH-34D를 비롯해 베트남전쟁의 상징적인 존재가 될 UH-1E 휴이, 시코르스키 CH-37C 등이 새로 배치되었다.

스타라이트 작전의 기본은 쭈라이 일대에 있는 해방전선을 동쪽 해안가로 몰아넣어 소탕하는 것이었다. 구체적으로는, 공략지 남쪽 방면에 제7해병연대가 전차와 함께 상륙한 후 북상하고, 서쪽과 남쪽은 헬기로 이동한 제4해병연대가 맡아서 밀어붙인다. 북쪽은 제3해병연대가 M48 전차와 M67 화염방사 전차를 앞장세워 몰아붙인다. 그리하여 반투옹에 서 완전히 포위, 격멸한다는 것이었다.

18일 아침, 남쪽 방면을 맡은 제7해병연대가 예정대로 상륙했다. 하지 만 해방전선의 강력한 저항에 직면해 박격포와 RPG-7 로켓 세례를 받 기도 했다. 연대의 상륙을 돕기 위해 순양함의 함포가 불을 뿜고, 하늘에 서는 A-4E 스카이호크가 몸을 사리지 않고 지상공격을 가했다. 한편 헬 리콥터에서 내린 서남 방면의 제4해병연대 장병들도 적의 완강한 저항 에 부딪혀 좀처럼 전진하지 못했다. 하지만 UH-1E를 개조한 건십gunship 의 지원을 받으면서 적의 기지를 점령해나갔다.

남쪽의 제7해병연대는 궁리 끝에 전차로 원진을 만들어 전진해나갔 다. 백병전까지 치르며 적을 격퇴했다. 19일에는 적의 마지막 진지를 점 령했고 이후에는 소탕전으로 양상이 바뀌었다. 작전은 21일 종료되었다. 이 작전에서 해병대는 약 600명을 사살했지만 45명의 전사자와 203명 의 부상자라는 적지 않은 손실을 입었고, 당초 목표였던 완전한 격멸에 도 실패했다. 대원들은 해방전선이 까다로운 적이며, 그들의 게릴라전을 상대하는 것이 결코 쉽지 않은 일이라는 것을 깨달았다.

한편 스타라이트 작전에서 용맹을 떨친 로버트 오말리 하사는 베트남 전쟁에서 해병대가 배출한 첫 명예훈장 수상자가 되었다. 1961년 입대 당시 제1해병사단 소속이었던 그는 제3해병사단 소속으로 이 전투에 참 여했다.

해병대의 고민

스타라이트 작전이 있고 몇 달 후인 9월 7일, 제7해병연대는 남베트남군과 함께 1대대의 상륙작전과 3대대의 육로 진격을 병행해 쭈라이 남쪽 40킬로미터 지점의 바딴간반도와 안끼반도의 해방전선 섬멸을 시도했다. 작전명은 '피라냐'. 9월 10일까지 178명을 사살하고 20정의 무기를 노획했지만 제7해병연대도 전사 2명, 부상 14명의 손실을 입었다. 해병대와 함께한 남베트남군의 피해도 전사자 5명, 부상자 33명을 기록했다. 하지만 적 주력의 섬멸에는 실패했다.

그 후에도 여러 작전, 특히 해병대의 '본분'인 상륙작전이 시도되기도 했지만 전과는 신통치 않았다. 비록 피해는 적었지만 해방전선에 대한 심대한 타격도 입히지 못하는 자잘한 전투가 이어졌다.

해병대가 베트남에서 별다른 전과 없이 자잘한 싸움을 거듭하는 동안, 태평양 지구 해병대 사령관 크룰락 중장은 깊은 고민에 빠져 있었다. 그는 인천상륙작전 당시 아몬드의 유명한 말, "LVT는 바다에서도 뜰 수 있는가?"란 말을 직접 듣고 깜짝 놀랐던 바로 그 인물이다. 그는 몇 차례 전선을 시찰한 뒤 베트남전쟁의 본질은 '인민 전쟁'이라는 사실을 간파했다. 웨스트모얼랜드 사령관이 내세운—훗날 악명을 얻게 될—'수색과 격멸 작전'을 같은 군인으로서 이해 못할 바는 아니었으나 크룰락은 이 전쟁에서 주민들의 신뢰를 얻는 것이 가장 중요하다고 생각했다. 해병대는 20세기 초반부터 쿠바와 아이티, 니카라과, 도미니카 등에서 많은 민사 작전을 펼쳐왔으니, 그의 이런 결론은 다분히 그러한 전통에 의지한 것이기도 했다.

해병대가 남베트남군과 함께 일단 해방전선을 몰아내고 나면 마을에서 가옥을 재건하고 우물을 파주고 의료 지원을 하며, 민병을 조직화하는 '작전'을 시범적으로 실시한 것도 그 때문이었다. 113개 마을에 해병 분대가 파견되어 상당한 성과를 보았다. 정식 명칭은 '합동 소대 프로그

● ── 남베트남군 장성들을 만나는 맥나마라(중앙)와 웨스트모얼랜드(오른쪽). 밝은 표정의 두 사람이
지만 결국 베트남전쟁은 이들에게 깰 수 없는 악몽으로 남는다.

램'이었으나 잉크가 서서히 퍼지는 것과 같은 효과를 노렸다는 데 착안
하여 '잉크 블랏Ink Blot(잉크 방울 떨어뜨리기)'이라는 이름으로 주로 불렸
다. 하지만 이 작전은 미군의 지배적인 전략으로 채택되지 않았다. 웨스
트모얼랜드 장군은 지나치게 '비군사적'이라는 이유로, 로버트 맥나마라
국방부 장관은 너무 시간이 걸린다는 이유로 거부했던 것이다.

　한편 미 해병대가 맡은 남베트남 북부는 사실 해변을 제외하면 쯔엉
선산맥이 통과하는 산악지대였다. 상륙작전 전문 부대에게 산악지대를
맡긴 셈인데 이렇게 된 이유는 간단했다. 남베트남 북부에는 제대로 된

항만 시설이 없었기 때문이다. 물론 해병대는 항만 시설과 상관없이 해변에서 작전이 가능한 부대였지만—남부 메콩삼각주가 훨씬 더 해병대가 실력을 발휘하기 좋은 전장이었다—웨스트모얼랜드는 이런 이유를 들어—"항만 시설이 없으니까"—해병대에 북부 산악지대를 떠맡겼던 것이다. 이 때문에 해병대 고위 지휘관들은 두고두고 웨스트모얼랜드에 대해 좋지 않은 감정을 가졌다. 이후 해병대는 사사건건 베트남 주둔 미군 사령부와 충돌한다.

북베트남과 남베트남 사이의 비무장지대도 해병대의 주요 작전지역이었다. 비무장지대 인근의 산악과 정글은 언제가 됐든 북베트남 정규군이 남하하는 통로가 될 것이었고, 이 말은 앞으로 해병대의 주적이 남베트남의 해방전선이 아닌 북베트남 정규군이 될 것이라는 의미였다. 또한 이는 정규군 간의 전투인 만큼 '게릴라'를 상대하는 다른 지역의 주둔 부대보다 훨씬 큰 손실을 감당해야 한다는 의미이기도 했다.

11월 17일, 스타라이트 작전으로 타격을 입었던 해방전선의 제1연대가 몇 달 사이에 전력을 회복해 꽝남성의 성도 땀끼에서 40킬로미터 떨어진 히엡득을 함락했다. 이곳은 남베트남군의 지방 부대가 지키고 있었는데 그들은 433명의 병력 가운데 174명을 잃고 315점의 무기를 빼앗겼다. 히엡득은 꾸에선 계곡의 입구에 해당하는 곳이기도 했고, 한편으로 해방전선이 이곳을 근거로 다낭과 쭈라이 중간 지점인 땀끼를 위협할 수 있어서 방치할 경우 자칫 해병대의 기반이 위태로워질 수 있었다.

결국 멜빈 헨더슨 준장이 지휘하는 '하베스트 문Harvest Moon 작전'이 시작되었다. 제7해병연대 2대대와 제3해병연대 3대대를 꾸에선 계곡에 투입하는 작전이었다. 해병대는 사령부의 지침대로 꾸에선 계곡에서 수색과 섬멸 작전을 진행했다. 당초 미월 합동작전으로 계획되었으나 남베트남군 제5보병연대가 이동 중에 매복에 걸려 큰 피해를 입으면서 전열에서 이탈했다. 결국 해병대 단독 작전 같은 형태가 되었는데, 해병대는 헬리콥터를 이용한 강습 작전을 채택했다. 그런데 어떻게 알았는지 해방전선이 미리 착륙 지점에 대기하고 있었고, 해병대는 도착하자마자 전투에 돌입했다. 전투는 꾸에선 계곡 전역으로 이어졌다. 한편 작전에서 이탈한 남베트남군 제5보병연대는 제2사단 소속이었는데, 이 부대 사단장이 바로 무능과 부패로 유명한 호앙 쑤언 람 장군이었다. 그의 '활약'은 황석영의 『무기의 그늘』(1985년)에서도 자세히 소개된 바 있다.

우여곡절 끝에 꾸에선 계곡을 점령했다. 이 전투를 통해 하비 바넘 주니어 중위가 명예훈장을 받는 등 희소식이 있었지만 결과는 그다지 신통치 않았다. 얼마 후 고지의 가치가 떨어져 철수해야 했고, 또 얼마 지나지 않아 계곡이 다시 적의 수중에 들어갔기 때문이다. 7년간 이런 '삽질'을 해병대를 포함한 미군은 무한 반복한다. 이 전투에서 해병대는 45명이 전사하고, 218명이 부상을 당했고, 남베트남군은 90명이 전사하거나 실종되고, 141명이 부상을 당했다. 전과는 사살(추정) 407명, 포로 33명이었다.

그런 가운데 점점 더 많은 해병대가 베트남에 투입되었다. 제1해병사단과 제3해병사단 전체가 1965년 말까지 베트남에 전개되기에 이르렀고, 두 사단을 묶은 제3상륙군이 편성되었다. 《7월 4일생》의 주인공 론 코빅도 같은 해 12월, 제1해병사단 제7해병연대의 일원으로 베트남에 발을 디뎠다. 한국군 제2해병여단, 즉 청룡부대도 1965년 10월 9일 베트남에 상륙하여 12년 만에 다시 미국 해병대와 어깨를 나란히 하고 싸우게 되었다.

1966년, 끝없는 '수색과 섬멸'의 해

1966년 연초부터 제1해병사단은 '수색과 섬멸'의 교리에 충실하게 수많은 전투를 치렀다. 독자들께 미리 양해를 구하면, 앞으로 다소 지루하게 '작전들'을 열거할 텐데, 이 시기 제1해병사단의 지리멸렬한 상황과 닮아 있다는 사실을 헤아려주면 좋겠다.

1월 3일, 제1해병연대 1대대는 '긴 창Long Lance'이라는 이름의 작전에 나서 꽝남성에서 '수색과 섬멸'을 실시했지만 허탕을 쳤다. 11일에서 17일까지는 제7해병연대가 '청둥오리Mallard 작전'에 나섰다. 하지만 장소만 안호아로 다를 뿐 꽝남성에서와 같은 짓을 반복했다.

1월 28일에서 2월 28일까지는 '쌍두 독수리Double Eagle 작전'이 두 차례 실시되어 꽝응아이성과 꽝찌성 일대 그리고 꾸에선 계곡에서 길게 이어졌다. 주로 제3해병사단이 투입되었지만 제1해병연대 3대대도 참가했으며, 작년에 맞섰던 해방전선 제1연대와도 다시 싸웠다. 하지만 긴 전투에 비하면 전과는 430여 명의 적을 소탕했을 뿐이고, 대신 120명의 사상자를 냈다.

3월 4일에서 7일까지는 '유타/리엔껫 26 작전'*이 실행되어 제1해병연대 3대대, 제7해병연대 1대대와 2대대가 남베트남군 제2사단과 함께 처음으로 북베트남 정규군을 상대로 전투를 치렀다. 적 632명을 사살(추정)하고, 해병대는 83명, 남베트남군은 32명의 사상자를 낸 꽤 큰 규모의 전투였다.

3월 20일에서 23일까지는 제1해병연대 1대대와 2대대가 제3해병사단 제4해병연대와 함께 꽝찌성에서 '오리건Oregon 작전'을 펼쳤는데 별

---

* 미군과 남베트남군이 공동으로 작전하는 경우 '/' 표시를 하여 두 군의 작전명을 병기했다.

다른 전과도, 피해도 없었다. 그에 비해 같은 날 시작된 '텍사스/리엔껫 28 작전'은 상황이 매우 달랐다. 제1해병연대 1대대와 2대대, 제7해병연 대 3대대가 제4해병연대 일부와 호주군, 남베트남군 해병대·공수부대 와 함께 안호아성에서 대규모 공중 기동전을 펼쳤다. 25일까지 이어진 이 전투에서 해병대는 해방전선 제1연대에 623명의 희생을 강요하는 상 당한 전과를 거두었지만 그 대가로 99명의 사상자를 냈다.

3월 26일에는 해안가에서 '잭스테이Jackstay 작전'이 진행되어 제5해병 연대 1대대가 남베트남 해병대와 함께 해안가의 적 근거지를 소탕하는 작전에 나서 600명이 넘는 적을 사살하는 전과를 거두었다.

4월 초에는 '네바다/리엔껫 34 작전'이 펼쳐져서 제7해병연대 전체와 남베트남군 제2사단이 꽝응아이성과 바딴간반도에 투입되었다. 하지만 비교적 큰 작전 규모에 비해 전과는 적 68명을 사살하는 데 그쳤다.

제1해병연대 1대대와 2대대는 4월 8일에서 10일까지 꽝띤성에서 '아 이오와 작전'을, 17일에서 20일까지는 꽝남성에서 '외침Yell 작전'으로 '수색과 섬멸'에 나섰지만 두 번 다 허탕을 쳤다.

4월 22일부터 24일까지는 '핫 스프링스Hot Springs/리엔껫 36 작전'이 진행되었다. 제1해병연대 3대대와 제7해병연대 2대대, 3대대가 꽝응아 이에서 대규모 공중 기동전을 수행했다. 하지만 적 사살은 103명에 불과 했다.

4월 26일에는 '와이오밍 작전', 27일에는 '오세이지Osage(아메리카 원주 민 부족의 이름) 작전'이 진행되었다. 와이오밍 작전은 제1해병연대 3대 대와 제5해병연대 2대대가 쭈라이 북서쪽에서, 오세이지 작전은 제5해 병연대 1대대가 트어티엔성 일대에서 벌였지만 별다른 성과는 없었다.

이렇게 1966년의 3분 1이 지나가면서 해병대 사령부는 점차 '수색과 섬멸'의 한계를 절감했다. 하지만 '수색과 섬멸'은 끝없이 이어져서, 5월 4일에는 '체로키Cherokee 작전'이 제1해병연대 1, 2대대와 제4해병연대 일부에 의해 트어티엔성에서 진행되었고, 며칠 후에는 '몽고메리/리엔껫 40 작전'이 제7해병연대 1, 2대대와 남베트남군 합동으로 꽝응아이성에서 전개되었다. 하지만 역시나 별다른 성과는 없었다.

5월 15일부터 사흘 동안에는 제7해병연대 3대대가 같은 꽝응아이성에서 '유마 작전'을 수행했고, 20일에는 해병대와 남베트남군이 합동으로 좀 더 큰 규모의 '모건Morgan 작전'을 실행했다. 하지만 결과는 별 차이 없었다.

5월 24일, 제5해병연대 1대대가 쭈라이 북쪽 20킬로미터 지점 해안에서 수행한 '샤이엔 ICheyenne I 작전'도, 같은 연대 2대대가 꽝찌에서 6월 6일부터 1주일간 수행한 '아파치 작전'도 결과는 마찬가지였다.

6월 말이 되자 상황이 달라졌다. 6월 29일, 제1해병연대 2대대는 제4해병연대 2대대·남베트남군과 함께, 꽝디엔과 후에의 북쪽 20킬로미터 지점에서 북베트남군 제6연대 소속 2개 대대를 상대로 나흘 동안 치열한 전투를 벌였고, 500여 명을 쓰러뜨리는 큰 승리를 거두었다. 이 전투의 작전명은 '제이/람선 284'였다.

오랜만의 유의미한 승리에 고무된 해병대는 6월 29일 '오클랜드/리엔껫 46 작전'을 진행했다. 이번에는 제7해병연대 2대대와 3대대가 남베트남군 해병대, 수색대와 함께 꽝응아이에서 작전을 펼쳤다. 하지만 별 전과를 거두지 못했고, 7월이 되자 상황은 또다시 지리멸렬해졌다. 상황이 이렇자 해병대 지휘부는 소기의 성과를 거둔 예외적 전투들이 있었지만, '수색과 섬멸'의 한계를 더욱 실감했고, 이를 재검토하기 시작했다. 그리하여 무조건적인 수색과 파괴로 점철된 작전을 그만두고 현지

민과의 교류와 지원을 바탕으로 게릴라의 존재 근거를 없애려는 대안을 다시 시도하려고 했다. 그러나 이는 웨스트모얼랜드 사령부와의 충돌을 피할 수 없게 하는 일이었다.

결국 해병대는 작전 전환을 위한 명분 쌓기를 겸해 꽝찌성의 비무장지대와, 해병대의 주요 진지를 연결하는 9번국도 인근에서 대규모 작전을 감행했다. 작전명은 '헤이스팅스Hastings'였다. 주력은 제3해병사단이었지만 제1해병사단도 제1해병연대와 제5해병연대의 일부가 참가했다. D-Day는 7월 15일로 결정되었다.

헤이스팅스 작전

작전을 시작한 해병대는 곧 비무장지대를 넘어 침투한 북베트남 정규군 제324사단과 충돌했다. 이 부대는 해병대가 비교적 남쪽인 쭈라이나 꽝응아이, 꽝띤성 등지에서 싸우는 동안 은밀히 남하하여 이 지역에 은신처를 마련해놓고 있었다. 상대가 정규군이었던 만큼 전투도 그 전까지의 게릴라전과는 성격이 달랐다.

해병대는 B-52 폭격기까지 동원한 대규모 수색과 섬멸 작전을 실시했다. 북베트남군은 결국 견디지 못하고 비무장지대 너머로 철수했는데, 역설적이게도 전투는 웨스트모얼랜드의 작전이 옳았음을 증명하는 셈이 되고 말았다. 이에 해병대는 작전을 전환하려던 방침을 포기하고 다시금 '수색과 섬멸'에 충실할 수밖에 없었다.

돌아보건대, 헤이스팅스 작전과 그로 인한 해병대의 작전 전환 포기는 베트남전쟁의 결과와도 유관한 매우 중요한 분기점이었다. 당장에 전쟁이 끝난 지 수십 년이 지난 오늘날 식자들은 웨스트모얼랜드의 '수색과 섬멸' 교리를 최악의 실책으로 꼽는다. 현지 주민들이 적과 아군을 막론

하고 무조건적인 파괴에 협조할 리 없음에도 '수색과 섬멸'을 강행하여 민심만 잃었으며 이것이 패전의 중요한 원인이 되었다는 것이다.

그런데 해병대는 왜 작전 전환을 포기했을까? 필요하다면 헤이스팅스 작전 결과와 별개로 '잉크 블랏'을 고수하거나 해왔던 것처럼 절충하면 되는 것 아닌가? 결론은 지역적 특성 때문이다. 해병대가 맡은 비무장지대 인근 북부 지역은 대부분 산악지대였다. 따라서 게릴라로부터 떼어놓거나 환심을 사야 할 대규모 민간인 촌락 지구가 많지 않았다. 게다가 그 지역의 주적은 초반에는 게릴라들이었지만 이후에는 비무장지대를 넘어 침투한 북베트남 정규군으로 바뀌었다.

따라서 해병대는 전과 달리 정규군을 찾아 섬멸하는 데 집중할 필요가 있었고, 그러기에는 수색과 섬멸 작전이 오히려 적합했다. 실제로 이후 대부분의 해병대 전투는 비무장지대 인근에서 남하한 북베트남군 사단을 상대로 벌어지며, 치열한 전투 후 그들을 비무장지대 너머로 몰아내는 양상이었다.

흥미로운 것은 베트남 남부나 해안 지역은 인구 밀집 지역들이 많고 주로 게릴라가 출몰하는 곳이어서, 해병대가 깨달은 것처럼, 파괴적인 수색 섬멸전을 펼치기에 적합하지 않았다는 것이다. 그러나 섬멸전은 강행되었고, 결국 집을 잃은 현지민들은 게릴라보다 미군을 더 증오하게 되었다. 결국 민사 위주의 작전이 필요한 곳은 해병대가 맡은 북부 지역이 아니라 남부였던 셈이다.

헤이스팅스 작전의 연장선상에서 8월 3일부터 다음 해 1월 31일까지 '프레리Prairie 작전'이 전개되었다. 거의 반년에 걸쳐 비무장지대 일대에서 벌어진 이 작전은 제3해병사단이 주력이었고, 제5해병연대 2대대와 제7해병연대 2, 3대대도 힘을 보탰다. 북베트남군 제324사단이 주요 상대였던 이 전투에서 해병대는 적 1,397명을 사살하고 그 대가로 200여 명의 사상자를 냈다. 하지만 이 기간에 치러진 다른 작전들, 즉 제1해병사단의 3개 연대, 9개 대대가 9월 말까지 돌아가며 꽝응아이, 꽝띤, 꽝남성 일대에서 펼친 콜로라도 작전, 브라운 작전, 트로이 작전, 엘패소 작전, 나파 작전, 캐넌 작전, 해변 작전, 프레즈노 작전, 몬터레이 작전 등은 별 성과 없이 끝났다. 그리고 주로 주 이름을 붙이던 작전들이 용두사미로 끝나면서 작전명은 프레즈노나 엘패소 같은 도시명으로 '격'이 낮아졌다.

10월이 되자 월트의 뒤를 이어 제3해병사단장이 된 과달카날 마피아 출신의 우드 카일 장군은 휘하의 제3해병사단본부를 푸바이로 북상 배치하고, 9번국도와 1번국도가 교차하는 동하에 전방 지휘소를 두었다. 그는 꽝찌성에 제3해병연대와 제9해병연대를 배치하고 비무장지대 인근 9번국도 변에 전개한 일련의 전투 기지에서 전투를 펼치기로 결심했다. 그 기지들 가운데 하나가 캐산이었다. 그의 세 번째 부대인 제4해병연대는 트어티엔에 주둔하면서 후에로 연결되는 진입로를 확보하는 임무를 맡았다.

이 책의 주인공인 제1해병사단 역시 변화가 있었다. 필즈 소장의 후임으로 한국전쟁 당시 제7해병연대를 지휘했으며 얼굴 표정이 변하지 않기로 유명한 허먼 니커슨 소장이 사단장으로 부임한 것이다. 또한 제3해병사단이 북상함에 따라 니커슨 사단장 역시 쭈라이에 있던 사단본부를 카일이 쓰던 벙커로 옮겼다. 그리고 제1해병연대는 꽝남에, 제5해병연대는 꽝띤에, 제7해병연대는 꽝응아이에 배치했다. 꽝응아이에는 한국군 제2해병여단인 청룡부대도 주둔했다. 청룡부대는 베트남전쟁 내내 가장 무서운 부대 중 하나로 꼽혔는데, 편제와 훈련에서 미 해병대와 거의 비슷한 수준의, 미 해병대의 수제자 격인 부대였다.

한편 오키나와에는 제9해병여단*이 태평양함대의 전략 상륙군 예비대로서 주둔하고 있었다. 이 여단은 베트남에서 작전을 마친 대대급 이하 부대를 재편성하고, 제7함대 소속으로 해상의 헬기부대를 지원하는 임무를 맡고 있었다. 또한 캘리포니아에서는 제5해병사단이 임시 사단으로 재창설되어, 1966년 말에 이르면 이미 첫 번째 연대인 제26해병연대가 예하 대대를 서태평양 전선에 배치 완료했다.

별다른 전투 없이 1966년이 저물고 있었다. 하지만 진짜 전쟁은 다음 해부터 시작되는데, 1967년은 '전원이 소총수'인 해병대가 자신의 생명과 같은 소총을 바꾼 해이기도 하다.

진짜 전쟁이 시작된 1967년

베트남에서 2년이나 전투를 치르는 동안 해병대원들의 외양도 많이 변했다. 베트남에 첫발을 디뎠을 때 대원들이 들고 있던 소총은 개량형 M1이라고 할 수 있는 M-14로, 7.62밀리 나토탄에 적합하게 약실을 재조정하고 20발짜리 박스 탄창을 쓰는 소총이었다. 하지만 2년 동안 전투를 치러보니 지나치게 무겁고 정글전에 적합하지 않다는 결론이 났다. 그래서 1967년 봄, 1차 캐산 전투부터 장차 베트남전쟁의 또 다른 상징이 될 M16 소총이 보급되었다. 이 총의 5.56밀리 탄은 초당 990.6미터라는 엄청난 속도로 발사되었고, 근거리에서 강력한 화력이 요구되는 전장에서 사용하기에 제격이었으며, 가볍고 반동도 적었다. 하지만 처음에 해병대는 이 총을 좋아하지 않았다. 겉보기에 작아진 탄환이 힘이 없어

---

* 이 여단은 베트남에 첫 번째로 상륙한 임시 편성의 제9해병원정여단과는 다른 부대이다.

보였던 데다 백병전에 불리했기 때문에 '천하의 해병대'가 쓸 소총은 아니라고 보았던 것이다. 더구나 이 총을 들고 싸운 첫 전투에서 '작동 불능'으로 인한 사상자가 많이 나오고 말았다. '작동 불능'의 진짜 이유는 총 자체의 결함 때문이 아니라 병사들의 미숙함과 청소 도구 부족, 규격 미달의 탄환 때문이었지만, 이런 이유는 나중에 발견된 것이었고, 신형 소총은 해병대원들의 눈 밖에 나고 말았다. 참고로 당시에는 M16 소총의 외관이 공상과학영화에서나 봄직했기에 대원들 사이에서는 청소가 필요 없는 총이라는 소문이 돌아 청소를 게을리했다. 이것도 작동 불능의 이유 가운데 하나였다. 하지만 소총에 관한 교육과 훈련이 잘 자리 잡고 탄환이 개선되면서 M16은 주력 소총으로 완전히 자리 잡는다.

하지만 미국 본토의 훈련소에서는 여전히 M-14 소총을 사용했다. 영화 《풀 메탈 자켓》(1987년)에서 악질 교관 하트먼 상사 역을 맡은 리 어메이가 보여주었듯 훈련소 교관들은 이 총을 신병들에게 나눠주면서 M-14만이 '세상 유일한 나의 총'이라고 세뇌했다.

전투복도 바뀌었다. 처음 베트남에 건너올 때는 표준형 녹색 다목적 제복이었고, 팔꿈치 아래가 없는 반팔로 지급되었다. 하지만 2년이 지나자 경량화되고 빨리 마르는 면 소재로 제작된 헐렁한 위장복이 지급되었다. 군화 역시 기존의 가죽 전투화에서 소위 '동남아시아' 장화로 바뀌었는데, 밑창은 금형으로 찍어낸 고무이고 갑피는 캔버스천이었다. 해병대는 베트남에 있으면서 비로소 오늘날 우리에게 '익숙한 모습'으로 바뀐다.

1967년 연초부터 제1해병사단은 제5해병연대 2대대가 꽝남성에서 펼친 링컨 작전을 시작으로 꽝남과 꽝응아이, 꽝찌성 일대에서 수색과 섬멸 작전을 계속해서 진행했다. 별다른 전과나 치열한 전투는 없었다.

하지만 4월부터는 여러 변화가 있었다.

그에 앞서 4월 9일, 미 육군 제196경보병여단이 쭈라이에 상륙했다. 뒤이어 과달카날 당시 전우였던 제25사단 제3여단이 합세했다. 이 두 여단은 육군 소장 윌리엄 라슨이 이끄는 오리건특수임무부대^{Task Force} ^{Oregon}에 배치되었다. 오리건특수임무부대는 제3상륙군에 배속되었는데, 이는 태평양전쟁 당시 스미스 대 스미스 충돌 이후 군단급 해병대 본부가 거의 동급의 육군 부대를 거느리게 된 첫 사건이기도 했다.

4월 24일부터 5월 11일까지 제3해병사단의 2개 대대와 북베트남군 제325사단이 광찌성 서북부 캐산 일대에서 치열한 전투를 벌여 해병대는 155명의 전사자와 425명의 부상자를 냈고, 북베트남군에서는 940명의 전사자가 나왔다. 미군은 2만 5,000발의 105밀리 포탄, B-52 폭격기 출격 24회를 포함한 항공기 폭탄 1,900톤이라는 엄청난 화력을 사용했다. 하지만 이 양도 다음 해 같은 곳에서 쓸 화력에 비하면 새 발의 피였다.

꽝띤에 주둔한 제5해병연대와 제1해병연대도 남베트남 레인저부대와 함께 4월 21일부터 5월 17일까지 꾸에선 계곡에서 치열한 전투를 벌였다. 이 '유니언 작전'에서 해병대는 965명을 사살하고 53명의 사상자를 냈다.

여기서 잠깐 제1해병사단과 직접적인 관계는 없지만 캐산 기지에 대한 이야기를 해보려 한다. 미군 기지 가운데 가장 북쪽에 위치했던 이 기지는 면적이 약 2제곱킬로미터에 불과했지만 C-130 수송기가 뜨고 내릴 수 있는 약 1,200미터의 활주로가 있었다. 이것을 만드느라 고생한 제10해병공병대대는 웨스트모얼랜드에게 대단한 찬사를 받았다. 기지 주위 881, 861, 558, N(북쪽)881고지에는 전초진지가 구축되었고, 남베트남과 북베트남을 연결하는 9번국도 북쪽에 자리하고 있어 호찌민 루트를 파괴할 수 있는 전략적 요충지로 평가받았다.

불길한 징조가 짙어지다

로버트 맥나마라는 자신의 권한을 최대한으로 발휘한 첫 국방부 장관이었다. 대표적인 예가 1958년의 정부조직개편법에 의한 권한 행사였는데, 이전까지 '민간인'은 군대의 '관리와 제어'가 전부였지만 이 법을 계기로 '통솔하고 지시'할 수 있게 되었다. 맥나마라는 이 법에 의해 확대된 권한을 활용하여 꼰티엔에서 시작해 졸린을 거쳐 바다까지, 소위 '방화지대fire break'를 만들어 그 내부를 가시철조망과 감지기, 지뢰로 가득 채운 후 9번국도를 따라 한층 방어를 강화한 주요 군사 거점들을 이 방화지대에 연결하라고 '지시'했다. 말 만들기 좋아하는 언론들은 이 '방화지대'를 '맥나마라 라인'이라고 부르면서 만리장성이나 마지노선과 비교하며 떠들어댔다. 하지만 해병대원 중 이 방화지대를 달가워하는 이는 아무도 없었다.

제1해병사단의 예하 대대들은 그동안 꽝남과 꽝찌, 트어티엔 등에서 '수색과 섬멸'을 반복하다가 5월 25일부터 6월 5일까지 땀끼에서 유니언-2 작전을 진행했다. 제5해병연대 전체와 제7해병연대의 2개 대대, 남베트남군 제6연대가 북베트남군 2개 연대와 맞붙은 큰 규모의 전투였다. 전과는 확인과 추정을 합해 사살 710명, 아군의 피해는 110명이었다. 하지만 6월 13일부터 거의 2주 동안 제7해병연대 2, 3대대와 제5해병연대 2대대가 제11해병연대 3대대와 연합하여 꽝남에서 벌인 애리조나 작전은 주 이름을 붙인 작전들이 그러하듯 별 성과 없이 끝났다.

하지만 7월 2일 꼰티엔과 그 인근에서 벌어진 전투는 격이 달랐다. 곳곳에서 격렬한 전투가 벌어졌고, 엄청난 화력이 동원되었다. 7월 14일, 해병대 3개 대대와 남베트남군 3개 대대는 2일간의 작전을 통해 북베트남군을 꼰티엔 외곽으로 몰아내며 비무장지대 남쪽에 진입했다. 그와 동시에 제1수륙양용트랙터대대가 1번국도와 바다 사이의 모래밭에서 전개했고, 전투는 그렇게 종료되었다. 해병대의 사상자는 125명, 전과는 추정 및 확인 사살 1,200여 명이었다.

9번국도를 따라 동하와 깜로 사이, 그리고 졸란과 꼰티엔의 경계를 따라 형성된 이른바 '해병대 광장Leatherneck Square'에는 제9해병연대가 주둔했다. 그 서쪽인 캠프 캐럴Camp Carroll, 록파일, 깔루 근방에서는 제3해병연대가 작전을 펼쳤다. 캠프 캐럴 서쪽에 있는 캐산의 방어는 제26해병연대가 맡고 있었다.

9월까지 다시 치열한 전투가 계속되었다. 언론은 꼰티엔을 '작은 디엔비엔푸'라고 불렀다. 북베트남군은 이곳에 야포와 박격포를 계속 퍼부으면서도 집요하게 근접전을 시도하여 해병대를 괴롭혔다. 그에 비해 트어티엔에 주둔한 제4해병연대는 상대적으로 편히 지내고 있었다.

북베트남군이 122밀리와 140밀리 로켓을 확보해 원거리 공격을 시작한 후부터는 해병대의 방어도 점점 더 힘들어졌다. 동하와 다낭, 쭈라이는 공격받는 것이 일상이 된 지 오래였고, 밤에는 더욱 위험했다. 그래도 해안의 인구 밀집 지역의 보안 상태는 꾸준히 나아져서, 동하 남쪽에서 빈딘 경계까지 1번국도를 따라 운전할 수 있을 정도는 되었다.

당시 워싱턴에서는 적군 사망자 수, 무기와 은닉한 쌀의 노획량 등 '나름대로' 통계를 정리해 내놓으며 '사정이 좋아졌다'고 판단했다. 전선의 장병들 입장에서는 신기할 따름이었다. 그래서 필립 데이비드슨 장군은 『베트남전쟁』에서 1967년의 전쟁을 일러 "최고의 해이자 최악의 해The

Best of Years and the Worst of Years"라고 표현한 것이리라. 1967년 여름 어느 날에 이르면, 베트남전쟁은 이오지마 전투나 오키나와 전투 또는 인천상륙작전이나 장진호 전투에 비견할 만한 전투가 전혀 없었음에도 해병대의 총 전사자 수가 한국전쟁의 전사자 수를 넘어섰고, 이로써 베트남은 미 해병대 역사상 두 번째로 많은 전사자를 낸 전장이 되었다. 가랑비에 옷 젖는 것처럼 베트남은 야금야금 대원들의 생명을 집어삼켰다.

9월에 제1해병사단은 다시 꾸에선 계곡에서 싸웠다. 전사자가 114명이나 나올 정도로 치열한 전투였다. 11월 14일에는 브루노 호치무스 제3해병사단장이 탑승한 UH-1E 헬리콥터가 폭발, 추락하여 사단장이 사망하는 사고가 일어났다. 사이판에서의 전공으로 해군 십자훈장을 받은 래스본 톰킨스 소장이 본토에서 날아와 새 사단장이 되었다. 비슷한 시기에 이오지마 전투에서 역시 해군 십자훈장을 받은 돈 로버트슨 소장이 제1해병사단의 새 사단장으로 취임했다. 로버트슨 장군은 훗날 한국 해병대의 고문을 맡는다.

여기서 눈을 북베트남 쪽으로 돌려보자. 미군이 본격적으로 투입된 1965년 이후, 북베트남군 총사령관 지압(보응우옌잡) 장군은 게릴라전에 치중하면서 본격적인 공세에 나서지 않았다. 하지만 1968년에는 공세를 취하기로 결심하는데, 여기에는 두 가지 이유가 있었다. 첫째, 그해 연말에 미국 대통령 선거가 있었다. 지압은 '정치군인'은 아니었지만 전선 너머에서 전개되는 게임의 전략적 측면과 정치적인 상황을 잘 이해하는 인물이었다. 그는 미국 대통령 선거가 전쟁의 승패를 결정하리라고 보았다. 마침 적장 웨스트모얼랜드는 '전과 보고'에 도취하여 어리석게도 1967년 11월 21일 "터널 끝에 빛이 보인다. 분명하게 승리할 수 있다"며 전쟁을 다 이긴 것처럼 큰소리를 치고 있었다. 지압은 허를 찌르

●── 북베트남군 총사령관 지압 장군. 웨스트모얼랜드는 자신이 주도
권을 쥐고 있다고 생각했지만 사실 주도권은 지압의 손에 있었다.

는 공세로 미국을, 적장의 위신을 뒤흔들어야 한다고 판단했다. 둘째, 북
베트남군은 1966년과 1967년 미군의 '수색과 섬멸'로 많은 해방구를 잃
은 상황이었다. 더 이상 수비만 하다가는 인민들의 지지를 잃을 우려가
있었고, 이를 역전시키려면 가시적인 전과가 필요했다.

　하노이의 총참모부에서 면밀한 작전계획이 세워졌다. 골자는 미군이
주둔한 적당한 규모의 진지를 북베트남군 정규 사단으로 공격하여 주의
를 끌고, 그사이에 해방전선과 연계해서 사이공을 비롯한 남베트남의 주
요 도시를 한꺼번에 공격한다는 것이었다. 손자병법의 36계 중 하나인

'성동격서'의 수법이었다. 북베트남군에서 처음 이 구상을 내놓은 인물은 응우옌찌탄 대장이지만 이 시점에 그는 고인이 되어 있었다. 따라서 실무는 군의 정치위원인 팜훙이 맡았다(그는 정치국원 가운데 유일하게 순수한 코친차이나^{Cochinchina}인이기도 했다[*]). 그들이 고른 곳은 캐산이었다.

캐산에 주둔하고 있는 부대는 제26해병연대와 남베트남 특수부대로 병력은 약 6,000명이었다. 캐산의 지형은 디엔비엔푸와 비슷했지만 이들에게는 프랑스군은 꿈도 꾸지 못한 화력과 음성 감지기, 소변 감지기 등 첨단 장비가 있었다. 진지도 훨씬 튼튼했다. 1967년이 지나기 전, 디엔비엔푸 전투의 승리자였던 북베트남군 제304사단과 제325사단의 약 2만 1,000명이 남진하여 캐산 주위를 압박했다. 이들 역시 디엔비엔푸 때보다 강력한 105밀리 이상의 야포와 로켓포 200문을 가지고 와서 배치했다. 그리고 운명의 1968년이 밝았다.

운명의 1968년, 캐산과 후에

1968년 1월 20일, 북베트남군은 캐산 기지 인근의 881고지를 습격했다. 그리고 1월 21일 오전 5시 30분, 북베트남군의 야포들이 일제히 불을 뿜었다. 77일 동안 이어질 캐산 포위전의 시작이었다. 이어서 북베트남군 보병들이 파도처럼 캐산으로 밀고 들어왔다.

첫날 포격으로 18명의 해병대원이 전사하고 40명이 부상을 입었으며, 특히 1,500톤의 탄약이 보관된 탄약고에 포탄이 직격하면서 거대한 폭

---

* 베트남은 하노이 중심의 통킹, 후에와 다낭 중심의 안남, 사이공 중심의 코친차이나(메콩삼각주와 그 주변)로 구분되었다. 18세기 후반 19세기 초반까지만 해도 베트남의 영토는 통킹과 안남이었고, 본래 캄보디아 땅이었던 코친차이나는 그 이후에 베트남의 영토가 된다. 따라서 코친차이나는 베트남 색깔이 가장 엷을 수밖에 없었다. 대다수의 북베트남 지도자가 통킹과 안남 출신인 것도 그 때문이었다. 그런 점에서 팜훙은 특별한 위치에 있는 인물이었다.

●— 북베트남군에 공격당한 캐산 기지. 캐산 전투는 베트남전쟁에서는 보기 드물게 양쪽 모두 화력으로 맞선 전투였다.

발이 일어났다. 인명 피해가 적었던 이유는 깊이 2미터의 참호를 파고, 거기에 모래주머니와 PSP판(활주로 가설용으로 쓴 구멍 뚫린 철판), 105밀리 포탄의 탄피, 나무 상자 등으로 천장을 만든 방공호와 방탄복, 철모 덕분이었다. 특히 방탄복의 역할이 컸다. 한편 북베트남군의 대구경 야포는 교묘하게 은닉되어 있어 파괴하기 어려웠지만 대신 자주 모습을 드러내지 않아 그만큼 캐산에 떨어지는 포탄도 얼마 되지 않았다. 더구나 직격탄은 더욱 드물어서 캐산 해병대에게는 천만다행이었다. 다음 날인 1월 22일, 제9해병연대 1대대를 주력으로 한 1,400명의 병력이 증원되었다.

미군이 베트남 내전에 본격적으로 개입한 이후, 북베트남군이 처음으로 사단 단위를 동원한 공세였기 때문에, 백악관도 지하 홀에 캐산의 모형을 설치할 만큼 긴급 상황으로 전환했다. 웨스트모얼랜드는 포위되었다는 사실과 처음 맞는 적군의 공세에 긴장했지만 한편으로 드디어 적이 집결했다는 사실에 기쁨을 느꼈다. 그럴수록 미군의 압도적인 화력으로 깨부수기 쉽다고 생각했기 때문이다. 그는 '나이아가라 작전'을 발동했다. 공군과 해군, 해병대의 항공기 그리고 남베트남 공군까지 가세하여 그야말로 나이아가라 폭포처럼 폭탄을 쏟아붓는 작전이었다. 특히 B-52 폭격기의 융단폭격은 1킬로미터 바깥의 참호 속 병사가 내장 파열을 일으킬 정도로 강력했다. 20킬로미터 밖의 캐럴 기지의 175밀리 자주포도 지원사격에 나섰다. 이 공방전에서 미 해병대와 육군이 퍼부은 포탄은 15만 8,891발에 달했고, 투하된 폭탄의 양은 더 대단했다. 그에 비해 북베트남군이 캐산에 쏜 포탄은 1만 2,000발 정도였고, 폭탄은 한 발도 없었다. 77일간 캐산에만 폭탄 12만 6,000톤이 투하되었다. 이는 2차대전 당시 영국 항공전에서 독일 공군이 100일 동안 영국에 투하한 12만 톤보다 많고, 미 육군 항공대가 일본 본토에 투하한 폭탄 18만 톤에 필적할 만한 수치였다.

하지만 이 엄청난 포격과 폭격에도 북베트남군은 디엔비엔푸에서처럼 끈질기게 참호를 파고 버티면서 조금씩 전진했고, 1월이 끝나기 전에는 진지 300미터 앞까지 도달했다. 그리고 1월 30일 밤, 진짜 공격이 시작되었다. 세계를 전율케 한 '떼뜨Tet 공세'였다. 이날 이후 미국과 세계는 물론 해병대도 전과 같을 수 없게 되었다.

후에 전투

베트남어로 '설'을 의미하는 '떼뜨'에 벌어진 북베트남군의 공세는 수도 사이공을 비롯한 남베트남 거의 모든 도시와 군 기지가 공격 목표였을 정도로 대규모였는데, 그 대담무쌍함에 전 세계가 놀랐다. 그때 제1해병사단의 전장은 예상 밖의 장소인 후에였다. 여기서는 제1해병사단이 참가한 '후에 전투'를 주로 다루기로 한다.

북베트남 정규군 제4연대, 제6연대는 프랑스 식민지가 되기 전까지 베트남의 수도였던 고도古都 후에에 그 지방 해방전선 요원의 안내를 받아 명절을 틈타 사복 차림으로 침투했다. 1월 30일 자정에 맞추어 군복으로 갈아입은 제6연대는 박격포와 로켓포의 엄호를 받으며 왕궁 서쪽에서 흐엉강 북쪽의 구시가지로 진입했다. 이곳에는 남베트남 육군의 정예부대인 제1사단사령부와 비행장이 있었다. 남베트남군 최정예인 흑표범중대가 맞섰지만 수적으로 압도당해 곧 시가지 내부로 후퇴했다. 북베트남군은 다음 날 왕궁을 장악하고 붉고 푸른 바탕에 노란 별이 박힌 해방전선기를 내걸었다. 그들은 북베트남의 금성홍기를 고수하기보다 '남베트남 해방'이라는 대의명분을 과시하기 위해 이 깃발을 내건 것이었다.

한편 북베트남군 제4연대는 흐엉강 남쪽의 신시가지로 침투하여 역시 시가지의 대부분을 장악하고, 미군의 베트남지원사령부MACV를 고립시켰다. 방심이 부른 대참사였다. 북베트남군이 위장 침투에 성공했지만, 사실 미군은 공세가 시작되기 직전 명절 휴전을 취소하고 비상령을 발동했으며, 후에에 관한 심상치 않은 정보를 이미 입수한 상태였다. 그래서 남베트남군 제1사단과도 정보를 공유했으나 이들이 대수롭지 않게 여긴 것이 결국 화근이 되었다.

고립된 남베트남군 제1사단사령부와 베트남지원사령부는 지원을 요청했고, 가장 가까운 푸바이에 주둔하고 있던 제1해병사단이 그 역할을

●── 북베트남 입장에서 떼뜨 공세는 전술적인 실패에도 전략적으로는 대승을 거둔 전투였다. 이는 세계 전쟁사에서 아주 드문 예다.

떠맡았다. 한국군 청룡부대가 1967년 12월 말 쭈라이에서 북상하여 호이안을 중심으로 하는 작전지대로 옮겨가 부담을 덜던 제1해병사단은 일부 부대를 추가로 북진 배치할 수 있었기 때문이다. 제1해병연대는 일단 1대대 A중대를 베트남지원사령부 쪽으로 보냈다. 하지만 이들은 곧 매복에 걸려 꼼짝 못하는 상황이 되었다. 해병대는 적을 과소평가했음을 깨닫고 M48 전차대와 공병대 그리고 제5해병연대 G중대를 증원 병력으로 보냈다. 이들은 오후 3시 북베트남군 점령 구역에 진입할 수 있었다. 하지만 전투는 이제 시작에 불과했다.

후에 시내에 진입한 북베트남 병사들은 이미 후퇴 절대 불가 명령을 받은 상태였다. 당장은 기습 효과를 누릴 수 있겠지만 쌍방의 엄청난 화력 차이를 감안하면 결국 패할 수밖에 없었고, 그런 상황에서 후퇴 불가 명령은 사실상 싸우다 죽으라는 의미였다. 그럼에도 그들은 조국의 고도에서 전투를 치른다는 데 대한 자부심으로 똘똘 뭉쳐 있었고, 군기도 서슬 퍼렇게 살아 있었다. 병사들 하나하나 자신들의 임무가 무엇인지 잘 알고 있었다. 그동안 정글전과 대對게릴라전만 치러온 해병대는 이런 군대를 상대로 전혀 훈련받은 적이 없는 시가전을 치러야 하는 상황에 직면했다. 다행히도 서울 탈환전 이후 18년 만에 치르는 시가전에 빠르게 적응했다. 하지만 후에의 완전 탈환에 필요한 시간을 1주일가량으로 전망했던 해병대는 곧 자신들이 얼마나 적을 과소평가했는지 깨달았다.

2월 1일, 제1해병연대 1대대는 강 남쪽에서 적군을 몰아내라는 명령을 받았다. 이날 해병대를 중심으로 한 연합군은 일단 신시가지로 진입해 본격적인 토벌에 나섰다. 모든 건물과 거리를 하나하나 정리해야 했기에 10명에서 12명 정도로 토벌팀을 편성했다. 먼저 출입구를 막고 창문 안으로 수류탄을 던진 후 진입해 하나씩 소탕해나가는 방식이었다. 북베트남군은 시가지 곳곳에 기관총을 이용한 방어 거점을 설치해놓고, 건물 사이사이에서 저격병들이 총탄을 날렸다. 해병대는 저격병을 저지하기 위해 최루가스를 많이 사용했는데, 그 때문에 이 전투에서는 방독면이 필수품이 되었다. 또 우기(몬순)인 탓에 날씨가 상당히 추워 파카를 착용한 해병대원이 적지 않았는데, 습기를 방지하기 위해 방탄복 안에 방수복을 착용했다.

한편 미 해병대의 M48 전차는 너무 무거워서 기동이 힘들고 다리를 건널 수도 없었다. 그 때문에 어쩔 수 없이 남베트남군의 M24 경전차가 투입되었다. 그런데 북베트남군의 무반동총에 맞은 몇 대가 기동 불능이 되자 남베트남군 전차병들이 아예 전진을 거부하는 상황까지 발생했다. 사실 잘 모르는 사람들 입장에서는 전차가 옆에 있으면 든든하겠다고 생각할 수 있지만 실제 상황은 조금 달라 전차는 그 자체로 큰 표적이어서 적의 공격을 자석처럼 끌어들이는 경향이 있고, 튕겨진 총탄 때문에도 상당한 위험에 노출되기 마련이다. 그래서 해병들도 전차와의 기동을 선호하지 않았다. 대신 이 전투에서는 M50 온토스 자주무반동포가 전차보다 뛰어난 활약을 펼쳤다. 이 포는 크기가 작고 기동성이 뛰어난 데다 106밀리 무반동포 6문을 탑재하여 화력도 좋았다. 해병들은 적의 방어 거점을 격파하고, 부비트랩에 당하면서, 거리 하나하나를 피로 씻어낼 수밖에 없었다.

2월 4일에는 제5해병연대 2대대가 합세했고, 2월 7일부터는 신시가지에 대한 포격과 항공 지원이 허용되어 전세는 더 유리해졌다. 결국 2월 9일, 해병대는 흐엉강 남쪽에서 적군을 완전히 몰아냈다. 이제 남은 건 구시가지뿐이었다. 또한 남베트남군 공수부대가 북쪽에서 진입해 포위된 남베트남군 사령부와 접촉하는 데 성공했으며 비행장까지 되찾았다는 좋은 소식이 들려왔다. 이렇게 동쪽과 남쪽에서는 미 해병대, 북쪽에서는 남베트남군 공수부대, 서쪽에서는 미 육군 제1기병사단과 제101 공수사단이 구시가지를 완전히 포위했다.

한편 후에에서는 큰 비극이 일어나고 있었다. 남베트남 정부 관계자와 '악덕 지주'를 대상으로 한 대규모 학살이 벌어지고 있었던 것이다. 해방전선 병사들이 북베트남 군복으로 갈아입고 조직적으로 저지른 짓이었다. 제5해병연대 2대대장 로널드 크리스마스 중령은 진상을 알게 된 북베트남군 장교의 제지로 학살극이 막을 내렸다고 증언했다.

전투는 구시가지로 들어가는 다리를 놓고 강둑을 따라 치열하게 벌어

●— M50 온토스. 온토스Ontos는 '그놈'이란 뜻의 그리스어로, 보기 드문 형태의 무기여서 붙은 별칭이다. 해방전선과 북베트남 병사들이 가장 싫어했던 무기 중 하나이다.

졌다. 격전 끝에 다리를 확보하면서 전투는 본격적으로 구시가지 안으로 옮겨졌다. 시가전은 동시다발적으로 벌어졌지만 북베트남군의 의도를 볼 때 왕궁 안에서 결말이 날 것으로 보였다. 퇴로가 막힌 북베트남군의 결사적인 저항이 명약관화했기에 미군은 구시가지에 대한 포격과 폭격을 허락해달라고 남베트남 정부에 요청했다. 하지만 구시가지에는 역사적인 유적이 많았고, 남베트남 정부는 이것들을 잃을까 두려워 요청을 거절했다. 하지만 시간이 지날수록 구시가지의 북베트남군 방어선은 더욱 지저분해졌고, 부비트랩도 더 교묘하게 설치되었다. 북베트남군은 세계 최강이라는 해병대 앞에서도 도망치거나 피하지 않고 자기 자리를 지키다가 죽어갔다. 상황이 급박해지자 남베트남 정부는 결국 12일 구시가지에 대한 포격과 폭격을 허가할 수밖에 없었다. 폭격과 동시에 육군 포병의 포격이 시작되었고, 해상에서 대기하고 있던 군함의 함포사격까지 가세해 구시가지와 왕궁을 박살냈다.

강 건너편에서는 남베트남군 정예부대가 북동쪽에서 왕궁을 향해 공격을 감행했다. M50 온토스뿐 아니라 2연장 40밀리 대공포를 장착한 M42 더스터Duster 대공전차가 전차보다 쓸모가 있었다. 2월 12일, 제5해병연대 1대대가 본격적으로 투입되었다. 남베트남 공수대대는 중앙부에, 남베트남 해병대는 오른쪽 측면에 자리했다. 그리고 10일간의 격전 끝에 22일 마이런 헤링턴 중령이 지휘하는 미 해병대가 드디어 궁성의 성벽 남동쪽에 이르렀다. 이때 벌어진 전투의 치열함은 스탠리 큐브릭의 걸작 《풀 메탈 자켓》에 잘 묘사되어 있다. 벽 하나를 두고 싸우는 치열한 근접전 끝에 이틀 후 마침내 반쯤 부서진 왕궁에 남베트남 깃발이 내걸렸다. 1주일 더 잔병 소탕이 진행되었고, 3월 2일 드디어 한 달 넘게 계속된 후에 전투는 끝이 났다. 예기치 않게 시가전을 치른 제1해병사단. 그들은 36년 후 전혀 다른 곳에서 다시 한 번 시가전을 치르게 된다.

후에 전투의 전과는 적군 약 5,000명 사살로 추정되었다. 포로는 96명에 불과했으니 북베트남군이 얼마나 치열하게 저항했는지 짐작할 수 있다. 미군과 남베트남군은 668명의 전사자와 3,194명의 부상자를 냈는데, 그중 해병대의 전사자는 142명, 부상자는 857명이었다. 216명의 미군 전사자 중 70퍼센트에 가까운 수치였다.

북베트남군은 패배했다. 어차피 무모한 전투였다. 하지만 북베트남 정규군이 최강을 자부하는 미 해병대와 화력 격차를 제외한 개개인의 전

●── 후에 전투에 참전한 해병대원이 M16 소총을 청소하고 있다. 미군과 북베트남군은 후에를 두고 엄청난 피를 흘렸지만, 7년 후에는 너무도 어이없을 정도로 쉽게 북베트남군에게 함락되고 만다.

투력에서 대등하다는 사실을 전 세계에 보였다는 점에서 상당한 의미가 있었다. 그런 의미에서 이념을 떠나 자신들의 임무를 목숨을 바쳐 완수한 북베트남군에 대해서도 높이 평가해야 할 것이다. 미 해병대가 승리자로서 역사에 남았지만 말 그대로 최후의 순간까지 두려움 없이 항전한 북베트남 병사들 역시, 최소한 지금의 베트남에서는, 승리자로 대접받고 있다.

미 해병대는 자신들의 전사에 과달카날과 타라와, 펠렐리우, 이오지마, 오키나와 전투 그리고 인천상륙작전과 장진호 전투와 함께 후에 전투를 대전투 반열에 올려놓았다. 이는 이 도시의 이름이 붙은 이지스 순양함의 취역으로도 증명이 된다. 미군은 웬만한 전투에 대해서는 배의 이름으로 남겨 기념하지 않기 때문이다. 또한 '후에'는 베트남전쟁의 전투를 함명에 붙인 첫 번째 케이스가 되었다.

하지만 치열했던 또 하나의 전투인 '캐산'은 그렇게 되지 않았다. 캐산은 2월 5일의 대공세 등 몇 차례 공격을 받았지만 함락되지 않았다. 북베트남군은 3월 초부터 미군 몰래 철수하기 시작했고, 4월 1일 미군이 제1기병사단을 동원하여 구출 작전인 페가수스를 진행할 때면 이미 빠져나가고 거의 남아 있지 않았다. 하지만 전쟁 역사상 가장 엄청난 화력을 동원하여 지킨 기지임에도 불구하고 어울리지 않게 6월에는 스스로 기지를 파괴하고 철수하여 결국 진 거나 마찬가지인 결과를 만들었다. 이 때문인지 캐산은 함명이 되지 못했다.

후에 전투를 끝으로 베트남과 미국, 아니 전 세계를 뒤흔든 떼뜨 공세는 막을 내렸다. 하지만 그 후폭풍은 엄청났다.

떼뜨의 엄청난 후폭풍

떼뜨 공세에서 해방전선과 북베트남군은 3만 명 이상이 전사하고 6,000명이 포로가 되었으며, 특히 해방전선은 앞장서 싸우다가 많은 간부를 잃어 조직 차원에서 큰 타격을 입었다. 그에 비해 미국과 남베트남은 상대적으로 적은 3,150명의 전사자와 1만 3,000명의 부상자를 냈을 뿐이었다. 당연히 웨스트모얼랜드는 전투에서 승리했다고 발표했다. 하지만 미국인들의 생각은 달랐다. 그들은 큰 충격을 받았고, 전쟁에 대한 의구심을 버리지 못했다. 두 달 전 '터널 끝' 운운했던 웨스트모얼랜드의 호언장담은 그렇다 치더라도 린든 존슨 대통령 또한 공세가 있기 불과 2주 전 행한 연두교서에서 이기고 있다고 큰소리친 바 있었다. 미국인들은 정부가 진실을 감추고 있다고 생각했다. 언론들도 군의 전과 발표를 신뢰하기보다는 '비실거리고 있고, 곧 쓰러진다던' 적이 어떻게 이런 대규모 공격을 할 수 있는지에 대해 의문을 쏟아냈다.

더구나 웨스트모얼랜드는 어리석게도 2월 초에 무려 20만 6,000명의 증파를 백악관에 요청했는데, 이 내용이 『뉴욕타임스』 3월 10일자에 보도되면서 미국을 그야말로 발칵 뒤집어놓았다. 이미 55만 명의 미군이 남베트남에 있었고, 전투부대를 기준으로 하면 육군과 해병대의 거의 절반에 달하는 전력이었다. 캘리포니아보다도 작은 베트남, 그것도 남쪽 절반에 75만 명의 군대가 필요하다니? 미국 국민들은 아연할 수밖에 없었다.

사실 웨스트모얼랜드와 달리 맥나마라는 전황이 좋다던 1967년에도 전쟁에 심각한 회의를 느꼈고, 그래서 우연의 일치였지만 떼뜨 공세가 있기 직전 사표를 낸 상황*이었다. 인명 손실도 그렇지만, 계산에 밝은 그가 보기에 미국은 10달러를 들여 적에게 겨우 1달러의 손실을 입히고 있었다. 문제는 그 1달러조차 북베트남은 소련과 중국의 원조로 메울 수 있다는 것이었다. 하지만 케네디 대통령 때부터 전쟁을 이끈 그의 사임은 자칫 큰 파문을 일으킬 수 있었다. 그래서 존슨은 '승진성 좌천'을 단행하여 그를 세계은행 총재에 임명하는 형식으로 문제를 봉합했다.

후임 국방부 장관은 베트남전쟁의 지지자이자 존슨의 20년 지기인 클라크 클리퍼드였다. 그는 이미 1967년 여름에 존슨의 대리인으로 전쟁 지원을 얻기 위해 동남아 각국을 방문한 바 있었다. 베트남이 무너지면 차례로 공산화된다는 '도미노이론'의 '도미노'에 해당하는 나라들이었다. 하지만 정작 그들은 '그들을 위한' 전쟁을 수행하고 있는 미국과 달리 전

---

* 그의 태도 변화는 스필버그의 영화 《더 포스트》(2017년) 초반에 잘 묘사되어 있다.

쟁에 별 관심을 보이지 않았다. 타이와 필리핀은 파병을 하긴 했지만 형식적이었고 전투에 극히 소극적이었다. 전쟁 내내 두 나라의 전사자는 모두 합해 377명에 불과했다. 하지만 이들마저 추가 파병에 대해서는 부정적이었으니, 미파병 국가들은 말할 것도 없었다. 클리퍼드조차 '도미노'에 해당되는 나라들의 이러한 태도에 왜 미국이 동남아의 촌구석에서 많은 피를 흘리고 엄청난 돈을 써야 하는지 깊은 회의감을 느꼈다.

그는 장관 취임 후에 국방부 직원, 군인들과 면담을 진행했다. 그의 핵심 질문은 "전문가로서 볼 때 전쟁에 이길 수 있는가?"였다. 하지만 누구도 자신 있게 대답하지 못했다. 수위를 조금 낮추어 "미군이 군사적인 우위를 차지하고 있는가?"라고도 물었지만 돌아온 답은 "장관께서 어떻게 보시는가에 달렸다" 정도의 한심한 대답뿐이었다. 그는 떼뜨 공세를 연구한 보고서를 분석한 뒤 이런 결단을 내렸다. "우리는 이길 수 없는 전쟁을 했으며, 사실상의 패자다. 현실적인 유일한 선택은 철군이다!"

그는 용감하게 이런 소신을 존슨 대통령에게 밝혔다. 친한 친구에게 '배신'을 당한 존슨 대통령은 이루 말할 수 없는 충격을 받았다. 이때까지만 해도 미군의 전사자는 1만 9,000명 수준이었다. 하지만 미군의 총전사자 수는 이후 계속 증가해서 약 3배로 늘어났다. 그러나 전쟁은 이미 너무 커져 있었기에 쉽게 포기할 수 없었다. 그사이, 미국은 물론 전 세계에서 '68혁명'으로 불리는 반전 데모가 일어났고, 여당인 민주당에서도 중진들이 들고일어났다.

결국 존슨은 민주당 대통령 후보를 뽑는 뉴햄프셔 예비선거에서 '반전'을 내세운 유진 매카시에게 패했고, 가장 두려워하던 정적 로버트 케네디 상원의원이 형의 자리를 되찾기 위해 대통령 선거 출마를 선언하자 고립무원의 처지가 되었다. 엄청난 스트레스로 건강이 크게 악화된 존슨은 떼뜨 공세 두 달 만에 국민과 언론, 우방국들, 심지어 민주당으로 부터도 버림받은 신세로 전락했다. 결국 그는 3월 22일 맥나마라와 비슷하게 '승진을 가장한 파면' 형식으로 웨스트모얼랜드를 차기 참모총장으로 임명한다고 발표했다. 웨스트모얼랜드는 'East More Land'라는 별명에 이어 소모적인 전투 방식을 고수했다는 데 착안한 'Waste More Land'라는 새롭고 불명예스러운 별명을 얻었다.

그리고 3월 31일, 존슨 대통령은 떼뜨 공세의 결과를 설명하면서 차기 대선의 불출마를 선언했다. 사실 그는 건강 악화로 선거를 치를 체력과 정력이 완전히 소진된 상태였다. 결국 가난에 찌든 '변방의 4류 국가'와 그 농민들에 의해 초강대국 미국의 백악관과 국무부, 국방부의 최고 엘리트들이 가졌던 확신들이 차례로 박살나고 만 것이다. 이때부터 미국은 '싸워서 이길' 생각이 아니라 '옷이라도 제대로 걸치고 탈출할 방법', '합리적이고 명예로운 출구 전략'을 구상하는 데 골몰했다.

하지만 6월에 이루어진 캐산 철수는 가뜩이나 악화된 여론에 기름을 부었다. 그 전까지 웨스트모얼랜드는 캐산이 호찌민 루트를 차단하는 대단한 요충지라고 강조해왔기 때문이다. 그는 훗날 기자들이 최대의 적이었다며 패전의 책임을 그들에게 전가했는데, 사실 불신의 씨앗은 다름 아닌 자신이 심은 것이었지만 끝까지 이를 인정하지 않았다. 7월이 되자 북베트남의 호찌민 대통령은 "미국은 지고 있다"고 말했는데, 이는 "미국은 질 것이다" 같은 표현보다 훨씬 정확한 말이었다. 하지만 해병대의 전투가 끝나기 위해서는 훨씬 더 긴 시간이 필요했다.

이어지는 전투

폭풍 같은 떼뜨 공세의 여진이 아직 가시지 않은 3월 12일, 후에 전투에서 빠졌던 제7해병연대의 1, 2대대는 다낭 동남쪽에서 작전을 펼쳤지만 큰 전과를 거두지는 못했다. 떼뜨 공세의 결과로 해방전선이 큰 타격을 입었지만 북베트남군이 그 자리를 대신했고, 그들이 남하하는 길목은 해병대의 관할이었다. 따라서 해병대의 전투는 더 격렬해졌다. 4월에는 신임 제3해병사단장으로 장진호 전투의 영웅인 레이먼드 데이비스 소장이 취임했다. 명예훈장 수상자를 전면에 내세워 사기를 진작하려고 한 것이 아닐까 싶다.

5월에는 '미니 떼뜨'라고 불리는 새로운 공세가 해방전선과 북베트남군에 의해 다낭과 쭈라이, 꽝찌에서 감행되었다. 로켓포탄과 박격포탄이 다낭의 제3상륙군사령부에 떨어질 정도로 과감한 공세였다. 5월 19일에는 공군기지가 공격당해 수 대의 항공기가 손상을 입고 8만 갤런의 연료를 잃었다. 제1해병사단장 로버트슨 장군은 기지의 안전 확보를 위해 많은 노력을 기울였지만 부분적인 성과만 거두었을 뿐이다. 제7해병연대는 임시로 제1해병사단에 배속된 제27해병연대와 함께 디엔비엔푸 전투에서 활약했던 북베트남 제308사단의 제36연대, 제38연대를 상대로 전투를 벌이기도 했다. 이후 제1해병사단은 '스위프트 세이버Swift Saver', '이거 양키Eager Yangkee', '데어링 인데버Daring Endeavor', '스위프트 무브Swift Move' 같은 작전들을 펼쳤지만 큰 성과는 없었다.

베트남전쟁은 저격수의 중요성이 새롭게 부각된 전쟁이었다. 해병대는 1966년부터 현지 실정에 맞는 저격수 교육을 실시했다. 저격수들이 사용한 총은 주력 소총에서 밀려났지만 사정거리가 길고 힘이 좋은 M14 소총과 사정거리가 더 긴 윈체스터 M70 소총이었다. 저격팀은 보통 2인 1조로 운영되었고, M16 소총의 사정거리 바깥에서 안심하고 돌아다니던 많은 적들을 쓰러뜨렸다.

제1해병사단 예하 제5해병연대 저격팀은 약 5년간 1,300명을 저격하는 전과를 거두었고, 제1해병연대와 제7해병연대도 거의 비슷한 성과를 얻었으며, 사단 직할 수색대대도 '1,100킬'을 기록했다. 사단에 임시 배속되었던 제26해병연대, 제27해병연대의 성과를 합하면, 제1해병사단의 저격수들은 총 6,200명을 저격해 사살했다.

1968년 말 리처드 닉슨이 새 대통령으로 당선되면서 파란만장했던 한 해가 저물었다. 해병대는 다음 해 1월 10일 다낭 남쪽 70킬로미터 지점에 위치한 바딴간반도에서 약 2,500명 규모의 해방전선 제38연대를 발견하고 연초부터 대전투를 치렀다. 적 발견 직후 긴급하게 수립된 '볼드 마리너 작전'에 따라, 해병대가 이곳에 상륙하고 인근 꽝응아이에 주둔한 남베트남 제2사단과 협력하여 해방전선을 포위하면 확실한 전과를 올릴 수 있을 것으로 보였다. 1월 12일 늦은 밤, 제26해병연대의 2대대와 3대대 약 2,500명이 6척의 상륙함에 나누어 타고 13일 동틀 무렵 상륙을 감행했다. 다낭에서 F-4 팬텀을 위시한 해병 항공대가 출격해 폭격을 퍼부었고, 전함 뉴저지호는 16인치 포탄을 날려주었다. 이에 힘입어 600명의 선봉대가 해안에서 500미터 떨어진 지점까지 교두보를 확대하자 해방전선은 서쪽으로 탈출을 시도했다. 하지만 육지에서는 미 육군과 남베트남군이 포위망을 만들고 있었다. 그러나 저항은 만만치 않았다. 특히 저격수들은 철수를 엄호하며 장교와 통신병을 쓰러뜨려 미군과 남베트남군의 전진을 막고 시간을 벌어주었다. 그들의 무기는 19세기부터 사용된 오래된 소련제 모신나강Mosin-Nagant이나 이를 개량한 체코슬로바키아제 Vz54 저격 소총이었다. 그들은 제자리를 지키면서 차례로 죽어갔지만 훌륭하게 부대의 후퇴를 엄호했다.

해병대는 바다 쪽에서도 수륙양용장갑차를 타고 추격했다. 하지만 장갑차 2대가 지뢰를 밟아 망가졌고, 남베트남군의 전개가 늦는 바람에 해방전선 병력의 대부분은 곧 밀림 속으로 사라졌다.

6배의 병력과 전함의 함포를 동원하고 대규모 상륙작전까지 더해졌음에도 14일까지 벌어진 이 작전으로 얻은 전과는 사살 239명과 포로 56명에 그쳤다. 오히려 79명의 해병대원과 100여 명의 남베트남군이 전사하는 손실을 봄으로써 불완전한 '승리'가 되고 말았다. 이러한 전투 결과는 그사이 해방전선이 결코 얕볼 수 없는 강적으로 성장했다는 증거가 아닐 수 없었다.

한편 존슨 대통령은 불출마 선언과 동시에 북베트남과 해방전선과의 평화 협상, 북폭의 일시 중지, 미군의 단계적 철수를 천명했다. 이로써 전쟁의 승패는 사실상 결정이 났다. 하지만 역사상 한 번도 전쟁에서 진 적이 없는 미국으로서는 최소한의 체면을 지키고 빠져나갈 수 있는 방법을 찾아야 했고, 이를 위한 예비 협상이 1968년 5월부터 파리에서 시작되었다. 그러나 양측은 협상에서 조금이라도 유리한 위치를 점하기 위해 전쟁을 계속하여 어떤 면에서는 전황이 더 치열해졌다.

짙어지는 패색과 철수

1969년 1월 15일부터 파리 평화 회담이 시작되었다. 반전 분위기가 대세가 된 미국은 회담의 진전과 상관없이 철수를 시작해야 했다. 2월 13일, 해방전선과 북베트남군은 규모는 작았지만 전년과 마찬가지로 떼뜨에 대공세에 나섰다.

해방전선은 6월 6일 '남베트남 임시혁명정부'의 수립을 발표했고, 6월 말 다시 공세에 나섰다. 공격 목표는 미군 기지와 사이공 주변 102개소였다. 해병대 등 미군도 강하게 반격에 나서 전투는 치열해졌고, 다시 북폭이 시작되었다. 닉슨은 7월 들어 미군을 단계적으로 철수하고 장비를 남베트남군에게 넘겨 그들에게 주역을 맡긴다는 내용의 닉슨 독트린을 발표했다. 하지만 지금껏 남베트남이 스스로 일어서지 못해 미국이 이렇게까지 개입한 것이었는데, 이런 조치로 그들이 자립할 수 있다고 볼 만한 근거는 없었다. 그러나 닉슨에게는 대안이 없었기에 독트린을 밀고 나갔고, 7월부터 미군의 철수가 시작되었다. 따라서 1968년까지만 해도 8만 5,755명에 달했던 해병대도 서서히 철수를 준비해야 했다.

이제 병사들의 관심사는 딱 하나, "베트남에서 죽는 마지막 미군이 되지 말자"였다. 조직과 군기는 급격히 이완되었다. 더구나 지휘부는 병력 운용에 심각한 어려움을 겪고 있었다. 일반 징집병의 복무 기간은 1년에 불과하여 베트남에 대해 조금 알 만하면 귀국했고, 장교들도 다르지 않아서 베트남에 대해 제대로 이해하고 병사들을 교육하는 이가 거의 없었다. 또한 후방 기지는 냉방 장치까지 완벽하게 갖추어진 호사스러운 환경이어서 전방의 정글에서 싸우는 병사들은 큰 위화감을 느꼈다.

이때 전공을 위해 무의미한 전투를 강요하거나 분위기 파악 못하고 고문관 짓을 하는 장교들은 병사들에게 '찍혀' 프래깅^{fragging}을 당해 화장실에서 수류탄을 맞거나 전투 중 뒤에서 부하들이 쏜 총에 맞아 죽는 일이 많았다.* 확인된 것만 100건이 넘었으니, 상황은 그야말로 막장으로 치닫고 있었다.

또한 베트남은 헤로인과 마리화나를 구하기 쉬운 나라였다. 마리화나

---

* 프래깅은 같은 부대의 구성원을 죽이거나 죽게 되는 상황으로 몰아넣는 행위로, 특히 상관 살해 행위를 가리키는 미국 군대 은어이다. fragging은 세열수류탄^{fragmentation grenade}을 가리키는 은어 frag에서 파생된 단어로, 베트남전쟁 당시 사병들이 장교 막사에 수류탄을 투척하여 살해한 데서 비롯되었다. 당시 주요 프래깅 수법 중의 하나가 장교와 같이 작전을 나갔을 때 장교의 뒤통수를 저격해 사살한 뒤 전사한 것처럼 위장한 것이었다.

를 안 피우는 병사를 찾는 편이 훨씬 빨랐고, 1971년에 이르면 뉴욕 가격의 25분의 1밖에 안 되는 헤로인에 중독된 자들이 전 병력의 25퍼센트에 이를 정도였다. 그 결과 부상으로 입원한 병사보다 마약 중독 치료를 받는 병사들이 5배나 많았다. 여기에, 대부분의 병사들이 전투 기피를 부끄러워하지 않았고, 상당수는 반전운동의 상징을 목에 걸고 다녔다. 어느 기지든 병사들이 만든 반전 유인물이 홍수를 이루었고, 심지어 탈영을 도와주는 단체들이 문전성시를 이룰 정도였다.

본토에서는 수많은 청년들이 징집을 피해 프랑스와 스웨덴, 네덜란드 등 서유럽으로 도망쳤다. 대부분의 병역기피자들은 캐나다 국경을 넘었는데, 정확한 수는 알 수 없지만 5~10만 명으로 추정한다. 물론 일부는 미국에 그대로 남았고, 일부는 성역인 교회로 들어가 전쟁에 반대하는 친구들과 동조자들에 둘러싸여 체포와 군사재판을 기다림으로써 군 당국에 공공연하게 도전했다.

그래도 해병대는 전원이 지원병이라 상황이 훨씬 나았고, 그러한 병사들이 거의 없다고 자부했다. 하지만 아무래도 본국의 반전 분위기나 타 군종의 군기가 급격하게 무너지는 상황에 영향을 받지 않을 수는 없었다. 결국 올 것이 오고 말았으니, 한 사건으로 해병대의 자부심은 산산조각이 나고 말았다. 제1해병사단 출신이 포함된 한 무리의 참전 용사들이 백악관 앞에서 자신들이 받았던 훈장을 백악관 안으로 집어던지는 시위를 벌인 것이다. 이 충격적인 퍼포먼스는 반전운동에 기름을 부었다. 베트남전쟁 초기부터 파병되었다가 1968년 초 중상을 입어 하반신 불구가 된 제1해병사단 출신의 론 코빅은 반전운동에 앞장선 대표적인 해병대원이었다.

물론 이런 사회적 흐름을 거스르는 선택을 한 이도 있었으니, 바로 전

국방부 장관인 제임스 매티스이다. 그는 1969년 해병대 입대를 선택했다. 하지만 전선에 투입되지는 않았고, 1972년 소위로 정식 임관했다. 또다른 인물로는 1970년 입대한 전 백악관 비서실장 존 켈리가 있는데, 앞으로 우리는 이 두 사람의 활약을 주목해볼 필요가 있다.

한편 분위기가 이처럼 급속하게 북베트남과 해방전선 쪽으로 기울자 북베트남군은 매우 대담해졌다. 11월 중순, 그들의 사단 병력이 동하 쪽으로 남하했는데, 놀랍게도 그들이 택한 기동로는 평지였다. 심지어 위풍당당하게 T-55 전차까지 동원한 기동이었다. 이에 제1해병사단은 항공과 포격 지원을 받으며 '미트 리버 작전'을 시작해 20일간 격전을 치르면서 확인 사살 840명, 미확인 사살 2,500명이라는 전과를 거두었다. 오랜만에 제대로 된 야전에서의 승리였다. 해병대 전사자는 109명이었다. 이 전투는 해병대의 마지막 승리로 남는다.

1969년 가을 제3해병사단본부가 오키나와로 철수한 것을 시작으로 1970년 철수가 빠른 속도로 진행되었다. 귀환은 초읽기에 들어갔다. 당연히 제1해병사단이 치르는 전투도 날이 갈수록 '덜 치열'해졌다. 1969년 한 해 동안 제1해병사단의 전사자는 1,051명, 부상자는 9,286명이었으나 1970년이 되면 이 수치는 각각 403명, 3,626명으로 감소했고, 갈수록 더 줄어들었다. 제3상륙군 사령관 로버트 쿠시먼 중장의 작전지역 방문도 1월이 마지막이었다. 그는 남은 해병대에게 '5달러' 미만의 물건은 모두 버리고 질서 있게 철수하라는 명령을 내렸다.

1971년 2월, 남베트남군은 '람선 719'라고 이름 붙인 대규모 라오스 침공 작전을 벌였다. 적군이 남베트남 북부를 대규모로 공격하지 못하게 하기 위한 작전이었다(1년 전 캄보디아 공격 때와 달리 미 지상군은 라오스로 들어가지 않았다). 하지만 남베트남군은 북베트남군의 상대가 되지 못했고, 결국 작전은 참패로 끝나고 말았다. 이 작전에서 미 해병대의 역할은 베트남 국경 안에 머물며 대형 헬리콥터의 운용 지원 정도에서 그쳐 극히 소극적이었다.

제5해병연대는 2월 15일부터 꾸에선 계곡과 산간 지역에서 철수하기 시작했다. 해병 항공대 역시 철수했다. 이 단계에서 전장에 남은 유일한 부대는 제1해병연대였다. 이후 연대는 이따금 시내와 공군기지를 공격하는 로켓 사수를 색출하기 위해 다낭 서쪽의 찰리 능선에 출동하는 작전 정도만을 수행했고, 꾸에선에 소규모 부대를 파견하기도 했다. 누구든 로켓이나 발사기를 발견하면 홍콩이나 방콕으로 단기간 포상 휴가를 다녀올 수 있었다. 1971년 4월 14일, 로버트슨 장군은 제3상륙군본부와 사령기를 오키나와로 옮겼다. 같은 날, 제1해병항공단본부는 일본 이와쿠니로, 제1해병사단 사령기는 캠프 펜들턴으로 떠났다.

남은 전투부대는 일시적으로 제3해병상륙여단으로 통합되었다. 5월 7일부터는 지상 및 항공 작전이 중단되었다. 1971년 6월 26일, 모든 부대원을 재배치했지만 수는 계속 줄어들었고, 1973년 3월에는 뒤처리를 위한 500명만 남았다. 이로써 해병대의 베트남전쟁은 사실상 끝이 났다. 거창한 '상륙작전'으로 시작된 해병대의 전쟁은 말 그대로 용두사미로 끝나가고 있었다. 아니, 아직은 끝이 아니었다.

해병대의 희생

베트남전쟁은 1965년부터 1971년까지 7년 동안 치러진, 당시 기준으로 미국 역사상 가장 오래 지속된 전쟁이었다. 미국의 5개 군종이 모두 참전했고, 참전 연인원도 약 875만 명에 달했다. 사상자 수는 21만 명이 넘었는데, 한국전쟁보다 30퍼센트가량 많은 수치이며, 해병대 전사자는

4배나 더 많았다. 물론 전쟁 기간이 훨씬 길었지만, 치료 체계가 훨씬 발전했다는 점을 감안하면, 베트남전쟁은 눈에 띄는 큰 전투가 적었다뿐이지 엄청나게 치열한 전쟁이었음을 증명하는 수치가 아닐 수 없다.

군종	참전 연인원	전사자	부상자
육군	437만 명	3만 8,119명	9만 6,802명
해군	184만 명	2,516명	4,718명
공군	174만 명	2,318명	931명
해병대	79만 명	1만 4,749명	5만 1,392명
연안경비대	8,000명	7명	53명

●— 미군의 각 군종별 참전 연인원과 사상자 수(전사자에는 사고사도 포함).

해병대에 초점을 맞춰 인적 손실을 살펴보자. 우선 해병대의 사상률은 약 8.4퍼센트로 육군의 3.1퍼센트에 비해 2.7배나 된다(한국전쟁 당시 해병대의 사상률은 6.9퍼센트였다). 앞서 보았듯이 해병대는 훈련과 장비가 양호한 북베트남 정규군이 주적이었고, 더 큰 피해를 무릅써야 했다. 한편으로 이런 사상률은 해병대가 지원병으로 구성된 부대인 만큼 전의가 타 군종에 비해 높았던 이유도 있었다.

미국이 사용한 전비는 1,550억 달러에 달했다. 이는 소련과 중국이 북베트남에 제공한 원조액의 10배가 넘었다. 경제학적으로 보면, '자본 집약적 전쟁 수행 집단'이 '노동 집약적 전쟁 수행 집단'에 패배한 셈이었다. 이런 결과는 10달러를 들여 적에게 1달러의 손실을 입히고, 그 손실마저 소련과 중국이 메워주고 있다고 한 맥나마라의 생각과 거의 맞아떨어진 것이기도 했다.

해병대는 베트남에 부대 전력의 60퍼센트를 투입했고, 가장 치열한 전투를 치렀으나, 결국 잘 치장된 '명예로운 철수'를 얻었을 뿐이었다. 해병대가 철수하고 2년 후 '파리평화협정'이 맺어졌다. 하지만 다시 2년 후 남베트남에는 파국이 닥쳤다.

두 개의 막장극

1975년 3월 2일, 북베트남군의 대공세가 시작되었다. 남베트남군은 미군이 남긴 엄청난 장비가 있었지만 마치 모래성처럼 무너졌다. 최후의 날인 4월 30일, 하이라이트는 미 대사관 옥상에서 벌어진 탈출극과 남베트남 대통령궁의 함락이었다. 해병대는 이날 다시 돌아와 10년 전 그들이 이 땅을 밟으며 시작된 전쟁을 마무리했다.

떤선녓^{Tân Sơn Nhất} 공항은 이미 며칠 전부터 사용이 불가능했다. 이 때문에 유일한 탈출로는 대사관 옥상 등 통제 가능한 건물 옥상을 통한 헬기 수송밖에 없었다. 이미 사이공 시내에서는 미국인의 주택이 약탈당하고 있었고, '배신'에 흥분한 남베트남 군인들이 미국인들을 향해 총을 쏘기도 했다. 이틀 전에 취임한 즈엉반민 '대통령'에게 철수 통보를 받은 그레이엄 마틴 대사는 아직 남아 있는 1,500여 명의 미국인과 보복당할 우려가 큰 남베트남 고관 및 장성 등 6,000여 명의 철수를 위한 미군 투입을 요청했다. 이때 대통령은 워터게이트로 쫓겨난 닉슨의 뒤를 이은 제럴드 포드로, 그는 직권으로 군의 투입을 결정했다.

미국은 항공모함 미드웨이와 핸콕, 강습상륙함 오키나와 등 44척으로 구성된 대함대를 보냈다. 작전명은 '프리퀀트 윈드^{Frequent Wind}'였다. 거대한 CH-46 시나이트 헬리콥터와 CH-53 시스탤리온 60대가 이륙 준비를 마쳤고, 완전무장한 해병대원들도 '다시' 베트남 땅을 밟을 준비를 했다.

4월 29일 자정, 포스터의 민요가 울려퍼졌다. 사전에 약속된 신호였다. 사이공의 미국인들은 맨몸으로 지정된 헬기장으로 뛰었다. 남베트남 정부의 고관들은 미 대사관에 신고한 뒤 순번에 따라 출국을 위한 조별 배정을 받았다. 북베트남군 총사령관 반띠엔중 장군은 4월 29일 오후 6시까지 미국인들이 철수하지 않으면 사이공 시내에 맹공을 가하겠다는 최후통첩을 보낸 상황이었다.

대사관에 도착한 헬기들에서 130명의 완전무장한 해병대원이 쏟아져 나왔다. 대사관 옥상에서는 헬기가 쉴 새 없이 뜨고 내렸다. 그러는 동안 출국을 원하는 수천 명의 베트남인들이 굳게 닫힌 대사관 문 앞에서 절규하며 발악했지만 대원들은 최루탄을 쏘고 개머리판과 몽둥이로 그들의 접근을 저지했다. 다행히 북베트남의 레주언 총서기가 반띠엔중 장군에게 미국인 사상자가 많이 나오면 재개입 명분을 줄 수 있으니 시간을 더 주라고 지시해서 더 많은 이들이 헬기에 탈 수 있었다. 최후까지 동요를 막기 위해 남았던 마틴 대사는 옷가방 하나만 챙겨 4월 30일 새벽 4시 30분 군인을 제외하고 마지막으로 헬기에 올랐다.

해병대원들은 4월 29일 밤 11시 30분부터 장비들을 폭파했고, 4월 30일 오전 7시 30분 건물은 폐쇄되었다. 23분 후 대원들은 성조기를 내렸다. 잠시 후, 대사관 건물 내부가 폭파되었다. 그런데 찰스 맥마흔 하사와 다윈 저지 하사가 그 직전에 떨어진 박격포탄에 전사하는 일이 벌어졌다. 두 사람은 누구나 기피했던 베트남전쟁에서 전사한 마지막 미군이되었다. 지금 그 자리에는 호찌민 주재 미국영사관이 자리 잡고 있는데, 그때의 아비규환은 상상도 할 수 없을 정도로 평온하다. 다만 전쟁을 기억하려는 흔적으로 영사관 앞에는 떼뜨 공세 당시 미 대사관 공격에서 희생된 해방전선의 전사 19인을 기리는 비가 서 있다. 필자가 찾아간 날에는 밑부분 향로에 향이 피워져 있었다. 어쨌든 다시 1975년의 사이공으로 돌아가면, 마지막 헬기가 떠나고 3시간 뒤, 북베트남군 전차가 문을 부수고 남베트남 대통령궁으로 진입했다.

4월 29일과 30일 양일에 걸쳐 정확히 18시간 동안, 헬기 60대가 630번 출격하는 사상 최대 규모의 헬기 철수 작전을 펼쳐 미국인 1,373명, 남베트남인 5,595명, 제3국인 83명이 구출되었다. 쓴웃음을 금할 수 없지만 '프리퀀트 윈드 작전'이야말로 아마 베트남전쟁에서 미군이 수행한 작전 가운데 가장 '성공적'이었을 것이다. 10년 전 미 해병대가 다낭에 상륙했을 때 이런 결말을 예상한 이가 있었을까?

한편 길었던 베트남전쟁이 이렇게 끝나서는 안 된다는 듯 해병대를 부르는 사건이 하나 터지고 말았다. 사이공 함락 직후인 5월 12일 캄보디아 서남쪽 해상에서 미국인 40명을 태운 미국 상선 마야게스^{Mayaguez}호가 캄보디아를 장악한 크메르 루즈 정권에 의해 나포되었다. 크메르 루즈는 이 배가 간첩선이라고 주장하며 미국인들을 카오탱(코탕)섬으로 옮겼다. 포드 대통령은 강경 대응에 나섰고, 5월 15일 새벽 4시, 제9해병연대에서 차출된 해병대원 227명이 섬에 상륙했다.

대원들은 약 20명의 수비대가 있다고 알고 있었다. 잘못된 정보였다. 카오탱섬의 실제 병력은 200명에 달했고, 전투는 예상과 달리 치열했으며, 그 과정에서 헬기도 3대나 격추되었다. 이때 해병대원 일부가 마야게스호에 진입했으나 이미 텅 비어 있었다. 공격이 시작되기도 전에 지레 겁을 먹은 캄보디아가 인질들을 석방한 것이었다. 결국 신중하지 못한 작전 개시로 불필요한 전투를 강행한 셈이었다. 더구나 태국에서 사고로 희생된 공군까지 합해 인질보다 더 많은 41명의 사망자와 50명의 부상자가 나왔으니 작전은 실패나 마찬가지였다. 게다가 희생자 가운데는 지휘관의 착오로 섬에 두고 온 상륙 해병대원 2명도 포함되었는데, 결국 이들은 크메르 루즈에 의해 살해되었다. 그나마 미국 정부로서는 크메르 루즈가 겁을 먹고 미리 인질들을 석방했으니, 최소한의 체면은 지켰다고 자위할 수 있을 뿐이었다.

해병대 창설 이후 최악의 전쟁이었던 베트남전쟁은 마지막 순간까지도 해병대원들의 희생을 강요하며 막을 내렸다. 그리고 이제 해병대, 특히 이 책의 주인공인 제1해병사단이 다시 빛나기 위해서는 16년의 세월이 필요했다. 그사이, 해병대는 또 다른 변신과 혁신을 보여준다.

사이공이 함락된 1975년, 신임 사령관 루이스 윌슨이 처음 취한 조치는 '헤인스위원회'를 구성하여 장차 해병대가 갖춰야 할 규모와 조직, 역할에 대한 답을 찾아달라고 한 일이었다. 위원회의 이름은 프레드 헤인스 소장의 이름에서 따온 것이었다. 이 위원회는 나중에 상원 군사위원회에 해병대를 전 세계 어디라도 출동할 수 있는 신속 대응 부대로 육성해야 한다고 보고한다. 구체적으로는 대전차 및 대공 미사일과 야포를 보강하여 화력의 질을 높이고, 수색 전투가 가능하도록 지상 정찰부대를 강화하며, 수직이착륙 전투기부대를 창설하고, 근접지원용 A-6 공격기를 보유하며, 적 기갑부대에 대처할 수 있는 기동 공격 부대를 실험적으로 창설할 필요가 있다는 것 등이 주요 골자였다. 사실 브루킹스 연구소는 1976년 상륙작전의 가치가 떨어졌는데 굳이 '강한 육군'에 불과한 해병대가 필요한지에 대해 의문을 표한 바 있다.

카터 행정부는 1980년 카터 독트린을 발표하여 11만 명의 신속대응군을 배치하겠다는 계획을 밝혔다. 그에 따라 해병대는 전 세계 어디라도 긴급 사태에 대응하여 출동할 수 있는 3개 여단을 태평양과 인도양, 미국 동부 해안 세 곳에 배치했다. "하늘에서는 병사를, 바다에서는 중화기를"이 기본적인 개념이었는데, 즉 미리 1개 여단분의 장비와 보급품을 적재한 선단을 해상에 전진 배치해놓고 하늘로부터 공수되는 부대와 결합시킨다는 내용이었다.

인력 관리에서도 변화가 일어났다. 베트남전쟁 중 대규모 모병이 있었다. 하지만 질적으로 만족스러운 수준은 아니었다. 해병대 병력은 최대 35만 명을 기록할 정도로 팽창했지만 1970년대 초반 내내 마약과 음주, 인종 차별, 무단이탈 등 여러 문제를 일으켜 지휘부를 고심하게 했다. 월슨 해병대 사령관은 해병대 훈련소가 있는 패리스Parris섬에 오랜 친구이기도 한 로버트 배로 소장을 데려와서 중장으로 승진시킨 뒤 인력관리부 사령관Deputy Chief of Staff for Manpower에 임명했다. 둘은 여러모로 비슷했는데, 덩치가 커서 육체적으로도 인상적이었으며 남부 상류사회 특유의 예의가 몸에 밴 사람들이었다. 여기에 두 사람 모두 기존의 해병대 모병이 질적으로 수준 미달이라는 확신을 가지고 있었다. 두 장군은 우선 신병교육대 사령관들에게 모병 절차를 관할하게 했다. 그에 따라 미시시피 동쪽의 모든 모병 업무는 패리스섬의 사령관이, 미시시피 서쪽의 모든 모병 업무는 샌디에이고의 사령관이 맡았다. 두 장군은 해병대가 향후 20년 동안 20만 4,000명의 병력을 유지해야 한다고 주장했지만 최종적으로는 약 19만 6,000명으로 결정되었다.

이들의 계획이 수포로 돌아갈 뻔한 두 가지 사건이 벌어졌다. 하나는 샌디에이고에서 지적 장애를 가진 것으로 여겨지는 신병이 훈련 도중 부상을 입고 사망한 사건이었다. 다른 하나는 패리스섬에서 한 훈련 교관이 필요 이상으로 과장된 동작을 취하다가 신병의 손에 관통상을 입힌 사고였다. 결국 이 두 사건으로 하원 군인사소위원회 소관의 청문회가 열렸다. 이때 증인으로 출석한 월슨과 배로 장군은 인상적인 답변으로 잘 대처하여 해병대의 전통인 '부트 캠프boot camp(해병대 신병 훈련 프

●— 루이스 윌슨 장군. 그는 몇 번의 고비는 있었지만 베트남전쟁 패배 이후 해병대를 맡아 개혁 작업을 완수한 인물로 평가된다.

로그램)'를 지켜낼 수 있었다. 하지만 두 사람은 인력 관리에 보다 과감한 개혁과 면밀한 감독이 필요하다는 사실을 깨달았다.

윌슨은 내심 '29개의 손바닥들Twentynine Palms(이하 29팜스)'이라고 불리는 '조용하고 작은 포병 기지'에 큰 기대를 걸고 있었다. 작은 오아시스 촌 북쪽에 펼쳐진 광활한 캘리포니아 사막지대에 위치한 이 기지는 원래 2차대전 중에 육군 훈련장으로 쓰였다. 하지만 1952년 여름에 이르면 이 훈련장은 2,000제곱킬로미터를 초과할 정도로 엄청난 면적을 확보하는데, 이는 미국의 가장 작은 주인 로드아일랜드보다 컸다. 나중에 이곳은 해병대 훈련소 중 하나가 되었다. 소유권 및 운영권은 펜들턴 기지에 귀속됐으며 주 용도는 포병 훈련장이었다. 실사격 연습 외에는 사용된 적이 없었던 이 광활한 땅은 점차 다목적 훈련소로 개발되어 준장이 총괄하는 독자 사령부Independent Command, Twentynine Palms Marine Corps Base가 되었다.

월슨은 해병대가 서태평양에 배치되려면 반드시 이곳을 거쳐야 한다고 주장했다. 그는 해병대 사령관으로 취임하자마자 이 기지의 임무를 확대하여, 이곳을 해병대의 모든 전술 부대가 훈련하는 곳으로 만들겠다고 결심했다. 확대 사업의 정점은 1976년에 건설된 2.4킬로미터 길이의 활주로였다. 해병대는 육군 및 공군의 지원 아래 연간 10번씩 이곳에서 연합 훈련Combined Arms Exercise, CAX을 했다. 해병상륙부대Marine Amphibious Unit, MAU 및 해병상륙여단 사령부 역시 이곳에서 훈련했다. 그리하여 이곳에서 연합 훈련을 한다는 것은 점차 해병대의 통과의례 중 하나가 되었다. 월슨 장군은 1979년 이 기지를 '해병대 공지전투센터Marine Corps Air Ground Combat Center'로 개명했다. 당시 그는 이곳을 "미국 내 최고의 훈련장"이라고 극찬했다.

월슨은 군복에 대해서도 확고한 관점을 가지고 있었다. 그는 워싱턴의 통근병들이 흔히 앞섶 지퍼를 올리지 않은 채 헐렁하게 입고 다니는—그리고 모든 병과에서 다들 비슷하게 입고 다니는—가벼운 포플린 재킷을 싫어했다. 그는 아예 지퍼를 내리지 못하게 만들라고 지시했다. 해병대는 영국식 '울리폴리woolly-pully' 스웨터에 팔꿈치와 어깨에 패치를 덧댄 옷을 자체 개발했다. 월슨 장군은 기존 군복과 이 스웨터 중 하나를 '선택'해서 구매할 수 있게 했는데, 말이 '선택'이지 '무조건'이었다. 하지만 이 옷은 금세 모든 병과에서 유행이 되었다. 육군과 해군, 공군, 해안경비대 모두 갖가지 색상으로 독자적인 스웨터를 만들어 입기 시작했다.

한편 해병대에는 적당한 레인코트가 없었다. 뻣뻣한 구식 오버코트가 있었지만 아주 추운 날 외에는 입는 사람이 거의 없었다. 이에 해병 병참 기지가 있는 조지아주 올버니의 해병대 군복장이들은 1차대전 중 영국군 장교가 입었던 트렌치코트를 단순화한 '전천후 코트'를 개발했다. 이 작품 또한 대성공이었고, 이번에도 공군과 육군은 재빠르게 이를 따랐다.

1976년, 윌슨 사령관은 배로 장군을 대서양함대 해병 사령관 겸 제2해병상륙군 사령관으로 임명했다. 병력 현대화 예산을 따내기 위해서는 나토NATO 파견 임무가 필수적이었기 때문이다. 해병대는 나토의 북쪽을 맡은 노르웨이와 덴마크의 방어를 강화하는 임무에 집중했다.

윌슨은 또 제4해병상륙여단을 창설하여 앨프리드 그레이 준장을 사령관에 임명했다. 그레이는 훗날 해병대 사령관에 오르는 인물로서 한국전쟁 때 제7해병연대와 제11포병연대에서 근무한 경력이 있었다. 제4해병상륙여단은 노르웨이 및 북독일 나토 훈련에 정기적으로 참여했다. 사실 해병대는 이전까지 육군 증원 병력을 대서양 너머로 공수해 독일에 미리 비축해둔 장비와 보급품으로 지급한다는 개념 아래 실시되던 훈련을 항상 회의적으로 바라봤다. 하지만 이제 해병대도 작은 규모지만 그와 유사한 '짓'을 하게 된 것이다. 이 훈련을 통해 해병대 역시 1개 여단의 보급품과 장비를 노르웨이의 "안전 장소에 챙겨놓을" 수 있게 되었다. 윌슨이 정계 인맥을 활용하여 합동참모본부 정회원 자격을 획득한 시기도 이즈음이다.

꿈의 강습상륙함

1976년, 베트남전쟁의 패전으로 사기가 저하된 해병대에 천군만마인

신개념의 강습상륙함 타라와가 등장했다. 이전의 이오지마급 강습상륙함은 병력과 경야포, 지프 정도의 장비만 헬기로 나를 수 있었고, 중장비는 배 뒤편의 도크에서 상륙용 주정을 내보내는 만재 배수량 1만 6,000톤의 오스틴Austin급에 의존해야 했다. 하지만 타라와급은 만재 배수량이 4만 톤에 달하여 해리어 전투기 6~8대와 각종 헬리콥터 26대 이상을 실을 수 있고, 선체 내부에 상륙정이 출입할 수 있는 도크가 있어 단독으로 상륙작전을 진행할 수 있었다. 그 외에도 이 배는 900여 명의 승무원 외에 해병대대급 이상의 전투병과 지원 병력을 수용할 수 있을 뿐 아니라 (1,700여 명) 전차와 야포, 트럭, 장갑차, 불도저 등 지원 차량과 군수물자를 수용할 공간도 충분히 있었다. 심지어 윌슨 장군의 요구에 따라 타라와급에는 함내에 예상 작전지역의 기상을 인공적으로 만들어 병사들이 적응 훈련을 할 수 있도록 하는 공간까지 마련되어 있었다. 또한 거대한 함교*는 항공과 상륙작전을 모두 통제할 수 있는 능력을 갖추고 있었다. 게다가 타라와급은 핵공격에도 어느 정도 버틸 수 있도록 설계된 함선이었기에 실로 해병대 입장에서는 꿈같은 상륙함이었다.

하지만 9척이 건조될 예정이었던 타라와급은 베트남에서 너무 많은 전비를 쓴 데다 예상보다 건조비가 증가하면서 5척에 대해서만 예산이 허락되었다. 그에 따라 타라와의 뒤를 이어 한 해에 한 척씩 1977년에는 사이판, 1978년에는 벨로우드Belleau Wood, 1979년에는 나소Nassau, 1980년에는 펠렐리우가 취역했다.**

---

* 함장이 지휘하기 위해 갑판 가운데에 높게 만든 탑.
** 2번함 사이판은 1979년 7월 산디니스타 혁명이 일어나 소모사 정권이 붕괴되자 니카라과에 출동하여 미국인들을 구출하는 작전에 투입되었고, 다음 해 5월에는 해안경비대와 함께 플로리다로 탈출하는 쿠바 난민을 보호하는 작전을 펼치기도 했다. 3번함 벨로우드는 1981년 1월 서태평양에서 표류 중인 베트남 난민 150명을 구조하여 '인도 지원상'을 받기도 했다. 하지만 이런 일은 어디까지나 해병대의 부업일 뿐이었다.

●── 이오지마급의 2배가 넘는 크기를 자랑하는 타라와급 강습상륙함. 웬만한 나라의 항공모함보다
도 크다.

레바논의 비극

　1982년, 이스라엘의 침공으로 가뜩이나 종교와 인종이 복잡했던 레바
논은 엉망이 되었다. 해병대는 다국적 평화유지군의 일원으로 24년 만
에 레바논의 수도 베이루트로 출동했다. 해병대는 당연히 중립을 표방했
지만 이슬람 과격 세력에게는 전혀 먹히지 않았고, 곧바로 전투에 휘말
렸다. 게다가 10월 23일 이슬람 원리주의자들이 모는 자살폭탄 트럭이
해병대 사령부에서 폭발하여 220명의 해병대원과 21명의 해군 위생요
원의 목숨을 앗아가는 참사가 일어났다. 해병대로서는 37년 전 이오지
마에서 501명의 전사자를 낸 이래로 하루 동안 가장 많은 동료를 잃은

날이었다.

이후 해병대는 1984년 2월 레바논을 떠날 때까지 사상자만 내고 별다른 성과를 얻지 못했다. 다만 당시는 짐작하기 힘들었지만 이 작전은 앞으로 해병대의 주 무대가 중동으로 바뀔 것을 암시하는 전조였다. 한편 1984년 2월 철수 당시 최신예 강습상륙함 나소가 최초로 실전에 투입되고, 1983년부터 대원들에게 새로운 PAGST 방탄복이 지급되었다는 사실은 특기할 만하다.

그레나다 무력 개입

1983년 10월 19일, 카리브해의 작은 섬나라 그레나다에서 공산 세력에 의한 쿠데타가 일어나 총리와 각료 수 명이 처형되고 혁명군사평의회가 수립되었다. 그러자 레이건 행정부는 그레나다의 소련군 전진기지화를 저지하고, 그레나다 주재 미국인 1,000여 명의 안전을 보호한다는 명목으로 공수부대와 해병대를 동원한 무력 개입에 나섰다. 형식적이긴 했지만 카리브해 소국가들도 군대를 보내어 동참했다.

투입 부대는 제8해병연대 1대대로 결정되었다. 강습상륙함 괌에서 공중 투입된 해병대는 공항을 장악했고, 전차 5대와 함께 상륙한 250명의 해병대는 순조롭게 수도 세인트조지스로 진격했다. 10월 27일까지 이어진 작전에서 해병대와 공수부대는 18명이 전사하고 57명이 부상당하는 손실을 입었지만 1,000여 명의 쿠바군과 그레나다군을 완전히 제압하는 데 성공했다. 해병대로서는 오랜만에 자신들의 안방인 카리브해에서 힘을 쓴 셈이었다.

이 전투에서 특기할 만한 사실은 공수부대와 해병대 모두에게 '앨리스ALICE'라고 불리는 경량 개인 다용도 장비가 지급되었다는 것과, 공수부대가 흔히 프리츠 헬멧이라고 불리는 독일군식의 귀를 가리는 신형 헬멧을 최초로 썼다는 점인데, 당시 해병대에는 프리츠 헬멧이 지급되지 않았다.

신형 장비 보급

이 시기 해병대는 육해공 모든 방면에서 새롭고 눈에 띄는 장비를 계속해서 도입했다. 육지의 신무기로는 1982년 도입한 LAV-25 피라냐 8륜 경장갑차가 있었다. 12.8톤의 이 장갑차는 스위스에서 개발되고 캐나다에서 만들었는데, 최고시속 100킬로미터를 자랑하고, 수상에서도 최고시속 11킬로미터를 낼 수 있었다. 이 장갑차의 도입으로 해병대의 기동력은 크게 향상되었다. LAV-25는 25밀리 부시마스터 기관포를 탑재했다. 기본형은 포탑에 차장과 포수, 차체 전방에 조종수, 그리고 6명의 해병대원을 태울 수 있었는데, 개조가 용이해서 여러 변형 모델이 탄생했다. 기본형 외에 자주박격포형, 대전차 전투형, 지휘통신형 등 여러 버전이 만들어질 정도로 '라브'는 해병대원들의 많은 사랑을 받았다.

바다에서는 크기 면에서 매우 대조적인 두 장비가 도입되었다. 작은 쪽은 LCAC^{Landing Craft Air Cushion}(공기 부양 상륙 주정)라고 불리는 만재 배수량 180톤 정도의 호버크래프트 상륙정이었다. 대량으로 주입한 공기를 아래쪽으로 분출해 선체를 띄우고, 그 상태로 해안을 향해 고속 질주하는 이 상륙정은 이미 베트남전쟁 때 미 해군이 연안 경비용으로 사용한 적이 있었다. 해병대는 이것을 상륙정으로 발전시킨 것이다. 이 상륙정은 1984년부터 실전에 투입되었다. LCAC는 60톤, 즉 주력 전차 1대를 탑재하고는 시속 40노트, 빈 배 상태일 경우에는 시속 70노트라는 엄청난 속도를 낼 수 있었다. 따라서 상륙 시간을 대폭 단축시킬 수 있었고, 어지간한 해안 장애물은 쉽게 넘을 수 있다는 장점도 있었다.

다른 하나는, 1988년부터 취역한 와스프^{Wasp}급 새 강습상륙함으로, LCAC와는 정반대에 가까운 전혀 다른 존재감을 과시했다. 배수량은 타라와급과 별 차이가 없었지만 함교가 그동안 이루어진 전자 장비의 발전 덕분에 더 단순명료해졌고, 항공 통제를 비롯한 모든 기능이 더 효율화되었다. 하지만 타라와급처럼 매년 건조되지는 못했고, 무려 18년에 걸쳐 8척이 건조되었다.

하늘에서도 해병대의 변신은 눈부셨다. 무엇보다 영국의 야심작인 수직이착륙 전폭기 해리어의 도입이 가장 큰 변화였다. 이 혁신적인 항공기는 1982년 포클랜드전쟁에서 맹활약하여 세계적인 주목을 끌었는데, 해병대는 이전부터 이 기종에 많은 관심을 기울이고 있었다. 그러다 1986년, 판버러 에어쇼에 톰 밀러 대령을 파견하여 직접 테스트 비행을 하도록 했다. 해병대는 평소 정부에 많은 요구를 하지 않다가 '이것이다!' 하고 결정하면 어떻게 해서든 예산을 확보해 손에 넣는 문화가 있다. 해리어가 그랬고, 결국 손에 넣었다. 사실 미국의 외국 전투기 도입은 1차대전 이후 처음이었다. 그만큼 해병대가 공을 들였다고 보아야 할 것이다. 해군과 함께 해리어를 AV-8B라는 이름으로 도입한 해병대는 이 기체를 가지고 'VIFF^{Vectoring in Forward Flight}'라는 기존에 볼 수 없었던 빠른 선회를 가능케 하는 비행법을 개발하기도 했다. 고정식 무장으로 25밀리 기관포, 그리고 7개의 폭탄과 미사일 등 4.17톤의 무장이 가능한 해리어는 공중에 머물면서 뭍에 상륙한 해병대원들을 위해 언제든 항공 지원을 해줄 수 있어서 '콜택시'라는 별칭을 얻었다.

1986년부터는 세계 최초의 공격헬기인 AH-1을 업그레이드한 AH-1W 슈퍼코브라를 배치하기 시작했다. 이 헬기는 헬파이어 대전차미사

●── LCAC(오른쪽 하단)와 도크형 상륙함, 헬리콥터를 한 번에 볼 수 있는 장면으로, 1970년대 이후 해병대의 작전이 얼마나 입체화되어 있는지 잘 보여준다.

일을 운용할 수 있도록 개선한 것이었다. 해병대의 주력 전폭기 역시 F-4 팬텀에서 1980대 초반부터는 F/A-18A형으로 바뀌었고, 이 기체는 나중에 C/D형으로 발전한다.

변신을 위한 이러한 노력은 점차 열매를 맺기 시작하는데, 마침 1980년대를 마감하는 마지막 무대가 열렸으니, 바로 해병대의 안방 파나마였다. 1989년 5월, 미국 정부는 파나마운하와 미국인의 안전을 명분으로 내세우며 해병대 1,800명을 급파했다. 사실 진짜 목표는 마약 밀매와 관련된 파나마의 독재자 마누엘 노리에가 장군의 실각이었다. 10월, 반反노리에가 쿠데타가 일어났으나 실패로 돌아갔다. 결국 미국은 12월 20일 다시 해병대와 F-117 나이트호크 스텔스기까지 포함된 육해공 2만

4,000명의 대군을 투입하여 파나마를 침공했다. 파나마군은 5,000명에도 미치지 못했고, 파나마 자체가 미군이 오래 주둔했던 익숙한 전장이어서 전쟁은 그레나다에 비해 훨씬 쉽게 끝났다.

해병대에서는 제6해병연대 3대대가 참전했는데, 처음으로 프리츠 헬멧을 착용했고, 1982년 12월에 정식 채택된 M16A2 소총과 LAV-25 경장갑차를 실전에서 처음으로 사용했다. 작전은 12월 24일 바티칸대사관으로 피신한 노리에가가 1월 3일 투항하면서 정식 종결되었다. 미군 전체 전사자는 23명, 해병대는 1명이었다. 특히 LAV-25에 대한 병사들의 평가가 좋았던 전투였다.

그리고 1990년대가 시작되었다. 그동안 활약할 기회를 얻지 못하고 절치부심하던 제1해병사단은 비로소 보람을 얻는 전장을 만나게 된다. 걸프만이었다.

8장

걸프전쟁,
명예회복의 전장

후세인의 쿠웨이트 침공

1988년 8월, 이란과의 오랜 전쟁을 끝낸 이라크의 사담 후세인 대통령은 약간의 군사적 우위를 차지했지만 전승국으로서 배상을 요구할 입장은 아니었다. 그 때문에 이란이 아니라도 다른 나라들에게 모종의 보상을 받는 모습을 국민들에게 보여줄 필요가 있었다. 사실 이라크는 이슬람 혁명의 수출을 차단하려는 걸프만 연안 산유국들에 전비를 의지했는데, 이 나라들에게 부채 탕감과 전후 복구를 위한 원조를 요구했지만 기대에 크게 못 미치는 대답을 들었다. 또한 후세인은 이웃 나라 쿠웨이트를 영국 제국주의에 의해 이라크에서 떨어져나간 자국 영토쯤으로 생각했는데, 당시의 정치적 상황과 맞물려 그는 엄청난 도박을 저지르고 만다.

1990년 8월 2일 오전 1시, 이라크군의 최정예 공화국수비대 3개 사단이 국경을 넘어 쿠웨이트를 침공했다. 특수부대는 헬기를 타고 수도 쿠웨이트시에 진입하여 비행장과 정부 기관을 장악했다. 또한 왕궁을 습격하여 자베르 국왕을 잡으려 했지만, 그는 아슬아슬하게 탈출에 성공하여 사우디아라비아(이하 '사우디')로 피신했다. 쿠웨이트군 일부는 용감하게 저항했지만 워낙 전력이 열세이고 지휘도 적절하지 못해 큰 변수가 되지 못했다. 쿠웨이트군의 주력은 사우디 쪽으로 무사히 도망쳤다.

이라크군은 다음 날까지 쿠웨이트 전역을 장악하고 사우디 국경까지 진출했다. 하지만 최대 목표였던 쿠웨이트 국왕의 신병을 확보하는 데 실패함으로써 후세인은 그에게 모든 것을 강요하여 사태를 조기에 수습할 기회를 놓쳐버렸다. 그는 사우디에 대한 공격은 하지 않겠다고 했지만, 미국은 그를 전혀 믿지 않았다. 미국은 사우디 파하드 국왕의 요청을 받아들여 방어에 나서기로 했다. '사막의 방패 작전'의 시작이었다. 당연히 '미 제국주의의 첨병'이자 신속대응군인 해병대가 여기에 빠질 리 없었다.

육군과 해병대의 파견과 배치

미국은 가장 먼저 제82공정사단 병력 중 약 3,000명을 사우디 다란에 보냈다. 이들의 도착일은 8월 9일이었다. 하지만 이들이 가진 장비는 소총과 기관총, 드래곤 대전차미사일 그리고 18대의 M551 셰리든 경전차가 고작이었다.

다음 날인 8월 10일, 해병대도 출동 명령을 받았다. 캘리포니아주 29 팜스 기지에 있던 제1해병사단 예하 제7해병원정여단은 바로 출동하여 8월 13일 사우디 주바일Al Jubayl항에 중장비와 항공기를 양륙했다. 이들은 즉시 유전과 항구의 방어를 맡았다. 사우디 주둔 해병대를 총지휘하는 제1해병원정군이 편성되었고, 사령관으로 월터 E. 부머 중장이 임명되었다. 해병대 수뇌부는 8월 8일 펜들턴 기지에서 회의를 가졌다. 이 시기에 베트남전쟁에 두 번이나 참가했던 제임스 마이엇 준장이 소장으로 승진하여 제1해병사단장에 취임했는데, 먼저 사우디로 떠나기로 결정되었다. 부머 장군은 8월 17일 사우디 수도 리야드에 도착했다.

노스캐롤라이나주에 주둔하고 있던 제4해병원정여단은 9월 7일 아라비아해에 도착했다. 첫 부대가 8월 25일 하와이를 떠난 제1해병원정여단도 9월 12일까지 모두 현장에 도착하여 제1해병원정군 예하로 들어갔다. 사실 이때만 해도 이라크군은 압도적인 지상군 전력에도 불구하고 쿠웨이트 땅에 틀어박힌 채 한 발자국도 나오려고 하지 않았다. 이는 쿠웨이트에 대해서는 역사적으로 이라크의 일부였다는 명분이 있었지만 사우디에 대해서는 그런 것이 전혀 존재하지 않았기 때문이기도 하고, 한편으로는 내륙으로 장거리 진격을 감행하기에는 전력이 부족한 탓도 있었다. 그리고 무엇보다, 앞으로 보게 되겠지만, 후세인의 지도력에 문제가 많았다.

어쨌든 이라크군이 가만히 있어준 덕분에 미군을 비롯한 다국적군은 전력을 모을 시간을 벌었다. 그사이 영국군도 도착해 해병대와 나란히 배치되었다. 영국군 부대는 2차대전에서 롬멜의 아프리카 군단과 격전을 치렀던 '사막의 쥐' 제1기갑사단(당시에는 제7기갑사단)이었다. 해병대 입장에서는 장진호 전투 이후 40년 만에 영국군과 함께하게 된 셈이었다.

10월 중순이 되면 미군 약 20만 명, 영국과 프랑스군 약 2만 5,000명, 그리고 사우디와 걸프 연안국, 이집트, 시리아, 모로코 등의 아랍합동군 33만 명이 배치되었다. 이만하면 이라크군의 공격을 막을 만한 병력은 확보된 셈이었다. 하지만 기갑부대와 기계화부대가 부족하여 이라크군을 격멸할 수 있는 수준은 아니었다. 그러기 위해서는 독일에 있는 제1기갑사단을 중심으로 한 제7군단을 데려와야 했는데, 정치적 결단이 필요했다. 물론 이를 결정할 수 있는 사람은 세상에서 단 한 명, 조지 H. W. 부시(아버지 부시) 미국 대통령이었다.

당시 미군을 괴롭힌 것은 이라크군이라기보다 사막의 가혹한 환경과 이슬람 율법이었다. 특히 율법 존중이 까다로웠는데, 주류나 포르노 잡지의 반입 금지와 금주 서약은 기본 중의 기본이었고, 여러 문화적 충돌이 뒤따랐다. 예를 들어 미군 여군들이 땀에 젖은 반팔 셔츠를 입고 작업하는 것조차 현지 주민들을 경악시켰다. 그래서 미군은 모든 병사들에게 긴소매 셔츠를 입혀야 했다. 종교 생활에도 딴지를 걸어 사우디는 성경의 반입을 금지하고 싶어했다. 이에 미군은 종교 생활을 원하는 병사들을 공군기지로 이동시키고, 사우디는 이를 묵인해주는 쪽으로 타협을 보았다. 유대교를 믿는 병사들은 군함으로 공수해서 함상 예배를 보는 쪽으로 타협했다. 종교적, 문화적 차이로 인한 충돌이 적지 않았지만 조금씩 해결되어갔고, 충돌은 점차 줄어들었다.

부시 대통령은 11월 8일 기자회견을 열고 병력 증강을 발표했다. 육군 제1기갑사단, 제3기갑사단, 제1사단과 제2해병사단의 추가 파병으로, 이는 지금까지의 방어 전략 대신 공세로 전환하겠다는 선언이나 마찬가지였다. 육군의 3개 중장비 사단은 독일에서 소련군을 상대로 주둔 중인 정예부대였고, 제2해병사단 역시 말이 필요 없는 최정예부대였다. 해병대로서는 오키나와 전투 이후 제1해병사단, 제2해병사단이 동시에 투입되는 첫 대작전이었다. 또한 첫 사막전이기도 했다.

이어서 딕 체니 국방부 장관은 11월 14일 육군 8만 명과 해군 1만 명, 공군 2만 명, 해병대 1만 5,000명의 예비역 소집을 발표했다. 중장비 사단들이 착착 사우디로 이동하는 중에 기본적인 작전계획이 나왔다. 작전 목표는 쿠웨이트 전역의 이라크군, 특히 공화국수비대를 격멸하여 쿠웨이트에서 완전히 축출하고, 나아가 미군의 주력을 이라크 국경 안으로 투입, 일익포위*를 실시하여 이라크군 주력을 격파함으로써 그들이 다시는 침공 능력을 가질 수 없도록 만드는 것이었다.

다국적군이므로 당연히 국가별 정치적 배려가 중요할 수밖에 없었다. 아랍합동군은 이라크 내 공격을 거부했기 때문에 쿠웨이트 탈환 작전에만 투입될 예정이었다. 각국 군대와 미군 각 군종도 전공을 놓고 경쟁하는 입장이어서 '임무 조정'과 '자원 배분'은 결코 쉬운 일이 아니었다.

해병대의 임무는 제4해병원정여단, 제5해병원정여단 등 일부 부대를 해상에 대기시켜 쿠웨이트 해안에 상륙하는 것처럼 기만하여 적의 병력을 분산하고, 영국군 제1기갑사단과 함께 쿠웨이트를 '공격'하되 주공인 것처럼 적을 기만하여 그사이 육군 기갑사단을 중심으로 한 주력부대가 이라크군을 격멸할 때까지 적군을 잡아두는 것이었다. 즉 이중 기만이 부여받은 임무였다. 하지만 '천하무적' 해병대가 이런 임무에 만족할 리가 없었다. 당장에 부머 사령관은 이 작전안을 듣고 큰 충격을 받은 나머지 해병대를 육군의 부속물로 보는 것 아니냐며 강력하게 반발했다.

11월, 그레이 사령관이 사우디를 방문하여 최전선에 배치된 제7해병연대의 전투 지휘소를 시찰했다. 이때 그는 이라크군이 밀집해 있는 쿠웨이트 남부 지역을 직접 공격하기보다는 터키나 시리아, 요르단 방면에서 이라크를 공격해 제2의 전선을 구축하는 쪽으로 생각이 기울어 있

---

* 주력부대가 적의 측면을 통과한 뒤 적 후방에 있는 목표를 확보해 적의 퇴로를 차단하고, 적을 격멸하는 기동 행태를 말한다.

었다. 하지만 요르단은 이라크에 동정적인 팔레스타인인들이 많이 사는 나라여서 아예 전쟁에서 발을 뺀 상태였고, 터키는 소극적 협력에 머물렀으며, 시리아는 군대를 보냈지만 소극적이어서 자국의 영토를 미군이 쓰게 허락할 리 없었다. 즉 그의 구상은 실현 불가능한 것이었다. 그래서 그레이 사령관은 대안으로 육군이 이라크군의 우익을 강타하는 동안 쿠웨이트 남부가 아닌 이라크 본토 바스라Basrah 부근에 대한 상륙작전을 계획했다. 하지만 이 계획도 현실화하기에는 내외부적으로 큰 어려움이 있었다. 우선 내부적인 어려움은 육지에 5개 연대, 바다에 2개 연대가 있는 해병대를 재배치하는 문제였다. 작전을 실현하려면 이 비율을 역전시켜, 육지에 2개 연대, 바다에 5개 연대가 준비되어야 했다. 하지만 그러기 위해서는 많은 시간과 노력, 비용이 들 뿐 아니라 준비를 마친다 해도 군수 지원 문제가 난제였다. 외부적으로도 바스라가 이란과 인접한 곳이어서 국제정치적인 문제가 될 수 있고, 또 실행 후에 어떤 돌발 사태가 생길지 알 수 없었다. 결국 두 계획은 모두 폐기되었고, 쿠웨이트를 정면에서 공격할 수밖에 없었다. 그런데 이때 엉뚱하게도 영국군이 '배신'하는 돌발 사태가 벌어졌다.

당시 사우디 주둔 영국군 사령관은 피터 드 라 빌리에르 중장으로, 그는 그레이 사령관에게 제1해병원정군에 소속된 영국군 제1기갑사단을 주공인 서쪽으로 돌려달라는 요청을 해왔다. 영국 국민들은 자국이 이 전쟁에서 더 중요한 역할을 맡기를 원한다는 것이 그 이유였다. 이에 대해 사단 예하 제7기갑여단장 패트릭 코딩글리 준장은 그동안 해병대와 협조해온 결과로서 이미 지정된 위치에 부대를 전개한 마당에, 이제 와서 부대 배치를 변경하는 것은 곤란하다는 입장을 피력했다. 하지만 미 육군 지휘관들은 영국군 제1기갑사단의 입장 표명을 환영했기에, 결국

●── 역시 해병대답다고 할 만한 평범한 성을 지닌 앨프리드 그레이 대장. 염원이었던 대규모 상륙작전을 실현하지는 못했지만 해병대는 그의 지휘 아래 걸프전쟁에서 다국적군의 대승에 크게 기여했다.

이동 배치는 받아들여졌다. 하지만 제1해병원정군 사령관 부머 장군 입장에서는 난데없이 기갑사단을 빼앗긴 셈이었기에, 이 결정에 항의하며 같은 규모의 기갑부대를 요청했다. 이라크군의 강력한 기갑부대를 감안하면 기갑 전력은 필수불가결했다. 하지만 결정은 번복되지 않았고, 부머 장군은 최신예 M1A1 에이브럼스 전차와 M2 브래들리 보병전투차를 장비한 미 육군 제1기갑사단의 제2기갑여단, 즉 '타이거여단'과 다연장 로켓포 대대의 배속으로 만족해야 했다.

한편 각 군은 항공력의 운용에 대해서도 입장이 갈렸다. 공군은 공군 자체 전력은 물론 해병대와 해군 예하의 모든 항공부대를 통합하여 하나의 독립 전력으로 운영하고 싶어했다. 육군으로서는 자체 항공 전력이 헬기뿐이어서 공군의 주장을 딱히 마다할 이유가 없었다. 하지만 중화기가 부족한 해병대는 자체 항공단의 지원이 절대적으로 필요한 입장이었다. 결국 해병대는 해병 항공대의 F/A-18 호넷 전폭기와 AV-8 해리어 지상공격기의 절반을 공군 지휘로 넘기는 대신 B-52 전략폭격기와 A-10 지상공격기의 지원을 최우선적으로 해병대에 할당하겠다는 약속을 받는 선에서 합의할 수밖에 없었다. 물론 이때는 누구도 A-10 지상공격기가 재앙이 될지 상상하지 못했다.

이때쯤 '사막의 폭풍 작전Operation Desert Storm'이 수립되었다. 작전은 4단계로 나뉘었는데, 제1단계는 이라크군의 지휘 통제 계통을 노린 6일간의 전략폭격, 제2단계는 쿠웨이트 전역에서의 제공권 확보, 제3단계는 공격 준비를 위한 폭격(12일간의 적 포병과 참호, 집결지에 대한 폭격), 마지막 제4단계는 지상군의 대규모 포위 작전이었다. 제1단계 폭격은 1월 17일 시작하기로 결정되었다. 슈워츠코프 사령관은 쿠웨이트 주둔 이라크군이 10개 사단이 넘는 데 비해 해병대는 겨우 2개 사단이고, 나머지는 미덥지 않은 아랍합동군이어서 해병대의 오른쪽이 불안하다고 생각하여 제1기병사단을 사령부 예비대로 보유했다. 사실 제1해병원정군은 해를 넘긴 1991년까지도 모든 전력이 집결되지 않은 상태였다.

1991년 1월 17일, 다국적군은 이라크-쿠웨이트 전역에 대한 대대적인 공습을 개시했다. 바야흐로 걸프전쟁의 막이 오른 것이다. 공습에 맞춰 미 육군은 지상 공격을 위해 사우디 서쪽으로 대이동을 시작했다. 제1해병원정군도 사우디 동부 해안선의 집결지에서 쿠웨이트 국경을 향해 북상했다.

다만 빠른 속도로 이동하는 육군과는 대조적으로 해병대는 천천히 이동했는데, 부머 중장이 국경으로의 이동을 서두르지 않는 데는 두 가지 이유가 있었다. 첫째, 이라크군에 비해 해병대 전력이 열세였기 때문이다. 해병대 정면에 포진한 이라크군의 전력은 12개 사단인 데 비해 해병대는 제1해병사단과 제2해병사단뿐이었다. 게다가 가장 강한 전력을 가진 제2해병사단은 아직 집결을 채 완료하지 못한 상태였다. 제2해병사단에는 해병대가 보유한 모든 M1A1 에이브럼스 전차 총 76대가 집중 배치되어 있었는데 제시간에 도착하지 못한 것이다. 그에 비해 제1해병사단의 전차는 구형 M60A1 패튼이었다. M60A1 전차가 반응장갑*을 장비해 방어력이 향상된 것은 사실이었지만 이라크군의 T-72 전차를 상대로 승리를 장담하기는 어려웠다. 해병대의 M1A1 에이브럼스 전차가 주바일항에 도착한 날은 폭격이 시작된 1월 17일이었다.

둘째, 무엇보다 부머 장군이 쿠웨이트 국경으로 해병대의 빠른 이동을 명령하지 못한 이유는 병참선이 끊어질까 두려웠기 때문이다. 해병대 2개 사단의 목적지인 전선 집결지와 병참기지가 있는 주바일항까지의 거리는 무려 256~305킬로미터나 되었다. 미군 규범에 병참기지 간의 거리는 90마일(144킬로미터) 이내로 한다는 원칙이 있는데, 이는 트럭 수송대가 24시간 이내에 왕복 가능한 거리를 고려한 것으로, 이 거리 안에서만 대규모 물자 수송이 가능하기 때문이었다. 그 때문에 주바일항에서 해안도로를 따라 170킬로미터 북쪽에 있는 미샤브Mishab항에 중간 병참기지, 또 중간 병참기지에서 서쪽으로 50킬로미터 정도 떨어진 키브리트Kibrit에 전방 병참기지가 설치될 예정이었다. 그래서 1월 말에 해병대의 주력은 천천히 북상하다가 쿠웨이트 국경으로부터 150킬로미터 지

---

* 2개의 장갑 사이에 약한 폭발물을 끼워놓아 적의 포탄이 명중할 경우 장갑 사이의 폭발물이 터진다. 이 경우, 폭발이 반대 방향으로 작용되거나 그 자리에 멈추어 전차 자체는 손실을 입지 않는다. 그러나 폭발이 일어난 후, 장갑 방어력이 현저하게 낮아진다는 단점이 있다.

점에서 정지한 뒤 병참기지가 완성될 때까지 움직이지 않을 예정이었다. 키브리트에서 약 50킬로미터 남쪽 지점이었다. 그런데 돌발 상황이 벌어졌다.

국경 초소의 전투 1[*]

1월 29일 사담 후세인이 걸프전쟁 기간에 시도한 유일한 반격, 카프지 Khafji 전투가 시작된 것이다. 이날 다국적군의 동부 사우디 방면 배치 상황을 보면, 다국적군은 이라크군의 공세를 전혀 예상하지 못했던 것 같다. 당시 다국적군 가운데 사우디-쿠웨이트 국경선 동쪽 200킬로미터의 수비를 담당한 군대는 크게 세 그룹으로 나뉘는데, 페르시아만까지 동쪽은 사우디와 카타르군 등 4개 여단 규모의 아랍동부합동군, 중앙은 제1해병원정군, 서쪽은 이집트와 시리아 등 4개 사단 규모의 아랍북부합동군이 맡았다. 얼핏 보면 충분한 전력 같지만, 해병대가 담당한 중앙 구역을 자세히 보면 키브리트에서 북쪽 쿠웨이트 국경선까지 사막지대인 이곳에 주력인 보병과 전차가 전혀 없었다. 이곳의 해병대 병력은 사막을 감시하기에 적당한 LAV-25 경장갑차 약 160대로 구성된 2개 경기갑정찰대대와 몇 개의 정찰소대, 1개의 포병대대뿐으로 거의 50킬로미터나 되는 구간이 무방비 상태나 다름없었다.

하지만 이를 감안하더라도 이라크군 전차군단의 사우디 침공을 사전에 저지하지 못한 것은 의문스러운 부분이 있다. 1월 말 당시 다국적군 항공부대는 이라크 상공을 포함해 제공권을 완전히 장악하고 있었다. 보

---

[*] 이후의 서술은 많은 부분 『걸프전 대전차전 상·하』(길찾기)를 참조했다. 걸프전쟁에 대해 더 상세한 내용을 알고 싶은 독자들은 이 책을 참고하기 바란다.

통은 이런 경우에 이라크군이 대규모 공세를 시도하더라도 사전에 탐지하여 집중적인 폭격으로 단숨에 해치울 수 있다고 예상할 수 있다. 그런데 사실 다국적군의 항공 전력은 만능이 아니었다. 특히 정찰기 전력은 공군의 RF-4C 팬텀 정찰기 24대를 포함해 42대에 지나지 않았다. 정찰기부대는 전쟁 기간에 총 1,622회의 정찰비행, 즉 1일 평균 38회의 정찰비행을 했지만, 이라크와 쿠웨이트의 광대한 영역을 생각하면 적은 횟수였다. 게다가 그마저도 대부분은 이스라엘을 공격하는 스커드 미사일에 대한 탐색과, 폭격 후 전과 판정용 사진을 촬영하기 위한 비행이었다. 다시 말해 정찰기부대 입장에서는 대공미사일에 격추당할 위험을 무릅쓰면서까지 이라크 지상군을 감시할 여유가 없었고, 그렇기에 제공권이 없는 상황에서도 이라크군 전차군단은 다국적군의 눈을 피해 이동이 가능했던 것이다. 하지만 1월 28일, 쿠웨이트 국경 근처에서 이라크군의 동향을 관측하던 해병대의 파이오니어 무인정찰기는 해안도로를 따라 카프지 방향으로 남하 중이던 그들을 발견했다.

카프지는 해안도로와 인접한 도시들 중 국경과 가장 가까운 도시였다. 무인정찰기가 보내온 영상에는 야포와 탄약을 운반하는 이라크군 트럭이 확실하게 찍혀 있었다. 하지만 폭격은 이루어지지 않았다. 당시 다국적군 항공부대는 이라크의 전략 목표물에 대한 폭격 스케줄이 밀려있어 예정 외의 표적을 폭격할 여유가 없는 바람에 전투가 일어난 당일 카프지 방면은 사실상 무방비 상태였다.

이는 공군의 잘못만은 아니었다. 슈워츠코프 등 총사령부 지휘관들은 이라크군의 반격은 페르시아만 쪽이 아니라 서쪽의 알바틴 방면일 거라고 확신했다. 확실히 알바틴 쪽은 비교적 경장비인 제18공정군단을 타격할 수 있고, 경우에 따라서는 최대 군사 거점인 킹 칼리드 기지도 유린

할 수 있었다. 물론 동쪽 페르시아만 방향에서 이라크군의 월경 공격을 염두에 두지 않은 것은 아니었다. 하지만 총사령부는 그 경우에도 그것은 어디까지나 서쪽의 주공을 숨기기 위한 양동작전이라고 판단했다. 당시 총사령부가 주목했던 존재는 공화국수비대의 정예부대인 타와칼나사단과 메디나사단으로, 항공정찰 보고에 의하면 두 사단은 쿠웨이트 북서부에서 이라크 남부로 남하하고 있었다.

상황이 이러니 이라크군의 카프지 침공이 시작된 29일에도 중앙군 작전참모 바튼 몰 공군 소장은 이 공격이 위장 공세일지도 모른다고 경고했다. 이때 다국적군 공군의 주목표는 어디까지나 이라크 남부에 포진한 공화국수비대였다.

여기서 잠깐 후세인이 다국적군 공군이 가득한 사우디를 지상군만으로 침공한 이유를 살펴볼 필요가 있다. 그 전까지 일반적인 해석은 한정적인 파쇄 공격spoiling attack* 또는 견제 작전이라는 것이었다. 즉 공격 준비 중인 다국적군 지상 전력을 확인하고, 동시에 일방적인 폭격으로 떨어진 군과 국민의 사기를 고무하여, 세계에 이라크군의 존재감을 과시하려는 의도라고 해석한 것이다. 하지만 후세인의 진정한 의도는 어떻게든 승리하여 의미 있는 전과를 손에 넣는 것이었다. 그러나 미군을 상대로 그런 전과를 얻기란 매우 어려운 일이었다. 이에 후세인은 우선 사우디군 등 아랍군을 격파하기 위해 공화국수비대를 제외한 이라크 육군 예비대 중 최강 전력을 투입하기로 결정한다. 후세인이 사우디 침공 작전에 얼마나 큰 비중을 두었는지는 이라크군이 격추당할 위험에도 불구하

---

* 적이 공격을 위해서 대형을 갖추거나 집결 중에 있을 때 적의 공격을 방해하기 위해 운용되는 전술적인 기동을 말한다.

●— 만약 후세인이 쿠웨이트의 일부만 공격했거나, 대규모로 사우디를 침공했다면 역사는 많이 달라졌을 것이다. 야심은 컸지만 능력이 그에 미치지 못했던 것이 그의 가장 큰 비극이었다.

고 1월 24일 카프지 방면에 정찰기를 띄웠으며, 27일에는 폭격의 위험을 무릅쓰고 후세인이 직접 전방 총사령부가 있는 바스라까지 가서 작전을 독려한 사실로 증명된다. 만약 단순한 파쇄 공격이었다면 그가 직접 바스라까지 갈 필요는 없었을 것이다.

침공 당시 바그다드 방송은 후세인이 직접 쿠웨이트까지 가서 사우디 침공 작전을 지휘했다고 보도했다. 물론 전장의 실제 지휘관은 후세인이 아니라 쿠웨이트 방어 책임자인 제3군단장 살라 아부드 마흐무드 중장이었다. 전후 포로 심문과 CIA가 입수한 이라크군의 기록을 분석한 결과, 후세인의 반격 작전 내용이 밝혀졌다. 당시 쿠웨이트 남부에는 이라크군 제3군단과 제4군단 예하 19개 사단이 전개해 있었다. 그중 15개 사단은 국경선을 지키는 보병사단이었고, 나머지 4개 사단은 기동 예비 대인 기갑 및 기계화 사단이었다. 반격 작전에는 예비 전력에서 기동력 과 방어력이 우수한 제3군단의 제3기갑사단과 제5기계화사단, 제4군단의 제1기계화사단, 정예 3개 중장비 사단이 투입되었다. 이는 아마도 다국적군의 폭격에 대비한, 생존성을 높이기 위한 결정이었을 것으로 보인다. 총병력 약 3만 6,500명에 전차 603대, 장갑차 751대, 야포 216문 정도의 전력으로 추정된다.

이라크군의 주 공격로는 국경선의 동쪽과 서쪽 두 곳이었다. 서쪽 공격로는 전차 249대와 장갑차 197대를 보유한 제3기갑사단이 맡았는데, 이들은 쿠웨이트 남서부 지역에서 국경을 넘어 해병대의 키브리트 병참기지를 목표로 남진했다. 동쪽 공격로는 전차 177대와 장갑차 277대를 보유한 제5기계화사단이 맡았는데, 이들의 1차 목표는 해안도로를 통한 카프지 점령이었다. 하지만 훗날 밝혀진 바에 따르면, 키브리트와 카프지는 통과점에 불과했다. 그들의 최종 목표는 카프지에서 해안도로를 따라 50킬로미터 남쪽에 있는 미샤브항이었다. 별도로 특수부대가 소형 보트를 타고 후방에 상륙하여 후방을 교란한다는 계획도 마련되어 있었다. 하지만 이라크군은 공중 지원을 전혀 받을 수 없었고, 대신 방공 장비가 대거 배치되었다.

미샤브항이라는 요충지 점령을 위해, 동쪽의 제5기계화사단은 카프지를 공략한 다음 여세를 몰아 정면공격하고, 그와 동시에 서쪽의 제3기갑사단은 해병대를 측면 포위하는 우회 공격 부대로서 동쪽으로 방향을 틀어 제5기계화사단과 합류해 미샤브항을 공격할 계획이었다. 그리고 제1기계화사단은 우익에서 사우디 국경을 남하해 제3기갑사단의 측면을 지키면서 전과 확대를 위한 예비대 역할을 맡았다.

지금까지 설명한 후세인의 반격 작전은 훗날 '카프지 전투'라는 이름을 얻으면서 흔히 소도시 카프지 점령만을 노린 작전으로 알려져 있는데, 실제로는 전략적인 관점의 '사우디 침공 작전'이었던 것이다. 만약 후세인이 계획한 대로 이라크군이 해병대의 키브리트 전방 병참기지와 병참 중계 기지인 미샤브항을 점령했다면, 지상전의 양상은 크게 바뀌었을 것이다. 물론 다국적군의 항공 전력을 생각하면, 이 목표는 애초 이루기 힘든 작전이었음을 부인할 수 없다. 하지만 이 작전이 어느 정도 성공했다면 적어도 미 해병대의 병참 기능에 큰 타격을 줄 수 있었다. 당시 카프지와 키브리트, 미샤브를 포함한 사우디 북동부 지역의 수비는 상당히 허술했고, 후세인의 반격 작전이 성공할 가능성도 있었다. 게다가 앞서 말했듯이 다국적군 사령부의 관심은 서쪽 수비에 쏠려 있었으니 상대적으로 동쪽의 수비는 소홀했다. 결국 이라크군의 공격은 다국적군의 빈틈을 제대로 찌른 셈인데, 2차대전 말기 히틀러 최후의 반격인 아르덴 공세를 연상케 한다.

참고로 전후 이라크군 포로의 증언에 따르면, 후세인이 원한 '대전과' 중 하나가 미군 포로의 대량 획득이었다. 이라크군 정보부장 알사마라이의 비공식 증언에 의하면, 후세인은 작전 직전 최고 간부들과 가진 회합에서 미군과 아랍군 포로를 5,000명 정도 잡아 인간 방패로 쓰는 계획을 밝혔다. 사실 후세인은 레바논 사태에서 그랬듯이 미군은 대량의 사상자를 감당할 수 없다고 확신했다. 한편, 이라크군은 이란-이라크 전쟁 당시 미국으로부터 위성사진을 제공받은 바 있어 미국 군사위성의 궤도와 성능에 대해 잘 알고 있었는데 그 덕분에 위성이 상공에 없는 틈을 타서 부대와 장비를 집결할 수 있었다.

해병대는 해안에서 내륙에 이르기까지 120킬로미터에 걸쳐 국경선에 배치된 이라크군의 움직임을 경계하기 위해 8개의 감시초소Observation Post, OP를 설치하고, 각 초소에 정찰부대를 배치했다. 서쪽의 OP4, OP5, OP6은 '특임부대 셰퍼드Task Force Shepherd'의 약 1,200명이 담당했다. 이 부대는 제1해병사단의 제1경기갑정찰대대와 제11포병연대 5대대 그리고 증원된 제3해병사단의 제3경기갑정찰대대 D중대를 중심으로 이루어진 부대였다. 주력 장비는 LAV 경장갑차였다. 중앙의 OP2와 OP3은 제2해병사단의 제2경기갑정찰대대가 담당했고, 동쪽의 OP1과 OP7 그리고 해안도로 감시초소인 OP8까지는 아랍합동군이 맡았다.

대대장 클리퍼드 마이어스 중령은 담당한 OP4, OP5, OP6 3개 감시초소 중에서도 그들이 보통 '힐'이라고 부른 언덕의 OP4가 가장 중요하다고 생각했다. OP4가 건설 중인 키브리트 병참기지와 가장 가까운 접근 경로에 위치해 있었기 때문이다. 중령은 이곳에 제3경기갑정찰대대 D중대를 배치했고, D중대를 엄호하기 위해 OP4의 남쪽 25킬로미터 지점에 제1경기갑정찰대대 B중대, 서쪽 10킬로미터 지점에는 A중대를 배치했다. 마지막으로 후방에는 M198 155밀리 곡사포 12문을 배치했다. 마이어스 중령의 방침에 따라 대대 병력의 절반이 OP4 주변에 집중 배치되었고, 남은 OP5와 OP6의 경비는 C중대가 맡았다.

본래 사우디의 알자브르Al-Zabr 국경 경찰서였던 OP4는 작은 성채 같은 2층 석조 건물로, 4미터 높이의 모래 방벽이 마치 쿠웨이트와 사우디의 영토를 자르듯 남동에서 북서 방향으로 펼쳐져 있었다. 이 건물은 소전투에서는 쓸 만한 요새가 될 수 있었다. OP4에 파견된 병력은 스티븐 로스 소위와 29명의 정찰소대원이었다. 소위는 건물에서 수백 미터 떨어진 양쪽 모래 방벽에 각각 8명의 감시분대를 두었고, 본대는 OP4 건물에 주둔했다. 험비 3대와 5톤 트럭 1대는 건물 후방 400미터 지점에 만든 말굽 모양의 모래 방벽 안에 숨겨두었다.

1월 29일 오후 12시, 15년 경력의 베테랑 로저 폴러드 대위가 지휘하는 제3경기갑정찰대대 D중대(이후 D중대)는 OP4로 이동하라는 명령을 받았다. D중대는 3시간 후 OP4 북서쪽에 도착했다. 그는 4킬로미터 정면에 방어선을 설치하고, 우익을 OP4의 북서쪽 2.5킬로미터 지점, 모래 방벽과는 3.5킬로미터 떨어진 지점에 배치했다.

중대는 총 21대의 LAV를 보유했는데, 그중 13대는 LAV-25 경장갑차, 7대는 2연장 토우^{TOW} 대전차미사일을 탑재한 LAV-AT 대전차미사일 경장갑차, 1대는 LAV-C2 지휘차였다. 원래 중대 편제에 LAV-AT는 없었지만 대대장 마이어스 중령이 이라크군 전차대와의 조우에 대비해 증강 배치한 것이었다. 중령이 생각한 적 전차 요격 전법은 크게 두 가지였다. 신속한 기동으로 적 전차를 LAV의 기관포와 토우 미사일의 사정거리로 유인해 격파하거나, 적 전차의 기동을 지연시킨 뒤 공중 지원과 사단 주력 도착을 기다려 격멸하고자 했다.

국경 초소의 전투 2

오후 6시 30분, 이라크군이 미군의 무선 교신을 차단하는 방해전파를 쏘기 시작했다. 해가 저물면서 사막에는 어둠이 깔렸고, 구름이 낀 밤하늘에서는 가끔씩 비가 내렸다. 하지만 야시장비의 효율을 떨어뜨릴 정도는 아니었다. 사막의 겨울은 병사들을 추위에 떨게 했지만 순수 전투 면에서 보면 해병대에 나쁜 날씨는 아니었다.

오후 7시 36분, 야시장비를 장착한 LAV-AT는 접근 중인 적 부대를 발견했다. 이에 폴러드 대위는 중대에 경보를 발령하고, 도청 및 전파 방해를 받지 않는 싱가스^{SINCGARS} 무전기로 마이어스 중령에게 상황을 보고했다. 내용은 대략 50대의 적 전차대가 남하 중이며 현재 D중대로부터 7킬로미터 지점, OP4로부터 4킬로미터 지점에 접근했다는 것으로 전혀 예상하지 못한 대규모였다. 중령은 적의 움직임을 더 관찰하고 싶었기에 고립될 위험에도 정찰소대에 후퇴 명령을 내리지 않았다. 이렇게 제1해병사단의 첫 지상전이 시작되었다. 다국적군 전체를 통틀어서도 첫 번째 지상 전투였다.

오후 8시 30분, 이라크군이 천천히 OP4를 향해 이동했다. 이들은 제3기갑사단 소속으로, 선두에 T-62 전차 5대와 BMP 보병전투차 4대가 있는 것이 확인되었다. 이에 로스 소위는 바로 공군 지원을 요청했고, 소대 차원에서도 소총과 기관총, AT-4 대전차로켓 등으로 공격했다. 조명탄이 전장의 하늘 위에서 빛나더니 적 전차에서 발사된 철갑탄이 OP4 건물의 벽을 뚫었다.

이라크군은 압도적으로 우세했지만 묘하게도 OP4를 단숨에 점령하겠다는 기세가 없었다. 나중에 포로를 심문한 결과, 그들은 진격하기 전 소형 무인정찰기로 그쪽을 정찰했지만 미군을 발견하지 못해 그냥 지나가려고 했다. 그런데 갑자기 선두 전차대에 강력한 공격이 가해졌기에 깜짝 놀라 혼란에 빠졌던 것이다.

폴러드 대위로부터 이라크군의 공격 보고를 받은 마이어스 중령은 이를 본격적인 침공이라 보지 않았기에 잠시 상황을 지켜볼 생각이었다. 하지만 전선의 폴러드 대위에게서 '이라크군이 공격 중임이 확실하다'는 보고가 다시 날아왔고, 이에 마이어스 중령은 상관인 마이엇 소장에게 공군 지원을 요청하는 한편 A중대를 D중대의 후방으로 돌리고 D중대를 OP4를 향해 출발시켰다.

한편 OP4의 양군은 모래 방벽을 사이에 두고 포화를 주고받았다. LAV 경장갑차의 집중포화로 이라크 전차 1대가 OP4 근처에서 불타올랐다. 하지만 잠시 후 적 전차들은 시야를 확보했는지 건물에 명중탄을 날렸다. 정찰소대는 적의 공격이 거세지자 결국 긴급 구조를 바란다는 의미의 적색과 녹색 조명탄을 쏘아올렸다. 대전차로켓탄도 떨어진 상황이었다.

9시 30분, D중대의 폴러드 대위는 정찰소대를 구출하기 위해 서둘렀다. 제2소대(LAV-25 6대)와 대전차팀(LAV-AT)은 쐐기 대형으로 전개하여 OP4를 향해 남동쪽으로 전진했고, 곧 모래 방벽의 3킬로미터 지점까지 접근했다. 이때 대전차팀의 LAV-AT는 적외선 야시장비를 사용해 OP4 주변을 수색했는데, 적 전차를 나타내는 진홍색 광점의 수가 75개 이상으로 관찰되었다. 폴러드 대위는 그중 절반이 전차이며, 정면의 적이 대대 규모 이상이라는 사실을 확인했다.

이제 공격할 차례였다. 제2소대와 같이 온 LAV-AT 4대와 후방 대전차팀의 LAV-AT 3대는 공격을 위해 정차했다. 사수는 토우 미사일 2발을 장전한 발사기를 차체 위에 세운 다음 남동쪽을 향해 조준했다. 먼저 후열 3대의 LAV-AT가 목표를 포착하고 발사했다. 하지만 2발은 빗나가 적 전차 앞 모래 방벽에 작렬했다. 이어서 세 번째 토우 미사일이 발사되었고, 거의 동시에 적 전차의 반격이 있었다. 그리고 그 순간 폴러드 대위 왼쪽에 있던 LAV-AT 1대가 폭발하고 거대한 불덩어리로 변했다. 대위는 "누가 당했는지 식별이 어려울 정도로 폭발이 컸다. 나는 이라크군 장갑차에서 새거Sagger 대전차미사일을 발사한 줄 알았다"고 당시 상황을 회고했다.

그런데 부중대장의 목격담에 따르면, '그린 2' 장갑차를 파괴한 무기

●— LAV-AT의 발사대에는 2개의 발사관이 있으며, 평상시에는 접힌 상태로 운영되다가 사용 시 사진의 모습대로 세워진다. 차장, 장전수, 사수, 조종수 4명이 탑승한다.

는 아군인 '그린 1'이 후방에서 발사한 토우 미사일이었다. 즉 사수가 처음 겪는 야간전투에 당황해서 벌인 실수였다. 미사일 발사 3~4초 후에 폭발했다는 증언이 있었는데, 이는 상호 간의 거리가 1,000미터 이하라는 의미였다. 아마도 사수가 미사일을 유도하는 도중에—토우는 대전차 '유도' 미사일이다—적 전차와 아군의 LAV-AT가 사선상에 겹쳤고, 이 때문에 아군을 맞힌 듯하다. 오인 사격을 한 사수는 적 전차를 거리 2,500~3,000미터에서 포착해 토우 미사일을 발사했다고 말했다. 그리고 이 미사일은 LAV-AT의 차체 후방 도어를 관통해 폭발했고, 차량 내의 예비 미사일과 연료가 유폭을 일으켜 12톤짜리 LAV를 불덩어리로 만들었다. 사망한 4명의 승무원은 이스마르 코트 하사(27세)와 대니얼 워커 병장(20세), 데이비드 스니더 병장(21세), 스콧 슈로더 일병(20세)이 었다. 특히 푸에르토리코 출신의 코트 하사는 "해병대 덕분에 남브롱크스의 빈민가를 벗어날 수 있었다"고 입버릇처럼 말했던 밝은 성격의 군인으로, 어린 딸 크리스티나를 남겨두고 아군의 손에 사망했다.

이때 감시 중이던 LAV-AT가 최전선의 이라크군 전차 10대, BMP 보병전투차와 격렬하게 전투 중이라는 보고가 들어왔다. 다만 그들의 사격은 교전 거리가 2킬로미터 이상이었기에 정확하지 않았다. 사실 이라크군의 야시장비 탐지 거리는 500미터 정도밖에 안 되었다. 따라서 이날 밤 이라크군 지휘관은 해병대의 전력과 배치 상황을 전혀 파악하지 못한 채 지휘 중이었음이 분명하다. 하지만 LAV-25에도 적외선 야시장비가 탑재되어 있지 않아 야간전투 능력이 이라크군 전차와 비교해 큰 차이가 없었다. 이 전투 후에야 LAV-25에도 오인 사격을 방지하기 위한 적외선 야시장비가 탑재되었다. 어쨌든 잠시 적의 공격이 저지되자 로스 소위의 정찰소대는 그 틈을 타 숨겨둔 차량을 타고 후퇴했고, 이로써 D중대는 최초의 임무를 어떻게든 완수한 셈이 되었다.

하지만 이제부터 D중대는 원군이 올 때까지 적의 진격을 막아야 했다. 폴러드 대위는 아군의 피해가 오인 사격을 받은 장갑차 1대뿐이라는 사실을 확인하고 오폭을 방지하기 위해 중대를 재편성했고 동시에 전술을 변경했다. 각 소대에 LAV-AT 장갑차를 배치하여 각 소대가 LAV-AT의 야시장비를 이용해 전장의 수색과 목표 식별을 신속하고 정확하게 할 수 있도록 조치한 것이다. 그 과정에서 중대의 한 중사가 제안한 전술이 공유되었다. 일단 LAV-AT 장갑차가 적을 찾으면, 먼저 LAV-25에 탑재된 25밀리 기관포로 유탄을 쏘아 폭발 화염을 일으켜 목표의 위치를 명확히 표시하고, 그다음에 소대 전체가 화력을 집중하자는 것이었다. 하지만 목표물이 전차인 경우에는 25밀리 기관포로 격파할 수 없기 때문에 토우 대전차미사일이나 아군기에 폭격을 요청해야 했다. 이에 처음에는 해병대의 A-6 인트루더 공격기와 F/A-18 호넷 전투기가 출격하여 고도 3,000미터에서 500파운드짜리 폭탄을 떨어뜨렸지만 정밀도가 낮아 이라크군에 큰 피해를 주지 못했다. 상황은 공군의 A-10 선더볼트 공격기가 전장에 나타나면서 바뀌었다. 이 기체는 분당 70발의 열화우라늄 철갑탄을 발사하는 30밀리 기관포를 기수 아래에 장비했으며, 날개 아래에 매버릭 공대지미사일 6발을 장착하고, 전장 상공을 2시간이나 저공비행할 수 있는 전차 사냥꾼이었기 때문이다.

이라크군은 여러 방향에서 강력하게 공격했다. LAV-AT 장갑차는 남쪽의 제방을 넘어와 D중대의 오른쪽으로 접근하는 수 대의 적 전차를 발견했다. 폴러드 대위는 대전차팀의 토우 미사일 일제 사격과 동시에 D중대에 후퇴 명령을 내렸다. 적 전차 3대를 격파했다는 보고가 들어왔지만 이라크군은 산개하면서도 계속 전진해왔다. 이때 D중대는 OP4에서 5킬로미터 지점까지 물러선 상태였다. 폴러드 대위가 다시 공군 지원을 요청하자 밤 10시 30분 A-10 2대가 날아왔다.

전장의 상공은 칠흑같이 어두웠다. 선두에 선 A-10이 조명탄을 떨어뜨렸다. 이때 전장은 적과 아군이 밀착한 상황이었는데, 조명탄은 D중대의 LAV-25 장갑차 중 하나인 '레드 2'의 수 미터 후방에 떨어졌다. 공군의 항공 통제관은 A-10 편대에게 적 전차는 조명탄에서 북동쪽 1,000미터 지점에 있다고 알려주었다. 곧 조종사가 T-55 전차를 포착하여 매버릭 공대지미사일을 발사했다. 그런데 자동추적 방식인 이 미사일이 갑자기 급강하하기 시작했다. 그러고는 조종사의 "실수다!" 하는 외침이 울려퍼졌고, 미사일은 아군 조명탄 근처에 있던 LAV-25에 명중했다. 불운이라고 말할 수밖에 없는 참극이었다. 이 참극은 오인 사격이 아니라 매버릭 공대지미사일이 조명탄의 섬광에 이끌려 날아간 것이라고도 알려졌지만, 증거는 조종사의 증언뿐이다. A-10의 시야가 나쁜 편이라는 사실을 감안하면, 조종사가 처음부터 LAV를 적 전차로 오인해 발사했다고 해도 전혀 이상한 상황이 아니었다.

어쨌든 그 결과 1톤 가까운 무게의 포탑이 20미터나 날아갈 정도의 대폭발이 일어났고, 그 자리에서 7명의 젊은 해병대원이 폭사했다. 차장 스티븐 벤틀린 상병은 3명의 자녀를 둔 아빠였고, 19세의 마이클 린더먼 일병은 결혼을 앞둔 예비 신랑이었다. 처자식을 두고 죽은 병사들 중에는 프랭크 쇼에이 앨런 일병도 있었다. 해병대의 격전지이자 주둔지인 오키나와 출신의 그는 마지막 편지에서 "해병대 동료들이 도와주니까 나는 살아남을 거야"라고 썼다.

D중대는 혼란에 빠졌다. 무선 교신은 미친 듯이 떠들어대는 대원들의 목소리로 가득 찼다. 폴러드 대위는 마이어스 중령에게 두 번째 참사를 보고하면서 혼란을 수습하고 방어하겠다는 의지를 보였지만, 철수 명령이 내려왔다. 그리하여 30일 오전 1시, D중대는 A중대와 교대했다. 원래 A중대는 곧바로 반격에 나설 계획이었지만 D중대가 파괴된 LAV와 승무원들을 그대로 놔둔 채 후퇴한 상황이어서 첫 임무는 유해 수습으로 바뀌었다. 불행 중 다행으로 이라크군은 태세를 재정비하기 위해서인지 움직이지 않았다.

달빛도 없는 어두운 사막에서 무언가를 찾는 것은 어려운 일이었다. 하지만 A중대는 밤사이 A-10의 공격에 파괴된 장갑차의 잔해를 발견할 수 있었다. 수색 중에 흩어진 시신 조각들도 볼 수 있었는데, 놀랍게

●— 파마나 침공 이후 LAV-25는 해병대원들의 사랑을 받아 'Love'와 비슷한 발음의 '라브'라는 애칭이 붙을 정도였다. LAV-25의 원산지는 스위스로, 이 나라는 독일 이상으로 정교한 기계를 만드는 나라로 유명하다.

도 경상을 입은 생존자를 발견했다. 그는 LAV-25의 조종수로, 조종석이 차체 전면에 있는 덕분에 살아남을 수 있었다. 그리고 장장 5시간 동안 갈기갈기 찢긴 전우들의 유해 사이에 방치되어 있다가 극적으로 구조된 것이다.

D중대가 A-10 지상공격기의 오폭을 뒤집어쓰고 있을 때, OP4 북쪽의 OP6도 이라크군 제1기계화사단의 공격에 직면해 있었다. 오후 10시 31분, 마이어스 중령은 토머스 프로슬러 대위에게 OP6의 남쪽 5킬로미터 지점으로 C중대를 옮기고 그곳에서 경계 태세를 취하라고 명령했다. 그들은 OP4의 실수를 반복하지 않기 위해 철수했다.

조금 뒤인 30일 오전 1시 10분, 이라크군 포병의 준비포격이 시작되어 OP6 주위로 포탄과 조명탄이 떨어졌다. 그리고 다시 30분이 지났을 무렵, 이라크군 기계화부대의 선봉이 OP6을 점령했다. 프로즐러 대위는 이라크군 선봉대 후방에서 전투차량 50~60대로 이루어진 대규모 부대가 전진 중임을 확인하고 이를 마이어스 중령에게 보고했다. 이에 마이엇 장군은 폭격으로 적 주력부대를 격파하기로 결정했다. 하지만 이라크군 지휘관도 당연히 공군의 공격을 예상하고 준비하고 있었다. 탁 트인 사막에서 많은 차량의 기동은 폭격의 표적이 될 뿐이었기에 그는 OP6 점령 후 그곳에 대공포를 배치하고 본대는 뒤로 물려 대공방어가 충실한 북부 방공구역으로 후퇴했다가 다시 공격하는 전술을 취했던 것이다.

어쨌든 곧 공군의 지원이 시작되었고, 오전 3시 37분 C중대는 반격을 개시했다. LAV-AT 대전차팀은 20대의 적 전차와 교전했는데, 토우 미사일 11발을 발사하여 11대를 격파하는 놀라운 전과를 거두었다. 4시간에 걸친 공방전 끝에 C중대는 피해 없이 전장을 빠져나왔고 이라크군도 퇴각했다. 그동안 다국적군 공군의 폭격이 있었지만 이라크군은 OP6에 구축한 방공망을 효과적으로 운영하여 최소한 OP6 주변에서는 폭격으로 인한 피해를 입지 않았다.

한편 앞서 두 번의 비극이 일어난 OP4에서는 다음 날에도 전투가 계속되었다. 날이 밝자 OP4 주변의 이라크군이 다시 움직였다. A중대장 마이클 샤프 대위는 모래 방벽 너머에서 OP4를 향해 진격해오는 적 기계화부대를 발견했다. 샤프 대위는 LAV-AT 장갑차에 토우 미사일 일제사격을 명령하여 3대의 적 전차를 격파했다. 그사이 전진한 수색반은 원형을 알아볼 수 없을 정도로 파괴된 '그린 2'의 잔해를 발견했다. 오전 6시 53분, 전장으로 날아온 해병대의 AH-1 공격헬기편대가 순식간에 T-55 전차 4대를 격파했다. 특히 4대째의 T-55 전차는 유폭을 일으켜 포탑이 하늘로 날아올랐다가 다시 차체 위로 떨어지는 진풍경을 연출했다. 하지만 이라크군 전차부대는 포병의 엄호 포격 아래 계속해서 전진해왔다.

오전 7시 20분, 샤프 대위는 주간에 적 전차부대와의 근접전은 불리하다고 판단하고 A중대에 후퇴 명령을 내렸다. 그런데 때마침 A-10과 F/A-18 호넷 전투기 각 2대로 구성된 편대가 도착했다. 이에 힘입어 A중대는 토우 미사일과 후방 해병대 포병의 지원사격을 활용해 저지에 나섰고, 결국 이라크군은 후퇴하기 시작했다. 마이어스 중령은 국경선 바깥으로 이라크군을 몰아내기 위해 대기 중인 B중대와 D중대를 투입하여 후퇴하는 이라크군에 추가적인 공격을 가했다.

전날 밤부터 계속된 'OP4 전투'는 그렇게 막을 내렸다. 이 전투에서 해병대는 LAV 장갑차 2대와 대원 11명을 잃었다. 전부 D중대에서 나온 피해였고, 아군에 의한 것이었다. 폴러드 대위는 D중대가 22대의 적 전차 및 장갑차를 격파했다는 전과 보고를 올렸는데, 날이 밝은 후 전장 일대를 수색한 A중대 2소대장 윌리엄 웨버 소위의 보고에 따르면, 쿠웨이트 국경 안쪽 6킬로미터를 포함한 전장에서 파괴된 적 전차는 3대뿐이었다. 폴러드 보고에 과장이 있었던 것이다. 하지만 이것은 허위 보고였다기보다는 기록상의 중복이나 혼란스런 전장 상황에 기인한 일로 보인다. 예를 들어 야간에 적 전차 1대를 각각 다른 시간, 다른 각도에서 3번 공격했을 때, 파괴된 전차는 1대뿐이지만 3개의 전과 보고가 올라와서 3대를 격파한 것처럼 인식되는 식이다. 웨버 소위는 폴러드 대위와 D중대 병사들이 처음 경험하는 야간전투로 인한 당황과, 특히 2번에 걸친 아군 오인 사격이 불러온 혼란 때문에 정신이 없어 제대로 된 전과 보고에 실패했다는 결론을 내렸다.

국경 초소의 전투 3

1월 29일 오후 10시 50분경, 제2해병사단의 제2경기갑정찰대대도 OP3과 OP2에서 이라크군 장갑차량 29대와 교전에 들어갔다. 그리고 오후 11시 45분, A중대의 LAV-AT 장갑차 사수인 에드먼드 윌리스 상병이 제2해병사단의 첫 전과를 올렸다. 그는 이라크군 T-62 전차 4대의 접근을 발견하고 토우 대전차미사일로 선두 전차를 2,700미터 거리에서 격파했다. 이 전차의 잔해 때문에 진입로가 막혀버렸고 나머지 이라크군 전차들은 퇴각했다. 하지만 이 공격은 시작에 불과했다.

제2해병사단장 윌리엄 M. 키스 소장은 시시각각 들어오는 정보를 통해 사단 정면의 이라크군이 경계선이 얇은 지점을 돌파하여 키브리트 병참기지를 공격할 가능성이 있다고 판단했다. 이때 누구보다 이 사태를 걱정하는 인물이 있었으니 바로 두 해병사단의 후방 지원을 맡은 해병대 병참 지휘관 찰스 크룰락 준장이었다(후일 해병대 사령관에 오르는 그는 앞서 등장한 빅터 크룰락 중장의 아들이자 태어난 곳도 콴티코 기지여서 '태생부터 해병대원'인 인물이었다). 전장 14킬로미터, 폭 6킬로미터의 엄청난 크기에도 불구하고 키브리트 기지의 수비 병력은 고작 보병 1개 소대, 약 40명에 불과했기 때문이다. 크룰락 준장은 키스 제2해병사단장에게 전차부대의 파견을 요청했다. 요청을 받은 키스 소장은 육군에서 지원받은 M1A1 에이브럼스 전차 120대를 보유한 타이거여단을 서둘러 북상시키고, 그중 1개 중대를 키브리트로 보냈다.

국경지대에서는 여전히 제2경기갑정찰대대가 공군의 지원을 받아가며 적의 진격을 저지하고 있었다. 30일 새벽에는 제2해병사단의 주력인 제6해병연대의 1개 대대가 국경 남쪽으로 진출하여 이라크군의 야간 공격에 대비했다.

30일 오후 8시경, 사단 전투 지휘소에 혼성여단급의 적 전차부대가 나타났다는 보고가 들어왔다. 해당 전차부대는 제6해병연대의 수비 지역을 향해 남하 중인 것으로 보였다. 특히 화학무기 공격 가능성이 있다는 정보가 들어와서 해병대 전체를 긴장시켰다. 결국 오후 8시 32분, 키브리트 북쪽에 전개한 전 부대에 임무형 보호태세^{MOPP} 3단계, 즉 화학방호복을 상시 착용하고, 적의 화생방 공격 또는 화생방 경보 발령 시 방독면을 착용하라는 명령이 떨어졌다.

제2해병사단 정면의 적 장갑차량은 모두 170대나 되었다. 하지만 이라크군의 공격은 적극적이지 않았다. 1시간 반 정도의 전투가 지난 후인 오후 10시경, 제2해병사단은 이라크군 주력이 쿠웨이트로 후퇴하는 모습을 확인했다. 이렇게 이라크군 공격 부대의 서쪽 공격 축은 국경선을 제대로 넘기도 전에 사라졌다. 이 전투에서 제2해병사단은 60대의 이라크군 전차와 차량을 파괴했지만 이라크군으로부터 아무런 손실도 입지 않았다. 제2경기갑정찰대대의 활약이 중요한 역할을 했다. 전투 중 다국적군 공군이 이라크군을 효과적으로 공격할 수 있었던 이유도 그들이 적군을 국경지대에 붙들고 있었기 때문이다.

카프지 전투

그러나 이라크군 제5기계화사단의 일부 병력은 국경 남쪽 13킬로미터 지점의 소도시 카프지 점령에 성공했다. 당시 1만 5,000여 명의 주민이 한참 전에 피난을 떠난 카프지 시내에는 경무장의 사우디군 중대와 해병대의 4개 정찰팀만이 남아 있었다.

사우디군은 카프지가 함락되는 동안 자신들의 요청에도 불구하고 미군, 특히 해병 항공대가 아무런 지원도 해주지 않았다고 격노했다. 그들은 부머 중장이 해병 항공대를 카프지로 보내면 이라크군이 키브리트 기지를 공격할 위험이 있다고 판단하여 항공 지원을 하지 않았다고 '해석'했다. 해병대로서도 별다른 전략적 가치가 없는 카프지보다는 키브리트 기지가 훨씬 중요했다. 하지만 항공 지원이 이루어지지 않은 진짜 이유는, 오폭 사건 직후여서 만약 다시 오폭이 나올 경우에 생길 아랍합동군과의 관계 악화를 우려한 미군 사령부의 정치적 결정 때문이었다. 어쨌든 카프지 함락은 이미 벌어진 일이었다. 사우디군으로서는 국왕이 어떤 희생을 치르더라도 찾으라고 엄명했으므로 반드시 탈환해야 했고, 주역은 자신들이 되어야 했다.

도시에는 아직 해병대 정찰팀이 고립되어 있었다. 그중 찰스 잉그램 상병의 팀은 도시 남쪽에 있는 아치문 근처 백화점 빌딩 옥상에 숨어 있었다. 그들은 ANGLCO(항공함포연락중대)의 일원으로 쌍안경과 야시장비, 암호 통신기를 사용하여 이라크군의 움직임을 제1해병사단사령부에 알리는 임무를 맡고 있었다. 잉그램 상병은 적의 침입을 막기 위해 옥상으로 올라오는 계단에 크레모어와 대인지뢰를 설치하고, 옥상에는 아군의 오폭을 막기 위한 아군 식별용 오렌지색 패널을 펼쳐놓았다.

사단장 마이엇 소장은 정찰팀의 발각은 시간문제라고 보고 곧장 구출 작전을 지시하고 싶었다. 하지만 카프지는 아랍합동군의 담당 지역이어서 해병대는 마음대로 작전을 수행할 권한이 없었다. 마이엇 소장은 아랍합동군과 작전을 조율하기 위해 움직였다. 당시 제1해병사단은 해안도로와 미샤프항 수비를 위해 그 주변에 포진하고 있었는데, 사단에 임시 배속된 제3해병연대의 존 에드마이어 대령이 군사고문으로 낙점되어 아랍동부합동군에 파견되었다.

에드마이어 대령은 사우디군 제2방위여단본부를 방문하여 여단장인 투르키 알 피름 대령과 카프지 탈환 작전에 대해 협의했다. 두 대령은 앞서 해병대가 사우디군과 합동훈련을 할 때 안면을 익힌 사이였다. 에드 마이어 대령은 카프지 시내에 남아 있는 정찰팀이 36시간 정도는 포격과 항공 폭격을 유도할 수 있으니 아랍합동군은 잠시 기다렸다가 해병대의 엄호사격 아래 도시를 포위, 탈환할 수 있을 것이라고 조언했다. 다시 부대로 돌아온 대령은 오후에 해병대 참모들과 탈환 작전 구상을 완료했다.

사실 해병대 사령부는 제3해병연대를 북상시켜 카프지의 이라크군을 격퇴하고 직접 정찰팀을 구출하려고 했다. 하지만 그렇게 하면 사우디군이 자존심에 상처를 입고 양군의 신뢰가 무너질 수 있었다. 말하자면 천하의 미 해병대도 정치적인 이유로 동료를 구출하기 위한 전투에서 '변변찮은' 사우디군의 보조역에 머물러야 했다. 어쨌든 해병대는 준비를 서둘렀다. 토우 대전차미사일부대와 보안부대, 정찰팀, 제12해병포병연대 1대대를 동원했고, 그중 포병대대는 M939 야전트럭으로 M198 155밀리 곡사포를 끌고 가 카프지 남쪽 6.5킬로미터 지점에 포진했다.

그사이 카프지에 고립된 정찰팀들은 곤경에 처해 있었다. 이라크군 병사들이 그들이 있는 빌딩에 접근했기 때문이다. 잉그램 상병은 이라크군을 몰아내기 위해 빌딩 주변에 대한 포격을 요청했고, 부하들에게 만일의 사태에 대비하여 암호표를 불태우라고 지시했다. 곧 155밀리 곡사포탄이 빌딩 주변에 떨어지기 시작하자 이라크군 병사들은 물러났다. 다만 이 포격 때문에 브라운 상병이 부상을 입었는데, 훗날 그는 걸프전쟁 최초의 퍼플하트(전상훈장)를 수여받는다.

한편 아랍합동군 총사령관 칼리드 빈 술탄 중장은 이라크군이 아니라 슈워츠코프 총사령관과 부머 해병대 사령관의 움직임을 더 걱정하고 있었다. 만약 미군이 정찰팀 구출을 구실로 단독 작전을 펼쳐 카프지를 탈환하면 사우디군으로서는 큰 치욕이 될 것이고, 자신은 국왕을 볼 면목이 잃게 될 것이었다. 이 때문에 칼리드 중장은 리야드에 있는 부사령관 아브드 알 아지즈 소장에게 "슈워츠코프가 움직이지 않는지 확인하도록! 이 전투는 내 것이다!"라고 신신당부했다.

따라서 사우디군은 최대한 빨리 카프지를 탈환해야 한다는 강박관념에 빠져 시간이 필요한 포위 작전은 아예 염두에 두지 않았다. 또한 해병대가 먼저 나설 만한 구실도 없애야 했다. 그런 이유로 칼리드 중장은 30일 저녁에 정찰팀을 구출하고, 다음 날 아침에는 주력부대로 카프지를 탈환한다는 내용의 작전을 세웠다. 어느 작전이든 대규모 항공 지원 없이는 실행이 불가능했다. 하지만 미군은 자신들의 항공 지원 요청을 무시한 전례가 있었다. 이에 중장은 사우디 공군의 항공작전부장에게 "만약 미 공군이나 해병 항공대로부터 항공 지원을 약속받지 못하면, 다국적군에 참가한 사우디 항공부대를 전부 되돌려 받게나. 우리에겐 토네이도 공격기와 F-5 전투기 전부가 필요하니까" 하고 무척이나 화난 어조로 말했다. 상황이 이렇자 미 공군의 호너 중장은 카프지 방면으로 다국적군 항공기를 보내어 국경 근처에서 움직이는 이라크군 부대를 맹렬하게 폭격했다.

그렇게 1월 30일 저녁이 되었다. 미 해병대 정찰팀 구출이라는 특명을 받은 사우디군, 정확히는 제2방위여단 소속으로 증강된 기계화중대와 2개 전차중대로 구성된 특임부대가 카프지 남쪽으로 은밀히 접근했다. 물론 적군을 몰아낼 정도의 전력은 아니었고, 구출 작전을 엄호할 정도의 화력을 갖추고 있었다. 하지만 불운하게도 정찰팀이 은신한 빌딩 옆 호텔에 이라크군 지휘부가 자리 잡고 있어서 동선이 제한될 수밖에 없었다. 즉 미군들을 구출하려면 시내 한가운데를 가로지르는 넓은 가로수 길을 지나야 했던 것이다. 숨을 곳이 전혀 없다는 의미였다. 게다가 어느 길을 택하든 이라크군 지휘본부 주변에는 많은 병력이 배치되어 있었기 때문에 사우디군은 강한 저항에 부딪혔고, 곧 곤경에 빠졌다. 특히 주변 건물에 매복한 이라크군 저격수들이 사우디군 장갑차의 타이어를 노리자 10대의 장갑차가 주저앉고 말았다. 이에 사우디군은 상황을 타개하기 위해 전차중대를 전면에 내세웠고, M60A3 패튼 전차의 105밀리 포로 이라크군의 공격을 잠재우는 데 성공했다. 사우디군은 장갑차부대를 구한 뒤 카프지에서 후퇴했다. 그러고는 해병대 정찰팀이 자신들의 공격을 틈타 시내에서 탈출했다고 제멋대로 판단하고, 그런 내용으로 사령부에 보고했다.

그러나 정찰팀은 아직 시내에 남아 있었다. 사우디군의 오판 원인을 추측해보면, 실전 경험이 부족한 탓에 제대로 확인하지 않고 보고했을 수도 있지만, 미군의 개입을 피하기 위해 사우디군 지휘부가 일부러 거짓 보고를 했을 가능성도 있다. 몇 시간만 더 버티면 주력부대를 동원한 탈환 작전이 개시될 예정이었으니 말이다.

파하드 국왕은 도시를 되찾지 못할 바에는 아예 파괴하기를 원했다. 실제로 미 공군에 융단폭격을 요청하기까지 했다. 사우디군이 카프지 탈환의 전공을 독차지하려면 시간이 없었다. 상황이 이렇자 아랍합동군은 사우디 기계화부대와 카타르 전차부대로 두 번째 특임부대를 구성하여 야간전투를 감수하면서라도 탈환 작전에 나서야 했다. 야간 도시 탈환은 가장 난이도가 높은 작전이지만 아랍합동군은 이런 훈련을 받은 적이 없었다. 그나마 믿을 구석은 미 해병대가 제공하는 포격과 항공 지원이었지만 사전 조율을 할 시간도 거의 없었다.

그렇게 아랍합동군 특임부대가 카프지 근처에 도착하자 이라크군의 격렬한 공격이 시작되었다. 이에 카타르군 전차부대가 동요하며 태세를 정비하기 위해 멈춰섰다. 하지만 사우디군 기계화부대는 아랑곳 않고 카타르군 전차부대를 앞질러 카프지로 돌입했다. 나중에 밝혀진 사실이지만, 이때 두 부대 간 통신에 문제가 있었다. 단독으로 돌입한 사우디군은 이라크군의 반격에 부딪혀 진격이 완전히 멈추었다. 결국 지휘관은 부대 재정비를 위해 어쩔 수 없이 후퇴를 명령했다.

그들은 다시 카타르군 전차부대를 전면에 세우고 공격에 임했다. 다행히 이번에는 카타르군이 버텨주었고 두 시간이나 교전이 계속되었다. 그런데 전투란 어디까지나 상대적인 것이어서, 이라크군도 야간전투 능력이 워낙 떨어져 아랍합동군의 피해는 경미한 수준에 머물렀다. 전투에 참가했던 미 육군 군사고문 테일러 중령은 교전에 소모된 총포탄의 양을 보고 "깜짝 놀랄 정도"였다고 회고했다. 물론 20년 전 베트남에서 엄청난 화력을 낭비했던 군대의 장교가 할 말은 아니지만 말이다.

아랍합동군이 공격하는 동안 해병대의 포병부대는 계속해서 지원 포격을 해주고 있었다. 상당히 효과적인 지원 포격이 이루어지고 있었는데, 아이러니하게도 이는 사우디군이 '구출했다'는 해병대 정찰팀의 뛰어난 포격 유도 덕분이었다. 로런스 렌즈 상병이 지휘하는 정찰팀은 잉그램 상병의 팀과는 북동쪽으로 2킬로미터 떨어진 3층 건물에 숨어 있었다. 해병대 포병은 그들의 유도 덕분에 약 50발의 155밀리 포탄을 정확히 떨굴 수 있었다. 정찰팀의 보고에 의하면, 포격은 이라크군의 자주 로켓포를 파괴했고, 순찰 중인 보병분대를 날려버리기도 했다.

하지만 해병대의 효과적인 지원 포격에도 불구하고 아랍합동군의 공격은 실패했다. 지휘관이 후퇴 명령을 내린 31일 오전 3시 20분, 카타르

●— 카프지 전투에서 M198 155밀리 곡사포를 운용 중인 해병대원. 1979년부터 정식으로 장비되었다. 같은 구경의 구형 M114(과달카날과 장진호에서 사용했다)에 비하면 무게가 많이 경량화되었다. 헬리콥터로 운반하기 좋을 뿐 아니라 포구 연장으로 사거리가 길어져 특히 해병대와 공수부대에서 선호하는 야포로 자리 잡았다.

군의 AMX-30 전차 1대가 이라크군의 포탄에 맞아 불타올랐다. 그렇지만 아랍합동군의 손실은 놀라울 정도로 경미했다. 인명 피해가 전사 2명, 부상 4명에 불과했던 것이다. 그러나 카프지 시내에는 진입해보지도 못한 완패였다.

전투는 땅이 아니라 하늘에서 결정되었다. 사우디군 사령부의 강력한 요청에 따라 드디어 다국적군 공군 일부가 동부 지역에 투입되었다. 이라크군 제5기계화사단 예하의 제20기계화여단은 카프지 점령 부대를 지원하기 위해 서쪽에서 국경을 넘어오다가 B-52 폭격기 3개 편대의 폭격을 받았다. 80대가 넘는 차량 행렬은 폭격기가 투하한 집속탄에 의해 분단되었고, 이어서 날아온 공격기 편대에 철저하게 격파되었다. 불타는 차량 행렬이 수 킬로미터나 이어져서 하늘이 붉게 물들 정도였다. 구사일생으로 살아남은 생존자들은 북쪽으로 도망쳤다.

이라크군 제3군단 사령관 마흐무드 장군은 이 피해를 심각하게 받아들였다. 미군은 군단사령부와 바그다드 간의 통신을 도청하고 있었는데, 이를 통해 30일 마흐무드 장군이 작전 중지를 요청했지만 거부되었고, 바그다드는 오히려 카프지의 지상전을 "모든 전투의 어머니"라고 강조하며 계속해서 공격할 것을 명령했다는 사실을 알아냈다. 이에 마흐무드는 다시 작전 중지를 요청했지만 답변은 변함이 없었다. 그러자 그는 "어머니가 자식을 죽이고 있다"고 외치며 무전을 끊었다. 이 일화만 보아도 이라크군 증원부대가 폭격으로 얼마나 큰 피해를 입었는지 잘 알 수 있다.

고배를 마신 사우디군은 카프지 탈환 작전을 곧바로 다시 준비했는데, 이번에는 전차부대와 대전차미사일부대를 중심으로 이라크군의 2배에 달하는 6개 대대를 동원했다. 공격은 1월 31일 오전 7시 30분에 시작되었다. 이라크군이 격렬하게 저항했지만 사우디군은 화력을 앞세워 우격다짐으로 밀어붙였고, 피비린내 나는 시가전이 벌어졌다. 물론 이라크군 사령부도 기존 병력으로는 카프지를 지킬 수 없다는 사실을 잘 알고 있어서 오전 10시 이라크군 제5기계화사단의 제26전차여단을 쿠웨이트에서 카프지로 이동하게 했다. 100대의 전차와 장갑차로 구성된 제26전차여단의 행렬은 3킬로미터나 이어졌다. 하지만 이들의 운명 또한 불 보듯 뻔했다. 사우디군에 파견된 해병대 관측팀의 지시에 따라 해리어 전투기 2대가 폭격하여 차량 3대를 파괴했고, 뒤이어 다국적군 항공대가 국경 부근에서 멈춰서 있는 제26전차여단을 공격했다. 결국 제26전차여단은 지뢰 지대 사이에서 오도 가도 못하고 폭격을 얻어맞은 끝에 엄청난 피해만 입고 후퇴해야 했다.

한편 빌딩 옥상에서 전투 상황을 지켜보던 잉그램 상병은 적이 혼란에 빠진 것을 보고 탈출하기로 결심했다. 그는 부하들에게 무거운 장비는 버리라고 명령하고, M16 소총과 무전기를 손에 들고 아군 식별용 오렌지색 천을 입에 물었다. 그러고는 부하들과 함께 건물 밖으로 뛰어나갔다. 저격수의 표적이 될 수 있는 위험한 행동이었지만 운 좋게도 적 전차 잔해에서 피어오르는 검은 연기가 그들을 숨겨주었다. 그들은 1킬로미터 정도를 내달린 끝에 사우디군 진영에 도착했다. 한편 렌츠 상병의 팀도 탈출에 성공했는데, 먼저 빌딩에 숨어 있는 적 저격수를 사격과 수류탄 투척으로 해치운 다음, 숨겨둔 험비를 타고 단숨에 남쪽으로 내달린 것이다.

미숙했지만 사우디군은 어쨌든 당일 저녁까지 도시를 탈환하는 데 사실상 성공했고, 다음 날에는 잔적을 소탕하여 전투를 마무리했다. 카프지 전투는 다국적군의 완승으로 끝났다. 나중에 입수한 이라크군의 통신과 포로들의 증언을 종합하면, 이라크군의 전체 피해는 국경 초소 전투를 포함하여 적어도 사상자 2,000명, 파괴된 각종 차량 300대로 추정되었다. 포로는 463명이었다. 미군의 피해는 아군의 오인 사격과 오폭으로 희생된 해병 11명과 격추된 AC-130 건십의 승무원 14명이 전부였다. 사우디군은 18명의 전사자와 50명의 부상자를 대가로 치르고 파하드 국왕의 도시를 36시간 만에 '해방'하는 데 성공했다.

전투가 끝나자, 슈워츠코프 장군은 카프지를 공격한 이라크 육군에 대해 사기가 낮고 숙련도도 떨어진다고 혹평하며 무서운 존재는 화학병기뿐이라고 말했다. 칼리드 중장도 이라크군이 병사들에게 자신감을 심어

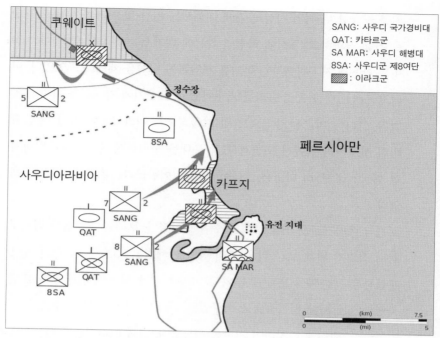

쿠웨이트

SANG: 사우디 국가경비대
QAT: 카타르군
SA MAR: 사우디 해병대
8SA: 사우디군 제8여단
▨ : 이라크군

정수장

5 2
SANG

8SA

사우디아라비아

페르시아만

7 2
SANG

카프지

QAT

유전 지대

8 2
SANG

8SA
QAT

SA MAR

0 (km) 7.5
0 (mi) 5

●— 지도에서 확인할 수 있듯 카프지 전투의 주역은 아랍합동군이었다. 해병대 정찰팀이 카프지에 고립되어 있었음에도 해병대의 역할은 정치적인 이유로 보조역에 머물 수밖에 없었다.

주기에 적당한 상대였다고 평했다. 정보부장 존 리드 준장도 "여단 규모 이상이 되면 일관된 공동 작전 수행이 불가능"하다며 그들의 수준을 혹평했다. 또한 이 승전은 첫 실전을 치른 아랍합동군을 위시한 다국적군의 사기를 올리는 긍정적 효과도 있었다. 베트남전쟁에 참전한 해병대 장군과 영관급 장교들도 비슷한 견해를 내놓았다. 특히 이라크군에게서는 북베트남군이나 해방전선의 병사들 같은 끈질김을 찾아볼 수 없다는 사실에 모두 공감했다.

이라크군이 카프지 일대 전투에서 참패한 가장 큰 이유는 이란-이라크 전쟁 때의 방식을 그대로 답습했기 때문이다. 그들은 견고한 방어진지를 구축한 뒤 적의 지상 공격에 대해서는 기갑 및 기계화 부대로 역습을 가해 격파하고, 동시에 약점인 하늘에 대해서는 기동성 있는 대공 장비를 활용해 저공비행하는 적기를 제압하는 방식을 채택하고 있었다. 이라크군은 이런 전술로 승리를 거두어왔고, 그랬기에 자신감을 가지고 있었다. 그러나 미군을 중심으로 한 다국적군은 이라크군이 가진 대공 장비의 사정거리 밖에서 포병과 기갑 부대를 무력화할 수 있었다. 말하자면 다국적군, 특히 미군은 그들이 싸웠던 이란군과는 차원이 다른 군대였다.

결국 이라크군은 전술을 바꿀 수밖에 없었다. 부대와 차량을 폭격으로부터 지키기 위해 보다 많은 모래 방벽을 세웠고, 참호는 더 깊게 파고, 보급품은 분산해서 보관했다. 차량 이동은 잘게 나누어 실행했다. 또한 사령부의 위치를 정기적으로 바꾸었고, 대량의 가짜 전차와 대포, 항공기 등을 집결지에 배치하여 기만을 시도했다. 결국 이라크군은 사막이라는 '성'에 깊숙이 움츠린 형세가 되었다.

패전 소식을 들은 후세인은 전사자에 대한 슬픔을 표시하기는커녕 2개 사단이 전멸하는 한이 있더라도 꼭 얻고 싶었던 전과, 즉 다수의 포로를 얻지 못한 데 대해 분노를 표시했을 뿐이었다. 하지만 이라크군이 사우디령 카프지를 36시간 동안 점령했던 것은 틀림없는 사실이었다. 후세인은 국영 TV와 라디오 방송을 동원하여 이 패전을 거꾸로 미국이 패배한 전투, 십자군을 몰아낸 살라딘 이래로 자신의 영도 아래 이루어진 대승리라고 대대적으로 선전했다. 그리하여 '카프지 전투'는 이라크군의 '서사시'이자 '신화'로 둔갑했다.

대공세 직전의 해병대

카프지 전투 이전에 페르시아만에서 쿠웨이트 국경선을 따라 배치된 다국적군의 현황은 다음과 같았다. 동쪽에서 서쪽으로 아랍동부합동군과 미 제1해병원정군, 아랍북부합동군(이집트군과 시리아군이 주력)이 차례대로 배치되어 있었고, 쿠웨이트 서쪽의 중부 방면에는 최강의 전쟁 기계인 미 육군 제7군단이, 더 서쪽에는 제18공수군단이 배치되었다. 이후 2월 초가 되면, 다국적군의 전력은 지상군만 51만 명, 전차 3,555대가 되었다. 그중 북부와 동부의 아랍합동군은 병력 약 10만 명, 전차 약 1,000대의 전력을 보유했다.

그에 비해 이라크 지상군의 실제 전력은 몇 달에 걸친 폭격과 여러 이유로 인한 병사들의 탈영 그리고 카프지 전투에서의 손실로 병력 22만여 명, 전차 2,000여 대로 크게 감소했다. 이제 다국적군은 이라크 지상군을 쿠웨이트에서 몰아내기에 충분한 전력을 확보하고 있었다. 하지만 다국적군의 최대 목표는 쿠웨이트 해방뿐만 아니라 최소한의 희생으로 후세인 정권의 버팀목이자 훗날의 화근이 될 공화국수비대를 완전히 섬멸하는 것이었다. 따라서 이 시점에 슈워츠코프 장군의 가장 큰 걱정은 공화국수비대의 반격보다는 후세인이 이 군대를 쿠웨이트 일대에서 일제히 철수하는 것이었다. 그러면 섬멸의 기회를 놓치기 때문이다. 당시 입수된 정보에 따르면, 공화국수비대의 주력 기갑사단들은 바스라 남서쪽에서 쿠웨이트 북부에 포진한 뒤 움직이지 않고 있었다. 이들은 진격할까, 후퇴할까? 지상전이 시작되었을 때, 만약 공화국수비대가 위협을 느껴 바그다드로 도망쳐버리면—진격에 필요한 거리는 최소 150킬로미터 이상이었기에—승리와 별개로 포위 섬멸에 실패할 가능성이 높았다.

따라서 슈워츠코프는 쿠웨이트 국경선 안쪽 깊숙이 위치한 공화국수비대를 남쪽으로 끌어내기 위한 비책을 준비했다. 지상전 개시일인 2월 24일 오전 4시 해병대 2개 사단이 쿠웨이트 영토로 정면 돌격한다. 동시에 동쪽에 위치한 아랍동부합동군으로 하여금 해병대를 지원해 쿠웨이트시로 전진하게 한다. 그러면 이라크군 총사령부는 쿠웨이트 방위를 위해 공화국수비대를 남진시킬 수밖에 없을 것이다. 또 서쪽에 배치된 제18공수군단의 공중강습부대에게는 퇴로 차단을 맡겨 전선을 크게 우회해 유프라테스강가의 8번고속도로(사프완-나시리아-사마와-바그다드 노선)가 있는 바스라 방면으로 전진하게 한다. 이상이 작전의 주된 내용이었다. 서쪽 사막은 대부분 무인지대여서 적이 눈치챌 걱정은 없었다.

전선 중앙부에 전개한 미 육군 제7군단은 기갑군단으로서 주공을 맡아 공화국수비대와 일전을 겨룰 부대였지만, 해병대가 공화국수비대를 남쪽으로 유인할 때까지 기다리기로 하여 작전 당일에는 움직이지 않았다. 제7군단의 출격은 다음 날 25일 일출(정확한 시각은 오전 5시 38분)로 예정되었다. 모든 조건이 갖춰지면, 제7군단은 이라크군의 수비가 허술한 서쪽 사막지대로 공격해 들어가 그 방면에서 공화국수비대 주력에 일격을 가하고 포위 섬멸을 시도할 계획이었다.

그런데 해병대의 상황이 그렇게 간단하지 않았다. 카프지 전투 직전만 하더라도 해병대의 기본적인 공격 계획은 2개 해병원정여단MEB 규모의 상륙작전을 실시하고, 사우디에 있는 제1해병사단, 제2해병사단의 집중 투입으로 전선을 돌파한다는 것이었다. 하지만 카프지 전투 이후 분위기가 완전히 바뀌었다. 미군 중 유일하게 이라크 지상군과 전투를 치른 해병대 지휘관들은 적의 전투력과 정신력이 수준 이하라는 확신을 가졌다. 그들은 2개 해병사단의 집중 투입은 오히려 공격 속도만 늦추고, 만에 하나 화학무기 공격을 받기라도 하면 계획이 완전히 틀어질 수 있음을 우려했다. 그래서 제1해병사단은 정면으로 진격하고, 타이거여단이 배속된 제2해병사단이 주공이 되어 쿠웨이트시로 향하는 적의 퇴로를 차단하는 대안을 내놓았던 것이다.

새로운 작전안은 해병대는 물론 2월 3일 제7함대 기함 블루리지 함상에서 열린 작전 회의에 참석한 슈워츠코프도 동감했다. 하지만 기술적으로 큰 문제가 있었다. 레이건 시대를 거치면서 해병대는 수십억 달러를 들여 장비를 개선했는데, 소외된 분야가 바로 지뢰 제거 장비였다. 이 장비는 원래도 부족했는데, 전선이 훨씬 넓어졌으니 심각한 문제가 아닐 수 없었다. 그래도 다행인 점은 이 분야 전문가와 장비를 풍부하게 보유한 나라가 가까이 있다는 것이었는데, 문제는 그 나라가 이스라엘이라는 것이었다. 미군이 원하기만 하면 기꺼이 지원받을 수 있지만 아랍과의 협조가 중요한 슈워츠코프 입장에서는 곤란한 문제가 아닐 수 없었다. 결국 극비리에 장비 도입을 추진하기로 결정했다. 해병 공병대의 메릴 마라포티 대령은 일부러 유럽을 경유하여 이스라엘을 방문했고, M-60 전차용 지뢰 제거 쟁기 30대와 지뢰 제거용 롤러 19대를 지원받았다. 일부는 이스라엘 측에서 무상으로 제공했다. 미 공군의 초대형 수송기 C-5 갤럭시는 일부러 미 본토를 경유해 사우디로 장비를 수송하는 번거로움을 감수하면서 아랍이 눈치채지 못하게 했다.

이렇게 해병대는 새로운 작전을 위한 준비를 마쳤지만 두 가지 대가를 치러야 했다. 첫째, 고대하던 상륙작전의 취소였다. 쿠웨이트 해안에는 7척의 강습상륙함을 포함한 31척의 함대가 대기하고 있었고, 해병대원 1만 7,000명을 비롯해 전차 47대와 장갑차 198대, 야포 52문, 각종 차량 2,271대, 항공기 165대가 실려 있었다. 해병대는 인천 이후 40년 만의 상륙작전을 갈망했고, 해군도 마찬가지였다. 여기에 해병 항공대도 약 470대의 헬리콥터와 고정익기로 공중 지원에 나섰다. 하지만 상륙 작전 실현을 위해서는 대규모의 소해 작업이 필요했고, 자칫 해변의 액화천연가스 플랜트가 어느 쪽의 손에 의해서든 파괴되면 발생할 피해를 예상하기 어렵다는 점이 문제였다. 물론 전후 쿠웨이트의 복구에도 큰 장애가 될 것이었다. 결국 이런 이유로 상륙작전은 취소되었다. 다만 해상 대기를 유지하여 적을 기만하고, 파일라카섬 등에 대한 소규모 공격은 계속하기로 했다.

둘째는 보급 문제였다. 크룰락 준장은 카프지 전투의 승리로 키브리트 기지에 대한 이라크군의 위협이 사라져 안도하고 있었는데, 부머 사령관과 두 사단장과의 회의에 뒤늦게 참석했다가 작전이 변경되었다는 이야기를 듣고 거의 졸도할 지경이 되었다. 당시 키브리트 병참기지는 두 해병사단이 겨우 1주일 쓸 수 있는 분량의 물자만 비축하고 보급을 시작한 단계였는데, 전면적인 공격을 지원하기 위한 지원 체계를 수 주일 내에 추가로 갖추지 못하면 원활한 보급이 불가능했기 때문이다. 더구나 부대들이 해안에서 점점 더 멀어질 것이기에 추가 보급이 어려울 것을 감안하면 당장 2주일분의 보급품을 모아놓을 필요가 있었다. 그러나 그들은 '되게 만드는' 해병대였다.

크룰락 준장은 키브리트 기지가 이제 겨우 운용을 시작한 2월 6일부터 아랍어로 '칸자르'(단검)라는 이름의 새 전방 병참기지를 건설하기 시작했다. 전투가 벌어졌던 OP4의 서쪽 30킬로미터 지점이었다. 공사는 지상전이 시작되는 날짜에 맞추기 위해 해병대 공병과 해군 공병단Sea Bees이 집중적으로 투입되어 2월 20일 완공했다. 46제곱킬로미터에 달하는 칸자르 기지 주변은 38킬로미터의 모래 방벽으로 둘러싸였고, 연료 480만 갤런과 탄약 1만 7,000톤 등 막대한 병참 물자가 비축되었다.

식수 문제도 어느 정도 해결되었다. 해병대는 그동안 바닷물을 정수해 식수 문제를 해결했는데, '썩은 풀장 물맛'이라고 할 정도로 악명이 자자했다. 하지만 다행히도 칸자르 기지 부근에서 지하수를 발견하여 해결할 수 있었다. 기지에는 2개의 활주로가 있어 C-130 수송기가 쉴 새 없이 뜨고 내렸다. 트럭들도 밤낮으로 움직였는데, 2월 말이 되자 그 절반인 600대가 엔진과 트랜스미션이 마모되어 사용 불능 상태가 되었다. 또한 14개소의 야전병원도 마련되면서 이곳은 해병대 사상 최대 병참기지가 되는 기록을 세웠다.

한편 중앙군 총사령부는 국경 부근에서 있었던 이라크군과의 지상전을 점검한 결과 오인 사격 방지 대책이 부실했음을 통감했다. 해병대원 전사자 11명은 전원 아군의 오인 사격으로 죽었다. 응급 대책으로, 전 차량에 V자형 식별 마크나 오렌지색 천으로 된 항공기 지상 식별용 패널을 붙이라는 지시가 내려졌다.

해병대와 대치한 이라크군은 쿠웨이트 방위를 맡은 이라크군 제3군단과 제7군단 예하 18개 사단이었다. 그중 보병사단은 국경선을 따라 건설된 기지에 배치되었고, 기동 예비대인 제3기갑사단, 제6기갑사단과 제1기계화사단, 제5기계화사단은 후방에 대기하는 형태로 배치되었다. 그리고 그 가운데 적어도 4개 사단은 해병대 상륙에 대비해 해안 방어에 집중해야 했다. 이라크군의 작전은 미군의 전진을 4미터 높이의 모래벽과 원유를 채워넣은 깊이 6미터, 폭 18미터의 대전차호와 지뢰밭, 철조망, 부탄가스 저장 탱크로 구성된 장애물 지대 및 방어 거점이 배치된 '사담 라인'에서 저지하고, 그 후 집중 포격과 예비대로 대기하고 있는 기갑부대로 격파한다는 것이었다. 해병대 정보부는 39일간 계속된 폭격으로 최전선의 이라크군 보병사단은 조직적인 작전 능력을 발휘하지 못할 정도로 와해되었고, 예비대인 제5기계화사단도 카프지 전투에서 많이 소모되었다고 보았다. 그러나 지뢰 지대를 돌파하는 동안 전진이 느려지면, 이라크군 포병의 화학탄 공격과 기갑부대의 반격을 받아 큰 피해를 받을 가능성이 컸다.

슈워츠코프 장군은 특히 해병대 정면의 이라크군 예비대가 보유한 전차만 해도 374대나 되었기 때문에 제2해병사단의 전력을 증강할 필요가 있다고 판단했다. 이에 120대의 M1A1 전차를 보유한 육군의 타이거 여단을 배속하고 해병대의 예비 전력인 2개 전차대대를 소집하여 기존의 M60A1 패튼 전차를 M1A1 전차로 교체했다.

원래 해병대에서 보유한 M1A1 전차는 10여 대에 지나지 않아 해병대 사령관 그레이 대장은, 육군에 부탁하는 것이 내키지 않았지만, 최상의 환경에서 싸우도록 육군 참모총장 칼 부오노 대장에게 지원을 요청했다. 그렇게 손에 넣은 M1A1 전차가 총 60대였다. 전환 훈련의 시간적, 기술적 어려움 때문에 그 이상은 무리였다. 그렇게 해서 해병대 역사상 최초로, 일시적이지만, 기갑사단과 같은 편제를 가진 부대, 제2해병사단이 탄생했다. 제2해병사단의 전력은 병력 2만 500명에 전차 249대, 장갑차 466대, 야포 120문에 달했다. 제2해병사단의 전차와 야포 수는 제1해병사단의 2배였고, 특히 제1해병사단에는 1대도 없는 M1A1 전차가 196대나 되었다.

제2해병사단은 육군의 기갑사단과 같은 3개 기동여단과 지원부대로 재편성되었다. 전력의 중심은 제6해병연대, 제8해병연대와 타이거여단의 3개 부대였다. 그중 제6해병연대가 돌파 작전의 선봉을 맡았다. 원래는 수천 명 규모의 보병연대였지만 전차와 장갑차, 포병, 공병대가 임시로 배속되어 기갑여단급 전투력을 가지게 되었다. 주력은 AAV-7을 장

●— 슈워츠코프는 191센티미터의 거구로 '곰'이라는 별명이 붙은 맹장이었다. 미군의 최고사령관으로서 각 군과 다국적군과의 작전 조율을 무난하게 해내 걸프전쟁 압승에 크게 기여했다. 전후에는 참모총장이나 정계 입문 제의를 거부하고 회고록 집필과 사냥, 낚시 등을 하면서 조용한 삶을 산 참군인이었다.

비한 3개 기계화 보병대대였고, 여기에 전차중대가 보강되었다.

이때 제1해병사단은 M60A1 전차 133대와 장갑차 410대, 야포 120문을 보유한 강력한 기계화사단으로 변모했지만, 제2해병사단 같은 '기갑사단'은 아니었고, 임시로 기동력 위주의 7개 특임부대(TF)를 편성했다. TF 리퍼와 TF 파파베어는 기갑부대, TF 타로와 TF 그리즐리는 보병부대(적지 돌입 전력), TF 엑스레이는 헬기 경보병부대, TF 셰퍼드는 LAV 경기갑부대(전과 확대용 신속기동 장갑차 전력), TF 킹(포병)은 화력 지원부대였다. 앞으로 자주 등장할 이 부대들은 편의상 각각 리퍼부대, 파파베어부대, 타로부대, 그리즐리부대, 엑스레이부대, 셰퍼드부대, 킹부대로 부르기로 하자.

  그중에서 칼턴 폴포드 대령의 리퍼부대는 가장 강력해서 M60A1 전차 70대 이상과 기계화 보병, 전투공병, 경장갑차, 정찰대 등으로 편성되어 있었다. 그리고 제7해병연대 1대대와 제5해병연대 1대대의 보병은 전차부대를 엄호하기 위해 트럭이 아닌 AAV-7 수륙양용장갑차(완전 무장 병력 21명 탑승)를 타고 움직이는 기계화 보병이 되었다. 하지만 실제 첫 공격에 나선 것은 그리즐리부대와 타로부대로 이들은 이미 2월 22일 심야에 포병의 화력 지원을 받으며 쿠웨이트 영내로 진입해 있었다. 제1해병사단은 첫 지상전과 첫 공격을 모두 맡게 된 셈이었다.

대공세의 시작

  2개 부대의 임무는 2월 24일, 즉 G-Day*에 본대가 적의 진지 지대를 신속히 돌파할 수 있도록 안전한 돌파구를 확보하는 것이었다. 이들은 제1전투공병대대가 지뢰와 철조망을 제거하는 동안 엄호를 맡았다. 그런데 이라크군 70여 명이 피로에 지친 모습으로 항복해왔다. 미군 쪽으로 넘어오는 동안 이라크군의 포탄이 쏟아졌지만 대부분 무사히 도착했다. 그들은 이라크군이 해병대의 주요 목표 중 하나인 알자베르 공군기지를 포기했다고 증언하면서 미군이 지뢰 지대를 통과할 수 있게 협조하기로 했다. 하지만 놀랍게도 그들조차 진지 후방에 있는 지뢰 지대의 통로는 알지 못했다. 해병대는 총검을 사용해서 지뢰를 탐지하고, 일일이 폭파해가며 통로를 개척했다.

---

* 노르망디 상륙작전일인 6월 6일을 D-Day라고 하는데, 이에 빗대어 걸프전쟁의 지상전 시작일을 G-Day라고 불렀다.

어쨌든 통로는 확보되었다. 주력인 리퍼부대가 중앙에, 엄호 임무를 맡은 그리즐리부대가 좌익, 타로부대가 우익에 섰다. 파파베어부대와 셰퍼드부대는 후방에 배치되었다. 그리고 킹부대의 포병이 화력 지원을 위해 각 특임부대 후방에 포진했다.

공격은 B-52 폭격기의 폭격과 포병의 준비포격으로 시작됐다. 제1해병사단의 공격 시간은 새벽 4시 5분이었다. 화학방호복을 입은 리퍼부대의 선봉이 첫 장애물 지대를 돌파해 전진했다. 리퍼부대의 전차대대와 2개 기계화 보병대대는 쐐기 대형으로 전진했고, 양익의 다른 특임부대는 한 발 먼저 전진했다. 제1해병사단의 정면에는 이라크군 제3군단의 제29보병사단, 제42보병사단이 있었지만 산발적인 포격 외에 별다른 저항은 없었다. 공세 개시 전 준비 폭격과 포격 덕분인지 해병대가 장애물 지대를 돌파할 때 이를 막아서는 이라크군은 없었다.

한편 현지 시각으로 24일 오전 6시 정각—미국 동부 시간으로는 23일 오후 10시 정각—부시 대통령은 최후의 결단을 국민들에게 알렸다. "나는 슈워츠코프 장군에게 전군을 동원해 이라크군을 쿠웨이트에서 몰아내라고 명령했습니다. 현재 쿠웨이트 해방은 최종 단계에 돌입하고 있습니다. 나는 다국적군이 신속하고 과감하게 임무를 달성해낼 것을 굳게 믿습니다. 조국을 위해 목숨을 걸고 있는 모든 병사들에게 신의 가호가 있기를!"

바로 그 시각, 리퍼부대의 제1전차대대 A중대는 북서 방향에서 목표를 포착했다. 시계가 불량해서 피아 식별을 할 수 없었지만 전방에 아군이 있다고 생각하기는 어려운 상황이었다. 데이비드 헙스트 중사가 탑승한 M60A1 전차의 포수가 소리쳤다. "전방에 뭔가 보입니다. 목표를 발견했습니다! 사격 명령을 내려주십시오." 하지만 헙스트 중사는 목표에서 반격이 없고 무엇보다 피아를 구분할 수 없는 상황이기 때문에 사격 명령을 내리길 주저했다. 그런데 주위의 전차들은 모두 포격을 하고 있었다. 포수가 명령을 내려달라고 재촉하자 결국 그는 사격 명령을 내렸다. 2발의 포탄이 발사되었다. 하지만 거리가 멀어서 포탄은 목표에 못 미쳐 떨어졌다. 그 순간 다급한 목소리가 무선을 통해 들려왔다. "사격 중지! 사격 중지! 아군이다!"

포탄을 뒤집어쓴 것은 그리즐리부대의 험비 6대, 야전트럭 15대, AAV-7 수륙양용장갑차로 구성된 보급대로, 리퍼부대의 왼쪽에서 두 번째 장애물 지대로 이동 중이었다. 오인 사격을 당한 그들은 적의 로켓탄 공격을 받은 줄 알고 허둥지둥 도망쳤고, 지뢰밭으로 뛰어든 경우도 있었다. 105밀리 열화우라늄 포탄도 몇 발 발사되었는데, 그중 1발이 트럭 도어를 뚫고 들어가 갓 20살이 된 크리스천 포터 일병의 가슴을 날려버려 즉사시켰다.

그리즐리부대의 인명 피해는 전사 1명, 부상 3명이었다. 파괴된 차량은 트럭 2대, AAV-7 1대였다. 헙스트 중사의 증언에 따르면 포격한 거리는 1,800미터였고, A전차중대가 발사한 포탄은 총 35발이었다. 불행 중 다행으로 M60A1 전차의 야시장비는 구형이었다. 헙스트 중사는 만약 M1A1 전차에 장비된 고성능 야시장비가 그들의 전차에 장착되었다면 오인 사격이 벌어지지 않았을 것이라고 했지만, 다른 오인 사격의 사례를 감안하면 더 큰 비극이 벌어졌을 가능성이 크다.

제1해병사단은 원인을 리퍼부대의 전차부대가 공격 전에 좌익의 그리즐리부대의 위치를 확인하지 않아 보급대를 마침 퇴각 중인 적 전차부대로 오인했다고 결론 내렸다. 또한 보급대 역시 실수를 하여 리퍼부대의 작전구역에 들어간 것으로 판명되었다. 오인 사격의 재발을 두려워

한 마이엇 사단장은 피아 식별을 위해 각 부대 간의 연결이 끊어지지 않게 거리를 유지하라고 엄명했다.

오전 6시 17분, 지뢰 지대와 조우했다는 신호인 빨간 조명탄이 계속해서 하늘로 쏘아올려졌다. 지뢰 지대는 대인 및 대전차 지뢰를 교차하는 방식으로 매설했는데, 그 길이가 120미터 정도였다. 낙타와 같은 동물 때문에 지뢰가 터져 위치가 드러나는 일이 없도록 지뢰 지대의 앞뒤로는 철조망이 쳐져 있었다. 지뢰 지대를 통과하기 위해 3개 해병대대는 각 대대마다 2개씩 총 6개의 통로를 개척하기로 했다. 해병대가 고안한 지뢰 지대 개척법은 한 달 전 모의 훈련에서 좋은 성과를 거둔 방식이었다. 먼저 전차대가 전투공병을 엄호하며 지뢰 지대에 접근한다. 선두는 지뢰 제거 장치를 장착한 M60A1 패튼 전차이고, 뒤에는 M-154 3연장 미클릭Mine Clearing Line Charge, MICLIC*을 장착한 AAV-7이 뒤따른다. 보통은 AAV-7이 전차의 후방에서 미클릭을 발사하면 폭 8미터, 길이 100미터의 통로를 개척할 수 있다. 다만 사막의 모래가 폭발력을 흡수하기 때문에 그 위력이 폭 4미터, 길이 80미터 이하로 감소되었다. 미클릭 발사 후에는 지뢰 제거 장치를 장착한 M60A1 전차가 천천히 전진하며 남은 지뢰를 제거했다. 그렇게 해서 통로의 안전이 확보되면 양옆을 마커로 표시하고, 후속 부대가 지나가는 방식이었다.

이 같은 방식으로 세 번째까지는 순조롭게 개척되었다. 하지만 네 번째에서 문제가 생겼다. 마인 롤러를 장착하고 전진하던 M60A1 전차가 대전차지뢰를 밟은 것이다. 하지만 더 엄청난 문제가 발생했는데, 통로

---

* 고성능 폭약을 묶은 선線형 폭탄을 로켓으로 쏘아 지뢰 지대를 폭파하는 방식으로 통로를 개척하는 장비이다.

를 조사하던 공병대의 M93 폭스 화생방정찰차로부터 화학지뢰 1발을 발견했다는 보고가 들어온 것이다. 당연히 마이엇 장군은 일대에 임무형 보호태세 4단계를 발령했다. 화학방호복과 방독면, 글러브, 장화를 장비한 해병들은 화성의 우주인처럼 보였다. 하지만 한바탕 난리를 치르게 한 이 보고는 얼마 후 오보로 판명되었다.

안전을 확보했다는 의미의 녹색과 백색의 조명탄이 새벽을 밝혔다. 6시 44분, 제3전차대대를 선두로 리퍼부대는 첫 장애물 지대를 빠져나오기 시작했다. 그들은 부채꼴로 산개하여 교두보를 확보했다. 예상보다 순조로운 출발이었다.

첫 번째 장애물 지대를 통과한 리퍼부대는 18킬로미터 앞에 가로놓인 제2장애물 지대로 향했다. 좌우로 그리즐리부대와 타로부대가 뒤따랐다. 오전 7시 55분부터 투항하는 이라크군 병사들이 나타났다. 그리고 이를 막기 위한 이라크군의 포격이 시작되었는데, 상당히 정확했다. 잠시 후 정찰대에서 적 포병의 감시탑을 발견했다는 보고가 들어왔다. 적 포병 감시탑은 제2장애물 지대 정면에 있었고, 착탄 수정을 하고 있다는 보고가 들어왔다. 곧 지상에 있는 항공 통제관의 지원 요청을 받고 날아온 코브라 공격헬기가 헬파이어 대전차미사일로 감시탑을 날려버렸다. 효과는 바로 나타나 이라크군의 포격 정밀도는 현저히 떨어졌다.

9시 5분, 파파베어부대는 리퍼부대에 뒤처져 동쪽에서 제1장애물 지대로 돌입하고 있었다. 사단 예비대인 그들의 임무는 제1장애물 지대에 8개의 통로를 개척하여 사단의 병참 거점이 될 폭 3킬로미터, 길이 2킬로미터의 교두보를 확보하는 것이었다. 지휘관 리처드 호드리 대령은 안전한 작업을 위해 '하늘의 경비견', 즉 코브라 공격헬기와 해리어를 불렀다. 잠시 후 상공에는 코브라 2대와 해리어 4대가 나타났다. 그들은 제

3해병항공단 중 근접지원을 위해 따로 편성된 커닝험 항공대 소속으로 40대의 코브라와 해리어를 보유하고 있었다. 말하자면 해병대는 지난 전쟁들처럼 육군과 달리 자체 항공 전력을 가지고 공군의 지원을 기다릴 필요 없이 즉각적인 항공 지원을 받을 수 있었다. 코브라와 해리어는 교두보 전방에 숨어 있던 이라크군의 전차 4대, 감시초소 3개소, 박격포 진지 3개소, 벙커 여럿을 파괴했다.

10시 55분, 리퍼부대의 우익이 장애물 지대를 넘어 파파베어부대의 선봉과 연결되었고, 5분 후 포병대가 제2장애물 지대를 향해 22분간 준비포격을 가해 550발의 포탄을 퍼부었다. 11시 25분, 마침내 제2장애물 지대를 돌파하기 위한 공격이 시작됐다. 전차부대의 엄호를 받은 전투 공병이 장애물 지대에 접근하자 이라크군은 야포와 82밀리 박격포를 쏘았다. M60A1 전차는 적의 포격 진지를 주포로 제압했고, 포병은 아군을 지원하기 위해 연막탄을 발사했다. 적의 박격포탄에 공병 2명이 부상을 입었지만, 오후 12시가 지날 무렵에는 통로의 안전이 확보됐다는 의미의 녹색과 백색 조명탄이 쏘아올려졌다.

12시 15분 4개의 통로가 개척되었다. 피해는 공병 차량 1대뿐이었다. 제3전차대대와 제7해병연대 1대대는 통로를 지나 적진을 공격하기 위해 전진했다. 제7해병연대 1대대장은 바로 베트남전쟁 당시 반전운동이 한창일 때 해병대에 투신한 제임스 매티스 중령이었다. 이때 리퍼부대의 후방에는 순조롭게 전진해온 셰퍼드부대의 LAV 경장갑차부대가 통로가 비기를 기다리고 있었다.

겨우 제1장애물 지대를 빠져나온 파파베어부대는 리퍼부대의 동쪽에 별도의 교두보를 개설하기 위해 부대를 재정비하고 있었다. 양익의 그리즐리부대와 타로부대, 포병대인 킹부대는 제2장애물 지대를 넘지 않고 리퍼부대와 파파베어부대의 돌파 작전을 엄호했다. 부대는 순조롭게 전진했다. 한 가지 실패가 있다면 오후에 예정되었던 엑스레이부대의 '헬리본 작전'의 불발이었다. 이 작전은 장애물 지대를 빠져나오는 리퍼부대의 우측면 엄호를 위해 엑스레이부대의 보병 500명을 헬기로 단숨에 장애물 지대를 넘어 전개시킨다는 내용이었다. 이를 위해 CH-46 수송헬기에 실을 수 없는 험비 대신 40대의 M151 소형 지프와 도요타 4륜구동차까지 준비했지만, 정작 수송헬기가 준비되지 않아 작전은 중지되고 말았다.

교두보를 넘어서 전진하던 리퍼부대는 두 무리의 적과 마주쳤다. 첫 번째 무리는 확실한 저항을 해왔지만 상대하기 쉬운 적이었다. 두 번째 무리는 완전 무저항이었지만 상대하기 귀찮은 '적'이 되었다. 파괴된 진지에서 이라크군 병사들이 백기를 들고 수백 명 단위로 투항하기 시작했기 때문이다. 저항하는 적이라면 거침없이 짓밟고 전진하면 되지만, 이렇게 많은 포로가 발생하면 별수 없이 중대 단위의 병력과 트럭이 차출되어, 그들의 무장을 해제하고, 부상자들을 치료하고, 후방의 교두보 부근에 세운 임시 수용소로 보내야 했다. 게다가 포로를 이송하느라 기껏 뚫어놓은 귀중한 통로 가운데 하나를 사용해야 해서 전진 속도까지 느려졌다.

이라크군 병사들은 다국적군이 뿌린 항복 권고 전단지를 들고 항복해 왔는데, 전차대대의 폴 코크런 중사는 다음과 같은 기록을 남겼다. "이라크군 병사들이 여기저기서 나타났다. 350명 정도였는데, 항복하겠다고 접근해오더니, 놈들은 키스를 날리고 성조기를 흔들며 식량과 물을 달라고 사정했다." 참고로 아랍권에서 동성 간의 키스는 우정의 표시이다.

다국적군의 지상 공격이 시작되자 후세인은 "모든 수단을 다해 적을 죽여라!" 하면서 철저한 항전을 호소했다. 하지만 자신은 "모든 수단을 다해 권력을 지키는"데에만 관심이 있었고, 병사들의 복지와 목숨은 가볍게 취급했다. 그 결과 자발적인 항복이 대규모로 나타났던 것이다. 항복 권고 전단지의 내용은 다음과 같았다. "①총에서 탄창을 빼시오. ②총구를 아래로 내리고 총은 왼쪽 어깨에 메시오. ③양손을 머리 위로 드시오. ④이 전단지를 선두의 병사가 들고 다국적군을 향해 천천히 걸어오면 죽이지 않습니다." 아랍어로 적혀 있어 충분히 그 내용을 알 수 있었지만 대부분의 이라크군 병사들은 아예 비무장 상태로 항복해왔다. 늘어나는 포로와 노획한 무기를 정리하는 것만으로도 적지 않은 시간이 소요되어 해병대는 마음먹은 대로 전진할 수 없었다. 포로들 중에는 다국적군의 폭격이 시작된 날부터 항복할 날만을 기다리고 있었다는 병사도 있었다.

　당시 이라크군은 폭격 때문에 보급이 끊겨 식량이 부족했고 병사들의 사기가 크게 떨어져 있었다. 이라크군 병사들이 항복할 당시 1인당 하루 배급량은 쌀이나 밀가루 다섯 숟가락과 물 한 컵이었다. 이것은 매우 열악한 배급량임에 틀림없다. 하지만 20여 년 전 미군이 상대한 북베트남군이나 해방전선 병사들도 잘 먹지 못한 건 마찬가지였고, 장비는 이라크군 쪽이 훨씬 좋았다. 문제는 아무래도 후세인이 호찌민과 지압 같은 인물이 아니었다는 것이다. 특히 군사 문제에 관한 한 지압에게 전권을 맡긴 호찌민과 달리 후세인은 100만 대군을 거느리고 있으면서도 군 단위의 편제를 하지 않았다. 그래서 이라크군은 군단 단위가 최고 편제였는데, 이는 자신의 권력 유지를 최우선시하여 부하 장군들에게 큰 군대를 맡기길 거부한 결과였다. 자신은 원수 계급장을 달면서, 예스맨에 불과한 국방부 장관에게만 별 4개를 주었을 뿐 나머지는 모두 중장 이하였

●── 후세인의 롤모델이었던 북베트남의 정치 지도자 호찌민(오른쪽)과 군사 책임자 지압. 두 사람은 사진에서도 볼 수 있듯 복장이나 허세에는 관심이 없었다. 이런 면에서도 후세인과는 큰 차이가 있었다.

다. 그에 비해 그의 롤모델이었던 북베트남은 정반대였다. 정치 지도자 호찌민은 아무런 장식이 없는 간소한 전통의상만을 입었고, 프랑스와 미국, 중국을 연달아 이겨 서구에서도 인정하는 명장 지압은 죽을 때까지 별 4개였다.

다국적군은 8년간 이란-이라크 전쟁에서 많은 실전 경험을 쌓은 이라크군을 두려워하고 있었다. 하지만 이라크군의 리더십은 8년간 프랑스와 싸운 북베트남군과는 큰 차이가 있었고, 베트남전쟁에서는 상상하기도 어려웠던 대량 항복 사태마저 일어났다. 처음에 트럭으로 포로들을 후송했던 해병대는 그 수가 더 많아지자 무장 해제를 시킨 뒤 후방의 검문소까지 걸어가게 했다.

어쨌든 제2장애물 지대를 지나고 15분 정도 지났을 즈음, 리퍼부대의 주력은 이라크군 제5기계화사단의 기갑부대와 조우했다. 중앙에서 전진하던 제3전차대대의 M60A1 전차가 3대의 적 전차를 격파하고 포로 60명을 잡았다. 12시 52분까지 T-62 전차를 포함하여 7대의 전차를 추가로 격파했고, 우익의 제7해병연대 1대대 대전차팀은 험비에 탑재된 토우 대전차미사일로 적 전차 2대를 격파했다. 좌익에서는 제5해병연대 1대대와 함께한 전차중대가 T-62 전차 1대와 T-55 전차 2대를 격파했다. 이날 해병대가 잡은 포로는 1,230명으로 늘어났다.

오후 1시 30분, 셰퍼드부대가 제2장애물 지대를 빠져나왔다. 파파베어부대도 제2장애물 지대를 돌파했지만 재정비에 시간이 걸렸다. 마이엇 사단장은 진격하는 리퍼부대 배후에 공백 지대가 생길 것을 우려하여, 파파베어부대 호드리 대령에게 서둘러 전진하라고 명령했다. 오후 2시, 제7해병연대 1대대는 진격로상의 이라크군 진지를 점령해나갔다. 대대가 있는 장소는 '수장普長(에미르) 농장'이라고 불리는 오아시스로, 사막 가운데 숲이 있고 몇 채의 빌딩이 서 있는 곳이었다. 며칠 전에 왔다면 황량함에 지친 병사들을 위로해줄 아름다운 오아시스였겠지만, 지금은 불타는 부르간 유전의 화염과 매연이 하늘을 가득 메우고 있었다.

매티스 중령은 전차부대를 엄호하던 2개 해병중대로 이 농장에 대한 공격을 개시했는데, 그 전에 미리 포병에게 준비포격을 가하도록 했다. AAV-7에 탑승한 B중대는 농장 서쪽 1,700미터 지점까지 접근했다. 후방 램프가 열리고 완전무장한 대원들이 하차해 산개했다. 그들은 박격포의 연막탄 지원을 받으며 돌격했는데, 모두 화학방호복을 입어서 동작이 굼떠 생각만큼 전진하지 못했다. 매티스 중령은 애가 탔다. 나무들 사이에 구축된 벙커를 지키는 적군은 사기가 떨어져 있어서 도망치거나 항복을 원하는 듯 보였다. 보다 못한 매티스 중령은 지휘관 차를 타고 벙커 토벌을 직접 지휘했다. 곧 벙커들이 점령되었고, 약 200명의 포로를 잡았다.

벙커 공격이 끝나자 마이엇 사단장은 전략 목표인 알자베르 공군기지에 대한 공격 준비에 들어갔고, 리퍼부대의 우측면을 지키기 위해 셰퍼드부대에게 부르간 유전 서쪽으로 북상하라고 명령했다. 병사들 눈앞에 펼쳐진 전장은 그야말로 불지옥이었다. 수백 개의 유정이 화염과 매연을 뿜어냈고, 불타는 원유의 악취가 코를 찔렀다. 여기에 원유가 간헐천처럼 뿜어져나오며 나는 굉음이 귀를 괴롭혔다. 마이엇 사단장은 이 장면에 대해 『신곡』의 「지옥편」 같다고 말했다. 매연 때문에 가시거리가 50미터에 불과했지만 오후 3시경 셰퍼드부대는 T-62 전차대를 발견하고 그중 6대를 격파했다. 적외선 야시장비를 장착한 LAV의 토우 대전차미사일로 올린 전과였다.

리퍼부대는 쐐기 모양의 공격 대형으로 중앙에 전차대대, 양익에 보병대대, 후방에 제11해병포병연대 3대대를 배치했다. 부대는 북서쪽으로 수 킬로미터 전진하여 2개의 활주로가 있는 알자베르 공군기지에 도착했다.

오후 4시, 우익의 파파베어부대가 제2장애물 지대에 2개의 통로를 개척했다. 제9해병연대 3대대는 장애물 지대를 통과해 대전차 화기와 박격포로 무장한 적 벙커 토벌에 나섰다. 상대는 이라크군 제5기계화사단의 제20여단으로 상당히 숙련된 병사들이어서 그들이 쏜 박격포탄에 10명이 부상을 입었고, 지뢰에 전차 수 대가 파손되어 4명이 부상당했다. 그중 한 명은 왼쪽 다리를 잃는 중상이었다. CH-46 헬기가 출동해 15분 만에 야전병원으로 이송했지만, 그는 이틀 후 사망했다. 첫날 나온 사단의 유일한 전사자였다. 이날 적의 포격을 관측한 TPQ-36 대포병 레이더는 오후 2시까지 42문의 이라크군 야포 위치를 포착했고, 그중 24문은 해병대 포병의 포격으로, 18문은 해리어 공격기로 파괴했다. 650명이 포로로 잡혔다.

오후 4시 30분, 리퍼부대는 공격을 개시했다. 유전에서 뿜어져나오는 매연 때문에 시계가 불량해서 조심스럽게 전진하며 비행장을 포위해갔다. 5시 34분, 가시거리는 300미터 정도로 여전히 나빴지만 참호에 숨어 있는 적 보병과 전차를 해치우며 T-62 전차 7대, T-55 전차 3대를 파괴하고 많은 포로를 잡았다. 오후 6시에는 쿠웨이트 국경선 안쪽 약 40킬로미터 지점에 있는 알자베르 공군기지에 대한 포위를 완료했다. 하지만 적 전차의 저항은 멈추지 않았다. 당시 제3전차대대 C중대 제임스 D. 곤잘레스 소위의 야간전투 상황은 다음과 같았다.

갑자기 장전수가 소리쳤다. "T-62 전차 발견!" 곤잘레스 소위는 "거리 1,100미터!" 하고 외쳤다. 발사한 열화우라늄탄은 T-62 전차를 관통했다. 처음에는 작은 폭발이 일어났고, 잠시 후 차 내에 적재된 115밀리 포탄이 유폭을 일으켰다. 폭발은 14회나 계속됐다. T-62 전차는 해병대의 전차를 보지도 못하고 파괴된 것으로 추측된다. 이 전차의 야시장비는 별빛이 밝은 날에도 가시거리가 700미터에 그칠 정도로 성능이 떨어지기 때문이다.

그동안 남쪽의 파파베어부대는 리퍼부대의 배후를 지키기 위해 부르간 유전으로 향했다. 전진하면서 부대의 제1전차대대 M60A1 전차, 토우 탑재형 험비, 코브라 공격헬기가 모래 방벽에 숨은 적 전차 18대를 격파했다.

마이엇 사단장은 알자베르 공군기지 포위에 성공했지만 야간 진입을 시도하는 것은 위험하다고 판단하여 공격을 중지했다. 야시장비의 부족 때문이었는데, 해병대 전체에 보급된 암시 고글은 1,100개뿐이었고, 그나마도 짙은 매연 때문에 제 기능을 발휘하지 못하고 있었다. 제3전차대대의 코크런 중사에 따르면, 포탑 큐폴라에서 암시 고글로 보이는 것은 눈앞의 기관총뿐이었다고 하니 무리도 아니었다. 하지만 훗날 포로 심문으로 밝혀졌지만, 당시 이 기지는 텅 비어 있었다. 마이엇 사단장은 다음 날 아침으로 예정된 리퍼부대의 알자베르 공군기지 점령 계획을 변경해서 점령은 그리즐리부대가 대신하게 하고, 리퍼부대에게는 이 기지에서 북동쪽으로 약 40킬로미터 지점에 있는 쿠웨이트 국제공항을 점령하라고 명령했다.

이렇게 해서 제1해병사단은 지상전 첫날 오후 6시 정각까지 약 40킬로미터를 전진하여 알자베르 공군기지를 포위하고, 이라크군 제29사단,

제42사단을 격멸하는 예상 이상의 성과를 거두었다. 하지만 리퍼부대의 풀포드 대령에게서 불안한 보고가 들어왔다. 포로의 증언과 압수한 문서들을 분석한 결과 적군의 반격 작전이 나왔다는 내용이었다. 사실이라면 사단의 우측면이 반격을 당하게 되었다. 오후 9시 30분, 마이엇 사단장은 그에 대비하여 파파베어부대 토우 대전차부대의 경계망을 유전 내수 킬로미터 범위까지 넓히라고 명령했다.

제1해병사단의 포병대는 하루 동안 1,346발의 지원사격을 실시했는데, 불행하게도 아군 오인 사격이 또 발생했다. 리퍼부대의 포로 집결지를 오인 포격하여 이라크군 포로 2명이 사망하고 23명이 부상당했으며, 해병대 부상자도 2명이 발생한 것이다. 그나마 지난 세 번보다는 피해가 적었다는 것이 위안거리였다. 24일 하루 동안 제1해병사단이 수용한 포로는 약 4,000명이나 되었다.

같은 날 제2해병사단도 제1해병사단보다 약간 늦은 오전 5시 30분에 공격을 시작했는데, 당당하게 〈해병대 찬가〉를 확성기로 틀었다는 점이 차이라면 차이였다. 그들은 제1해병사단과 같은 방법으로 지뢰 지대를 돌파하고 순조롭게 진격해나갔다. 특히 B전차중대는 M1A1전차의 압도적인 성능에 힘입어 일몰까지 적 방위선을 돌파했다. 중대는 적 전차 10대와 실카 자주대공포 1대, 지프 4대, 트럭 12대를 격파하고 포로 396명을 잡는 대전과를 올렸다. 이라크군은 사격을 가하며 접근하면 줄줄이 참호에서 나와 항복하거나 급히 북쪽으로 도망쳤다. 전장에는 버려진 참호와 화력 거점, 무기, 탄약 등이 남겨졌고, 약 5,000명이 포로가 되었다.

오후 6시 정각, 장애물 지대의 이라크군 제4사단, 제7사단을 격파하고 20킬로미터를 전진한 제2해병사단의 주력은 첫날 도달 목표인 압달리야 고속도로 근처의 PL(통제선) 레드까지 진출했다. 사단은 포로 후송과 다음 날 있을 전투 준비를 하는 한편 적의 반격에 대비했다. 좌익에 타이거여단, 우익에 제6연대가 자리했고, M1A1 에이브럼스 전차를 장비한 제2전차대대와 제2경기갑정찰대대가 우측면을 지켰다.

이라크군 포로 중에는 여단장(대령)도 있었다. 그의 군복은 지저분한 병사들과 대조적으로 깔끔한 새것이었고 군화에서도 광이 났다. 게다가 놀랍게도 그는 손톱에 매니큐어까지 칠했다. 사단장 키스 장군은 '대령님'을 심문하기 시작했다. "우리 군은 귀관의 수비 지역에서 화학지뢰에 당할 것이라 생각했다. 화학무기가 있는데도 어째서 사용하지 않았나?"

사실 제2해병사단의 전진을 방해한 것은 제1해병사단의 경우와 마찬가지로 이라크군의 반격이라기보다는 지뢰와 다수의 포로 그리고 화학병기의 위협이었다. 이에 대령은 당황하며 강하게 부정했다. "완벽한 오해다. 미군에 화학무기를 사용할 계획은 처음부터 없었다. 독가스는 우리도 죽이기 때문이다." 전후 인터뷰에서 타리크 아지즈 외무부 장관도 "미군 같은 상대에게 화학무기를 사용하는 것은 현명한 선택이 아니다"라고 말했다. 전투 전 미군은 이라크가 화학무기를 사용하면 전술핵 공격을 가하겠다고 경고한 바 있다.

제2해병사단의 피해는 M60A1 전차 7대, M1A1 전차 1대, AAV-7 수륙양용장갑차 2대, 전사 2명, 부상 12명으로 대부분 지뢰 때문이었다. 너무나 순조로운 해병대의 진격은 총사령부에 다소의 혼란을 가져왔다. 슈워츠코프 사령관은 해병대의 신속한 진격 소식을 듣자 좌익의 노출을 두려워하여 부머 장군에게 전진을 늦추라고 말했다. 하지만 부머 장군은 이미 이라크군 주력을 격파했으며, 만약 서쪽의 적군이 이라크 내로 철수한다면 그것마저 격파할 생각이었다. 장진호에서는 육군 사령관이 진격을 종용하고 해병대는 사실상 태업을 벌였지만 이번에는 그 반대인 셈이었다. 사실 부머 중장은 작전이 시작될 때만 해도 최악의 경우 20퍼센트 이상의 피해를 각오하고 있었는데, 생각지도 못한 쾌조의 진격이었다. 제3해병연대장 에드마이어 대령은 전쟁이라기보다 포로 수용을 하러 가는 느낌이었다고 회고하기도 했다. 실제로 포진해 있던 이라크군의 4분의 1 정도만이 전투를 시도했을 뿐이다.

해병대의 과감한 공격과 신속한 진격은 분명 칭찬받을 일이었지만, 슈워츠코프 입장에서는 고심해서 짠 작전을 수포로 돌릴 수도 있는 상황이었다. 해병대의 진격 속도가 너무 빨라 공화국수비대를 남쪽으로 유인하는 작전을 쓸 수 없게 될지도 모른다는 데까지 생각이 미친 것이다. 이대로 가면 공화국수비대의 주력이 바그다드로 도망칠 수도 있었다. 문제는 곤란하게도 다음 날에는 주력인 제7군단과 제18공수군단, 아랍합동군의 공격 계획이 없다는 것이었다. 슈워츠코프 사령관은 계획을 수정할 수밖에 없었고, 예정보다 앞당겨 공격하라고 요삭 육군 사령관과 칼리드 아랍합동군 총사령관에게 요구했다. 공격 시간은 25일 오후 3시로 결정되었다.

부르간 유전 전투

그 시각, 부머 사령관은 진격만을 생각하고 있지 않았다. 저녁 회의에서 부하들과 참모들에게 "오늘은 지나치게 순조로웠다. 최악의 경우를 대비할 필요가 있다"고 경고했는데, 이 말은 몇 시간 후 현실이 되었다.

이라크군 제3군단장 마흐무드 장군은 해병대의 우익이자 M1A1 전차가 없는 제1해병사단에 역습을 가하기로 결심했다. 그는 제3기갑여단과 제8기계화여단을 부르간 유전 남쪽에 집결시키고 다른 부대들을 두 여단의 측면과 후방에 배치했다. '수장 농장' 지휘소의 마이엇 사단장은 이라크군이 유전 근처에서 움직이고 있다는 미확인 정보를 입수하고 일대를 정찰하게 했다. 하지만 매연 때문에 적을 발견할 수 없었다.

얼마 후 통신 감청으로 적의 반격이 명확해졌다. 마이엇 장군은 25일 오전 7시 30분, 제11포병연대에게 유전 포격을 명령했다. 24분 후, 연대는 유전을 향해 244발을, 유전 오른쪽으로 496발을 발사했다. 그런데 그 순간, 마치 벌집을 건드린 것처럼 이라크군이 연기 속에서 쏟아져나와 파파베어부대와 사단 지휘소를 향해 공격해왔다. T-55 전차와 중국제 63식(YW531) 장갑차를 장비한 이라크군 제5기계화사단 제26여단의 기갑부대였다. 그들은 두 번에 걸쳐 파상 공세를 펼쳤다. 제공권이 없는 이라크군이 이처럼 대담한 반격을 감행할 수 있었던 이유는 전장 일대에 낀 아침 안개와 유전이 불타며 나온 매연 덕분이었다. 가시거리가 100미터에 불과해 다국적군 항공기들이 폭격을 수행하기 곤란했다.

파파베어부대는 '미사일 벽'으로 방어전을 펼쳤다. 지상 부대의 토우 대전차미사일과 해병 항공대의 AV-8B 해리어와 AH-1W 슈퍼코브라 공격헬기의 토우와 헬파이어 대전차미사일로 이라크군의 공세를 막아냈다. 매연은 쌍방의 시계를 가로막았지만 미군은 고성능 암시 조준경으로 이라크군을 볼 수 있었다. 게다가 토우 대전차미사일의 사거리는 3.7 킬로미터, 헬파이어 대전차미사일은 6.7킬로미터에 달했기에 이라크군은 어디서 공격받는지도 모른 채 격파당했다.

이라크군은 한때 사단 지휘소 300미터 앞까지 진출했지만 해병대는 이를 간신히 격퇴하는 데 성공했다. 그러자 이번에는 사단의 우익을 방어하는 제1해병연대 쪽으로 공격해 들어왔다. 연대는 사전 경고를 받았기에 경계 태세를 취하며 대기하고 있었지만 연기와 안개가 자욱하여 대원들의 시계는 극히 불량했다. 얼마 후 이라크군의 전차와 장갑차가 시야에 들어왔다. 그런데 적의 장교 하나가 나오더니 놀랍게도 해병들에게 항복하라고 소리쳤다. 물론 연대는 응하지 않았고 바로 전투가 벌어졌다. 이라크군은 겨우 10분 정도 전투를 벌이더니 후퇴했다. 제1해병연대는 AH-1W 슈퍼코브라 공격헬기와 M60A1 전차중대의 지원을 받으며 유전 쪽으로 진격했다. 연기가 자욱한 가운데 전투가 전개되면서 다시 포병에 의한 오인 포격으로 1명이 부상당하고 포로 2명이 죽는 사고가 발생했다. OV-10 브롱코 정찰기와 AV-8B 해리어도 1대씩 격추되었다.

유전에서 격전이 벌어지는 동안 다른 전투단들은 알자베르 공군기지로 전진하다가 로켓탄을 비롯한 이라크군의 포격을 받고 1명의 전사자와 12명의 부상자를 냈다. 일선 지휘관들은 최루가스탄 사용을 요청했지만 부머 중장은 허락하지 않았다. 비살상 무기지만 최루가스를 쓸 경우 적군에게 화학무기를 사용할 명분을 줄 수 있다고 생각했기 때문이다. 그동안 유전에서 발생한 두꺼운 매연이 공항 상공을 뒤덮었다. 야시장비를 써도 자신의 손조차 보이지 않을 정도여서 전투는 중단되었다. 그사이 이라크군은 전차 및 장갑차 80대와 차량 100대를 잃고 후퇴했다. 2,000명의 포로를 새로 획득했다. 나중에 '부르간 유전 전투'라고 불리는 이 전투에서 마흐무드 장군의 이라크군은 나름 용감히 반격했지만 제1해병사단의 진격을 약간 지연시키는 데 그쳤을 뿐 실패했다. 카프지 전투와 별다를 바 없는 결과였다.

제2해병사단도 그사이 큰 전과를 올렸다. 제2전차대대 B중대의 M1A1 전차 13대가 25일 새벽 6시경 이라크군 T-72 전차 30대와 T-55 전차 4대, 장갑차 7대를 격파하고, 아무런 손실 없이 완벽한 승리를 거둔 것이다. 이 전투는 기상 시간에 벌어졌다고 해서 '기상나팔 전투'로 불리게 된다. 사실 이라크군 기갑부대는 일출과 동시에 미 해병대에 역습을 가하기 위해 남쪽으로 진격하다가 제8해병연대의 보급부대를 발견하고 공격하기 위해 도로를 넘어서 전진하다가 오히려 B중대로부터 측면 기습 공격을 받는 바람에 실패한 것이었다.

기분 좋은 승리를 거둔 제2해병사단은 타이거여단과 제6해병연대, 제8해병연대를 횡대로 전개하며 진격했다. 이들은 이라크군 일부(제3기갑사단과 제1기계화사단)가 지키는 지역을 제압해나갔다. 제4해병원정여단은 파일라카섬에 대한 위장 상륙작전을 펼쳐 이라크군을 더 큰 혼란에 빠뜨렸다. 같은 날, 상륙함에서 대기하다 사우디로 상륙한 제5해병원정여단은 바로 쿠웨이트 영내로 이동해 제1해병사단, 제2해병사단의 보급선 유지와 대량으로 발생한 이라크군 포로를 수용하는 '시시한 임무'를 맡았다. 그사이 서쪽에서는 주공인 제7군단과 제18공수군단이 공세를 시작하면서 일방적으로 이라크군을 밀어붙였고, 엄청난 수의 포로를 잡았다.

바로 전열을 가다듬은 제1해병사단은 알자베르 공군기지를 완전히 제압하고, 쿠웨이트시 남쪽 16킬로미터 지점까지 선봉대를 진출시켰다. 하지만 쿠웨이트 시가지의 탈환 임무는 '아랍 형제들', 즉 아랍합동군의 몫이었다. 제1해병사단에 부여된 임무는 쿠웨이트 국제공항의 장악과 쿠웨이트시의 포위였다. 그사이 제2해병사단은 오후 10시경, 중요한 전략 목표인 알자베르 공군기지와 쿠웨이트시 중간 지점인 '아이스 트레이(얼음틀)'까지 제압했다. 그동안 두 사단은 약 5,000명의 포로를 잡았는데, 보급 트럭들은 탄약을 내려놓고 그들을 실어 날라야 했다. 포로들로부터 그들의 진지에 대한 정보를 제공받았지만 진격 속도가 너무 빨라서 큰 도움이 되지는 않았다.

한편 오후 8시경 해병대의 정보부대는 지진계로 대규모 차량 행렬이 쿠웨이트 시내를 빠져나가고 있다는 사실을 알았다. 이라크군은 놀랍게도 해병대가 공격을 시작한 지 39시간 만에 쿠웨이트를 포기한 것이다! 이 정보는 곧 해병 항공대와 공군에 전달되었다. F-15E 스트라이크이글 1대가 급강하하여 구름을 뚫고 내려가니 쿠웨이트시에서 북쪽으로 향하는 고속도로가 헤드라이트를 켠 차량들로 꽉 차 있었다. 대부분 쿠웨이트에서 약탈한 차량들이었지만 전차나 장갑차 등 군용차량도 많았다. F-15E가 폭탄을 투하하여 선두 차량을 명중시키자 패닉이 일어나 행렬은 그대로 멈추었다. 이어 해병 항공대와 공군이 몰려와 밤새도록 반복적이고 일방적인 폭격을 가했다. 날이 밝자 1,400여 대의 파괴된 차량과 28대의 전차와 장갑차 그리고 약 300구의 시신이 확인되었다. 이후 이 고속도로는 '죽음의 고속도로'라고 불렸다.

최종 목표 쿠웨이트 국제공항

마이엇 소장은 26일 오전 6시 54분을 기해 제1해병사단에 전진 명령을 내렸다. 제1해병사단은 부르간 유전 서쪽에 위치하며, 좌익에 리퍼부대, 우익에 셰퍼드부대, 후방에는 파파베어부대와 그리즐리부대를 둔 포진으로 좌익 후방의 알자베르 공군기지를 점령하고 있었고, 그 후방에 킹부대가 집결해 있었다. 이날 사단은 최종 목표인 쿠웨이트 국제공항을 점령할 계획이었다. 공격에 앞서 마이엇은 좌익의 제2해병사단과의 사이에 공백이 생기지 않도록 부대를 10킬로미터 북상시켰다.

제1해병사단이 진격을 개시한 시점에, 이라크군의 전력을 정확하게 알 수는 없었지만, 제5기계화사단의 제20여단, 제3기갑사단의 잔존 부대일 것으로 추측되었다. 하지만 그들은 부르간 유전 전투에서 큰 타격을 입어 반격할 힘이 남아 있지 않았다. 제1해병사단 앞에는 안개와 매연으로 잘 보이지 않았지만 많은 이라크군 차량의 잔해가 흩어져 있었다. 문제는 야시장비로 보아도 격파된 전차인지 매복 중인 전차인지 구분이 어렵다는 것이었다. 그대로는 전진하기 곤란했다. 별수 없이 사단 본부에서는 각 부대 지휘관들의 판단에 맡기기로 결정했다. 이에 파파베어부대의 제1전차대대는 의심스러운 차량을 전부 포격하는 방법을 택했다. 반면 리퍼부대의 제3전차대대는 먼저 중기관총으로 사격하여 반응을 살핀 후 대응하는 방식을 취했다. 이런 식으로 일일이 확인해가며 이동하다보니 전진 속도는 느릴 수밖에 없었다.

마이어스 중령이 지휘하는 우익 셰퍼드부대의 LAV 경장갑차 100여 대도 쿠웨이트 국제공항을 향해 전진했다. 잠시 후, 철수하는 이라크군 기갑부대와 조우하며 교전에 들어갔다. 1시간 동안의 전투 후, C중대(LAV 17대)는 이라크군 63식 장갑차 10대를 격파했고, A중대는 6대의 장갑차를 격파하면서 동시에 하차를 시도하는 보병들을 사살했다. 사살한 이라크군은 약 100명이었다. 셰퍼드부대는 목표 지점에 도착할 때까지 T-62 전차 2대를 더 격파하고 장갑차량 6대를 포획했다.

호드리 대령의 파파베어부대는 리퍼부대를 엄호할 사단 예비대로 약간 늦은 오전 8시 정각에 진격을 개시했다. 파파베어부대는 좌익에 제1해병연대 1대대, 중앙에 제1전차대대, 우익에 제9해병연대 3대대, 후방에 공병대를 배치한 진형으로 전장에 깔린 매연을 헤치며 북진했다. 오후 1시에 리퍼부대, 셰퍼드부대와 합류했다.

오후 1시 30분, 마이엇 사단장은 휘하의 대대장 및 연대 작전참모들을 소집하여 쿠웨이트 국제공항 점령을 위한 최종 작전 회의를 열고 각 부대의 임무를 정했다. 먼저 리퍼부대는 공항 북서쪽 고속도로를 제압하고, 파파베어부대는 공항 남쪽을 제압한 뒤 저지 거점을 구축하기로 했다. 셰퍼드부대는 공항 동쪽으로 전진하여 고속도로를 제압하고 우측면에서 공항을 포위할 계획이었다. 타로부대는 포위가 완료되면 트럭으로 보병부대를 공항 북쪽으로 우회하여 이동하게 한 뒤 공항으로 돌입해 각종 시설을 제압함으로써 공항 점령을 완료하는 역할을 맡았다.

오후 3시 30분, 우익의 리퍼부대가 진격을 시작했다. 매연으로 가득차 어두운 사막에서 열영상 조준경을 단 토우 장착 험비가 맹활약했다. 피터 램지 병장은 불과 70미터 앞에서 T-55 전차 2대를 발견했다. 토우 대전차미사일의 최저 사거리가 65미터이니 아주 위험한 상황이었지만 2대 모두 격파했다. 다른 토우 험비도 T-62 전차를 격파했고, 제7해병연대 1대대도 BTR 장갑차 8대를 격파했다.

오후 4시 12분, 리퍼부대 앞에 3중 철조망과 지뢰가 매설된 장애물 지대가 나타났다. 부대는 전진을 멈추어야 했다. 전투공병대가 장애물 제거에 나섰고, 미클릭을 장비한 AAV-7 수륙양용장갑차가 장애물 지대에 접근했다. 그 순간 매연 속에서 2대의 이라크군 전차가 나타나더니 공격해왔다. 하지만 엄호 중인 M60A1 전차가 곧바로 격파해버려 피해는 없었다. 그러나 이라크군의 공격은 계속되었다. 이에 해병대는 AAV-7과 전차, 무장 험비로 탄막 사격을 펼치면서 폭파 작업을 하는 공병대를 엄호했다. 전투공병대는 3발의 미클릭을 발사했지만 기폭 장치가 불발되자 결국 공병들이 총알이 빗발치는 전장을 가로질러 도화선에 기폭 장치를 다는 작업을 3번이나 반복했다.

그렇게 해서 장애물 지대에는 전차부대가 자체적으로 개설한 2개의 통로를 포함해 총 5개의 통로가 개척되었다. 이로써 리퍼부대는 다시 북상을 시작할 수 있었다. 이동 중에 이라크군의 저항은 없었다. 리퍼부대는 순조롭게 전진하여 공항 서쪽 400미터 지점(쿠웨이트시 남쪽 700미터 지점)에 포진했다.

오후 4시 30분, 중앙의 파파베어부대는 좌우에 제9해병연대 3대대와 제1해병연대 1대대를 배치하고 제1전차대대와 공병대가 뒤를 따르며 유정의 파이프라인을 따라 북상했다. 제1해병연대 1대대는 버려진 T-62 전차 10대와 T-12 100밀리 대전차포 10문 등 버려진 무기들과 항복하는 이라크군 병사들을 볼 수 있었다. 하지만 리퍼부대와의 거리를 벌리지 않기 위해 처리는 후속 부대에 맡기고 계속 전진했다.

오후 6시 정각, 제9해병연대 3대대는 철조망을 뚫고 공항 남쪽 도로변에 진출했다. 제1해병연대 1대대는 약간 늦은 시각인 오후 10시 정각에 공항 근방에 포진했다. 조지프 I. 무스카 소령의 공병대는 바깥쪽에 M60A1 전차 3대를 배치하고, 안쪽에 AAV-7, 가운데에 공병을 둔 방어 진형을 급히 구축했다.

방어 진형은 매연으로 자연스럽게 위장이 되었지만 밤이 되자 갑자기 풍향이 바뀌면서 매연이 걷히고 유정의 불길에 대열이 노출되었다. 불안해진 무스카 소령은 순찰에 나섰는데, 그 순간 박격포탄이 떨어지기 시작했다. 동시에 RPG-7 로켓탄과 중기관총도 불을 뿜었다. 박격포탄이 AAV-7 근처에 떨어졌고, RPG-7이 미클릭에 명중하기도 했지만 다행히 유폭이 일어나지는 않았다. 하지만 대원 1명이 얼굴에 총탄을 맞고 전사했다. 그는 제1해병사단의 마지막 전사자였다. 이라크군은 공항 남쪽의 약간 높은 위치에 있는 고속도로에서 중기관총 3정과 박격포, 장갑차를 동원하여 해병대를 공격했다. 반격에 나선 해병대는 M60A1 전차가 주포를 발사해 이라크군의 장갑차를 격파했다. 15분간 교전이 계속되었다. 하지만 다시 풍향이 바뀌며 매연이 자욱해지면서 중단되었다.

공항으로 향하는 셰퍼드부대는 해안도로를 따라 북상했다. 셰퍼드부대는 전진 중에 적 전차 6대와 장갑차 11대, 트럭 5대를 격파했다. 이때 전함 위스콘신호가 16인치 포로 지원 포격을 해주었다. 오후 5시 정각, LAV가 먼저 공항의 동쪽 울타리에 이르렀고, 오후 6시 30분에는 부대 전체가 도착했다. 마이엇 소장은 한시라도 빨리 공항을 제압하고 싶었지만 트럭으로 이동하는 타로부대만으로 야간에 부르간 유전을 지나 공항에 돌입하는 건 무리였다. 오후 10시 30분, 셰퍼드부대 마이어스 중령은 사단장에게 공항 돌입을 명령받았다. 오후 11시 정각, 셰퍼드부대의 LAV들은 공항까지 연결된 고속도로로 이동하여 3시간 후 공항에 도착했다.

27일 오전 4시 30분, 마이어스 중령은 A중대와 C중대에게 공항 안으로 돌입하라고 명령했다. 저항은 약했지만 매설된 대인지뢰로 LAV의 타이어가 파손되었다. 중령은 심야 지뢰 제거 작업은 너무나 위험해서 해가 뜬 다음 공격을 재개하기로 했다.

오전 6시 15분 공격이 재개되었고, 30분 후 공항 터미널 앞에는 성조기와 해병대기가 게양되었다. 오전 8시 정각에는 타로부대가 공항에 도착하여 공항 건물 수색에 나서 80명 이상을 포로로 잡았다. 오전 9시, 마이엇 소장이 공항으로 옮긴 사단 지휘소에 도착하여 전 부대에 작전 정지 명령을 내렸다. 하지만 예외가 있었으니, 선발된 12명의 해병대원은 쿠웨이트 시내로 진입하여 미국대사관에 성조기를 내걸었다. 대사관 경비는 해병대의 고유 임무이고, 41년 전 서울에서의 영광과 16년 전 사이공에서의 치욕을 생각하면 의미 있는 임무가 아닐 수 없었다.

'100시간 전쟁'이 끝나다

그사이 아랍합동군은 쿠웨이트 시민들의 환영을 받으며 시내로 진입했다. 조금 구체적으로 말하면 시리아군 1개 여단이 서쪽으로 진입했고, 7개월 전 이라크군에 나라를 빼앗겼던 쿠웨이트군을 위시한 페르시아만 연안 국가들의 군대는 남쪽으로 진입하여 중심가에서 합류했다. 전날인 2월 26일에는 주공인 제7군단이 최정예 공화국수비대 등 이라크군 주력을 격파하고 이라크 영내 깊숙이 진격해 들어갔다. 전투가 너무 일방적으로 진행되자 워싱턴은 더 이상의 전쟁은 무차별 학살에 불과하다는 여론에 신경을 썼고, 파월 합참의장은 슈워츠코프에게 부시 대통령이 '오늘밤 9시(리야드 시간으로 28일 오전 9시)'에 정전을 선언할 수 있기를 희망한다고 말했다. 그러자 슈워츠코프는 총사령관이라는 중책의 부담감에서 한시라도 빨리 벗어나고 싶다는 듯이 바로 동의했다. "이의 없습니다. 이라크군 섬멸이라는 목적은 사실상 달성했습니다. 사령관들에게 물어보겠습니다만, 정전해도 상관없습니다."

하지만 그가 물어본다는 각 군 사령관은 어디까지나 리야드의 중앙군 총사령부의 장성들이었지 전장의 야전 지휘관들은 아니었다. 사실 총사령부에서도 존스턴 참모장은 지금 멈추면 바스라 근방에 집결한 공화국수비대의 T-72 전차를 포함한 많은 무기가 가설된 부교를 통해 철수할 수 있다고 경고했지만 슈워츠코프는 묵살했고, 결국 조기 정전은 기정사실이 되었다. 정전 시각은 근사한 맛이 나는 '100시간 전쟁Hundred-Hour War'이라는 이름이 될 수 있도록 리야드 시간으로 28일 오전 8시로 정해졌다. 하지만 이런 식의 정전은 결국 화근을 남겼고, 12년 후 제1해병사단은 다시 이곳을 찾게 된다.

어쨌든 두 해병사단은 지상전 첫날 아침부터 국경선의 이라크군 방어

●— 현대전에 항공기가 등장한 이후 수많이 폭격이 있었지만 '죽음의 고속도로'만큼 일방적인 경우는 드물었다. 파괴된 차량과 통행이 불가능해버린 차량이 뒤섞여 있는 모습을 볼 수 있다.

선인 '사담 라인'을 돌파하여 쿠웨이트 영내로 진격했으며, 3일 후에는 이라크군 주력부대를 격파하고 쿠웨이트시를 포위해 완벽하게 임무를 달성했다. 마이엇 소장의 제1해병사단은 지상전을 펼치는 동안 이라크군 전차 285대(정전 후를 포함하면 600대)와 장갑차 170대(정전 후를 포함하면 450대)를 격파하고, 포로 1만 365명을 사로잡는 전과를 올렸다. 사단의 손실은 전사 18명, 부상 55명이었다. 사상자가 다른 부대보다 많았던 이유는 1월 말 이라크군의 유일한 반격 작전인 '카프지 전투'의 피해가 포함되었기 때문이다. 이때 아군에 의한 오인 사격으로 11명의 해병이 사망했다.

키스 소장의 제2해병사단은 타이거여단을 지원받아 이라크 육군 중장비 사단을 격파하고, 쿠웨이트시 북쪽에 연결된 보급 간선도로인 바스라 고속도로를 자하라 부근에서 봉쇄했다. 이라크군 전차 500대와 장갑차 300대, 야포 및 방공 화기 172문을 격파하고, 포로 1만 3,676명을 사로잡았다. 첫날부터 이라크 육군과 교전하여 4일간의 전투 끝에 주공인 제1기갑사단과 견줄 만한 전과를 올렸다. 특히 이라크 육군 중장비 사단을 상대로 싸웠기에 기갑차량 격파 수가 많았다는 사실이 눈에 띈다(타이거여단의 전과는 이라크군 전차 181대와 장갑차 148대, 야포 40문, 방공 화기 27문 격파에 포로 4,051명, 작전 중 263명 사살이었다. 정전 후까지 포함한 제2해병사단의 전과는 전차 610대와 장갑차 485대 격파였다). 손실은 전사 6명, 부상 38명이었다.

베트남에서 큰 상처를 입은 해병대로서는 정말 오랜만에 얻은 소중하고 완벽한 승리였다. 첫 부대가 사우디에 도착한 8월 14일 이후, 해병대는 5개월 동안 최전선에서 항공모함 전단과 함께 육군의 중장비 사단이 도착할 때까지 이라크군 저지에 성공했다. 이 전쟁에서 해병대가 수행한 역할은 다음과 같다.

첫째, 미국은 해병대를 조기 투입하여 페르시아만에 강력한 지상 전력이 있다는 존재감을 과시할 수 있었다. 둘째, 해상 전개한 해병대가 어디에 상륙할지 예측 불가능하게 만들어 상당한 규모의 이라크군을 해안에 묶어두어 육군 주공의 성공적인 공격을 뒷받침했다. 마지막으로 두 해병사단은 육군 못지않은 기동력을 발휘하여 쿠웨이트 해방에 결정적인 역할을 했으며, 해병 항공대 역시 본연의 임무인 지상 지원에서 제 몫을 다했다. 다만 해상에 대기한 해병대원들은 40년 만의 대규모 상륙작전 기회가 사라졌다는 사실에 안타까워했다. 하지만 그레이 사령관의 생각은 달랐으니, 그는 다음과 같이 말했다. "100번의 전투에서 전승하는 것이 최선은 아니다. 손자는 싸우지 않고 이기는 것이 병법의 극치라고 말했다!"

이라크군과의 첫 지상 전투에서 압승한 해병대를 슈워츠코프 사령관은 기자회견에서 이렇게 극찬했다. "난공불락의 방어진을 돌파한 그들의 눈부신 전과는 찬란하다는 말로도 부족할 것이다. 그것은 매우 강력한 지뢰, 철조망, 화력진지를 돌파해낸 완전한 걸작이다. 그들은 이라크군의 제1방어선을 거침없이 돌파했고, 제2방어선도 포화를 아랑곳하지 않고 돌파했다. 그들은 돌파구를 확장하여 마침내 양 사단의 전면 공격을 가능하게 만들었다. 이 공격은 실로 교과서에 실릴 만한 것으로서 앞으로 계속 연구되리라고 본다."

해병대는 철수를 서둘렀다. 부머 장군과 지휘부는 4월 16일 이 모래의 땅을 떠났고, 6월 10일, 제2해병사단의 마지막 부대가 철수했다. 이로써 10개월에 걸친 해병대의 사막전은 막을 내렸다.

20세기 마지막 10년의 해병대

의화단의 난으로 시작된 영광과 고난의 20세기. 이 세기의 마지막 10년을 보내면서 해병대는 새로운 무기들을 장비했다. 가장 큰 장비는 타라와급의 개량형인 와스프급 강습상륙함이었다. 걸프전쟁 직전인 1988년에 1번함 와스프가 취역한 이래 총 8척이 건조된 와스프급 강습상륙함은 에섹스와 복서 등 과거 항공모함의 이름을 딴 함이 많은데, 이는 미 해군이 강습상륙함을 사실상의 항모로 보기 시작했다는 증거이기도 하다. 와스프급은 기본적으로는 타라와급과 크게 다르지 않지만 호버크래프트 상륙정인 LCAC 운용을 전제로 설계되어, 1척밖에 싣지 못하는 타라와급에 비해 3척의 LCAC를 수용할 수 있을 뿐 아니라 격납고와 바로 연결되어 격납고에 있는 차량이 자력으로 이동하여 적재될 수 있도록 설계되었다. 또한 병실을 최대 200석으로 확대해 자연재해 구조 활동에 더 적합하도록 배려했다.

새로운 육상 장비의 대표적 존재는 역시 M1A1 에이브럼스 전차였다. 이 전차의 우수한 성능에 감탄한 해병대는 이를 기존의 제2해병사단뿐 아니라 제1해병사단에도 배치했다. 기존의 전차소대는 M60A1 패튼 전차 6대로 구성되었지만 M1A1 에이브럼스 전차로 편성을 마친 뒤에는 5대로 감소했다. 하지만 M1A1 5대 보유가 모든 면에서 더 우월하다는 사실은 굳이 말할 필요가 없다.

포병대에는 '강철비'를 퍼부을 수 있는 MLRS 다연장로켓이 장비되었다. 보병 장비 역시 M60 기관총을 경량화한 기존의 M60E3 기관총이 신뢰를 잃고 대신 M16 소총과 같은 탄환을 쓰는 M249 경기관총이 분대 지원 화기로 채택되어 완전히 대체되었다. 소총도 M16A2에서 M16A4 소총으로 대체되었고, 장교나 차량 운전병들의 경우에는 M4 소총이 지급되기 시작했다.

그러나 해병대가 가장 학수고대한 장비는 계속해서 말썽을 부렸다. 바로 세계 최초의 틸트로터tiltrotor기인 MV-22 오스프리Osprey였다. 헬기와 고정익기의 장점을 겸비한 이 항공기는 해병대의 가장 이상적인 장비로 각광받으며 초수평선 공격*을 가능하게 해줄 것이라고 기대를 모았다. 하지만 계속해서 추락 사고를 일으키며 신뢰를 잃었고, 배치 또한 한없이 늦어졌다. 결국 이 혁신적인 항공기는 20세기는 물론 21세기 초에도 해병대의 '강철 날개'가 되지 못했다.

한편 걸프전쟁이 끝난 직후부터 해병대는 전투보다는 재해 구난을 다니느라 바빴다. 제1해병사단의 일부 부대는 1991년 5월 초 태풍으로 큰 피해를 입은 방글라데시에 파견되어 구조 활동에 참가했고, 귀환 중이던 강습상륙함 펠렐리우호와 나소호는 1991년 6월 필리핀에서 화산 폭발이 일어나 큰 피해가 발생하자 구호 활동에 나섰다. 이때 해병대는 임신부의 출산을 돕는 특이한 경험을 하기도 했는데, 어쨌든 이로 인해 강습상륙함 내 의료 시설이 여러모로 유용하다는 사실이 증명되었고, 사람을 죽이는 해병대가 사람을 구하는 일도 할 수 있다는 것을 알리는 계기가

---

* 해안선에서 볼 수 없는 거리, 레이더 탐지 범위 밖으로부터 시작되는 상륙작전.

●── MV-22 오스프리는 많은 장점, 특히 한정된 공간을 가진 항공모함과 강습상륙함에 최적화된 항공기지만 개발 과정에서의 수많은 문제점으로 많은 조종사들이 희생되었고, 기체 가격도 천정부지로 올라갔다. 그럼에도 워낙 장점이 많은 기체이니만큼 앞으로의 활약은 기대해도 좋을 듯하다.

되었다.

1992년 12월에 해병대는 내전과 기아에 시달리는 소말리아 남부에 미 육군, 캐나다군, 프랑스군, 이탈리아군과 함께 파견되어 구호품 전달 임무를 맡았다. 주력은 제7해병연대였다. 이때는 신문과 방송 기자들이 현지에 먼저 도착해서 해병대를 기다리는 진풍경이 연출되기도 했다. AAV-7 수륙양용장갑차는 현지인들에게 '하마'라고 놀림을 받으면서도 열심히 식량 수송대를 호위하고 지뢰를 제거하며, 시내 경비와 정찰 임무도 맡는 등 다양한 활약을 펼쳤다. 구호 작전은 지방 군벌들의 방해에도 예정대로 이루어져 많은 목숨을 구했다. 하지만 1993년 2월부터는 사정이 달라졌다. 악명 높은 모하메드 파라 아이디드 장군의 선동으로 소말리아인들이 다국적군에 대해 공격을 가하기 시작한 것이다. 이때 수도 모가디슈에서 시가전이 벌어졌는데, 베트남전 참전 장교들은 '후에'의 악몽을 떠올렸다. 다행히 무슬림들의 금식 기간인 라마단 덕분에 전투는 중단되었다. 해병대의 임무는 구호 활동의 지원이었지 소말리아 장악이 아니었으므로, 해병대는 임무를 종료하고 5월 4일까지 소말리아를 떠났다. 영화 《블랙호크 다운》(2001년)으로 유명한 전투는 미 육군의 일로, 5개월 후에 벌어진다. 해병대는 1994년 3월 다시 소말리아에 파견되지만 결정적인 성과를 올리지는 못했다.

제2해병사단은 1994년 6월 해병대와 인연이 깊은 아이티로 파병되었다. 쿠데타로 추방된 아이티의 장 베르트랑 아리스티드 대통령의 복귀를 위한 파병이었다. 해병대는 그를 복귀시키는 데 한몫했다. 해병대는 이때 자신들의 상륙 구역을 '해니컨'이라고 불렀는데, 이는 60여 년 전 이곳에서 활동했고 과달카날에서 대대장으로 용전한 해니컨 장군의 이름을 딴 것이었다.

세계는 계속해서 시끄러웠고 해병대가 가야 할 곳은 많았다. 그들의 다음 무대는 의외로 유럽이었다. 냉전이 무너지자 동유럽의 두 연방국가인 소련과 유고슬라비아가 붕괴되었다. 유럽의 화약고인 발칸반도, 그중에서도 가장 위험한 나라 유고슬라비아에서 1992년부터 동방정교 계열인 세르비아와 가톨릭인 크로아티아 그리고 보스니아의 무슬림 간에 격전이 일어났고, 그 와중에 인종 청소라는 최악의 비극이 벌어졌다. 유엔 평화유지군이 투입되었지만 사태는 갈수록 악화되었고, 결국 미 해병대까지 출동하기에 이르렀다.

1994년 11월, 제2해병사단 소속 대원들은 프랑스 툴롱에서 강습상륙함 나소를 타고 아주 낯선 곳인 보스니아로 출발했다. 가장 유명한 활약은 1995년 6월 8일 세르비아의 SA-6 지대공미사일 공격으로 인해 격추된 미 공군 F-16 전투기의 조종사를 6일 만에 구출한 일이었다. 발칸 분쟁은 그해 12월에 마무리되었다.

그 외에도 해병대는 아프리카로 출동하여 라이베리아와 중앙아프리카공화국, 콩고공화국, 시에라리온, 에리트레아, 르완다 등에서 자국민 구출에 나섰으며, 케냐와 온두라스, 니카라과, 엘살바도르 등에서 재해와 인도주의 관련 임무를 수행했다. 미국 내에서도 대규모 산불 진화나 마약 조직 소탕에 도움을 주었다. 1999년에는 코소보로 파견되어 나토군의 작전을 지원하기도 했다. 여전히 불안정한 이라크에서도 자잘한 특수 임무가 있었다.

늘 시대의 변화에 따라 변신하고 혁신을 추구해온 해병대는 새로운 전투 연구소를 만들어 도심 전투나 테러리스트 제압 같은 새로운 개념의 전투를 연구하기 시작했다. 하지만 21세기에 큰 전쟁이 있으리라고 믿는 이들은 해병대는 물론 외부에서도 많지 않았다. 그러나 2001년 9월 11일의 그 일은 모든 것을 바꾸어버렸다.

9장

다시 돌아온 사막,
이라크전쟁

이라크의 상황

9·11이 아프가니스탄과 이라크전쟁의 중요한 계기가 되었다는 사실
은 잘 알려져 있으므로 굳이 자세히 설명할 필요는 없을 것이다. 그보다
여기서는 이야기의 진행을 위해 걸프전쟁 이후 이라크의 상황을 말해두
고자 한다.

1차 걸프전쟁에서 다국적군은 압도적 승리를 거두었지만 바그다드까
지 진격해 후세인 정권을 전복하지는 않았다. 이는 당시 백악관이 군이
적대적 국가를 상대로 한 점령 작전을 구상하지 않았고, 패전으로 약화
된 후세인 정권이 곧 붕괴될 것으로 보았기 때문이다. 다만 유엔과 미군
은 이라크 영토 중 북위 36도선 이북과 33도선 이남을 비행금지구역으
로 정해 북부의 쿠르드족과 주로 남부에 사는 시아파에 대한 공격을 함
부로 할 수 없게 조치했다. 단 헬기는 예외였다.

미국은 후세인 타도를 위해 이라크 인구의 다수를 차지하는 시아파의 봉기를 유도했다. 하지만 막상 봉기가 일어나자 미국은 그들에게 별다른 도움을 주지 않았다. 말하자면 후세인은 헬기와 남아 있는 군사력을 이용해 봉기를 진압하는 데 성공했고, 그 과정에서 시아파 10만 명이 죽고 40만 명이 추방되는 사태가 일어났다.

상황이 이렇자 미국은 1996년에 정한 비행금지구역을 32도선으로 내리는 한편, 사우디에 남겨둔 공군 병력을 동원하여 이라크를 상대로 제한적인 공격을 가하기도 했다. 하지만 이마저도 여의치 않았는데, 성지 메카와 메디나가 있는 사우디에 전쟁이 끝났음에도 미군이 계속 주둔한다는 사실에 반감을 품은 극단주의자들이 많았기 때문이다. 결국 미국 시설에 대한 이들의 공격이 두 차례 일어났고, 26명의 미군과 민간인이 죽었다. 미군은 그들이 접근하기 어려운 내륙의 공군기지로 자원들을 이동시켜야 했다.

미국은 이라크의 군사력을 무력화하고자 했고, 특히 '대량살상무기'의 개발을 막기 위해 많은 노력을 기울였다. 하지만 후세인에게는 그만의 사정이 있었고, 그는 온갖 방법을 동원하여 군사력을 확보하기 위해 광분했다. 그러나 이때 후세인에게는 '대량살상무기'를 개발할 여력이 없었다는 점은 미리 언급해두는 것이 좋을 것 같다.

문제를 더 복잡하게 만든 것은 후세인을 타도하려는 외부 세력이 미국만은 아니었다는 사실이다. 시아파의 종주국인 이란은 시아파의 봉기를 다시 선동했고, 후세인은 그들의 지도자들을 암살하고 다시 한 번 무력으로 봉기를 무자비하게 진압했다. 그리고 이 시점에서 후세인은 그때까지 유지해온 세속화 정책을 포기하고 수니파 위주의 신정주의를 적극 도입했다. 그는 그때까지 종교적 상징이 없었던 이라크 국기에 '알라는 위대하다'는 구절을 새겨넣었을 뿐 아니라 시아파가 가장 존경하는 무함마드의 사위이자 4대 칼리프였던 알리의 무덤이 있는 나자프Najaf에 도로를 뚫기까지 했다. 이에 나자프에 묻히는 것을 최고의 행복으로 아는 시아파 주민들이 항의하자 후세인의 군대는 발포까지 했다. 이런 '막가파식 행동'은 이라크전쟁 후 벌어진 사태에 큰 영향을 미친다.

걸프전쟁의 승리자인 아버지 부시를 이기고 대통령에 오른 빌 클린턴은 이라크 정책에 대해서는 전임자의 봉쇄와 억지 정책을 계속 유지했다. 물론 '사막의 여우'라고 이름 붙인 작전을 실행한 데서 알 수 있듯이 '적당한' 무력행사를 과시한 적도 있지만, 이라크에 지상군을 대거 투입하는 것은 그에게 거의 고려 대상이 아니었다. 하지만 2000년에 치러진 대선에서 우여곡절 끝에 겨우 당선된 조지 W. 부시가 대통령에 취임하면서 상황은 완전히 달라졌다.

사실 백악관에 입성한 아들 부시와 그를 둘러싼 '네오콘(신보수주의자)'의 첫 '주적'은 이라크도, 이란도 아닌 중국이었다. 2001년 4월에 벌어진 EP-3 전자정찰기와 중국 전투기의 충돌은 이러한 미국과 중국의 갈등을 더욱 확대할 수 있는 사건이었다. 하지만 다섯 달 후 미국의 심장부인 뉴욕과 워싱턴에서 전대미문의 테러가 터지고 말았으니, 이 테러는 다른 적대감들을 지우기에 충분한 엄청난 대사건이었다.

9·11 사건을 여기서 자세히 언급할 필요는 없을 것이다. 어쨌든 미국 정부는 주범으로 오사마 빈라덴이 창설한 알카에다를 지목했다. 알카에다는 한때 미국의 지원 아래 아프가니스탄전쟁에 참여한 조직. 말하자면 미국의 지원 아래 대리전쟁을 수행한 세력이었다. 미국 정부는 탈레반 정권에게 아프가니스탄에 은신해 있는 빈라덴을 인도해달라고 강력하게 요구했다. 하지만 탈레반 정권은 명확한 증거를 대라며 이 요구를

거부했다. 이에 미국은—영미전쟁 이후 처음으로 미 본토를 공격당했다는 상처를 회복하기 위해—힘으로 그들을 타도하기로 결심하고 아프가니스탄전쟁을 시작했다.

다행히 아프가니스탄에는 탈레반 세력에게 밀려나기는 했지만 아직 국제적으로 정통성을 인정받고 있고 또 상당한 전투력을 가진 북부동맹이라는 군벌이 남아 있었다. 미국은 이들을 이용하여 탈레반과 빈라덴을 응징하기로 결심했다. 10월부터 공습을 시작하는 한편 특수부대를 투입했는데, 해병대도 참가하여 큰 역할을 했다. 그중에서도 제7해병연대장으로 승진한 매티스 대령이 맹활약을 펼쳤다. 전투 당시 그는 지친 병사들을 대신하여 보초를 서고, 직접 야전식량을 데우는 등 솔선수범하는 리더십으로 유명해졌다.

북부동맹도 폭격 유도를 맡은 미군 특수부대의 지원 아래 반격을 시작했다. 11월 12일에는 수도 카불을 장악했다. 북부동맹은 12월에 제26해병원정대가 탈레반이 탄생한 도시인 칸다하르를 함락시키면서 아프가니스탄 전역을 장악했다. 2002년 6월, 탈레반과 같은 파슈툰족 출신의 하미드 카르자이가 임시 대통령에 취임하면서 혼란스러웠던 이 나라는 안정을 찾아가는 듯했다.

아프가니스탄전쟁은 미국 입장에서 아주 '좋은 전쟁'이었다. 미군의 희생자는 몇 안 되었고, 민간인 희생자도 적었다. 또 유네스코 문화유산으로 지정된 바미얀^{Bāmiyān} 석불을 파괴할 정도로 극단적인 탈레반을 타도했다는 정치적 명분도 챙겼다. 하지만 이러한 성공은 이러한 방식이 다른 곳에서도 통할 수 있다는 과도한 자신감을 부시와, 그를 둘러싼 네오콘들에게 불어넣고 말았다.

기묘한 논리에서 나온 전쟁 결정

부시와 네오콘은 억지 논리를 만들어 이라크와의 전쟁을 시작하는데, 우선 부시 정부가 내세운 전쟁의 이유는 후세인이 이라크 내에서 심각한 인권 침해를 저지르고 있다는 것이었다. 물론 이것은 누구나 인정하는 명백한 사실이었다. 하지만 이런 독재자는 후세인만이 아니었고, 만약 이것이 전쟁의 이유라면 유엔 회원국 절반 이상이 여기에 해당할 것이었다. 따라서 부시 정부의 이런 지적을 인정하더라도 이것이 굳이 전쟁을 벌이면서까지 후세인 정권을 타도해야 하는 명분인지 공감하는 이들은 많지 않았다.

부시 정부가 내세운 두 번째 이유는 후세인 정권이 핵무기나 생화학무기 등 대량살상무기를 개발하고 있고, 알카에다 등 국제 테러 조직에 그 무기들을 제공할 수 있으므로 전쟁을 통해 사전에 그 가능성을 제거해야 한다는 것이었다. 두 번째 명분은 첫 번째 명분이 잘 먹히지 않는 가운데 개발된, 말하자면 더 구체화된 명분이었다. 하지만 그 근거는 미약했다.

후세인은 집권 직후인 1970년대 후반 핵 개발에 착수했지만 1981년 6월 7일 이스라엘 공군에 의해 '오시라크Osirak' 원자로가 파괴되면서 별 진전을 보지 못했다. 그에 반해 화학무기는 개발에 성공하여 쿠르드족의 봉기 진압에 실제 사용한 적도 있었다. 다만 걸프전쟁에서는 앞서 보았듯이 미국의 보복이 두려워 전혀 사용하지 못했다. 사실 후세인은 국제 테러 조직과도 연관이 없었다. 근본주의자들인 테러 조직에게 세속주의자 후세인은 경멸의 대상일 뿐이었다. 게다가 설사 그가 핵무기 개발에 성공했다고 해도 어렵게 만든 무기를 통제할 수 없는 테러 조직에 넘길 이유는 전혀 없었다. 하지만 부시 정권의 핵심 관료들은 사실이야 어쨌든 전쟁으로 후세인을 제거하지 않으면 그가 대량살상무기를 완성할 것이며, 그때가 되면 그를 억제할 수 없다는 '비관론'을 계속해서 주장했다. 이라크에서 빠져나온 망명자들이 흘린 불확실하고 과장된 정보는 이를 더욱 부추겼다.

부시 정부는 후세인의 대량살상무기 개발에 대한 비관적 전망을 고수하며 개전의 명분을 다지는 한편, 전쟁과 후세인 타도 후 이라크의 미래에 대해서는 별다른 근거 없는 낙관론을 주장했다. 물론 미국이 결심만 한다면 전쟁은 가능했고, 승리 또한 확실했다. 하지만 '낙관적 전망' 외에 얼마만큼의 손실이 나올지는 아무도 알지 못했고, 또 승리 후 누가 어떻게 이라크를 통치할지에 대해서도 대안이 없었다. 그저 아프가니스탄에서 성공했으니 이라크에서도 잘될 것이라는 낙관론이 전부였다. 미래에 대한 이런 근거 없는 낙관론과 현재에 대한 비관론의 기묘한 조합은 40년 전 베트남의 악몽을 만든 '도미노이론'의 중동판에 불과했다.

어쨌든 군인들은 정치인들의 결정에 따라야 할 의무가 있었고, 전쟁 계획을 짜기 시작했다. 그리하여 제1해병사단 또한 10여 년 만에 다시 사막으로 돌아오게 되었다.

'더 혁신적인' 전쟁 계획

아프가니스탄전쟁의 '승리'가 확실해진 2001년 11월 21일, 부시 대통령은 도널드 럼즈펠드 국방부 장관에게 극비리에 이라크 침공 작전계획을 짜라고 명령했다. 5일 후 럼즈펠드는 중부 사령관 토미 프랭크스 대장을 만났다. 프랭크스 대장은 걸프전쟁에서 주공인 제7군단장으로서 대승을 거두고 아프가니스탄전쟁에서도 지휘를 맡은 명장으로 이름이 높았다.

군에서는 '1003호'라고 명명된 작전계획을 가지고 있었다. 50만 명의 병력을 7개월 동안 전개하는 내용으로 10년 전의 걸프전쟁과 유사했다. 하지만 럼즈펠드는 프랭크스 대장에게 '혁신적인' 수정을 요구했다. 이에 프랭크스는 12월 4일 다시 그를 만난 자리에서 병력을 40만 명, 기간을 6개월로 줄인 수정안을 제시했다. 하지만 아프가니스탄의 성공과 신무기에 도취되어 있던 럼즈펠드는 훨씬 적은 병력과 눈에 띄지 않는 방법으로 이길 수 있는 '더 혁신적인' 방안을 강구하라고 강도 높게 요구했다. 그러고는 "빠르면 내년 4~5월에 시작할 수 있도록 철저하게 준비하라"는 말까지 던졌다. 프랭크스 대장은 "알겠습니다" 하고 시원하게 대답했지만 속마음은 답답하기 그지없었다. 사령부로 돌아온 그는 불가능하다는 것을 알면서도 참모들을 들들 볶는 것 외에는 별수가 없었다. '적은 병력과 은밀한 방법을 사용하여 적은 피해로 최단기간에 승리'하는 방안 말이다. 게다가 미군은 요구된 시나리오에서 이라크 해방군이라는 역할까지 맡아야 했다.

악조건에도 불구하고 프랭크스 장군은 7개의 전열과 9개의 조각이라는 새로운 개념을 '창조'하여 부시와 럼즈펠드가 원하는 조건에 근접한 작전안을 만들었다. 7개의 전열은 다음과 같다.

1. 전통적 공습과 순항미사일, 육군의 지대지미사일 공격.
2. 이라크 영토 깊숙이 특수부대를 투입. 특히 스커드 미사일 발사대 제거.
3. 육군과 해병대의 전통적 지상전.
4. 광범위한 심리전과 기만전술.
5. 쿠르드족 및 시아파 등 반대파에 대한 지원.

6. 우방국들의 지원.

7. 이라크 국민들에 대한 인도적 지원.

그에 비해 9개의 조각이란 후세인 체제를 지키는 핵심 요소와 취약 요
소를 우선순위에 따라 분할하는 것이다. 이를테면 공격 우선순위 같은
개념이다.

1. 후세인 본인과 우다이와 쿠사이 두 아들, 그리고 핵심 이너서클.

2. 경호실과 정보기관, 지휘 및 통신 네트워크.

3. '대량살상무기' 제조 및 관련 시설.

4. 탄도미사일 생산 및 발사 시설.

5. 공화국수비대와 특별공화국수비대.

6. 쿠르드족 자치 지역.

7. 이라크 정규군.

8. 이라크 경제 기반 시설 및 외교 기반 시설.

9. 이라크 민간인.

물론 완성된 개념은 아니었고, 무엇보다 여러 조건이 필요했다. 그중
가장 중요한 조건은 외교적 여건의 조성이었다. 프랭크스 장군은 쿠웨이
트와 카타르, 사우디, 터키 등 주변국들의 적극적인 협조는 물론 유럽의
동맹국들로부터 걸프전쟁처럼 병력을 지원받지는 못하더라도 최소한
전쟁에 대한 동의를 받아야 한다고 보았다. 특히 그는 터키 영토를 통과
하는 공격로를 사용할 수 있기를, 즉 북쪽으로의 공격을 가능케 해줄 외
교적 여건이 조성되기를 절실히 원했다.

●— 도널드 럼즈펠드. 1975년 포드 대통령 시절 43세로 최연소 국방장관이 되었다가, 2001년에는 69세의 나이로 최고령 국방장관이 된 특이한 이력을 지녔다. 이라크전쟁에서 저지른 수많은 실책들로 미국 역사상 최악의 국방장관이라는 평을 받고 있다.

2002년 새해가 밝자 부시는 그 유명한 '악의 축'이라는 신조어가 담긴 연두교서를 발표했다. 이라크와 이란, 북한이 그 대상이었는데, 북한과 이란에 대해서는 한 문장만 언급한 반면 이라크에 대해서는 다섯 문장이나 할애했다. 사실상 이라크에 대한 선전포고였고, '악의 축'이라는 거창한 수사에도 불구하고 북한과 이란은 진정한 의도를 숨기기 위한 '바람잡이'에 불과했다.

럼즈펠드 장관과 프랭크스 사령관을 중심으로 세세한 부분까지 작전 개념과 계획들이 준비되는 동안, 부시 정권은 이라크 침공을 위한 유엔 안전보장이사회(이하 안보리) 결의안을 '쥐어짜내기' 위해 모든 노력을 다했다. 하지만 '쿠웨이트 해방'이라는 절대적 명분이 있었던 10여 년 전과는 상황이 판이했다. 그 때문에 CIA를 비롯한 모든 기관이 교묘하게 왜곡된 자료를 내놓아 국민들의 눈을 현혹하는 가운데, 국제 여론을 돌려놓지는 못했지만, 국내 여론만큼은 전쟁 찬성 쪽으로 돌려놓는 데 성공했다. 특히 온건파였던 콜린 파월 국무부 장관이 유엔 안보리에서 이라크가 대량살상무기를 보유했다는 증거가 있다고 밝히면서 결정적 고비를 넘겼다(그러나 그 증거는 잘못된 정보에 의한 것이었다). 걸프전쟁 당시 합참의장이자 베트남전쟁 참전 경력이 있는 파월은 정치가들의 오판에 의한 전쟁 때문에 청년들이 희생되어서는 안 되며, 전쟁이 불가피하다면 최대 전력을 집중하여 최단기간에 끝내야 한다는 신념을 가지고 있었다.

하지만 전쟁을 주도한 집단이 참전 경험이 없다는 사실은 비극이기도 하고 희극이기도 했다. 부시는 텍사스주 방위군 조종사 출신이긴 했지만 전쟁 경험이 없었다. 딕 체니 부통령은 걸프전쟁 당시 국방부 장관이었지만 대학원 진학과 결혼으로 2번이나 입대를 연기하다가 그사이에 징병제가 폐지되는 바람에 군복무를 면한 인물이었다. 럼즈펠드도 1950년 당시 해군 전투기 조종사였지만 본인에게는 다행히도, 미국과 전 세계에는 불행인지 모르겠지만, 한국전쟁에 참전하지 않았다. 일각에서는 그가 한국전쟁 파병을 기피했다는 소문이 돌기도 했다. 러시아 전문가이자 여성인 콘돌리자 라이스 안보보좌관과 침공을 합리화하는 '증거'들을 만들었던 조지 테닛 CIA 국장은 군대 근처에도 가지 않은 자들이었다. 얼마 전까지 백악관 안보보좌관이었던 존 볼턴 역시 베트남전쟁의 지지자였음에도 베트남 파병은 의도적으로 회피했다. 당시 미군은 징병 추첨

제였는데, 볼턴은 185번이었다. 그는 징병 순서가 다가오기 전에 주방위군에 입대했다. 볼턴이 속한 그룹에선 베트남전쟁 기간 동안 최대 195번까지 징병되었기 때문에 결과적으로 베트남에 가지 않기 위해 편법으로 징집을 회피한 것이다. 유대계인 폴 월포위츠 국방부 차관 역시 군 경력은 전무했다. 이런 자들이 결국 합참의장까지 지낸 파월을 '속이는 데' 성공했던 것이다.

외교전 패배에도 계속된 전쟁 준비

부시 정권은 국내에서는 전쟁 찬성 여론을 어떻게든 만들어냈지만 해외 외교전에서는 완패했다. 유엔 사찰단은 이라크에서 대량살상무기 제조에 관한 증거를 찾아내지 못했고, 미국은 유엔 안보리 결의안은 물론이고 전통적 우방인 독일의 지지조차 받지 못했다. 쿠웨이트와 사우디 같은 친서방 아랍 국가들도 후세인 타도는 원했지만 그렇다고 직접 전쟁에 가담해서 피를 흘리고 싶어하지는 않았다. 결국 미국은 같은 영어권 국가인 영국과 호주에게서 참전 약속을 받고, 그 외 서방 주요 국가들 가운데서는 스페인과 이탈리아의 지지를 얻는 데 그쳤다. 무엇보다 아랍 국가들의 참전 약속을 하나도 얻어내지 못했고, 침공에 필요한 기지 제공에 대해서도 후세인 제거를 원하는 쿠웨이트 외에는 확답을 받지 못했다.

프랭크스 장군은 10만 명에서 30만 명까지 단계별로 병력을 증강하고 45일 동안 폭격으로 이라크를 무력화한 다음, 지상 공격을 가하여 90일 내에 후세인 정권을 타도한다는 목표를 세웠다. 그는 지난 전쟁과 달리 동맹군의 지원이 없다는 것을 전제로 '5개의 전선'이라는 작전계획을 세웠다. 제1전선은 특수부대가 이라크 서부로 잠입하여 스커드 미사일을 무력화하는 것이고, 제2전선은 지상군 주공인 육군과 해병대 3~4개 사단이 쿠웨이트 쪽에서 이라크를 공격하는 것이었다. 제3전선은 다양한 첩보전, 제4전선은 공군력과 순항미사일의 바그다드 공격, 마지막 제5전선은 터키의 동의를 전제로 육군 1개 사단을 이라크 북부로 투입하여 후세인의 배후를 치는 것이었다. 실제 전쟁은 제5전선을 제외하면 그대로 이루어졌다.

프랭크스 대장은 부시가 참석한 가운데 열린 5월 국가안보회의에서 위와 같은 계획을 보고했다. 만약 후세인이 인구 500만 명의 수도 바그다드를 요새화하여 시가전을 펼칠 경우 어떻게 하느냐는 참석자들의 우려에, 장군은 그럴 경우 어려운 상황이 될 거라고 인정했지만 그럼에도 최후의 승리는 미군의 것이 될 거라고 확답했다.

당시 미군은 쿠웨이트에 육군 2개 여단을 이미 배치해놓고 있었고, 추가로 2개 여단은 3주일 이내에, 인근에 대기 중인 해병원정여단은 더 빠르게 투입할 수 있었다. 하지만 이 정도의 전력은 혹시 있을지 모를 이라크군의 선제공격을 저지할 수 있는 수준에 불과했다. 프랭크스 대장은 전쟁을 4단계로 구분했다.

1단계: 16일 동안 필요한 민간 항공기를 임대하고, 병력을 수송한다.
2단계: 16일 동안 공습을 실시하고, 특수부대가 작전을 개시한다.
3단계: 125일간에 걸친 공격 작전을 실시한다.
4단계: 승리와 후세인 타도 이후의 안정화 작전(기간은 유동적)을 진행한다.

부시는 이 계획에 만족했다. 이제는 어느 부대를 투입할 것이냐, 어떻게 필요한 물자를 빨리 보낼 것이냐, 그리고 바그다드로의 진격로를 어떻게 잡을 것이냐 하는 문제들이 장군들의 숙제가 되었다. 물론 해병대도 같은 숙제를 받았다.

미군 입장에서 11년 전과 가장 달라진 부분은 지상군이 사우디 땅을 사용할 수 없게 됐다는 점이었다. 따라서 대부분의 병력과 보급품은 쿠웨이트에 집중되었다. 해병대는 제1해병사단을 주축으로 한 제1해병원정군을 보내기로 결정했다. 그리고 M1A1 전차 58대와 LAV 25대, AAV-7 109대, M198 곡사포 30문, 험비 129대를 장비한 제2해병원정여단이 가장 먼저 쿠웨이트로 떠났다. 쿠웨이트의 항구와 공항으로는 이 엄청난 병력과 물자를 감당하기 어려웠지만 어쩔 수 없었다. 하지만 미군에게는 1차 걸프전쟁 때는 없었던 C-17 수송기가 있었다. 이 신세대 수송기는 60톤짜리 M1A1 전차 또는 LAV 5대와 병력 38명, 즉 1개 기계화소대를 태우고도 길이 914미터의 비포장 활주로에 착륙할 수 있어 해병대 전개에 큰 도움이 되었다. 해병대 사령부는 제2해병사단의 제2해병연대를 타라와부대로 명명하여 제1해병원정군에 배속했다. 이 연대는 타라와 전투에 참가한 부대여서 이런 명칭이 부여된 것인데, 몇 개 부대가 더 가세하여 여단급까지 증강되었다. 걸프전쟁 참전 경험이 있던 리처드 나톤스키 준장이 지휘봉을 잡았다. 이번에는 바그다드까지 진격해야 했기에 11년 전보다 보급선이 비교도 되지 않게 길어서 지원부대가 훨씬 많이 필요했기에 제1군수지원단이라는 조직이 임시 편성되었다.

주공은 물론 육군이었다. 하지만 동원된 부대는 11년 전과는 많이 달라져서 제3사단, 제4사단, 제101공중강습사단과 제82공정사단의 일부 등이었다. 그중에서도 가장 중요한 역할을 맡을 육군 제3사단은 장진호 전투 때 아몬드의 지휘 아래 해병대의 후방을 '지켜준' 인연이 있는 사단이었다. 반세기 전과는 양상이 많이 달라지기도 했지만 시간이 너무 흘렀기에 옛일을 기억하는 이들은 없었다.

2003년 1월, '이라크의 자유'라는 이름의 기본적인 작전안이 나왔다. 항공기와 순항미사일이 후세인 정권과 군대의 중추를 강타하면서 전쟁이 시작되는데, 후세인 개인의 목숨을 노리는 이름도 무시무시한 '참수Decapitation' 폭격과 이라크군의 작전 수행 능력을 마비시키는 작전으로 나뉠 수 있었다. 지상전은 제1해병사단과 육군 제3사단이 좌우 병진 형태로 진격하고, 제4사단이 터키에서 이라크 북부로 진격하여 남북으로 포위하는 것이었다. 영국군의 주력은 걸프전쟁 때처럼 제1기갑사단이었고, 그들의 임무는 이라크 남부 최대 도시 바스라의 점령이었다. 하지만 이 계획은 정치적 이유로 큰 차질을 빚었다.

부대 배치가 거의 완료된 2003년 3월 1일, 터키 의회가 미군의 터키 영토 사용 요청을 거부했다. 결국 미군은 지상전에서는 남쪽으로밖에 공격할 수 없었다. 이 때문에 계획을 약간 수정하여 육군 제3사단은 사막을 횡단해 서쪽에서 바그다드를 공격하고, 다른 육군 부대는 이들의 돌진을 지원하도록 재편되었다. 제3사단은 M1A1 127대와 M2 브래들리 보병전투차 287대를 보유한 사실상의 '기갑사단'이 되었다. 제173공정여단은 하늘을 통해 직접 북부로 투입하기로 결정되었다.

1차 걸프전쟁 당시 대대장이었던 제임스 콘웨이 중장이 지휘봉을 잡은 제1해병원정군은 유프라테스강과 티그리스강 사이의 고속도로를 통해 바그다드 동쪽으로 진입할 예정이었다. 더 정확하게 말하면, 주력인 제1해병사단과 타라와부대는 나란히 북진하여 유프라테스강 연안의 나시리야Nasiriyah에서 합류했다가 도하한 다음, 다시 두 갈래로 나뉘어 티그리스강을 따라 북진해서 바그다드로 진격할 계획이었다. 하지만 제1해병사단은 중장비 사단이 아니었기에, 제2해병사단에서 제2해병전차대대와 LAV를 장비한 제2경장갑정찰대대, AAV-7을 장비한 제2수륙양용강습대대를, 예비대인 제4해병사단으로부터는 제8해병전차대대와 AAV-7을 장비한 제4수륙양용강습대대를 지원받았다. 이렇게 해서 선봉이 될 제5해병연대는 완전히 기갑화되었다. 그에 비해 제1, 제7해병연대는 2개 대대만 기갑화되었고, 1개 대대는 중기관총이 달린 신형 7톤 야전트럭으로 기계화되었다.

1차 걸프전쟁 때와는 달리, 이번 전쟁에서는 상륙할 해안선 자체가 없었다. 그래서 해병대는 견제 목적의 상륙전조차 고려하지 않았다. 따라서 신형 와스프급 강습상륙함들도 처음부터 AV-8A 해리어만을 운영하는 경항모 역할을 맡았다. 구체적으로 말하면, 복서와 바탄, 본햄 리샤르 등 3척의 와스프급은 각기 26대의 AV-8A 해리어를 싣고 철저하게 공중 근접지원에만 집중했다. 한편 제1해병사단장은 1차 걸프전쟁 당시 제7해병연대 1대대장으로서 무서운 진격을 감행하여 '미친개'라는 별명을 얻은 제임스 매티스 소장이었다. 휘하 장교들 중 가장 주목할 만한 인물로는 선봉인 제5해병연대장 조지프 던포드 대령이 있었다.

전략이 부재한 이라크

석 달 만에 미군 25만 명을 주력으로 하는, 도합 30만 명에 조금 못 미치는 연합군이 전개되었다. 12년 전 미군 54만 명을 주력으로 80만 대군이 모였던 것에 비하면 40퍼센트에도 미치지 못했고, 미군의 비중도 훨씬 높아졌다. 물론 크게 약해진 정치적 명분을 반영한 결과였다. 하지만 군사적인 면에서는 화력이 훨씬 정교해졌다는 것과 상대가 훨씬 약해졌다는 이점을 누릴 수 있었다.

12년 전에는 110만 명의 병력과 5,800대의 전차를 보유했던 이라크군은 이제 37만 명의 병력과 2,700대의 전차를 보유한 수준으로 훨씬 쪼그라들어 있었다. 게다가 거의 지상군이었고, 공군과 해군은 없는 것과 마찬가지였다. 여기에 27만 명에 달했지만 육군은 장비도 모자랐고, 부품의 만성적 부족으로 가동률도 극히 낮았다. 또한 국내적으로 이란-이라크 전쟁을 포함해 20년 이상 이어지는 전란 때문에 국민들도 지칠 대로 지쳐 있었다. 따라서 군과 민 모두 전의가 아주 낮았다. 하지만 특별 대우를 받는 8만 명의 공화국수비대와 1만 5,000명의 특별공화국수비대는 후세인의 고향이나 해당 지역 부족 출신들 위주로 이루어져, 충성심과 전의가 상대적으로 높았다. 생소하게 들리는 특별공화국수비대에 대해 간략히 설명하면, 걸프전쟁 직후인 1992년에 창설되었는데, 후세인과 그 가족들의 경호와 대통령궁 경비, 바그다드의 주요 시설 방어를 맡았다. 특히 거의 절반을 차지하는 제1여단은 후세인 경호대로서 약 150대의 벤츠 방탄차를 보유하고 있었다.

한편 후세인도 일단 전쟁이 시작되면 군사적 승리의 가능성은 제로에 가깝다는 현실을 잘 알고 있었다. 하지만 지난번 전쟁과 달리 금번 미국의 목표는 자신의 타도였고, 이는 바그다드를 장악해야 전쟁이 끝난다는 의미였다. 따라서 그는 시가전과 게릴라전으로 전쟁을 장기화하여 버틴다면 종국에는 '정치적 승리'가 가능할 수도 있다고 보았다. 그래서 그는 1995년에 창설된 수십만 명 규모의 준군사조직인 사담 페다인 민병대와 알쿠스드 민병대 등을 동원하여 게릴라전을 준비했다. 즉 '베트남 모델'을 추구한 셈인데, 권력 유지에만 혈안이 된 이 독재자는 이번에도 베트남전쟁의 결과만을 보았을 뿐 그런 조건을 만드는 데는 생각이 미치지 못했다. 군사력이 절대 열세인 상황에서 이런 전략을 펼치기 위해서는 북베트남처럼 군과 국민들의 일치단결이 최우선적인 조건이었다. 하지만 그는 걸프전쟁 때 참담한 경험을 하고서도 여전히 능력과 전공이 아닌 충성도를 지휘관 임명의 최우선 조건으로 삼았고, 그 때문에 능력 있고 존경받는 장군들은 대부분 제거되었다. 남은 지휘관들도 비밀경찰의 감시를 받았으며, 비밀경찰들끼리도 서로 감시의 눈을 번뜩였다. 군사에 대한 모든 권한을 지압 장군에게 위임했을 뿐 아니라 정치적 책임이 필요한 군사적 결정에 대해서는 자신이 직접 나서서 기꺼이 책임을 졌던 호찌민과는 그야말로 비교하기도 민망할 정도였다. 결국 후세인은 자신의 목숨으로 그 대가를 치러야 했다.

손쉬운 승리의 유혹

이 전쟁의 가장 큰 비극은 미국이라는 나라에서 태어난 덕분에 '덜 야만적'으로 권력을 휘둘렀다뿐이지 본질적으로는 후세인과 별 차이가 없는 사고를 가진, 힘만 쓸 줄 알지 앞으로 어떻게 해야 할지에 대한 전략적 사고를 결여한 자가 미국의 대통령이었다는 사실이다. 2003년 3월 17일, 부시는 결연한 표정으로 후세인에게 "48시간 내에 이라크를 떠나라!"는 최후통첩을 보냈다. 그에 따르면, 후세인에게 주어진 시간은 이라크 시간으로 정확하게 3월 20일 오전 4시까지였다. 물론 후세인은 그에 응하지 않았다.

부시와 그의 측근들은 전쟁을 시작하면서 거의 모든 부분에서 오류를 저질렀지만 딱 하나만은 사실에 근접한 판단을 내렸다. 이라크는 후세인이 모든 것을 장악한 독재국가이므로 그를 쓰러뜨리면 이라크의 전쟁 지휘 체계는 그대로 무너질 가능성이 높다는 것이었다. 하지만 이것은

●— 토미 프랭크스 대장. 그는 1차 걸프전쟁에서 다국적군의 주력
이었던 제7군단의 군단장으로서 전투를 지휘했다. 12년 뒤 벌어진
이라크전쟁에서는 총사령관이 되었다. 하지만 손에 쥔 전력만 놓고
보면 제7군단장 시절과 별 차이가 없었다.

누구나 알고 있는 상식에 불과했다. 그런데 3월 19일 오전 2시 30분에서
3시 사이에, 후세인이 가족들을 만나기 위해 바그다드 교외에 있는 도라
농장에 간다는 '특급 정보'가 CIA에 의해 입수되어 부시에게 보고되었
다. 문제는 앞서 그가 후세인에게 48시간을 주겠노라 공언했다는 것이
었다. 이 지도자는 자신이 공언한 48시간을 보장하지 않고 공격한다는
데 대한 '죄책감'과 '손쉬운 승리' 사이에서 갈등하다가 프랭크스 대장에
게 어떻게 하면 좋을지 물었다. 프랭크스 대장의 대답은, 48시간 안에 공
격은 불가하다는 것이었다. 하지만 3월 20일 자정 무렵, 앞으로 2시간에

서 3시간 후에 후세인이 그 농장에 도착한다는 급보가 CIA를 통해 또다시 백악관에 전달되었다. 미국의 지도자는 결국 '손쉬운 승리'의 유혹에 굴복했다. 부시는 공격을 명령했고, 미군은 F-117 스텔스기를 동원해 벙커버스터 폭탄 2발과 순항미사일 40발로 농장 일대를 맹폭했다. 곧이어 오전 4시경 후세인이 구급차에 실려갔다는 보고가 전달되었다. 하지만 사실이 아니었다. 결과적으로 이날 밤 '손쉬운 승리'는 실현되지 않았고, 전선의 장병들로서는 당황스럽게도 전투가 예정보다 앞당겨 개시되는 부작용만 일어나고 말았다. 이런 오류는 여기서 끝나지 않는데, 어쨌든 이 공격으로 '이라크의 자유'라고 명명된 이라크전쟁 또는 2차 걸프전쟁이 시작되었다!

제1해병사단 국경을 돌파하다

이라크전쟁은 그 전과는 달리 공중 공격과 거의 동시에 지상전이 시작되었다. 3월 20일 새벽, 미국과 영국의 특수부대들은 특수작전 헬기와 차량을 타고 이라크 영내로 진입하여 CIA가 말하는, 탄도미사일과 대량살상무기 은닉 장소를 공격했다. 하지만 이라크군을 사살하고 차량을 파괴했을 뿐 진정한 목표물은 찾지 못했다. 참고로 CIA가 지정한 탄도미사일과 대량살상무기의 은닉 장소로 의심되는 곳은 946개소에 달했는데, 미군들이 찾고 박살내는 과정에서 많은 이라크 국민들이 희생되었고, 미군 역시 많은 전우를 잃었다.

한편 후세인에 대한 직접적인 공격에 반발한 이라크군은 20일 낮 12시 42분부터 미군 진지를 향해 지대지미사일을 발사하며 반격에 나섰다. 하지만 17발의 미사일은 대부분 포착되어 격추되었고 일부는 사막에 떨어져 미군의 피해는 전무했다.

당시 이라크군은 쿠웨이트 쪽 국경에 1차 방벽과 대전차호, 그다음에 철책 2개를 세웠는데, 두 철책 사이 공간에는 가시와 전기 철조망이 가득 차 있었다. 이를 넘어서면 다시 대전차호가 있고, 그 뒤에 다시 2차 방벽을 세워놓았다. 이 방어 시설의 폭은 5킬로미터에 달했다. 그 때문에 바그다드 공격의 두 주역인 제1해병사단은 4개, 육군 제3사단은 8개의 통로를 뚫는 작업을 해야 했다. 20일 저녁 9시, 제1해병사단은 정면의 이라크군 제51기계화사단을 목표로 포격을 가했고, 육군 MLRS 다연장로켓부대도 적을 향해 로켓을 발사했다.

30분 후, M1A1 에이브럼스 전차를 앞장세운 던포드 대령의 제5해병연대가 4개의 통로를 통해 진격을 시작했다. 그들의 1차 목표는 루메이라유전이었다. 12년 전의 쿠웨이트 유전처럼 이라크군이 파괴하기 전에 점령해야 했다. 이는 그것이 파괴될 경우 환경오염도 문제지만 후세인 정권이 무너진 후 들어설 '자유로운 이라크 정부'의 국가 재건을 위해 꼭 필요한 자원이기도 했고, 나아가 부시와 그 측근들이 예전에 몸담았고, 퇴임 후에 돌아갈지도 모를 석유회사들의 몫을 지키기 위해서이기도 했다.

한편 후세인 '참수 작전'의 내막을 알 리 없는 병사들에게 그 작전의 실패는 별다른 느낌을 주지 않았을지 모르지만, '폭격을 당해 들것에 실려나갔다'는 후세인이 검은 베레모를 쓰고 등장하여 이라크 국영 TV를 통해—자신이 국민들에게 한 짓은 전혀 생각하지 않은 채—'전 국민의 항전'을 호소하면서 '자신도 끝까지 싸우겠다고 선언'하는 장면은 큰 반향을 일으켰다. 이 장면을 본 럼즈펠드는 "후세인에게 남은 날이 얼마 남지 않았다"고 응수했다. 이 말은 틀리지 않았지만, '극비 정보'를 듣고 '실패한 작전'을 승인한 자가 입에 올릴 말은 아니었다. 그럼에도 자신들의 '돈줄'인 유정 서너 곳이 파괴되었을지도 모른다는 '멘트'는 잊지 않았다.

제5해병연대가 위험 지대를 빠져나간 뒤, 21일 새벽에는 M1A1 전차를 앞장세운 제7해병연대가 뒤를 이었고, 이어서 사단에 임시 배속된 타라와부대, 즉 제2해병연대 전투단이 통과했다. 이렇게 제1해병사단은 12년 전에는 전혀 밟아보지 못한 이라크 땅에서 전쟁을 시작했다(이라크는 1941년 제1해병사단이 창설된 이후 국가 단위로 따졌을 때 10번째 전장이었다).

제5해병연대는 루메이라유전 지대를 지키는 이라크 제51기계화사단과 충돌했다. T-55 전차 10대가 모래 속에 엄폐된 진지에 숨어 100밀리 전차포만 내밀고 매복하고 있었지만, 대원들은 이라크군의 전차포 사정거리 밖에서 험비에 장착된 토우와 휴대용 재블린 대전차미사일로 이 전차들을 모두 격파했다. 제5해병연대는 뒤이어 도착한 제7해병연대와 함께 제51기계화사단의 나머지 부대를 격파했고, 22일 밤까지 루메이라 유전을 완전히 장악했다. 다행히 1,063개의 유정 중 9개만이 불타고 있었다. 해병대의 손실은 전사자 2명, 부상자 13명뿐이었고, 포로는 1,300명이 넘었다(한편 20일, 해병대 소속 CH-46 시나이트 헬기가 고장으로 추락하여 해병대원 4명과 영국군 8명이 죽는 사고가 있었다. 영국군 헬리콥터 2대가 충돌하고, 패트리어트 미사일의 오발로 토네이도 전투기가 추락하는 등의 사고도 잇따랐다). 예상보다 적은 유전 피해에 미국과 영국 정부는 만족감을 표시했다.

부시 대통령은 22일 주례 라디오 연설에서 "광대한 국가의 거친 지형에서 펼치는 이 작전은 일부의 예상보다 더 어렵고 오래 걸릴 수 있다"면서 "이라크인들이 자유롭고 안정된 통일국가를 이룩하도록 돕는 것은 우리의 지속적인 노력을 요구하겠지만, 우리는 요구되는 것이 무엇이든 수락한 모든 의무들을 수행할 것"이라고 다짐했다. 그런데 여기까지는 그렇다 해도 그다음 말은 완전한 '무리수'였다. "미국은 '마지못해' 전쟁에 뛰어들었지만 목적만은 분명하며 미국 국민과 우리 동맹국들은 '대량살상무기'로 평화를 위협하는 '불법 정권'이 멋대로 하도록 내버려두지 않을 것입니다."

부시가 뭐라고 말했건 서전을 승리로 장식한 해병대는 첫 도시인 나시리야로 진격했다. CIA가 해병대 지휘부에 이 도시의 이라크군이 항복해올 것이라는 정보를 제공했지만 해병대 장교들은 이 말을 곧이곧대로 믿지 않았다.

원래 해병대는 타라와부대에게 나시리야 시내에 흐르는 유프라테스강과 사담운하를 가로지르는 두 교량을 확보하게 하고 이 다리들을 건너 바그다드로 진격할 계획이었다. 그런데 예상치 못한 사태가 벌어졌다. 주로 예비역과 주 방위군 출신들로 구성된 제31방공여단 소속 제507정비중대의 일부가 나시리야로 잘못 진입해 차량 18대 중 15대를 잃고, 33명의 병사 중 11명이 전사하고 9명이 부상당하는 피해를 입은 것이다. 나머지 병사들을 구출해야 했다. 이를 위해 AAV-7 수륙양용장갑차를 보유한 타라와부대의 제2해병연대 1대대가 선봉으로 구출 작전에 나섰다. 1대대는 진입하면서 적 전차 8대를 대전차미사일로 격파했다.

타라와부대는 3월 23일 오전 6시 시내로 과감하게 진입하여 이라크군 제11사단 일부와 민병대를 맞아 치열한 전투를 벌였다. 하지만 타라와부대는 여단 규모임에도 전차를 14대밖에 보유하고 있지 않았다. 특히 타라와부대는 12년 전처럼 A-10 지상공격기의 오폭으로 큰 피해를 입었는데, 이날(23일) 발생한 18명의 전사자 중 최소한 절반이 그런 '개

죽음'이었다. 어떤 장갑차는 오폭을 막기 위해 상판에 성조기를 달았는데도 별 효과가 없었다. 나중에야 이 부대가 최신 통신단말기를 장비하지 않았으며 과부하와 건물로 인한 통신 장애가 오폭의 중요한 이유가 되었다는 사실이 밝혀졌다. 아마 최신 통신 장비가 있었다면 지휘가 좀 더 효과적으로 이루어졌을 것이고, A-10에 의한 오폭도 일어나지 않았을 것이다.

어쨌든 교량은 확보되었고, 제507정비중대의 생존자들을 구출하는 데 성공했다. 하지만 나시리야 전투는 평정 작전까지 포함하면 4월 2일까지 계속되었다. 무엇보다 이 전투로 CIA의 정보는 별로 믿을 만한 것이 못 된다는 사실이 증명되었다. 이 전투는 다음 해 벌어질 팔루자 전투의 서막이기도 했다.

제1해병사단은 3월 24일 두 다리를 건너 북진을 시작했다. 그들이 밟고 있는 땅이 바로 유프라테스와 티그리스, 두 강 사이의 대지 '메소포타미아'였다. 제5, 제7해병연대는 주공인 좌익을 맡아 1번고속도로를 타고 디와니야를 거쳐 티그리스강가의 누마니야로 진격할 예정이었고, 제1해병연대는 조공을 맡아 7번고속도로를 타고 역시 티그리스강가의 쿠트Kut로 진격할 계획이었다. 하지만 다음 날인 3월 25일, 모래폭풍이 불고, 이라크군과 민병대가 길어진 병참선을 공격하면서 해병대는 진격을 멈출 수밖에 없었다.

다른 전선의 상황

제1해병원정군은 바다에서 대기 중이던 제24해병원정대를 쿠웨이트에 상륙시켜 보급선을 지키게 하고, 기존 보급선을 이라크 영내에 새로 설치한 보급기지 '바이퍼'까지 연장하여 보급 능력을 크게 향상시켰다.

그사이 주공인 제3사단은 400킬로미터 이상을 기동하여 제1해병사단의 좌익인 아스 사마와에서 유프라테스강을 건넜다. 생각보다 이라크군의 저항이 거세어 바그다드 작전에 투입될 예정이었던 예비대 제101공중 강습사단도 조기 투입되어 안나자프에서 전투를 시작했다.

바스라 쪽을 맡은 영국군 제1기갑사단 그리고 미국과 영국의 해병대는 도시 외곽을 거의 장악했지만 시내로 진입하지 않았다. 하지만 이곳에서도 A-10에 의한 오폭이 일어나 영국군 장갑차 2대가 파괴되고 5명의 사상자가 나왔다. 한편 제4사단 대신 C-17 수송기로 이라크 북부에 투입된 제173공수여단도 바슈르 비행장을 확보하는 등 맹활약을 펼쳐 이라크군의 상당수를 북부 전선에 묶어놓았다.

사실 각 전선에서 미군에 맞섰던 이라크군의 주력은 정규군보다 민병대 쪽이었다. 정규군의 쿠데타를 두려워했던 후세인은 후방에 독전대를 두어 전투를 거부하는 병사들을 무차별 처형하기도 했는데, 일부에서는 정규군 병사들이 그들을 죽이고 투항하는 경우도 있었다. 한편 걸프전쟁에서도 증명된 후세인의 군사적 무능은 나아지지 않아 그는 모래폭풍으로 생긴 며칠간의 여유를 제대로 활용하지 못했다.

미군이 순조롭게 진격하고 있는 것은 분명했지만 문제가 없지는 않았다. 바로 대량살상무기가 발견되지 않았기 때문이다. 언론에서는 전쟁의 명분인 '대량살상무기'의 발견 장면을 취재하기 위해 많은 종군기자들을 보낸 상황이었다. 프랭크스 장군은 "앞으로 할 일"이라면서 아직 발견하지 못했다는 사실은 시인했지만 이라크의 대량살상무기 보유는 "의심의 여지 없는 사실"이라며 앞으로 발견하여 파괴할 것이라고 강조했다. 부시와 백악관도 거의 같은 맥락의 발언들을 쏟아냈는데, 이들은 대량살상무기를 사용할 경우 전범으로 처벌하겠다는 '협박'도 빼놓지 않

●— 조지 W. 부시가 벌인 이라크 침공은 미국과 전 세계에 너무나 큰 참화를 가져왔다.

왔다. 하지만 유럽의 전문가들은 이라크가 이 무기들을 보유하고 있는지에 대해 회의적이었고, 설사 있다 하더라도 사찰단의 눈을 피해 해체 상태로 보관하고 있을 것이므로 실전에 사용할 가능성은 거의 없다고 보았다. 막판에 바그다드나 후세인의 고향 티그리트에서 사용될 가능성이 없지 않다는 정도의 관측이 있을 뿐이었다.

　모래바람이 가라앉기 시작했다. 병사들은 바그다드를 향한 공격을 재개했고, 어떤 병사들은 '있을지도 모를 대량살상무기'를 찾기 위해 또 다른 전투에 나섰다.

다시 진격하는 제1해병사단

3월 30일, 모래바람이 잦아들자 제1해병사단은 다시 공격에 나섰다. 주공인 제5해병연대는 제2해병사단에서 배속받은 제2해병전차대대를 선봉에 세웠다. 제2해병전차대대장 오엘 중령은 매티스 소장과 제5해병 연대장 던포드 대령 이상의 속도 지상주의자였다. 그는 "이 전투의 결정적 요소는 속도다!"라고 외치며 진격을 거듭했다. 사실 그의 진격 속도는 너무 빨라 전투 중 전차 2대가 길을 잃고 헤매다 뒤늦게 합류했더니 바그다드가 이미 함락된 뒤였다는 일화를 남길 정도였다. 제5해병연대 2대대 F중대를 배속받은 그의 대대는 시속 48킬로미터로 비포장 4차선인 27번도로를 따라 돌진하여, 4월 2일 새벽에는 1차 목표인 누마니야 외곽의 사담운하에 놓인 교량에 이르렀다. 그 일대에는 152밀리 곡사포를 장비한 이라크군이 배치되어 있었다.

제2해병전차대대는 뒤이어 도착한 LAV를 장비한 제1경장갑정찰대대와 공격헬기의 지원을 받으며 이라크군을 격멸했다. 곧이어 공병대가 교량의 강도를 확인하여 60톤에 달하는 M1A1 전차의 중량을 감당할 수 있다는 결론이 나자, 해병대는 다리를 건너 누마니야 시내로 진입했다. 사전에 파이오니어 무인기로 정찰한 결과, 누마니야 시내에는 공화국수비대의 기갑부대와 민병대가 적어도 1개 대대 이상 존재한다는 사실이 확인되었다. RPG-7 사격이 빗발칠 것이 뻔했기에 오엘 중령은 공군의 지원을 요청할까도 고려했으나 민간인의 피해와, 또 있을지도 모를 '오폭'을 경계하여 다른 방법을 쓰기로 했다. 즉 드래곤아이 소형 무인무선조종기로 RPG-7 사수의 위치를 파악한 다음 전차포로 그들을 격파하는 방식이었다.

이윽고 전차대가 시내로 진입하자 구형 T-55 전차와 BMP 보병전투차로 이루어진 공화국수비대의 기갑부대가 나타났다. 하지만 전차포 속사로 순식간에 전멸시켰다. F중대는 소탕전에 나서 92명을 사살하고 56명을 포로로 잡았다. 전차대는 계속 진격하여 티그리스강을 가로지르는 누마니야교를 확보했다. 짧았지만 160발의 전차포탄을 소모했을 정도로 강도 높은 전투였다. 하지만 RPG-7 사수들이 전부 제압된 것은 아니었고, M1A1 전차 1대가 하필이면 엔진이 있는 후면을 피격당해 불능 상태가 되었다. 하지만 티그리스강을 건너는 통행료치고는 싼 편이었다.

다리가 확보되자 제5해병연대는 진격을 서둘렀다. 하지만 이라크군이 누마니야교를 화학탄으로 공격할 경우 후속 부대의 기동은 물론 보급이 차단될 우려가 있었다. 그래서 해병원정군 직할의 제8공병대대의 지원을 받아 예비 보급로가 될 부교를 서둘러 설치했는데, 불과 6시간 반 만인 4월 2일 자정에 완성되었다. 제5해병연대는 두 다리를 통해 도하하여 6번고속도로에 진입했다. 다음 목표는 바그다드의 남쪽 관문 아지쟈였다. 뒤이은 제7해병연대가 누마니야의 잔적을 소탕했다.

제5해병연대는 무장 험비를 탄 수색중대와 전차대를 앞장세우고 4월 3일 아침, 누마니야 서북쪽 70킬로미터 지점에 있는 아지쟈로 진격을 시작했다. 미국 드라마 《제너레이션 킬》에서 수색대의 활약이 잘 묘사된 바 있는데, 실질적인 주인공은 험비라고 할 정도로 수색대에서 이 차량의 비중은 높다. 험비 부대가 아지쟈에 접근하자 이라크군이 발사한 RPG-7 1발이 명중하여 소대장이 중상을 입었다. 아지쟈의 이라크군은 공화국수비대 기갑사단의 일부로, 대대 규모로 증강된 상태였다. 그들은 시내 입구 거점에 보병 2개 중대를 배치하고, 도로 양쪽의 차폐된 진지에 배치한 T-55와 T-62 전차, 보병전투차, 대공포 등이 직접 사격으로 엄호하는 형태를 하고 있었다. 후방에 배치된 야포와 박격포도 지원사격을 해주었다.

제5해병연대는 일단 전차 사이에 험비를 위치시켜 보호벽을 쌓고 공격을 시작했다. AAV-7 수륙양용장갑차에 탑승한 3대대가 박격포의 지원을 받으면서 측면에서 공격해 들어갔다. 전차포와 험비에 장비된 토우 대전차미사일 그리고 공군기와 공격헬기가 적의 거점을 하나하나 파괴해나갔다. 특히 AH-1W 슈퍼코브라는 고도 9미터의 초저공비행을 감행하면서 기총소사를 가해 참호에서 저항하는 이라크군 10여 명을 사살했다. 2차대전과 한국전쟁에서 보여준 선배들에 결코 뒤지지 않은 해병 항공대의 용맹이었다. 제5해병연대는 다음 날까지 싸워 아지쟈의 이라크군을 제압하는 데 성공했다. 아지쟈 전투는 그때까지의 전투 가운데 최고 격전으로 5명이 전사하고, 11명이 부상당했으며, M1A1 전차 1대를 잃었다.

조공인 제1해병연대는 다우디 대령의 지휘 아래 제5해병연대 우측에서 중간 목표인 쿠트를 향해 진격했다. 도중에 리파이에서 험비 부대가 이라크군 전차 4대를 격파하는 등 간헐적인 전투를 치르면서 4월 1일에는 쿠트 외곽에 도착했고, 3일부터는 마침내 쿠트 공격을 시작했다. 이 도시에 배치된 부대는 공화국수비대의 바그다드 보병사단이었다.

쿠트 공략 전술은 파이오니어 무인정찰기로 적의 포병 진지를 파악한 다음, 포병의 포격과 B-52 폭격기와 해병 항공대의 공격을 실시하고, 적극적인 지상 공격으로 격파하는 것이었다. 하지만 다우디 대령은 이틀이나 공격 시간을 늦출 정도로 적극성이 부족했다. 곧 있을—이 전쟁의 클라이맥스가 될—바그다드 공격에 제3사단보다 뒤처질 생각이 없었던 매티스 소장은 그와 작전장교를 해임했다. 맹장으로 이름난 그가 보기에 다우디 대령은 실전 경험이 없어 적극성이 부족했다. 후임으로 사단 참모장인 존 툴런 대령이 임명되었다. 무자비한 폭격과 때마침 도착한 제7해병연대의 협공으로 제1해병사단은 바그다드 사단과 이들을 구원한 이라크 육군 제10기갑사단에 큰 손실을 입히고, 쿠트와 티그리스강을 건너는 교량을 확보했다. 그들은 6번고속도로를 따라 바그다드를 향해 북진했다.

그사이 주공인 제3사단도 무섭게 치고 올라가고 있었다. 제3사단은 4월 1일에는 바그다드로 가는 길목인 카르발라^{Karbala} 협곡에 이르렀고, 4월 2일에는 일부 파손되기는 했지만 유프라테스강을 건너는 교량을 확보하고 강 건너에 교두보를 구축했다. 이 지역의 중요성을 잘 알고 있던 이라크군도 두 차례에 걸쳐 기갑부대를 동원하여 반격을 시도했지만 모두 실패로 돌아갔다. 제3사단은 공격의 고삐를 늦추지 않고 4월 3일 가장 중요한 공격 목표 가운데 하나인 바그다드 국제공항 점령에 나섰다. 여기서 이라크군은 특별공화국수비대까지 동원하여 수비에 나섰지만 결국 4월 5일 공항은 비교적 쉽게 미군의 손에 들어왔다.

북부 전선을 맡은 제173공수여단도 중장비가 없음에도 재블린 대전차미사일로 이라크군 전차를 격파하며 승리를 거듭했다. 하지만 여기서도 공군의 오폭으로 사상자가 나왔다. 한편 이라크 서부에서 스커드 미사일 제거 작전을 펼친 제75레인저연대와 특수부대는 유프라테스강의 하디타^{Haditha}댐을 장악하는 큰 전공을 세웠다. 만약 이라크군이 이 댐의 수문을 열어 방류하거나 아예 댐을 파괴했을 경우 하류에서 진격 중이던 미군에 상당한 장애물이 되었음은 분명하다. 바스라 공략을 맡은 영국군 역시 시내에 진지를 구축하며 바스라의 완전 점령을 눈앞에 두고 있었다.

바그다드 함락

공항을 장악하여 사실상 바그다드 진입에는 성공했지만 '장악'이나 '점령'과는 거리가 먼 상황에 있던 미군 지휘부는 고민에 빠져 있었다. 미군이 시가전 경험이 있긴 하지만, 바그다드는 무려 인구 560만에 달하는 대도시였다. 사실 이와 비교할 만한 대도시에서 현대적 시가전이 벌어진 예는 1945년의 베를린뿐이었다. 특히 8년 전 러시아군의 악몽이 되었던 그로즈니Grozny 시가전*은 결코 재현되어서는 안 될 반면교사였다.

그런데 수집한 정보에 의하면, 바그다드 시내는 방어 준비가 제대로 되어 있지 않았다. 하지만 이런 정보로 이어질 전투를 예상할 수는 없었다. 지금까지의 전투 양상을 보면, 이라크군이 자신들의 수도를 어떻게 지킬지 전혀 감을 잡을 수 없었기 때문이다. 어느 부대는 용감하게 싸우다 죽어갔지만, 어떤 부대는 무기를 버리고 도망가거나 항복했는데, 그들이 집으로 돌아가 '민간인'이 되었는지 도시 게릴라로 변신했는지 전혀 알 수 없었던 것이다. 이런 불확실성 때문에 군 수뇌부가 보기에 기본적인 전략은 '선포위 후공략'이 이상적으로 보였다.

하지만 최전방 지휘관들의 생각은 달랐다. 중요한 전략 목표인 바그다드 국제공항이 쉽게 함락된 사실로 미루어볼 때, 적어도 바그다드는 그로즈니의 재판이 되지 않을 것이라는 확신이 들었기 때문이다. 그들은 제1해병사단을 기다리지 않고 공격하기로 결정했다. 물론 그렇다고 해서 바그다드 전체에 대한 점령을 시도하는 것은 아니었고, 기계화된 정

---

* 1994년 12월에서 1995년 2월까지 체첸의 수도 그로즈니에서 체첸군과 러시아군이 벌인 전투. 러시아군은 헝가리와 체코슬로바키아를 제압할 때처럼 대규모 기갑부대를 투입했지만 취약한 차체 상부를 노린 체첸군의 공격으로 2,000명 이상이 전사했다. 결국 물량 공세로 그로즈니를 장악했지만 러시아군의 위신은 크게 실추되었다.

예부대를 시내로 진입시켜 한바탕 휩쓸고 오는 '전격 질주Thunder Run 작전'을 실행하기로 한 것이다.

4월 5일 오전 6시 30분, 제64전차연대 1대대를 중심으로 M1A1 전차 29대, M2 보병전투차 14대, M113 장갑차 3대로 구성된 특임부대가 임시 편성되었다. 이들은 바그다드 서쪽을 'ㄱ' 모양으로 돌파한 뒤 2시간 20분 만에 바그다드 국제공항으로 돌아왔다. 이 작전은 엄청난 모험이었지만 적군에게는 완전한 기습이어서 전사 1명과 부상 5명, 전차 1대와 장갑차 1대라는 적은 손실만으로 이라크군 차량 50대 이상을 파괴하고 300명 이상을 사살하는 대승리로 끝났다. 사실 수치로 드러난 전과보다는, 미군이 바그다드 시내를 쾌속 질주했다는 충격을 적에게 안겨줬다는 점, 질주 작전 당시 이라크군의 격렬한 대응이 있긴 했지만 정교하고 통합적인 도시 방어 체제가 구축되어 있지 않다는 사실을 확인한 점이 최대의 수확이었다.

'간이 커진' 미군 지휘부는 곧 2차 공격을 준비했다. 물론 이 소식은 해병대에도 전해졌다. 바그다드 동쪽에 흐르는 티그리스강의 지류인 폭 150미터의 디얄라강가에 도착한 해병대는 남쪽 다리가 폭파된 것을 확인하고 적전도하를 감행하기로 결정했다. 이미 육군이 바그다드 시내에서 '드라이브'를 성공했다는 소식이 들려왔기에 더 이상 지체할 수 없었던 것이다. 그리하여 한강 도하 이후 첫 번째 적전도하가 이루어졌다. 그리고 그때와 마찬가지로 권총만 가진 정찰병이 직접 수영하여 강을 건너 접안 장소를 찾았다. 곧이어 4월 7일 오전 6시, AAV-7 수륙양용장갑차에 탑승한 제7해병연대가 도하를 감행했다. 이라크군의 공격으로 1명이 전사하고 12명이 부상당했지만, 도하를 마친 해병대는 적군의 거점을 하나씩 제압해나갔다.

북쪽 다리는 파괴된 상태였지만 18미터 정도만 조립교를 달면 통과가 가능했다. 공병대가 가교를 놓아 부대를 통과시켰다. 4월 8일까지 남쪽 다리도 가교로 복구되었다. 제1해병사단은 두 다리와 부교를 통해, 일부는 AAV-7을 타고 강을 건너 바그다드 동부로 진입했다.

전날인 4월 7일 새벽, 육군의 2차 바그다드 공격이 시작되었다. 이 공격은 지난번과는 달리 거점을 확보하는 작전이자 후세인 정권의 중추를 공격하는 것이라는 점에서 차이가 있었다. 그런데 놀랍게도 이라크군의 방어는 대통령궁에서조차 조잡했고, 전체적으로 극히 비조직적이었다. 후속 부대들이 병참선을 확보하면서 바그다드는 예상보다 쉽게 무너지고 있었다.

그사이, 제1해병사단은 바그다드 동쪽부터 이 대도시의 심장부를 조여 들어가고 있었다. M1A1 전차와 AAV-7이 짝을 이루어 상호 지원했고, 의심스러운 곳은 해병들이 하차하여 제압했다. 주요 목표인 라시드 공군기지와 교도소를 장악한 제1해병사단은 4월 9일 제3사단과 연결에 성공했고, 이로써 바그다드는 사실상 함락되었다. 그리고 바로 이날, 바그다드 함락을 상징하게 될 역사적인 장면, 즉 후세인 동상을 철거하는 퍼포먼스가 벌어졌다. 해병대는 바그다드 동쪽 알피르도스 광장에 서 있는 12미터짜리 후세인 동상의 얼굴을 성조기로 가리고, 목에 줄을 걸어 M88 구난전차로 끌어내리려 했다. 하지만 광장에 모인 시민들이 이라크 국기를 원한다고 외쳐 성조기를 내리고 이라크 국기로 대체하려 했으나 이미 성조기 사진이 너무 많이 찍힌 뒤였다. 동상이 땅에 떨어지자 이라크인들은 미군이 준 해머로 동상을 부수기 시작했다. 이 장면은 CNN에 의해 전 세계로 생중계되었다.

이 무대에 등장한 이라크인들의 진실성과 자발성에 상당한 의문이 제

●— 끌어내려지는 후세인 동상. 역사적인 장면임에는 틀림없지만 실제 군중 수는 얼마 되지 않았고, 카메라 각도 조절에 의해 왜곡되었다는 반론도 강력하게 제기되었다.

기되었지만, 이 장면은 미군의 승리와 후세인 정권의 붕괴를 상징하기에 부족함이 없었다. 그리고 후세인 정권에게 억압받은 시아파가 미군을 환영한 것도 사실이다. 다만 여기서 덧붙이고 싶은 말은, 탈레반, 알카에다 같은 원리주의자들은 세계문화유산인 바미얀 석불을 파괴해 악명을 떨쳤지만 한편으로는 그 정도로 우상 숭배를 혐오하는 집단이었던 데 반해, 바트당의 이라크는 살아 있는 독재자의 동상을 세울 정도로 지도자 우상화에 혈안이 된 집단이었다는 점이다. 즉 두 집단 사이에는 공통점이 없었다. 그럼에도 부시 정권은 '이슬람'과 '반미'라는 두 가지 '공통점'으로 두 세력을 하나인 것처럼 묶어 명분을 만들었다. 이는 과거 베트남에 중국과 소련 같은 공산국가가 될 우려가 있다며 도미노이론을 적용한 잘못을 그대로 되풀이한 셈이었다. 알면서도 그렇게 했다면 전쟁을 일으키기 위해, 석유를 장악하기 위해 억지를 부린 것이리라.

시민들, 특히 여성과 아이들은 이라크 병사와 민병대, 집권당인 바트당원들이 떠난 군사시설과 정부 청사, 상가에 난입하여 무차별적인 약탈을 자행했다. 미군은 이를 방관했는데, 이때 국가 유지에 필수적인 행정 데이터가 모두 사라져 향후 이라크의 혼란을 더욱 부추긴다.

어쨌든 바그다드 시민들 중에는 미군을 환영하는 이들도 많았고, 최소한 적대적이지 않았다. 심지어 바그다드 동쪽에 살며 기득권층에 속하는 수니파 부자들이 시내에 나와 해병대를 아지즈 부총리와 이라크군 고위 장성의 저택까지 안내해주기도 했다. 하지만 아직 안심하기에는 일렀다. 우선 이라크군의 절반가량이 아직도 북부 전선에서 미군과 쿠르드 전사들과 싸우고 있었고, 후세인의 행방도 묘연했기 때문이다. 무엇보다도 응당 있어야 할 '대량살상무기'가 발견되지 않고 있었다. 후세인과 대량살상무기가 존재할 가능성이 가장 높은 곳은 후세인의 고향 티그리트였다.

미군 사령부는 원래 북부에서 공격할 예정이었던 제4사단을 티그리트에 투입하려고 했지만 여러 사정으로 출동 준비가 이루어지지 않았다. 대신 가장 가까운 곳에 있는 제1해병사단에 이 임무가 떨어졌다. 4월 11일, 사단사령부는 부사단장 존 켈리 준장을 지휘관으로 하는 3개의 LAV 경장갑차대대와 전차중대 하나를 중심으로 약 300대의 장갑전투차량으로 구성된 '트리폴리부대'를 구성했다.

다음 날인 12일, 트리폴리부대는 150킬로미터 북쪽에 있는 티그리트를 향해 출발했다. 13일 밤늦게 티그리트에 도착한 트리폴리부대는 지체하지 않고 14일 0시 55분을 기해 공격을 가했다. 이곳에는 공화국수 비대의 정예인 아드난 기계화사단과 민병대가 버티고 있었으나 미 공군의 맹폭으로 큰 피해를 입은 상태였다. 그럼에도 해병대가 진입하자 이들은 격렬하게 저항했다. 그러나 해병대의 진격을 막을 수는 없었다. 오후 2시 31분, 해병대의 M1A1 에이브럼스 전차가 티그리트의 중심 광장을 장악하면서 조직적인 저항은 종식되었다. 하지만 해병대는 여기서도 후세인과 대량살상무기를 찾지 못했다. 후세인의 호화 대리석 궁전을 전리품으로 삼을 수 있었을 뿐이다. 이후 소탕전이 전개되었고, 해병대는 후세인의 고향을 완전히 점령했다.

해병대의 전투는 이렇게 사실상 막을 내렸다. 해병대는 4월 19일 뒤늦게 도착한 제4사단에 티그리트를 인계했고, 제4사단사령부가 후세인 궁전에 설치되었다.

그사이, 남부와 북부 전선의 이라크군도 급속하게 와해되어 4월 7일에는 바스라가, 4월 10일에는 키르쿠크가 함락되었다. 다음 날에는 모술이 미군의 손에 떨어졌고, 이라크군 제5군단장이 항복했다.

4월 16일, 부시는 승리를 선언했고, 5월 1일, '조종사 출신'답게 페르시아만에 떠 있는 항공모함 에이브러햄 링컨호에 착함하는 퍼포먼스를 선보이며 '임무 완수'를 세계에 과시했다. 이때 부시 정부는 겨우 172명의 전사자(영국군 33명 포함)를 대가로 '후세인 타도'라는 큰 성과를 거두었기에 자랑스러워할 만했다. 하지만 대량살상무기를 여전히 찾지 못하고 있었고, 자신들이 판도라의 상자를 열었다는 것도 전혀 깨닫지 못하고 있었다. 분명 미국은 '이라크와의 전쟁'에서 승리했지만 '이라크에서의 전쟁', 지금까지도 끝나지 않은 전쟁이 새롭게 시작될 참이었다.

전혀 준비되어 있지 않았던 전후 대책

부시 정권은 후세인의 이라크 독재정권을 무력으로 타도했다. 그러므로 그들에게는 새롭고 안정된 정권을 세워야 할 책임이 있었다. 하지만 후세인이 부통령이던 1969년부터 30년 이상 이라크를 지배하면서 대부분의 정적들을 제거하여 이라크에는 대안이 될 만한 정치 세력이 남아 있지 않았다. 무엇보다 이라크 인구 구성이 문제를 더 어렵게 만들었다. 3,000만 인구의 이라크는 인구 60퍼센트 이상이 시아파, 15퍼센트가량은 북부의 쿠르드족, 20퍼센트를 약간 넘는 아랍계 수니파로 이루어져 있었다. 그리고 그중에서 수니파가 후세인을 중심으로 권력을 잡아왔다. 따라서 후세인 체제의 붕괴 이후 상황이 어떻게 전개될지 전혀 짐작할 수 없었다.

그만큼 고도의 정치적 고려와 준비가 필요했던 셈인데, 부시 정권은 후세인 타도 후 과도기의 점령 업무를 수행할 민간 통제 기구조차 만들지 않았다. 다만 피난민 문제 등 '인도적 문제'를 다룰 기구로서 '재건 및 인도적 사안 담당처'를 만들어두었을 뿐이다. 그런데 전쟁이 생각보다 빨리 끝나는 바람에 '재건'이나 '인도적 사안'에 관한 문제는 거의 발생하지 않았고, 그 바람에 엉겁결에 이 기구의 책임자인 제이 가너가 일시적으로 사실상의 '총독' 역할을 맡게 되었다.

가너는 기존의 관료 조직과 바트당 조직, 이라크군 조직을 새 이라크 정부 수립에 상당 부분 활용하려고 했다. 그는 전쟁 전인 3월 10일 부시 대통령에게 전쟁 승리 후 바트당 조직을 어느 정도 활용해도 좋다는 재량권을 부여받은 바 있고, 한편으로 이는 이라크 사람들을 위해서도 권력의 공백을 방치할 수 없기에 최대한 빨리 '민주적인 새 정부'를 만들기 위한 불가피한 조치이기도 했다. 하지만 기본적으로 '원리주의적'인 부시 행정부는 신속하고 찬란한 승리에 취해서인지 3월 10일의 조치는 잊고, 가너의 현실 타협 노선을 용납하지 않았다. 결국 미국은 4월 21일 '연합군 임시행정청'을 창설하고 '재건 및 인도적 사안 담당처'의 모든 업무를 이관한 뒤 보름 후 가너를 해임했다. 그리고 그를 대신한 인물이 바로 '이라크의 문제적 인간' 폴 브레머였다.

외교관 출신의 브레머는 좋게 말하면 꼼꼼한 인물이었고, 나쁘게 말하면 세부 사항에 집착하느라 전체를 보지 못하는 스타일이었는데, 클린턴 정부에서 '부역'한 적이 없다는 점을 높이 평가받아, 부시 정권의 '정치적 기준'을 통과하여 그 자리에 오른 인물이었다. 5월 12일 바그다드에 도착한 그는 4일 후 바트당 조직에서 상위 4단계의 직위에 올랐던 이들에 대한 공직 취임 불가 조치를 골자로 하는 '연합군 임시행정청령 1호'를 발표하고, 23일에는 이라크군을 무조건 해산하고 급여와 퇴직금을 주지 않는다는 내용의 '연합군 임시행정청령 2호'를 선포했다. 특히 2호는 워싱턴과의 사전 조율도 없이 발표된 것이었다. 기존 기득권층이었던 수니파의 반발은 그렇다 치더라도, 무기를 지닌 이라크군에 대해 미래에 대한 아무런 보장도 없이 이 집단을 해체한다고 해서 군인들이 순순히 쟁기를 들 리 없건만 도대체 무슨 생각이었는지 알 수가 없다. 실제로 브레머에게는 아무런 대안도 없었다. 결국 이라크군 병사들로 하여금 이라크전쟁의 진정한 주역이 될 이런저런 무장 저항 세력에 대거 합류하게 만드는 결과를 낳고 말았다. 더구나 약탈로 인해 대부분의 행정 데이터가 사라져버린 상황에서 수니파와 이라크군의 협조가 없으면 조속한 선거 자체가 불가능한 상황이었다. 하지만 '정치야 알 바 아닌' 미군 사령관들은 순진하게도 조만간 민주적 선거가 이루어질 것이라고 공언하고 다녔다.

30년 이상 권력을 장악한 독재자가 사라지고 대안 정치 세력이 전무한 이 땅에서 조직력을 갖춘 집단은 결국 시아파의 성직자들밖에 없었다. 하지만 미국으로서는 이 또한 마뜩찮았는데, 그들 중 상당수가 미국이 '악의 축'으로 지목한 이란에서 망명 생활을 한 인물이었고, 무엇보다 '이라크에 민주 정부를 수립하려는' 자신들의 의도에 적합한 정치 세력인지 아닌지 판단할 길이 미국에는 없었기 때문이다. 아니, 정확히는 그들에 대해 아는 게 거의 없었다. 이 또한 40년 전 베트남, 특히 호찌민과 지압을 제외한 북베트남 지도자들에 대한 정보가 거의 없이, 아니 알려고도 하지 않고 전쟁에 뛰어든 과오를 그대로 반복하는 셈이었다. 물론 미국은 그 대가를 혹독하게 치르게 되는데, 왜 어리석은 정치가들이 아니라 애꿎은 젊은 병사들이 대신 피를 흘려야 하는 것일까? 제1해병사단도 예외가 아니었다.

　2003년 7월 13일, 연합군 임시행정청은 이라크인의 이익을 대표하는 시아파 대표 13명과 수니파 대표 5명, 쿠르드 대표 5명, 기타 대표자 2명으로 구성된 '이라크과도통치위원회(이하 과도통치위원회)'를 수립했다. 이 위원회는 기본적으로 자문 기구일 뿐이었지만, 아랍연합은 이를 공식 이라크 정부로 승인했다. 과도통치위원회의 구성원들은 후세인의 세속화 정책을 반대하던 근본주의적인 성직자들이 많았는데, 이들은 초기에 기존의 남녀평등에 기초한 가족법을 폐기하여 여성들의 반발을 불러일으켰다.

　선거인 명부의 소실로 단시간 내의 선거가 불가능해지자 브레머는 조속한 주권 이양 대신 단계적인 주권 이양과 장기 점령 정책을 선택할 수밖에 없었다. 그런데 이런 결정은 선거를 통해 빨리 권력을 장악하려는 시아파의 반발을 불러일으켰고, 특히 외국에서 들어온 저항 세력에게 명분을 주고 말았다.

8월 19일, 이라크 주재 유엔대표부가 자살폭탄 테러를 당하며 유엔 특사를 포함해 22명이 죽고 100여 명이 부상당하는 대참사가 일어났다. 10월 26일에는 바그다드 중심가 호텔에서 28발의 로켓 공격이 일어나 1명의 미군 장교가 사망하고 17명이 부상당하는 참극이 일어났다. 월포위츠도 그 자리에 있었는데, 그는 '다행히도' 무사했다. 이라크의 상황은 점점 더 최악으로 치달았다. 인구조사를 통해 선거인 명부를 만들어야 했는데도 치안이 악화되어 좀처럼 이루어지지 못했고, 명부가 없으니 선거를 치르지 못하고, 선거를 치르지 못하니 정부를 구성하지 못하고, 정부가 없으니 저항 세력이 존재하고, 이 때문에 치안이 악화되는 악순환이 이어진 것이다.

이라크 각지에서 연합군과 저항 세력 간의 충돌이 일어났고, 사실상 '이라크에서의 전쟁'이 시작되었다. 부시가 당당하게 승전을 선언한 5월 1일 이후 전사자가 급격하게 늘어났다. 2003년 한 해 동안 580명이 전사했는데, 5월 이후의 전사자가 408명이었다. 그중 미군의 몫은 347명이었다. 대량살상무기가 있다고 우겼던 부시 정권은 전쟁이 다시 시작되었음에도 인정하지 않고, 이는 전쟁이 아닌 '후세인 잔존 세력의 발악'이며, '미래의 희망이 없는 극소수 개인의 행동'이라고 우겼다. 그들은 자신들의 말을 증명하기 위해 후세인을 잡는 데 더욱 힘을 쏟았다. 결국 미국은 7월에 후세인의 두 아들 우다이와 쿠사이를 사살한 데 이어, 12월 13일 티그리트에서 은신하고 있던 후세인을 체포했다. 하지만 '꿈에 그리던' 후세인을 잡았건만 그의 체포는 문제의 해결이 아니라 시작에 불과했다. 여전히 수니파는 그에 대한 지지를 포기하지 않았고, 특히 체포 직후 후세인의 입을 강제로 벌리고 치아 검사를 하는 장면이 공개되자

●── 체포되는 후세인. 그를 붙잡고 있는 사람은 이라크계 미국인인 미 육군 통역병 사미르 알자심. 후세인 집권 시절 자심의 아버지는 후세인 부하들에게 고문을 당했고, 친척들은 살해당했다.

더욱 격분했다. 설상가상으로 임시행정청의 무능은 이라크인들의 생활을 더욱 악화시켜, 2004년을 악몽의 해로 만들고 있었다. 그 결과 제1해병사단은 '후에 전투' 이후 35년 만의 대규모 시가전에 휩쓸리는데, 바로 '팔루자 전투'였다.

팔루자의 상황

유프라테스강에 접해 있는 팔루자는 조금만 벗어나도 거대한 사막이 펼쳐지는 공업도시이다. 2003년 4월 말 미군 제82공정사단이 진입했을 때 팔루자인들은 싸늘한 반응을 보였다. 시민의 대부분은 수니파여서 후세인을 지지했고, 정권의 핵심 인물들 중 상당수가 이곳 출신이었기 때문이다. 후세인의 생일인 4월 28일은 원래 도시의 축제일이었다. 하지만 2003년의 이날은 반미 시위의 날이 되고 말았다. 미군들이 야간 투시경으로 여자들을 훔쳐보고 아이들에게 포르노를 보여준다는 '생트집'이 계기가 되어 야간에 몸싸움이 일어났다. 이때 근처 건물 옥상에 있던 이라크인 셋이 허공에 AK 소총을 난사했는데, 미군은 이를 오해해 시위대를 향해 사격을 가하는 우를 범하고 말았다. 이 때문에 어린이를 포함한 17명이 사망하는 참사가 벌어졌다.

이후 팔루자의 상황은 악화되기만 했고, 특히 앞서 말한 브레머의 두 조치는 기름을 부은 셈이 되었다. 후세인은 전쟁 전에 미군의 침공과 시아파의 봉기를 대비하기 위해 수니파 지역에 많은 무기고를 건설하고, 민병대를 조직하기 위한 인력을 배치해놓았다. 말하자면 팔루자는 대표적인 수니파 지역으로, 저항 세력을 조직하기 위한 인적, 물적 자원이 풍부했다. 팔루자의 성직자들은 오래전에 있었던 피침의 역사를 환기했는데, 그에 따르면 미군은 1258년에 바그다드를 초토화한 몽골군이었고, 부시는 당시 몽골군 사령관이자 칭기즈칸의 손자였던 훌라구였다.

그해 11월 2일과 2004년 1월 8일 미군 헬기 3대가 대공미사일에 격추되어 24명이 전사했다. 물론 미군도 가차 없이 보복을 가하면서 양쪽의 사상자는 늘어만 갔다. 하지만 미군의 강경 대응은 기름을 부을 뿐이었다. 팔루자는 점점 '해방구'화되었고, 외부 과격파들이 더 많이 유입되었다. 미군과 협력하면 가족들까지 위험해지기 때문에 이라크 경찰은 협조를 거부했다. 심지어 한 경찰서장은 제복조차 입으려 하지 않아 해임되었다. 하지만 이런 경찰들조차 2004년 2월 14일 발렌타인데이에 23명이나 학살당하는 비극이 벌어졌다. 이 공격은 새로운 지도자와 세력이 등장했다는 명백한 증거였다. 그리고 한 달여 후 제1해병사단은 이 지역을 인계받았다.

용병의 죽음과 시아파 봉기

바그다드를 함락한 제1해병사단은 시아파 지역인 카르발라 점령 임무를 수행한 뒤 본토로 돌아가 있었다. 하지만 이제 다시 이라크 땅을 밟게 되었다. 사단장은 여전히 매티스 장군이었고, 참모장은 제5해병연대장이었던 던포드 대령이었다. 던포드는 바그다드 돌진에서 대단히 인상적인 모습을 보여 '파이팅 조Fighting Joe'라는 별명을 얻은 바 있다.

1만 8,000명의 사단 병사 가운데 절반 이상이 이라크에서 실전 경험이 있었고 또 전투력도 자신이 있었지만 매티스 장군은 팔루자와, 이 도시가 속한 1만 6,000제곱킬로미터에 달하는 안바르주에 잠재적인 적이 수십만에 이를 수도 있다는 사실을 잘 알고 있었다. 그래서 '미친개'라는 별명과 달리 장군은 무력만으로 해결하지 않고, 민사 작전을 펼치기 위한 만반의 준비를 했다. 그는 펜들턴 기지에 수천 명의 대원들을 모아놓고 이러한 관점을 설파했다. 이라크 복귀는 해병대가 자신들의 뿌리, 즉 비정규전 전사였던 때로 돌아가는 것과 같다는 내용이었는데, 가장 인상적인 부분은 베트남전쟁에서의 경구 인용이었다. "게릴라전에서는 인공위성에게 정보를 얻지 못한다. 사람들에게 믿음을 얻어 그들에게 정보를 얻어야 한다."

매티스는 베트남전쟁 초기에 상당한 성과를 거두었지만 웨스트모얼랜드의 반대로 진행하지 못했던 '잉크 블랏', 즉 '합동 소대 프로그램'을 실시했던 선배들을 초빙해 민사 작전에 관한 교육을 실시했다. 또한 아랍 전문가들을 초청하여 아랍어 관용구를 익히게 하고, 현지인들의 감정

●— 조지프 던포드. 그는 미군의 정상이라고 할 수 있는 합참의장의
자리에까지 올랐으며, 2017년 8월 방한했을 때는 문재인 대통령을
만나 북한 핵문제에 대해 논의하기도 했다. 최근 합참의장직을 마치
고 퇴역했다.

을 상하지 않게 하는 행동 요령을 공유했다. 실전에서도 최대한 절제해
최소한의 화력으로 적을 쓰러뜨리는 전술을 강조했고, 기자들에게 쓸데
없는 트집을 잡히지 않기 위해 소탕전에서도 문을 차고 들어가지 말고
노크를 하라는 등 세세한 부분까지 신경 썼다. 심지어 아이들에게 선물
하기 위한 축구공과 곰 인형을 잔뜩 챙겼을 정도다.

　하지만 지난해 해병대 사령관을 시장으로 뽑았으며 단 한 명의 전사
자도 나오지 않았던 시아파의 카르발라와 달리 팔루자는 수니파 지역이
었다. 이 차이는 모든 이들의 예상을 뛰어넘을 정도로 엄청나게 컸다. 여

기에 제1해병사단이 팔루자에 도착하자마자 벌어진 '군복을 입은 미국 민간인'들의 돌발 행동과, 뒤이은 '미군 최고사령관'의 미숙한 감정적 대응은 매티스의 세심한 준비를 물거품으로 만들었다.

인구 28만 명의 팔루자는 뉴욕처럼 격자형 도시 구조를 가지고 있었다. 그래서 미군들은 이곳에 맨해튼이나 퀸스, 브루클린 다리 같은 '애칭'을 붙였다. 해병대는 이런 짓을 좋아하지 않았지만 이미 육군이 붙인 이름이라서 그대로 사용했다. 제1해병사단은 3월 24일 팔루자를 인계받았는데, 바로 그날 밤, 동쪽 10번고속도로에서 공격을 받아 2명이 부상당했고, 다음 날에도 거의 같은 곳에서 매복 공격을 받아 1명이 전사했다. 이 소식을 듣고 분노한 제1해병원정군 사령관 콘웨이 중장은 매티스 소장에게 도로를 안전하게 확보하라고 명령했고, 이에 제1해병연대 2대대는 험비 6대를 끌고 10번고속도로 북쪽의 '동맨해튼'에 들어가 하루 종일 치열한 총격전을 벌였다. 이 전투에서 또 1명의 해병이 희생되었다. 이후 며칠 동안 해병대는 사태를 악화시키지 않으려고 시 외곽 순찰에 집중했고, 그동안 매티스 등은 새로 편성된 이라크 보안군 대대장 술레이만 중령과 마주 앉아 앞으로 팔루자의 치안을 어떻게 확보할 것인지에 대해 의논했다.

그러나 3월 31일, 미국의 군사 기능 대행회사, 정확하게 말하면 용병운영 회사인 블랙워터사의 직원 4명이 호송 업무를 위해 팔루자에 일반 차량 2대를 타고 진입하다가 AK 소총에 난사당해 죽는 사건이 벌어졌다. 이들은 공수부대와 특수부대 출신이었지만 본인들의 부주의와 현지 경찰의 방관이 어우러져 허무하게 목숨을 잃고 말았는데, 문제는 여기서 끝이 아니었다. 4구의 시신이 불태워지고 소년들의 발에 짓밟힌 뒤 유프라테스강 '브루클린 다리' 난간에 내걸렸던 것이다.

모가디슈*를 연상케 하는 이 비극은 여기서 끝이 아니었다. 다음 날 새까맣게 타 다리에 매달려 있는 미국인들의 시신 앞에서 즐거워하는 팔루자 젊은이들의 모습이 전 세계 신문 1면에 실린 것이다! 부시는 이를 자신과 미국에 대한 도전으로 받아들여 즉각적으로 반응했다. 해병대에 바로 보복 명령을 내린 것이다! 사실 매티스 소장과 던포드 대령은 불행한 '용병'들의 시신이 마구 다루어지는 모습을, 무인정찰기를 통해 실시간으로 보고 있었다. 하지만 장군은 주모자들은 이미 사라졌을 것이며, 당장 공격해봐야 피아간의 불필요한 살상만 일어날 것이니, 약간의 냉각기를 두고 주모자를 파악하여 제거하는 쪽이 옳다고 판단해 자제하기로 결정한 터였다. 하지만 "해병대는 지체하지 말고 맡은 바 책임을 다하라"는 대통령의 명령이 하달된 이상, 이런 신중함은 의미가 없었다. 이제 팔루자는 정치적 상징성의 문제가 되고 말았다.

상황이 이렇자 전 세계 언론사들은 팔루자로 기자들과 촬영팀을 보냈다. 하지만 전투는 엉뚱한 곳에서 벌어졌다. 브레머는 3월 28일 수니파에 대한 복수를 공공연히 주장하는 시아파 신문 『알하우자Al-Hauza』를 폐간시켰는데, 발행인이 다름 아닌 5년 전 후세인에 의해 암살된 존경받는 시아파 지도자 모하마드 알사드르의 아들인 무끄타다 알사드르였다. 28세의 이 젊은 선동가는 이란으로부터 자금 지원을 받아 마흐디Mahdi('예언자'라는 의미)라는 이름의 대규모 민병대까지 조직해놓은 상태였다. 신문 폐간에 이어 보좌관까지 체포되자 알사드르는 마흐디 민병대를 동원하여 4월 3일 바스라와 카르발라, 나시리야, 쿠트 등 여러 도시에서 봉기

* 1993년 소말리아 내전 당시 평화유지군으로 참가한 미국 병사들의 시신을 소말리아 군중이 수도 모가디슈 거리에서 끌고 다니는 모습이 TV에 방영돼 미국인들에게 커다란 충격과 분노를 안겨주었다. 결국 미군은 이 사건을 계기로 소말리아에서 철수했다.

를 일으켰다. 이라크 경찰들이 도망쳤고, 이 지역에 배치된 스페인과 불가리아, 우크라이나군도 도망치거나 항복했을 정도로 대규모 봉기였다. 이 봉기는 팔루자와 아무 관계가 없었지만 미국이 시아파와 수니파 모두에게 적이 되고 말았다는 데 중요한 의미가 있었다.

1차 팔루자 전투

이런 대규모 봉기가 있었지만 팔루자 작전은 연기되지 않았다. 제1해병사단은 공격 준비에 나섰다. 매티스 장군은 ①시신을 훼손한 범인들의 체포, ②외국인 전투원의 일소, ③도시 내 모든 중무기의 회수 또는 파괴, ④10번고속도로의 완전한 확보를 목표로 세웠다. 작전명은 '단호한 결의'였다. 계획은 아주 단순해서 제1수색대대가 남쪽에서, 제1해병연대 2대대가 서북쪽에서, 제5해병연대 1대대가 동남쪽에서 전선을 좁히며 화력을 앞세워 하나하나 블록을 제압한다는 것이었다.

책임을 맡은 제1해병연대장 존 툴런 대령은 바로 전투에 들어가는 대신 시의 원로들에게 4월 4일까지 폭도들을 넘기라는 최후통첩을 보냈다. 하지만 원로들은 미국과 외부 세력 그리고 물자 부족 탓만 할 뿐 폭도들을 넘기지 않았다. 저항 세력의 규모는 약 600명이었고, 1,000명가량의 협력자도 파악되었다. 해병대는 철조망과 바리케이드를 설치하고, 탈출하는 시민들을 위해 준비한 천막촌으로 안내하거나 부대를 배치하면서 4월 4일을 바쁘게 보냈다. 아쉽게도 그날 저녁까지 단 한 명의 폭도도 인계되지 않았다. 결국 예정대로 해병대는 팔루자로 접근했고, 전투가 벌어져 1명이 전사했다. 이것이 팔루자 전투, 정확하게는 1차 팔루자 전투의 시작이었다.

4월 5일 새벽 3시, 제5해병연대 1대대는 야시장비의 장점을 살려 먼저 공격을 가했다. 날이 밝자 시민들은 마치 운동경기 보듯이 모여 전투를 '관람'했다. 그런데 갑자기 한 젊은이가 튀어나오더니 RPG-7 로켓을 발사하고는 환호하는 군중 속으로 숨어들었다. 다행히 해병대 사상자는 나오지 않았는데, 해병대는 차마 군중을 향해 사격하지 못했고 그자 또한 잡지 못했다. 하지만 공장의 가짜 벽을 허물어 많은 소총과 수십 정의 기관총 그리고 RPG-7 로켓 발사기, 1톤이 넘는 TNT 등 1개 대대를 무장시킬 수 있는 수준의 장비를 찾아내어 '분'을 풀 수 있었다.

아침에 공격에 나선 제1해병연대 2대대는 5명에서 10명 정도로 무리를 지어 골목에서 골목으로 뛰어다니며 반격했는데, 무모한 젊은이들은 해병을 쓰러뜨리겠다는 욕심으로 접근했다가 개죽음을 당했다. 그들은 미군의 전진을 막기 위해 버스와 승용차로 길을 차단했지만 별 의미는 없었다.

밤 10시가 되자 공군의 AC-130 건십에 의해, 한 무리의 저항 세력이 해병대 쪽으로 움직이는 모습이 포착되었다. 조종사들이 해병대의 항공 관제관 마이클 마르티노 대위에게 물었다. "댁들의 남쪽 100미터 지점에 20여 명의 적이 보인다. 그들의 제거를 원하는가?" 물론 대위는 "그래 주면 고맙겠다"고 대답했다. 그러자 곧 20밀리 기관포가 불을 뿜었고, 그들은 '제거'되었다. 그동안 오폭으로 얼룩졌지만 항공기와의 원활한 협조를 자랑하는 해병대의 전통이 되살아난 것이었다. 한편 툴런 대령은 안전하다고 할 수 없는 험비에 타고 전투를 지휘했다. 해병대 입장에서 첫날의 전투는 만족스러웠다. 하지만 이는 어디까지나 '해병대'에 국한된 일이었다.

팔루자에 투입된 새로운 이라크군 대대의 모습은 그야말로 최악이었다. 총소리만 나도 허둥지둥했고, 장교들은 전혀 지휘를 하지 못했다. 그들은 "팔루자에서 죽기 싫습니다. 이것은 시아파에게 수니파를 공격하게 하는 미국의 각본입니다"라고 주장했다. 685명으로 구성된 대대는 하루 만에 8명의 부상자와 106명의 탈영자, 그리고 항명으로 인한 104명의 해고자가 나오면서 와해되었다. 해병대 입장에서는 저절로 남베트남군을 떠올리게 하는 추태였다.

4월 6일, 툴런 대령은 제5해병연대 3대대를 추가 투입하여 더 세게 몰아붙여, 그날 팔루자시의 25퍼센트인 공업지구를 장악했다. 1대대는 시내 번화가 쪽으로 전진하면서 저항 세력의 방어를 돌파하고 북쪽 졸란지구로 진입했다.

4월 7일, 해병대 총사령관 마이클 해기 대장이 팔루자에 도착했다. 제1해병원정군 사령관 콘웨이 중장과 매티스 사단장은 상관을 모시고 전장으로 향했다. 둘은 상관이 팔루자의 처절하고 너저분한 전장을 직접 보고 이해하기를 바랐던 것이다. 장군들이 차에서 내리자, 적병이 AK 소총을 몇 발 쏘았다. 매티스 장군은 그들이 10번고속도로 남쪽에 있는 알쿠바이시 모스크로 숨는 장면을 목격했고, 공격을 명령했다. 해병들은 항공 지원을 요청하여 헬파이어 미사일과 레이저 유도 폭탄으로 담장을 부수고 모스크로 진입했다. 하지만 적들은 모두 사라진 뒤였다.

이 공격은 큰 화근이 되었다. 주요 아랍권 신문들이 '모스크가 공격받았다'는 기사를 1면에 올렸고, "어린이와 여자들을 포함한 민간인 600명 이상이 사망했다"는 팔루자 의사들의 주장이 별 근거 없이 대거 보도되었다. 해병대 지휘부는 반박했지만 그렇다고 반박을 증명할 근거도 없었다. 설상가상으로 알사드르의 봉기로 안바르주의 주도인 인구 40만의 라마디를 비롯해 각지에서 미군 사상자가 급증하고 있다는 뉴스가 미국 신문들의 1면을 장식했다.

시아파와 수니파 사이에서 샌드위치 신세가 된 브레머는 부시에게 말했다. "대통령님, 우리는 점점 심각해져가는 정치적 문제에 직면해 있습니다." 물론 그는 '점점 심각해져가는 정치적 문제'에 자신이 크게 기여했다는 사실은 빼놓았다. 부시와 브레머는 팔루자 전투가 적어도 열흘은 더 걸릴 것이라고 막연하게 생각했다. 하지만 매티스 장군은 대대 하나를 더 투입하여 하루나 이틀 사이에 팔루자를 장악할 준비를 하고 있었다. 사단 지휘부가 보기에, 적은 정식 위계질서를 갖추지 않았고 그저 모스크나 지역 지도자들로 구성된 패거리에 불과했기 때문이다. 하지만 정치가들은 불과 며칠 만에 팔루자를 그보다 인구가 20배나 더 많은 바그다드도 함락한 해병대에게 '난공불락'의 도시로 만드는 놀라운 재주를 선보였다.

4월 8일 저녁, 브레머는 과도통치위원회의 위원들과 모임을 가졌다. 신임 중부군 사령관 존 아비자이드 대장도 참석했는데, 수니파 대표 3명은 사퇴를 무기로 팔루자 공격 중단을 강력하게 요구했다. 장군이 며칠간 말미를 달라고 요청했으나 묵살되었고, 오히려 이라크 전체가 팔루자화할 것이라는 '협박'까지 들었다. 브레머와 장군은 팔루자의 원로들과 대화하며 사태를 해결하겠다고 약속했다. 협상 기간 동안에는 팔루자의 병원에 의약품도 공급하기로 했다.

이렇게 결정된 '일시적' 휴전이 콘웨이와 매티스 장군에게 통보되었다. 멋대로 시작했다가 멋대로 중지하는 정치가들의 행태에 두 장군은 불만을 가질 수밖에 없었다. 콘웨이 장군은 "일단 한 번 수용하면 계속 요구할 것이다"고 항의했지만, 휴전이 '일시적'이라는 것에 위안을 삼고 작전을 중지해야 했다. 하지만 저항 세력은 휴전 약속을 지키지 않고 간헐적으로 공격을 가해왔고, 이에 해병대도 방어 태세를 풀지 않았다. 매티스 장군 역시 언제라도 팔루자를 장악할 수 있도록 준비했다.

그즈음 라마디에서 더 큰 봉기가 일어났다. 수천 명이 무기를 들고 나섰다. 하지만 전혀 지휘 계통이 서 있지 않아 제4해병연대 2대대는 16명의 전사자와 100여 명의 부상자를 내긴 했지만 5일간의 전투 끝에 도시를 장악하는 데 성공했다. 하지만 이 전투는 팔루자만큼 알려지지 않았다.

아비자이드 대장은 일시적 휴전을 '24시간' 또는 그 이상이라고 '정의'했는데, 4월 11일이 되어도 협상은 이렇다 할 진전이 없었다. 유효기간이 다 되어가는 데다 팔루자 동쪽 교차로에서 해병대가 박격포 공격을 받자 지휘부는 공격하기로 결정했다. 공교롭게도 4월 11일은 부활절이었다.

브라이언 매코이 중령이 지휘하는 제4해병연대 3대대는 3개 중대와 이라크군 보안대대를 나란히 전개하여 팔루자 시가지 소탕에 나섰다. 1, 2개 분대가 20~30채의 집으로 구성된 블록을 하나씩 맡았다. 4명으로 구성된 사격지원팀이 외부를 방어하는 동안 6명 정도로 구성된 공격팀이 대문 자물쇠를 부수고 돌입하여 서로를 엄호하며 내부를 수색하여 무기를 찾아내는 방식이었다. 많은 사람들이 피난을 갔지만 아직도 사람이 있는 경우에는 나오지 말라고 경고한 후 옮겨갔다. 이런 식으로 진행되었기에 한 시간에 한 블록 이상 전진할 수 없었다. 저항 세력이 있거나 거점이 될 만한 튼튼한 건물은 M1A1 전차의 120밀리 전차포가 처리했다. 전차포로도 부서지지 않는 건물은 표시를 해두었다가 AC-130을 불러 처리했다.

해병대는 화력과 훈련 면에서 우세했고 제공권까지 있었지만 지리는 저항 세력 쪽이 훨씬 밝을 수밖에 없었다. 그들은 '치고 빠지기' 작전으로 해병대에 맞섰고 몇 명을 쓰러뜨리기도 했다. 하지만 작전은 비교적

●— 총기와 로켓, 수류탄 등에 의한 연기로 자욱한 팔루자 시가. 팔루자 시가전은 적어도 현재까지는 21세기 최악의 시가전으로 이름을 남기고 있다. 부시 정권의 무능과 광신자들의 선동, 그리고 오해와 불신이 낳은 참극이 아닐 수 없다.

순조롭게 진행되었다. 그러다 어처구니없는 일이 벌어졌다. 철도역 부근에 있던 이라크군은 잘 무장되어 있었고 위치도 유리했지만 사격을 받자 먼저 장교들이 도망치고, 병사들은 담장에 100정 이상의 AK 소총을 쌓아놓고 도주한 것이다. 일부는 사복으로 갈아입고 사라졌다. 물론 이러한 상황을 미군이 간과할 리 없었고, 50구경 기관총으로 위협하여 50명 정도를 잡아 수갑을 채웠지만, 그들은 '팔루자의 형제'들과 싸울 생각이 전혀 없었다.

그럼에도 해병대의 공세는 먹혀들고 있었고, 저항 세력이 당황하고 있다는 사실은 휴대폰 도청을 통해 명확하게 알 수 있었다. 그들은 모스크가 모여 있는 졸란 지구로 도망쳤다. 매코이 중령은 승기를 잡았다고 보고 마지막 공격을 가해 숨통을 끊으려고 했다. 하지만 휴전 약속이 여전히 유효했기에 사단사령부는 졸란 지구 공격을 허용할 수 없는 입장이었다. 완승을 놓치고 3명의 전우를 잃은 해병대는 우울한 부활절을 보내야 했다.

마의 4월 13일

풍선의 한 곳을 누르면 다른 쪽이 튀어나오듯이 팔루자 북동쪽 10킬로미터 지점의 카르마가 저항 세력의 손에 떨어졌다. 매티스는 매코이 중령에게 위력정찰을 명령했다. 4월 13일 새벽 4시, 매코이는 LAV와 험비로 구성된 중대 병력을 이끌고 카르마로 가 오전 내내 AK 소총과 RPG-7, RPK 기관총으로 무장한 적과 격전을 벌였다. AC-130과 F-16이 본부인 모스크를 대파했다. 매코이 부대는 100여 명을 쓰러뜨린 후 철수했다. 해병대는 대를 이어 입대하는 경우가 많은데 이 전투에서는 골든 상병이 대표적이었다. 그의 조부는 한국전쟁 때, 아버지는 베트남전쟁 때 기관총 사수로 참전했는데, 그는 대학 재학 중 9·11이 터지자 중퇴하고 해병대에 입대하여 기관총 사수가 되었다. 그는 이날 수 시간 동안 3,000발이 넘게 쏘았다.

비록 4월 13일이 금요일은 아니었지만 '13일'답게 카르마 한 곳에서만 전투가 벌어진 것은 아니었다. CH-53 헬기 1대가 팔루자 외곽에서 저항 세력의 RPG-7 공격을 받고 추락하자, 제5해병연대 1대대 소속 조시 글로버 중위가 지휘하는 55명의 해병은 9대의 험비를 타고 현장으로 달려나가 배낭과 무전기를 회수하고 야간 방어 태세에 들어갔다. 박격포탄과 RPG-7 로켓탄이 쏟아지면서 치열한 격전이 벌어졌다. 결국 탈출에 성공했지만 1명이 전사하고 21명이 부상을 입었으며, 그중 7명은 입원해야 했다. 피범벅이 된 험비의 내부가 치열했던 전투 상황을 웅변해주었다. 하지만 13일은 여기서 끝이 아니었다.

AAV-7 2대가 팔루자 외곽에 전개한 저격팀에게 보급품을 전달하러 가다가 길을 잘못 들어 중대 규모의 저항 세력의 공격을 받았다. 후퇴하던 AAV-7 1대가 후면 장갑에 RPG-7 로켓탄을 맞아 엔진에 화재가 발생하고, 승무조장 케빈 콜름 상병이 갇히고 말았다. 그 역시 대를 이은 해병으로 할아버지는 펠렐리우에서, 아버지는 베트남에서 싸웠다. 16명의 해병 중 7명이 부상당했지만 그들은 완강하게 방어하며 구출을 기다렸다.

방금 전투를 치른 글로버 부대가 4대의 전차를 지원받아 현장에 도착했다. 예외 없이 RPG-7 로켓탄이 쏟아졌지만 장갑을 뚫지는 못했다. 압도적인 전차포의 화력에 저항 세력들은 흩어졌다. 글로버 부대는 고립된 해병들을 구출하고, 파괴된 AAV-7을 전차로 견인하여 기지로 돌아왔다. 하지만 콜름 상병은 AAV-7 안에서 산화했다.

'미친개'의 승부수

4월 14일, 매티스 사단장은 전방을 순시하면서 매코이 대령에게 2, 3일 내에 공격 재개 명령이 내려질 것이라고 말했다. 해병대의 모든 장병들은 이왕 시작한 전투이므로 승리로 끝을 맺고 싶어했다. 마침 15일에 합참의장 리처드 마이어스 대장이 이라크를 방문하여 곧 공격 명령이 떨어질 거라는 기대감을 높였다. 하지만 그들의 희망은 이루어지지 않았다. 그러자 저항 세력의 사기만 높아졌고, 아랍권 방송의 일방적인 보도와 성직자들의 선동에 자극받은 소년과 젊은이들은 AK 소총과 RPG-7로 무장하고 픽업트럭을 타고 돌아다니며 보급 트럭을 노렸다. 그리하여 값비싼 보급 물자들이 차례로 그들의 손아귀에 떨어졌다. 상황이 이상하게 돌아가면서 해병대는 4월 중순부터 물자가 부족해졌다. 조리한 따뜻한 음식 대신 전투식량이 배급되었고, 기름도 이틀 분밖에 남지 않을 지경이 되었다. 물론 해병대도 놀고만 있지 않았고, 저격팀을 가동하여 저항 세력을 하나하나 줄여나갔다.

보급 상황이 심각해지자 매티스 장군은 승부수를 던지기로 했다. 그는 제7해병연대의 2개 대대를 투입하여 압도적인 무력시위를 벌이기로 결심했다. 그레그 터커 대령이 지휘하는 제7해병연대는 사우디, 요르단, 시리아 국경선을 포함한 수천 킬로미터에 달하는 안바르주의 광활한 지역을 맡고 있었는데, 4개 대대 중 절반을 새 작전에 투입하면 전 지역의 치안이 악화될 위험이 있었지만, 별다른 대안이 없었다. 매티스 장군은 험비 수 대와 통신형 LAV 장갑차 1대만 거느리고 제7해병연대본부로 향했다. 운전병들이 워낙 고속으로 차량을 모는 바람에 사단장이 튕겨나갈 뻔하기도 했지만 그는 속도를 늦추라고 하지 않았다. 매티스는 그동안 3번의 사제 폭발물 공격과 2번의 매복 공격을 받아 호위병 1명이 전사하고 3명이 부상당하는 장면을 눈앞에서 지켜보았지만 여전히 가벼운 차림으로 이동했다.

터커와의 회합은 짧게 끝났다. 대령은 M1A1 에이브럼스 전차의 지원을 받는 경장갑차대대와 2대대를 팔루자 남쪽 80킬로미터 지점으로 이동시켜 주변 지역 약 500제곱킬로미터를 평정해나갔다. 경장갑차대대를 중심으로 한 '리퍼특수임무부대'는 1킬로미터마다 포신을 겨눈 채 가다서다를 반복하며 수송대를 보호했고, 2대대는 팔루자 남쪽과 동쪽 마을

들을 소탕했는데, 1주일 동안 수천 채의 가옥을 수색했다. 이런 대규모 무력시위는 효과를 발휘하여 보급로는 안전해졌고, 지역 청년들의 '순교 열기'도 사그라들었다.

그사이 팔루자 시내의 해병대는 아주 더러운 전쟁을 하고 있었다. 확성기를 통해 아랍어로 매우 저질스러운 욕설을 퍼붓고 이에 적들이 격분하여 뛰쳐나오면 사격을 가하는, 일명 '분변전'이었다. 서로 이슬람 성가와 에미넴의 랩을 확성기로 틀어놓는, 공중전 아닌 공중전이기도 했다.

협상 테이블에서도 지저분하고 지루한 '전투'가 이어졌다. 수니파 측에서는 낡고 쓸 수 없는 무기만 내놓으면서 그것이 '평화 진척의 상징'이라고 강변했다. 하지만 저항 세력의 대표는 나타나지 않았으며, 폭력은 계속되었다. 4월 19일, 과도통치위원회의 수니파 대표 하시미가 거창한 기자회견을 열어 저항 세력이 중무기를 내놓았다고 발표했지만, 매티스 장군은 거의 고철이나 다름없다고 격분했다. 그는 콘웨이 장군을 만나 하소연하며 공격 명령을 강력하게 요청했다. "바그다드에 계시는 나의 '민간인 주인'님들께서는 나를 우둔하고 피에 굶주린 해병대원으로 보고 있습니다. 그러나 나는 내가 무엇을 하고 있는지 잘 알고 있습니다."

그동안 밑도 끝도 없는 회담에 질려버린 콘웨이 장군은 4월 21일, 기자들에게 며칠 후 공격을 가하겠다고 밝혔다. 해병대는 공격 준비를 시작했다. 두 장군은 팔루자를 짧으면 이틀, 길면 나흘 안에 점령할 수 있다고 말했지만 융통성 없는 군부 조직은 이들의 생생한 조언이 대통령에게 올라가지 못하게 방해했다. 부시 대통령의 생각은 공격 반대 쪽으로 기울었다. 특히 알자지라 등 아랍 언론의 영향으로 세계 여론이 급격히 악화되고 있었고, 이런 분위기에서 팔루자 공격은 자칫 '대외 관계에서 재난'을 불러올지도 모를 일이었다. 결국 4월 24일 열린 백악관 회의에서 공격은 일단 사흘 연기되었고, 그사이 이라크 보안군이 팔루자에 도착했다. 공격은 그들과의 합동 순찰로 대체되었다. 하지만 이라크 보안군은 미군과의 합동 순찰을 거부했다. 그들의 가족이 죽을 수도 있었기 때문이다.

계속되는 전투와 아부그라이브 사건

미국에 협력하기 시작한 전직 이라크군 대령인 라티프가 매력적인 제안을 내놓았다. 보안군을 배제하고 수니파의 전직 이라크군 장병들로 '팔루자여단'을 편성하여 그들에게 도시를 맡기자는 것이었다. 이렇게 하면 수니파도 이라크의 미래에 참여한다는 희망을 가질 것이고, 저항 세력도 '팔루자여단'에 가세할 것이라는 주장이었다. 콘웨이는 이 제안을 심사숙고했다. 당시 제1해병사단의 거의 절반이 팔루자에 묶여 있음에도 그는 공격 명령을 내릴 수 없었고, 합동 순찰조차 무산되었으며, 상부에서도 대안을 내놓지 못하고 있었기 때문이다.

그런데 4월 26일 새벽, 제1해병연대 2대대 E중대장 젬빅 대위와 39명의 대원이 졸란 묘지 일대에서 수색전을 펼치다 큰 위험에 빠졌다. 인접해 있는 모스크를 대수롭지 않게 보고 가옥만 수색하다가 모스크 뒷골목으로 빠져나온 저항 세력이 해병들을 포위한 것이다. RPG-7 로켓탄이 100발 이상 쏟아지는 치열한 격전이 3시간 동안 벌어졌다. 전투는 전차와 코브라 공격헬기가 투입되어서야 겨우 끝이 났다. 다행히 전사자는 1명뿐이었지만 부상자가 17명이나 나온 지옥 같은 순간이었다.

콘웨이 중장은 이 보고를 받은 뒤 이 지긋지긋한 도시를 '팔루자여단'에게 넘기기로 결심하고 그렇게 조치하겠다고 상부에 보고했다. 하지만 아비자이드 대장은 브레머에게 이 사실을 알리지 않았는데, 콘웨이 장군은 그런 줄은 꿈에도 생각지 못하고 보고한 대로 팔루자를 라티프의 여단에 인계하는 한편 해병대를 외곽으로 철수시켰다. 이 소식을 들은 브레머는 격노했다. 이는 비단 사전에 자신에게 알리지 않았다는 데 대한 것만은 아니었다. 해병대를 철수시키고 수니파 부대에 치안을 맡기는 조치는 시아파 지도자들에게 배신으로 여겨질 소지가 다분했기 때문이다.

그런데 그때 예상치 못한 엄청난 사건이 이라크, 아니 전 세계를 뒤흔들었다. 바로 미국 방송사 CBS가 팔루자 동쪽 16킬로미터 지점에 있는 아부그라이브Abu Ghraib 교도소에서 벌어진 이라크군 포로 학대 사진과 동영상을 공개한 것이다. 이 보도는 그야말로 태풍이 되어 워싱턴과 바그다드를 초토화시켰고, 팔루자 문제는 뒷전으로 밀려났다. 매티스 장군은 그 뉴스를 곧바로 접하지는 못했는데, 그가 TV 앞에 있던 한 병사에게 뉴스의 내용을 묻자 병사는 이렇게 답했다. "장군님, 그 미친놈들 때문에 이번 전쟁은 졌습니다!"

한편 라티프는 자신의 지휘권을 과시하기 위해 매티스 장군에게 팔루자여단본부가 있는 시청 방문을 요청했고, 그는 이를 수락했다. 그리하여 5월 10일 아침, 매티스는 시청을 방문했는데, 이때 튤런 대령은 만약의 사태에 대비하여 헬기를 타고 공중에서 감시했고, 그 외 장갑차와 전차들은 강둑 뒤에서 대기했다. 매티스 장군은 라티프와 팔루자 시장과 만나 차를 마셨는데, 시 원로 20여 명도 자리를 함께했다. 15분간 머문 그는 시청을 떠났고, 해병대도 시내에서 철수했다. 장군은 그들을 배려했다. 하지만 '팔루자여단'은 그의 기대를 철저하게 저버렸다.

팔루자여단의 완벽한 실패와 짙어지는 전운

팔루자가 팔루자여단의 관리하에 들어가자 저항 세력들은 승리의 환호성을 지르며 거리로 몰려나왔다. 위험을 무릅쓰고 취재에 나선 기자들은 곧 무언가 이상한 점을 발견했다. 응당 치안의 주체여야 할 팔루자여단은 별다른 검문검색을 하지 않았고, 오히려 저항 세력이 도시의 실질적인 지배자였던 것이다.

팔루자에는 주로 시리아와 사우디에서 온 외국인 무자헤딘들이 나날이 늘어만 갔다. 그중에서 가장 악명 높은 자는 알카에다의 알자르카위였다. 그는 미국인 청년 니컬러스 버그를 납치하여 참수했는데, 그 참혹한 순간을 담은 동영상이 알자지라 방송을 통해 공개되었다. 5월 말에는 한국인 김선일이 같은 방식으로 희생되었다.

팔루자여단이 치안을 맡은 지 한 달이 지나도록 참사는 계속해서 일어났다. 납치와 몸값 요구도 계속되었다. 아이러니하게도 '반미 전사'들은 몸값으로 오로지 미국 달러만 받고 있었다. 협상 테이블에서의 말잔치와 달리 결국 중무기는 전혀 반환되지 않았다. 심지어 시 외곽에 있는 팔루자여단의 병영이 박격포 공격을 받아 10여 명의 사상자가 나는 사건이 있었는데도 팔루자여단은 전혀 보복에 나설 엄두도 내지 못했다. 라티프의 약속은 공수표로 전락했다. 저항 세력들은 '무자헤딘 슈라 회의'라고 불리는 그들만의 통치위원회를 조직하기에 이르렀다.

그사이 시아파 지역에서 다시 마흐디군의 봉기가 일어났다. 미군은 이를 진압했지만 4월 한 달 동안 미국인 사망자가 130명에 달했다. 이로 인해 5월 중순, 전쟁에 대한 미국 내 지지율은 40퍼센트로 떨어졌고, 반전 여론도 55퍼센트로 늘어났다. 아부그라이브의 심층보도가 여론에 큰 영향을 미쳤음은 물론이다. 게다가 미국 조사에 의해서도 대량살상무기는 발견되지 않았다는 결론이 나왔다. 백악관은 점점 더 궁지에 몰리고 있었다. 우여곡절 끝에 6월 28일, 시아파 중심의 이라크 임시정부가 출범하여 주권을 넘겼다는 뉴스를 전하게 된 것이 그나마 다행이었다.

연합군은 새로 출범한 임시정부를 지원하기 위해 다국적군으로 명칭을 변경했다. 그에 따라 '총독' 브레머는 이라크를 떠났고, 존 네그로폰테가 이라크 주재 미국 대사로 부임했다. 이라크 주재 미국대사관은 900여 명의 미국인과 500여 명의 이라크인 직원들이 일하는, 전 세계 미국 공관 중 최대 인원을 '자랑'하게 되었다.

7월 말, 이라크 주둔 다국적군 사령관이 된 조지 케이시 대장이 라마디로 물러나 있는 제1해병사단사령부를 방문했다. 그는 해병대의 의견을 듣는 한편 이라크 보안군이 연말까지 치안을 담당할 능력이 있는지 물었다. 물론 해병대의 대답은 부정적이었다.

케이시 대장이 방문한 지 며칠 후 안바르 주지사 베르게스의 두 아들이 저항 세력에게 납치되는 사건이 일어났다. 1주일 후 알자지라에 나온 베르게스 주지사는 이교도들을 위해 일하느라 이슬람 형제들을 '배신한' 자신에 대해 사죄했고, 이런 굴욕을 겪고서야 두 아들은 풀려났다.

8월 9일에는 더 치명적인 참사가 벌어졌다. 해병대가 유일하게 신뢰하던 이라크군 지휘관 술레이만 중령과 또 다른 지휘관 자베르 중령이 저항 세력에게 납치된 것이다. 두 사람은 며칠 후 머리와 손발이 잘린 시신으로 발견되었다. 참혹한 고문의 흔적도 발견되었다. 지휘관을 잃은 두 보안대대는 부대원들의 탈영으로 즉각 붕괴되었다.

이 납치에 팔루자여단과 현지 경찰이 협조했다는 사실을 알게 된 툴런 대령은 분노하여 전차를 몰고 팔루자 남쪽을 공격했다. '공식'처럼 RPG-7 로켓이 빗발치듯 날아왔다. 격렬한 전투가 몇 시간 동안 계속되었다. 하지만 '정치적'으로 해결하겠다는 '상부의 지시' 때문에 해병대는 할 수 없이 다시 발걸음을 돌려야 했다.

사단을 떠나는 매티스 장군

8월 말, 매티스는 중장으로 승진하여 콴티코의 해병대 전투개발본부장으로 영전했다. 스미스 장군처럼 역사와 철학을 좋아했고, 독신으로 병사들의 사랑을 받았던 그는 소규모 호위대만 이끌고 '동에 번쩍, 서에 번쩍' 하는 것으로 유명했다. 그와 호위대는 3번의 사제 폭발물 공격을 받았고, 3번의 전투에 참가했다. 그 와중에 4월에는 부관 스티븐 토프슨 중위가 중상을 입었고, 5월에는 호위대원인 몰리나 바티스타 하사가 전사했으며, 6월에는 역시 호위대원인 제러미 볼먼 하사가 전사했다. 운 좋게 살아남은 그는 전선의 위험을 아랑곳하지 않고 그야말로 종횡무진한 지휘관이었다. 사단을 떠나는 자리에서 그는 낙관론이나 화려한 수사를 입에 담기보다 군인의 미덕에 대해 말했다. 그러고는 한 해병대 중위가 쓴 시를 읽어주었다.

하느님, 저에게는 아무도 당신에게 간구하지 않는 것을 주십시오
저는 부귀도, 성공도, 건강도 기원하지 않습니다
사람들은 너무 자주 당신에게 그런 것을 요구합니다
하여 당신에게 그런 게 남아 있을 리 없습니다
저에게는 사람들이 당신에게 받기 싫어하는 것을 주십시오

불안과 근심도 좋습니다
혼란과 소동도 좋습니다

●― '미친개' 제임스 매티스 장군. 바그다드 함락에 이어 팔루자 전투에서도 용명을 떨친 그는 사성 장군으로 퇴역하고, 트럼프 정부의 첫 국방장관으로 임명되었다.

다만 당신께서 그런 것을 제게 주시려거든,
꼭 그들과 늘 함께하게 해주십시오
왜냐하면요, 하느님,
이따금씩 그런 걸 당신께 간구할 용기를 잃을까봐 그럽니다

나의 멋진 젊은 해병들이여,
하느님은 늘 여러분과 함께할 것입니다
그대들이 적과 싸우기 위해
이글거리는 이라크의 태양 속으로

어두운 밤의 고요 속으로

다시금 출정할 때

여러분 곁에서 다시 최선을 다할 것입니다

셈퍼 피델리스Semper Fidelis (항상 충성을)!

병사 매티스가.

그는 귀국 후 휴가를 내어 전사한 병사들의 가정을 손수 운전하여 일일이 방문하면서 사죄를 하고 가족들을 위로했다.

후임 사단장은 '타라와부대'의 지휘관이었던 나톤스키 준장이 승진해 맡게 되었고, 참모장 던포드도 준장으로 승진해 부사단장이 되었다.

다시 불붙는 팔루자

제1해병사단은 9월에 다른 부대와 교대할 예정이어서 귀국 준비에 여념이 없었다. 하지만 저항 세력은 해병대가 팔루자를 떠나는 것을 원치 않았는지 야만적인 행동을 계속해서 벌였다.

9월 7일, 제1해병연대 2대대가 관할 지역 인수인계 준비를 하고 있을 때 자살폭탄 차량이 수송대를 공격하여 해병대원 7명과 이라크 보안군 3명이 전사했다. 툴런 대령은 다음 날 전차를 이끌고 보복 공격에 나섰다. 하지만 전면 공격에 대한 권한이 없어 하루 종일 격전을 치르며 100여 명을 사살한 뒤 그대로 돌아올 수밖에 없었다. 그러나 며칠 후에는 툴런 대령은 물론 백악관 역시 팔루자를 더 이상 방치해서는 안 된다는 공감대가 형성되었다. 이라크 임시정부의 이야드 알라위 총리가 팔루자 저항 세력의 지도자 자나비와 협상을 벌였지만 별 진전이 없었다. 이제 이라크 정치 지도자들조차 저항 세력의 참수와 자살폭탄 테러에 진저리를 내고 있었다. 특히 시아파 지도자들은 저항 세력의 테러를 자신들의 권력 쟁취를 저지하겠다는 의도로 받아들였다.

툴런 대령은 팔루자여단원들에게 여단에 남을 것인지 말 것인지 확실하게 선택하라고 말했다. 그러자 600여 명 중 단 4명만이 남았고, 알라위 총리는 공식적으로 팔루자여단을 해산했다. 그뿐 아니라 알자지라의 이라크 지국을 폐쇄해 저항 세력의 최대 무기를 없애버리는 과감한 조치를 취했다. 하지만 툴런 대령 역시 연대를 떠날 때가 되었다. 그는 후임자 마이클 셔프 대령에게 지휘권을 넘겼는데, 불과 몇 시간 후 저항 세력이 발사한 로켓탄이 연대본부에 명중하여 연대에서 인기가 높던 통신장교 케빈 셰이 소령이 전사했다. 그는 며칠 후 귀국할 예정이었다. 그동안 공중폭격과 부분적인 지상전이 있긴 했지만 어디까지나 방어적 차원이었다. 이제는 본격적인 전투를 위한 명분도 충분히 쌓인 셈이었다. 물론 협상은 계속되었다. 하지만 저항 세력은 알자르카위가 팔루자에 있다는 사실을 계속 부정했고, 결국 협상은 10월 14일을 기해 최종 결렬되었다.

그사이 나톤스키 사단장의 주도 아래 '알 파즈르Al Fajr(여명이라는 의미)'라는 이름의 지상 작전 계획이 만들어졌다. 최우선 목표는 졸란 지구와, 저항 세력의 주 거점인 모스크들과 시청이었다. 4월과는 다르게 주공을 북쪽에 두고 제1해병연대와 함께 제7해병연대를 투입하기로 했다. 해병대는 총 6개 대대였지만, 이 정도로는 부족하여 영국군 대대와 이라크군 3개 보안대대, 그리고 3개 육군 대대를 합쳐 1만 2,000명의 혼성사단이 편성되었다. 육군은 전부 기갑 및 기계화 부대였다.

저항 세력의 규모는 핵심 분자 1,000여 명과 협조자 2,000여 명으로 추정되었다. 그들은 수개월에 걸쳐 버스와 트럭으로 간선도로에 장벽을 만들고, 좁은 골목에는 폭탄을 단 부비트랩을 설치하고, 참호와 지뢰 지대를 만들어둔 상태였다. 또한 방어와 관측이 가능한 건물들도 그들에 의해 전부 요새화되어 있었다. 물론 그들이라고 모두 순교할 생각은 없었기에 퇴로도 확보해둔 상태였다.

11월 2일, 대통령 선거에서 부시가 재선에 성공하면서 정치적 문제도 사라졌다. 작전은 11월 7일 저녁 시작될 예정이었다.

2차 팔루자 전투

2004년 11월 7일, 이라크 임시정부는 쿠르드 자치 지역을 제외한 이라크 전역에 60시간의 비상사태를 선포했다. 노을이 질 무렵, 해병대의 제3경기갑정찰대대의 지원 아래 이라크군 제36코만도대대는 팔루자 서쪽에 있는 종합병원을 포위했다. 1차 팔루자 전투 때 이곳에서 민간인 희생자가 나왔는데, 당시 병원의 직원들은 이를 연일 비난하며 언론플레이를 했다. 사단 지휘부는 이를 기억하고 있었기 때문에 본격적인 전투에 앞서 아예 이곳을 점령해두고자 했던 것이다. 또한 민감한 시설인 만큼 이라크군이 투입되었던 것인데 미 육군 고문관들이 그들과 함께했다.

달마저 모습을 감춘 밤, 칠흑같이 어두웠지만 적외선 카메라를 단 이오니어 무인정찰기는 정확한 정보를 전달해주었고, 전투는 일방적으로 진행되었다. 특히 접근하는 저항 세력에게 AC-130 건십이 거대한 적외선 스포트라이트로 비춘 다음 105밀리 포탄 등을 퍼붓는 장면은 이 공격의 하이라이트였다. 제3경기갑정찰대는 이라크군이 병원을 장악하자 적의 퇴로를 차단하고 유프라테스강의 2개 다리를 점령했다.

11월 8일 정오가 조금 지났을 무렵, 박격포탄이 제1해병연대본부인

'캠프 팔루자'에 떨어지기 시작했다. 파이오니어 무인정찰기가 보낸 좌표대로 155밀리 야포를 발사했지만 격파하지 못했고, 박격포탄은 계속해서 떨어졌다. 결국 AV-8B 해리어가 박격포 진지를 처리했다.

미군의 공격은 밤에 시작되었는데, 어두운 만큼 아군 측에도 다소 위험이 있지만 적이 조준 사격을 하기 어렵다는 결정적인 이점을 누릴 수 있었다. 야포와 전차포, 박격포와 기관총, 그 외 소화기들이 불을 뿜으면서 2차 팔루자 전투가 본격적으로 시작되었다. 저항 세력들이 쏘는 박격포와 로켓탄이 날아다녔고, 이에 AC-130 건십이 상공을 날며 포탄을 쏟아부었다. 28만 명이던 팔루자 시민들은 대부분 피난을 떠나 이제 3만 명가량이 남아 있었다. 그들은 두꺼운 시멘트 장벽 안으로 숨었다. 그렇게 21세기 최악의 전투로 꼽히는 2차 팔루자 전투의 막이 올랐다.

나톤스키 소장의 야간 공격은 사실 양날의 칼이었다. 적의 조준 사격을 피할 수 있지만 대신 아군을 향한 오폭과 오인 사격이 일어날 위험이 컸기 때문이다. 다행히 첫날 공격에서 그런 사태는 벌어지지 않았다. 11월 9일, 날이 밝자 저항 세력의 반격이 시작되었다. 특히 그들의 박격포 사격은 놀랄 만큼 정확해서 일부 부대는 아군 포병대의 사격이 지나치게 가깝게 떨어진 것 아닌가 하고 생각할 정도였다.

민간인들이 거의 떠났기에 해병들은 담장 너머로 수류탄을 던진 다음, 돌격조 4명이 대문을 부수고 소리를 지르다가 인기척이 없으면 사격을 가하며 돌입하는 방식의 전투를 거듭했다. 30킬로그램이나 되는 무기와 탄약, 방호구를 지고 또 입은 채로 병사들은 큰 거리와 뒷골목을 누비면서 하루 종일 전투를 거듭했다. 상공에서는 확성기들의 '공중전'이 계속되었는데, 양쪽의 방송이 참으로 대조적이었다. 저항 세력은 영광스러운 순교를 찬미하는 성가를 틀었고, 미군의 심리전 요원들의 험비에서 나온 것은 영화《프레데터》에 등장하는 괴물의 오싹한 웃음소리였다. 밤이 되자 기온이 급강하했고, 차가운 냉기가 땀에 젖은 군복 안으로 스며들었다.

해병대 창설일인 11월 10일에도 전투는 계속되었다. 제5해병연대 3대대가 주공을 맡았다. 해병들은 사격이 있으면 전차를 불러 전차포로 제압한 다음 적의 시신을 끌어냈다. 옥상에서 박격포를 쏘는 적들도 있었지만 제압되었다. 제5해병연대 3대대는 12시까지 대규모 탄약고 7개를 찾아냈고, 사슬에 묶인 채 죽어가던 이라크인을 구출했다. 알고 보니 그는 지난해 8월 프랑스인 기자 2명을 태워준 택시 기사였다. 같이 납치된 프랑스 기자들은 프랑스가 전쟁에 반대한 덕에 협상 끝에 석방된 반면, 택시 기사는 묶인 채 방치된 것이었다. 대원들은 그곳에서 지난 5월에 참수된 미국인 청년 니컬러스 버그의 목에서 뿜어져나온 피가 검게 엉겨 붙어 있는 방도 점령했다. 상대는 도청당하는 줄도 모르고 휴대폰으로 연락을 하고 있었다.

제3해병연대 1대대는 LAV의 지원을 받으며 차근차근 진격해나갔고, 수십 명의 저항 세력을 쓰러뜨렸다. 황혼이 깃들 무렵, 대대는 한 모스크를 점령하고 그곳에서 해병대 창설 기념식을 열었다. 이때 심리전부대의 험비는 프레데터의 웃음소리 대신 〈해병대 찬가〉를 틀었다. 이를 보다 못한 저항 세력이 로켓탄을 몇 발 쏘았지만, 곧 수백 정에 달하는 소총과 기관총이 불을 뿜자 조용해졌다.

한편 제3해병연대 1대대에 배속된 이라크군 중대는 식사에 집중하느라 방어를 소홀히 하여, 이를 보고 기겁한 미국인 고문관들이 대신 전투를 치르기도 했다. 제8해병연대 1대대는 오폭으로 몇 명의 부상자를 냈다. 그래도 10일 저녁까지 미군은 팔루자 시가의 거의 절반을 점령했다.

●── 팔루자를 향해 불을 뿜는 해병대의 155밀리 야포. 21세기 최악의 전투로 꼽히는 팔루자 전투에서 해병대는 미군의 최첨병이었다.

다만 해병대의 생일날인 이날 11명의 전사자가 나왔다.

11월 11일 새벽 3시에는 제8해병연대 1대대 A중대 1소대 47명이 공격에 나서 10번고속도로 일대에서 대부분 민간인 복장을 하고 AK 소총으로 무장한 저항 세력을 상대로 12시간 동안 전투를 치렀다. 부상자와 열사병 환자가 27명이 나올 정도의 격전이었다. 12일 아침에는 제1해병연대 3대대가 공격에 나섰다. 이 부대에는 전차는 물론 육군에서 지원한 M2 보병전투차까지 있었다. 그들은 토우와 재블린 대전차미사일, AT-4 대전차로켓을 퍼부으며 완강하게 저항하는 적들을 제압해나갔다. 저항 세력은 타이어를 태워 헬기의 공격을 곤란하게 만들기도 했지만 저항이 격렬한 곳은 F-18의 폭격을 얻어맞았고, 포격과 전차포 사격을 피해 달아나는 적은 옥상에서 대기 중인 해병대 저격수들의 제물이 되었다.

120밀리 전차포 사격 시의 충격과 반동은 대단해서 해병들조차 몸을 웅크리고 귀를 막아야 했다. 팔루자 시내는 그야말로 지옥이었다. 유기되어 굶주린 개와 고양이들이 시신을 뜯어먹었다. 새끼 고양이는 사람의 눈알을 물고 있었고, 어미 고양이는 시신의 볼을 물어뜯고 있었다는 이야기가 해병들 사이에서 돌았다.

제1해병연대 3대대는 날이 저물 때까지 약 900미터를 전진하고서야 휴식을 취했다. 이로써 팔루자의 80퍼센트가 장악되었다. 하지만 극렬한 저항을 받은 이날(12일) 하루 동안 22명의 대원이 전사했다. 저항 세력의 전사자는 600명가량으로 추정되었다. 그럼에도 팔루자는 더 많은 피를 요구하고 있었다.

지옥의 집 전투와 포로 사살 사건

4월 13일처럼 11월 13일도 좋지 않은 날이었다. 그날 아침 제1해병연대 3대대 K중대는 10번고속도로 남쪽 주택 지구 소탕을 위해 출발했다. 중대의 선봉인 3소대는 제시 그레이프스 중위가 지휘를 맡았는데, 한 분대가 한 블록을 맡아 소탕전을 벌였다. 전투는 두 번째 블록부터 시작되었다. 3분대의 해병 6명이 한 2층집에 들어서 마당의 옥외 화장실을 살펴보니 김이 모락모락 나는 대변이 보였다. 큰 집이 아니어서 여러 명이 숨기는 어렵다고 보였기에 분대는 집으로 돌입했다. 하지만 저항 세력의 반격은 만만치 않았다. 몇 명을 쓰러뜨리긴 했지만 그 과정에서 3명이 부상을 당했고, 특히 중상을 입은 켈리슬 병장은 계단 밑에 쓰러져 비명을 질렀다. 저항 세력은 일부러 그를 죽이지 않고 미끼로 살려두었다.

곧이어 소대의 다른 해병들도 그 집으로 몰려들었다. 존 챈들러 하사와 2명의 해병이 켈리슬 병장을 구출하러 나섰지만 실패했고 도리어 챈들러 하사마저 부상을 당하여 고립되고 말았다. 그나마 켈리슬을 조금 더 안전한 곳으로 데려가 응급처치를 할 수 있었지만 적의 유효사거리 안에 있었다.

이때 전역한 후 보안회사에 취직하여 이라크에 와 있던 전직 상사인 카슬이 대원들과 함께 구출 작전에 자원해서 참가하는 보기 드문 상황도 벌어졌다. 하지만 그가 참가한 두 번째 구출 작전도 부상자만 나왔을 뿐 실패했다. 소대장 그레이프스 중위는 집 안에 갇혀 있는 5명의 해병과 카슬을 구출하기 위해 결단을 내려야 했다. 소화기로는 제압할 수 없고, 그렇다고 자동유탄발사기나 수류탄을 쓰면 대원들이 더 다칠 수 있었다. 그는 지원 온 옆 소대의 제이컵스 중위와 함께 차분하게 작전을 세웠다. 둘은 섬광수류탄을 사용하기로 했다. 먼저 제이컵스가 1개 분대를 이끌고 섬광수류탄을 던지며 돌격해 들어갔다. 그사이 그레이프스는 대원들과 함께 집 뒤쪽으로 이동해 침실 창살을 망치로 벌리고 내부 진입에 성공했다. 그들이 총탄을 퍼붓자 2층 계단 난간에서 사격하던 2명의 저항군은 숨을 수밖에 없었고, 그사이에 카슬 예비역 상사와 2명의 해병을 구출했다.

나머지 3명은 철창에 쇠사슬을 걸어 험비와 연결해 벽을 부숴버리는 방법으로 무사히 구출했다. 그 후 해병들은 20파운드짜리 폭탄을 사용해 집을 붕괴시켰다. 저항군 2명이 오도 가도 못하고 집 안에서 죽었는데, 그 직전에 1명이 마지막 힘을 짜내 수류탄을 굴렸지만, 다친 해병은 없었다. 그렇게 '13일'의 고비가 지나갔다. 하지만 이날의 '저주'는 아직 끝이 아니었다.

K중대 동쪽에서 I중대는 독 안에 든 쥐 신세가 된 저항 세력의 집요한 저항을 받고 있었다. 그중에는 자살폭탄 조끼를 입고 자폭하는 자까지 나와 해병들이 죽기도 했다. 신경이 날카로워진 해병들은 결국 '사고'를 치고 말았다. 어제 전투에서 부상당한 한 해병이 총 끝으로 부상당한 저항군 1명을 가리키며 "이런 우라질, 이놈은 어제 뒈진 척하고 자빠져 있다가 총질한 놈이야!" 하고 소리를 지르면서 그의 머리를 총으로 쏜 것이다. 저항군의 머리에서 뿜어져나온 피가 벽에 튀었고 다리가 부들부들 떨렸다. 다른 해병이 응수했다. "이제 진짜 뒈졌구만!" 문제는 한 TV 방송사 기자가 그 장면을 촬영하고 있었고, 일을 저지른 해병들은 그 사실을 모르고 있었다는 것이다.

어쨌든 미군은 이날까지 팔루자의 90퍼센트를 장악했고, 이에 이라크 임시정부는 팔루자가 안정을 되찾았다고 발표했지만, 전투가 끝난 것은 아니었다.

11월 14일, 제5해병연대 3대대는 야자나무가 우거지고 잔디밭이 있는 3층 고급 주택들이 즐비한 부촌에서 소탕전을 벌였다. 이 과정에서 조지 페이튼 병장이 한 집에서 방문을 열다가 기습을 받아 왼쪽 다리를 잃었다. 킵 예거 병장과 메이슨 피셔 병장이 뛰어들어 M16 소총을 쏘아대며 그를 구출했고, 그 자리에서 3명을 사살했다. 저항군 1명이 수류탄을 던지려 하자 이번에는 예거가 번개같이 뛰어들어 쿠크리 나이프로 목을 찔러 쓰러뜨렸다.

해병대는 졸란 지구의 뒷골목도 소탕했다. 이곳에는 놀랍게도 AK 소총은 물론 RPG-7과 박격포, 심지어 대공포까지 파는 상점들이 많았다. 해병대는 팔루자 전투의 시발점이 된 참극의 장소 '브루클린 다리'에 도달했고, 사실상 팔루자를 완전히 장악하는 데 성공했다. 대원들은 남쪽

교각에 검은 페인트로 이렇게 썼다.

여기는 2004년 팔루자에서 살해된 블랙워터사의 미국인들을 추모하는 장소입니다.
셈퍼 피델리스! 제5해병연대 3대대.
이런 우라질!

대대장 말레이 중령은 이 글을 보고 "마지막 줄은 지우고, '편히 쉬소서'라고 써야겠군"이라고 말했다. 하지만 워낙 잔인한 전투를 치른 그로서는 부하들의 심정도 이해했다. 어쨌든 원정군 사령관 새틀러 중장은 "우리는 팔루자를 해방시켰다!"고 선언할 수 있었다. 하지만 큰 전투는 끝났지만 여전히 끝내지 않으려 하는 자들이 남아 있었다. 양쪽은 소탕전에서 여전히 피를 흘려야 했다.

마지막 전투

11월 15일 아침, 제3해병연대 1대대는 격렬한 전투를 치렀는데, 그 와중에 머리에 총상을 입고 쓰러져 있던 라파엘 페랄타 하사가 적이 던진 수류탄을 안고 산화하는 일이 있었다. 그에게는 명예훈장이 수여되었고, 이라크에서 50명을 잃은 1대대의 명예를 드높였다.

제8해병연대 1대대 A중대도 고속도로 남쪽 빈민가에서 격전을 벌였다. 부사관이 부족해 분대장을 맡은 티머시 코너스 병장은 전투 중 분대원인 데시아토 일병이 전사하고 시신마저 저항 세력에게 탈취당하자 모가디슈와 브루클린 다리의 악몽을 재현하지 않기 위해 폭약으로 적의 거점을 파괴하고 전차까지 동원하는 격전 끝에 결국 시신을 되찾았다.

●── 이라크전쟁에서 험비가 얼마나 중요한 역할을 했는지 잘 보여주는 장면이다. 기동전뿐 아니라 시가전에서도 이 차량의 활약은 대단했다.

사실 데시아토는 무기 창고 경비였지만 코너스에게 사정하여 전투에 참가한 병사였다.

대원들이 쓰러뜨린 적들은 40대 후반부터 12살 정도의 소년까지 연령이 다양했다. 하지만 최고 목표인 알자르카위의 생사는 아직 확인되지 않았다. 그날 저녁, 알자지라가 부상자에게 총질을 한 해병의 동영상을 방영했다. 당연히 '피에 굶주린 미 해병대'에 대한 비난 여론이 이라크 내에서 비등할 수밖에 없었다.

11월 16일, 미 육군 기계화 보병대대는 알자르카위가 은신해 있다는 마지막 거점, 즉 높은 담장으로 둘러싸인 건물을 포위했다. 이 건물에 있던 20여 명의 저항 세력은 전차포 세례에도 불구하고 최후의 순간까지 대항했지만 결국 모두 사망했다. 이로써 11월 7일부터 시작된 2차 팔루자 전투는 완전히 끝이 났다. 하지만 알자르카위의 소재가 파악되지 않아 불완전한 승리라는 평가를 감수할 수밖에 없었다.

팔루자 전투의 결과

1차 팔루자 전투에서는 약 100동의 건물이 파괴되었다. 하지만 2차 팔루자 전투에서는 그 200배에 가까운 파괴가 일어났다. 공중폭격 540여 회를 제외하더라도 야포탄과 박격포탄 1만 4,000여 발, 전차 주포탄 2,500여 발이 발사되어 팔루자의 건물 3만 9,000여 동 중 거의 절반인 1만 8,000여 동이 파괴되거나 손상되었고, 그중 절반 이상은 거주가 불가능했다. 11월 하순에 한 미군 장성이 본 팔루자는 "부러진 전봇대, 파괴되고 약탈된 상점, 무너진 건물의 콘크리트 더미, 불에 타 앙상하게 뼈대만 남은 자동차, 휘어져 당장 쓰러질 것 같은 건물 기둥" 등 그야말로 전쟁의 민낯을 그대로 보여주었다. 그의 반응은 한마디로 "하느님 맙소사!"였다.

저항 세력은 1,200~1,600명이 죽은 것으로 추산되었다. 1,052명이 포로가 되었는데, 그중 20명은 외국인 테러리스트였다. 이렇게 많은 피해가 난 이유 중 하나는 저항 세력의 리더들이 전투 숙련도가 떨어지고 미군에 대한 적개심만 높은 참가자들에게 향정신성 의약품, 즉 마약을 투여했고, 그 바람에 그들은 공포를 잊고 전투에 몰입했는데, 심지어 소총탄 서너 발을 맞고도 싸우거나 벽을 타기도 하여 미군을 경악시켰다. 민간인 사상자의 수는 알 수가 없다. 미군의 피해도 만만치 않아 31명의 해병대원과 4명의 육군을 포함하여 37명이 전사했고, 320명이 부상을 입었다. 해병대의 피해가 많은 이유는 기갑 장비가 부실해서 그만큼 보병 전투를 많이 치렀기 때문이다.

팔루자의 엄청난 파괴는 이라크인들의 반감을 살 수밖에 없었다. 1년 반이 지난 2005년 4월, 팔루자 시민들은 9만 명밖에 돌아오지 않았다. 미국과 이라크 정부는 그들에게 각각 200달러와 100달러의 현금을 지급하고, 파괴된 가옥 가치의 20퍼센트에 해당하는 금액을 보상해주었을 뿐이다. 어쨌든 팔루자는 이라크에서 가장 '안전한' 도시가 되었지만 어디까지나 '철조망 안의 안전'이었고, 타 도시들의 모델이 될 수는 없었다.

2차 팔루자 전투에 투입된 이라크군 2개 대대는 문제가 있었지만 전보다는 훨씬 나은 모습을 보였다. 그럼에도 저항 세력이 두려워 근무시간 외에는 사복 착용을 고집했다. 어쨌든 수니파 저항의 상징인 팔루자는 제압되었고, 2005년 1월 30일 제헌의회 선거를 치를 수 있었다. 이 선거는 60퍼센트가 넘는 투표율을 기록했지만, 수니파의 투표율은 8퍼센트도 채 안 되었다.

팔루자 이후의 이라크

2005년 6월 28일, 부시 대통령은 호기롭게도 이라크를 이라크인들에게 맡기고 미군은 떠날 것이라고 선언했다. 10월에는 헌법 제정을 위한 국민투표가, 12월에는 총선이 치러졌다. 이 과정에서 저항 세력의 공격이 없지 않았지만 이라크 보안군의 적절한 대처로 큰 희생 없이 모든 선거가 치러졌다. 이에 고무된 부시는 '이라크전쟁 승리를 위한 국가 전략'이라는 거창한 이름의 문서를 발표하고, "이라크 국가가 형성"되었으며 전쟁은 승리했다고 선언했다. 하지만 이는 부시 정부 특유의 무능과 낙관주의가 어우러진 '근거 없는 자신감'에 불과했다. 선거가 치러지고 의원들이 선출되었지만 권력 투쟁으로 인해 정부가 구성되지 않고 있었기 때문이다.

2006년 2월 22일, 시아파의 최고 성인인 알리와 그의 아들 하산이 묻힌 알아스카리 사원이 폭탄으로 파괴되었다. 이라크전쟁의 장기화, 시아파와 수니파의 내전을 원하는 알카에다의 짓이었다. 상황은 그들의 의도대로 흘러갔다. 시아파 민병대는 수니파의 종교 지도자들과 부족장들, 그들의 모스크를 공격해 1주일 사이에 수백 명을 살해했다. 5월 20일 비로소 출범한 이라크 정부는 시아파 위주여서 이런 민병대의 공격을 사실상 지원하다시피 했고, 이를 '알카에다에 대한 공격'으로 합리화했다. 심지어 이라크 정부는 수니파 아동에 대한 교육 기회를 박탈하고, 의료 서비스 제공을 거절하기도 했다. 당연히 수니파의 반격이 일어났다. 하지만 이런 종파 간 내전에서 미군의 역할은 제한적일 수밖에 없었다.

부시 정권도 결국 대가를 치르기 시작했다. 공화당은 11월 7일의 중간선거에서 패배하여 상하원 모두를 민주당에 내주었고, 다음 날 럼즈펠드 장관이 사퇴했다. 2006년 한 해 동안 2만 8,000명이 넘는 이라크인들이 죽는 거대한 혼란이 벌어졌고, 두 종파가 서로에 대한 공격에 열중했음에도 미군 희생자가 822명이나 나왔다. 제1해병사단은 여전히 팔루자를 중심으로 한 안바르주에 주둔하고 있었는데, 이 지역은 두 종파의 혼합 지역이 아니어서 비교적 조용했다. 이제 부시는 패배를 인정하고 철군하느냐, 병력을 증파해 끝장을 내느냐 가운데 하나를 선택해야 했다.

반전 여론이 65퍼센트에 이르고 전쟁을 지지하는 여론은 20퍼센트에 불과해서 정권 내부에서조차 패배를 인정하고 철군해야 한다는 이들이 많아졌다. 하지만 2007년 1월 10일, 부시는 놀랍게도 병력 증파를 선언했다. 이 결정은 오류와 오만으로 얼룩졌던 이라크전쟁에서 유일하게 옳은 판단이었다.

사실 부시와 네오콘은 2006년까지만 해도 아수라장이 된 이라크의 상황을 종파 내전으로 인정하지 않고, 개선되고 있다고 우겼다. 하지만 뜻 있는 장군들은 전혀 동의하지 않았고, 대안을 마련했다. 대표적인 인물이 바로 매티스 장군과 통합군 연구소장인 데이비드 퍼트레이어스 장군이었다. 두 사람은 새로운 대게릴라 작전 교범의 필요성에 뜻을 모으고, 미군은 물론 게릴라전 경험이 풍부한 영국군과 호주군의 자문도 받고, 심지어 인권 변호사의 조언까지 받아 『FM 3-24』라는 훌륭한 야전교범을 완성했다. 이 책은 2006년의 아수라장에는 쓰이지 못하다가 해를 넘겨서야 궁지에 몰린 부시의 마음을 움직였다.

부시는 중부군 사령관 아비자이드는 퇴역시키고, 다국적군 사령관 케이시는 웨스트모얼랜드처럼 육군 참모총장으로 임명하여 전선에서 손을 떼게 했다. 그리고는 퍼트레이어스 장군에게 다국적군 사령관직을 맡겼다. 부시는 전과는 달리 전투에 대해 간섭하지 않았다. 또한 '이라크에 민주주의를 확립하겠다'는 이념적 목표를 포기하고 대신 '이라크의 안정과 안전을 구축한다'는 단기 목표에 집중했다. 퍼트레이어스 장군은 인준 청문회에서 종파 전쟁이라는 현실을 인정하는 한편 인내심을 가지고 사태를 수습하겠다는 각오를 보여 신뢰감을 주는 데 성공했다.

증파된 미군은 2만 명 수준이었지만 상징적인 의미가 컸고, 전과 달리 두 종파가 섞여 사는 바그다드에 집중 투입되었으며, 수니파 보호에 집중했다는 점에서 의미가 컸다. 특히 3미터 높이의 콘크리트 장벽으로 수니파 지구를 둘러싸 양쪽의 공격을 막았다. 한편 이 무렵인 2007년 초, 이 책의 주인공인 제1해병사단은 제2해병사단에게 작전지역을 인계하고 본토로 돌아가게 되었고, 이로써 이라크와의 인연도 끝내게 되었다.

하지만 중동과의 인연은 계속 이어진다.

퍼트레이어스 장군이 지휘하는 미군은 주민들과 같이 살면서 24시간 순찰하며 치안을 확보한 다음 2007년 6월 15일부터 2개월간 바그다드 일대의 알카에다 세력을 상대로 맹공을 퍼부어 1,100여 명을 사살하고 6,700여 명을 체포하여 조직을 거의 와해시켰다. 또한 수니파 민병대를 적극 지원하여 민심 수습에도 어느 정도 성공했다. 우여곡절은 있었지만 장군의 전략은 맞아떨어져 6월을 정점으로 이라크는 빠르게 안정을 찾았다. 6월 마지막 주에는 무려 1,600여 회의 공격이 있었지만, 2008년 4월에는 주당 400회 미만, 2009년 4월에는 약 160회로 격감했다. 2009년에 출범한 버락 오바마 정부는 공약대로 미군 철수를 시작하여, 2010년 8월 31일까지 모든 전투부대를 철수하고, 2011년 말까지 지원부대도 철수했다. 하지만 이라크는 여전히 불안정하며, '이라크의 자유'를 위한 미국의 침공은 쿠르드족의 자치를 제외하면 이라크인의 삶을 더욱 악화시켰다. 10만 명이 넘는 이라크인들이 죽고, 전문직 등 중산층이 대거 출국하여 황폐한 국가가 되었다. 여기에, 잘 알려진 대로 극단주의자들이 결성한 '이슬람국가(ISIS)'까지 등장하여 가공할 테러를 저질렀다. 최근에는 거의 진압되었지만 여전히 이라크 일대의 정세는 불안정하다.

이라크전쟁에서 해병대를 위시한 미군은 막강한 하드웨어는 물론 지휘관들의 능력이나 병사들의 전투력 등 소프트웨어 면에서도 이라크군을 압도했다. 그러나 이런 미국의 힘은 바그다드 함락 이후에는 무력해졌다. 부시 정권의 무능과 부실한 정책으로 인한 혼란은 고스란히 일선 장병들의 짐으로 돌아왔다. 다만 전쟁은 누군가에게는 대목이었고, 레이시온이나 칼라일 같은 군수업체들은 단단히 한몫을 챙길 수 있었다.

정치가들은 공격을 지시했다가 중지시키고 또 망설였다가 어쩔 수 없게 되자 다시 공격을 명령하는 추태를 반복했다. 아비자이드 장군 등 군사 지도자들도 그들에 휘둘려 같은 오류를 저질렀고, 원격 영상 회의가 자주 열렸음에도 매티스 등 결정적인 정보와 경험을 지닌 지휘관들에게는 발언 기회가 주어지지 않았다.

그 결과 2010년 10월 31일 기준으로, 미군은 이라크전쟁에서 4,430명의 전사자와 3만 1,929명의 부상자를 냈는데, 거의 2개 사단 상실에 해당된다. 미국 정부는 거의 2조 달러의 직간접 비용을 소모하여 클린턴이 물려준 재정 흑자를 탕진했고, 현재 미국이 겪고 있는 심각한 재정 위기의 근본 원인이 되었다. 또한 무리한 전쟁과 미숙한 전후 처리로 대내외적으로 국가에 대한 신뢰감이 바닥으로 떨어지고 말았다.

해병대는 이라크전쟁에서 그들의 자랑스러운 선배들에게도 뒤지지 않을 무훈을 세웠지만, '높으신 분'들의 잘못으로 빛이 바래고 말았다.

10장

종막,
마지막 이야기

아프가니스탄에 가다

제1해병사단은 2008년 대대 병력을 아프가니스탄에 파병했다. 그리고 아프가니스탄을 중시하기로 한 오바마 정부가 출범하자 제5해병연대, 제7해병연대를 중심으로 사단은 헬만드주로 이동했다.

아프가니스탄 남부에 위치한 헬만드주는 면적만 따지면 아프가니스탄에서 가장 큰 주로, 아프가니스탄의 수많은 부족 중 탈레반에 우호적인 파슈툰족이 가장 많이 사는 지역이기도 하다. 또한 이곳은 아프가니스탄에서 양귀비 재배가 가장 활발한 지역으로 탈레반에 의해 양귀비 재배가 장려되었을 때는 아프가니스탄 생산량의 3분의 1 이상을 차지했을 정도였고, 지금도 양귀비 재배가 성행하는 곳이기도 하다. 아프가니스탄 치안을 맡은 국제안보지원군International Security Assistance Force, ISAF은 헬만드주의 전략적 중요성을 파악하고 많은 병력을 파견했는데, 영국군이 9,000명으로 가장 많이 배치되었고, 미군도 제1해병사단을 주력으로 삼아 8,500명을 배치했다. 그 외에도 8,000명의 아프가니스탄 보안군과 덴마크, 캐나다 등 다른 국가의 군대도 배치되었다.[*]

아프가니스탄은 해병대가 밟은 11번째 타국의 전장이 되었다. 한편으로는 해병대가 처음으로 바다와 접하지 않은 나라에 파병된 사례이기도 했는데, 이는 그간 해병대의 성격이 얼마나 많이 변화했는지를 잘 보여주는 사건이다. 또한 베트남전쟁 이후 거의 40년 만에 산악지대에 투입되었고, 장진호 전투 이후 처음으로 추운 지역에서 전투를 치르게 된 것이기도 했다. 한편 아프가니스탄을 담당한 중부군 사령관은 대장이 된 매티스 장군이었다.

2008년 8월 8일, 제7해병연대 2대대의 한 소대가 스완[Shewan]이라는 마을에 탈레반 세력이 있다는 정보를 입수하고 마을에 진입하여 전투를 벌였다. 하지만 그곳에는 해병대의 예상보다 훨씬 많은 탈레반이 있었고, 거의 30 대 250의 압도적인 병력 열세 속에서 전투를 치러야 했다. 하지만 20명의 적을 쓰러뜨린 저격수의 놀라운 활약으로 8시간의 격전 끝에 소대는 3명의 부상자만 내고 50명 이상의 탈레반을 사살하는 대전과를 올린 뒤 생환했다.

2009년 7월 2일 새벽 1시, 오바마 대통령 취임 이후 처음으로 해병대 4,000여 명은 아프가니스탄 보안군 650여 명과 함께 탈레반에 대한 침공 작전을 벌였다. 이 작전의 목표는 8월 20일 아프가니스탄 대선을 앞두고 탈레반의 주요 활동지인 헬만드주를 장악하는 것이었다. 이 작전에

---

[*] 헬만드주의 가장 큰 기지는 영국군의 캠프 바스티온이었고, 해병대의 기지 이름은 누가 봐도 알아볼 수 있게 캠프 레더넥이 되었다. 해병대는 캠프 피닉스도 보유했다.

서 해병대는 대통령 선거를 방해하려는 탈레반의 시도를 저지하는 데는 성공했지만 헬만드주를 장악하는 데는 실패했다. 워낙 험준한 아프가니스탄의 지형 탓이 컸는데, 사실 19세기에는 영국군, 20세기에는 소련군이 이미 실패한 바 있었으니 제아무리 해병대라도 압승을 거두기는 불가능했던 것이다.

전쟁은 지루하게 이어졌다. 하지만 해병대 입장에서는 그동안 엄청난 말썽을 피웠던 MV-22 오스프리가 처음으로 실전 투입된 전쟁이기도 했다. 2010년 11월에는 당시 중장으로 승진한 존 켈리 제1해병원정군 사령관의 막내아들이자 제5해병연대 3대대 소속의 마이클 켈리 중위가 전사하는 일이 있었다. 그는 9·11 테러 이후 벌어진 전쟁에서 전사한 유일한 '장군의 아들'이 되었는데, 켈리 장군은 비보를 듣고도 "지금도 적과 맞서면서 위험한 상황에 처해 있는 우리 아들의 소대원들을 위해 기도해달라"고 말해 미국인들을 감동시켰다. 켈리 장군은 대장으로 승진하여 중남미와 카리브해 일대를 담당하는 남부 사령관으로 취임했다가 트럼프 정권 출범 후 국토안보부 장관에 임명되었고, 백악관 비서실장으로 근무하다 트럼프의 변덕으로 물러났다.

윌리엄 카일 카펜터 상병은 아프가니스탄전쟁에 제1해병사단 소속 자동소총 사수로 참전하여 2010년 전투 중 동료에게 수류탄이 날아오자 몸을 던져 수류탄 공격을 막았다. 그로 인해 얼굴과 오른팔에 중화상을 입고 한쪽 눈을 잃었는데, 이후 눈물겨운 재활 과정이 언론에 보도되며 미국 전체를 울음바다로 만들었다. 해병대에서 의병제대한 그는 2014년 6월 19일 백악관에서 명예훈장을 받았다. 생존하여 명예훈장을 받은 인물들 가운데 역대 최연소자였다.

해병대는 2011년 3월부터 40명의 여군으로 구성된 전문 민사팀을 아프가니스탄에 파견했다. 여성과 아이들을 전담하는 민사팀의 파견이라는 점에서 이는 해병대 역사에서 특기할 만한 사건이었다. 또한 같은 달 동일본 대지진이 일어나 엄청난 인명과 재산 피해가 일어났을 때도 해병대는 구호 활동에 참여했다.

대니얼 유

이쯤에서 한국계 대니얼 유의 활약을 주목해봐도 좋을 것 같다. 1962년 서울에서 태어나 부모님을 따라 미국으로 건너간 그는 1985년 소위로 임관한 뒤 2008년 7월 오키나와 주둔 제3해병사단 제4해병연대장이 되었다. 아프가니스탄에서 맹활약하여 동성무공훈장을 받은 그는 2011년 준장으로 승진했다. 순수 한국계로서는 미군을 통틀어 첫 번째 장군이 된 그는 그해 8월 7일 미주한인재단이 수여하는 '자랑스러운 한국인상'을 받았다.

2013년 1월에는 아프가니스탄 주둔 해병대 사령관직을 맡아 같은 해 4월에 치러진 아프가니스탄 대통령 선거의 치안을 관리했으며, 이듬해인 2014년 미군이 아프가니스탄에서 철수할 때 현장 마무리를 맡아 가장 나중에 철수했다. 이때 그는 레더넥 기지를 아프가니스탄 정부군에 무사히 인계했다. 오바마 대통령은 이런 배경하에 2014년 12월 28일, 아프가니스탄전쟁의 종전을 선언했다. 귀국 후 제1해병사단 부사단장에 취임한 그는 2015년 7월 30일 제3해병원정군 사령관으로 취임한 로런스 니컬슨 장군의 뒤를 이어 펜들턴 기지에서 제1해병사단장 직무대행이 되어 9월까지 임무를 수행했다. 한국에서 태어난 인물이 60년여 만에 비록 직무대행이긴 하지만 한국을 구한 제1해병사단을 지휘하는 영광을 맛본 것이다.

●— 대니얼 유는 2016년 4월 15일 소장으로 진급했고, 2017년 5월에는 미 태평양 특수작전사령관, 2018년 8월에는 미 해병대 특수작전사령관에 임명되어 임무를 수행하고 있다.

현재의 해병대

2010년대 들어 해병대는 또 한 번의 변신을 하는데, 바로 와스프급의 후계함인 아메리카급 강습상륙함을 보유하게 된 것이다. 아메리카급은 LHA(R)라고도 하며, 와스프급의 8번함이자 마지막 함으로 이전의 동급 함과는 많이 달라진 매킨 아일랜드^{USS Makin Island}(LHD-8)호를 기반으로 설계되었다. 만재 배수량은 4만 5,700톤으로 매킨 아일랜드호의 4만 2,315톤에 비해 8퍼센트가량 늘어났지만, 폭은 파나마운하를 통과할 수 있도록 32.3미터로 제한되었으며, 타라와급이나 와스프급과는 달리 가스 터빈을 주동력으로 채택했다.

커진 크기만큼이나 항공기 격납고 크기도 커졌고, 따라서 해리어의 후계인 F-35 B형과 MV-22 등 고정익기를 탑재하고 운용하는 중형 항공모함으로서의 역할도 크게 고려되었다. 대신 항공기 격납고, 항공유 및 무장 보관 공간을 더 확보하기 위해 타라와급과 와스프급이 지닌 상륙용 주정 운용 능력이 배제되어 1번함 아메리카와 2번함 트리폴리에는 선미 출입구 및 도크가 없다. 대신 2006년부터 5척이 취역하고 추가로 5척이 건조 중인 샌안토니오급 수송상륙함이 각종 주정 운용 능력을 갖추기로 결정되어 큰 문제가 없을 것으로 보였지만, 해병대가 반발하여 3번함 이후의 아메리카급에서는 도크가 부활될 예정이다.

어쨌든 아메리카급은 강습상륙함의 '탈'을 쓴 사실상의 중형 항공모함인 셈이다. 1번함 아메리카는 2015년에 취역했고, 2번함 트리폴리는 실전 투입 직전인데, 3번함 부건빌 이후의 함은 예산 문제 때문에 언제 등장할지 모르지만 함명은 와스프급처럼 기존 항모와 상륙함의 이름이 병용될 가능성이 대단히 높다.

한편 MV-22는 아프가니스탄에서 실전 데뷔했지만 F-35 B형은 계속 말썽을 부려 실전 배치가 이루어지지 않고 있다. 아예 개발이 취소된 장비도 있다. 대표적인 예가 EFV^{Expeditionary Fighting Vehicle}(원정 전투차)로, 계획대로라면 배치된 지 40년 가까이 된 AAV-7을 대신할 차세대 수륙양용장갑차였다. 워터제트 엔진을 달아 AAV-7 장갑차의 3배가 넘는 46킬로미터의 해상 속도를 자랑하고, AAV-7의 12.7밀리 기관총과는 비교가 되지 않는 30밀리 부시마스터 기관포를 장비하여 자력으로 경장갑 차량을 상대할 수도 있다. 결점이라면 AAV-7 장갑차보다 탑승 인원이 4명 줄어들어 17명이 되었다는 것 정도인데, 해병대에서는 그에 대해 별다

●── F-35B 수직이착륙 전투기와 MV-22가 비행갑판을 메우고 있는 LHA. 헬리콥터가 없어지지는 않겠지만 시간이 갈수록 해병대 항공 분야의 주역 자리에서는 밀려나게 될 거라는 점을 보여주는 모습이다.

른 불만을 보이지 않았다. 그러나 국방 예산 감축의 여파로 양산이 취소되었다. AAV-7의 노후화에 대비해야 하는 해병대로서는 대안으로 속도는 AAV-7과 별 차이가 없지만 승무원의 생존력을 향상한 ACV^Amphibious Combat Vehicle(수륙양용전투차)를 개발하고 있다.

미 해병대는 사실상 전 세계를 작전 범위로 하고 있다. 제1해병사단, 제2해병사단, 제3해병사단은 해병 항공대와 병참 그룹을 합쳐 각기 제1해병원정군, 제2해병원정군, 제3해병원정군을 구성하고 있다. 그중 이책의 주인공인 제1해병사단은 제1해병원정군의 핵심으로 펜들턴 기지에 사령부를 두고 태평양 동부를 관할하며, 중동에도 상당한 병력을 파견해놓고 있다. 오키나와에 본부를 둔 제3해병원정군은 제3해병사단을 중심으로 서부 태평양과 아시아를 담당하고 있는데, 한국에서 전쟁이 나면 가장 먼저 투입될 부대이자 대對중국 포위망의 핵심 부대이기도 하다. 제1해병원정군, 제3해병원정군은 하와이에 있는 해병대 태평양사령부에 속해 있으며, 캠프 레준에 사령부를 둔 제2해병원정군은 '대서양 해병대'라고 불리며 지구의 서반구를 담당하고 있다.

최근 미국은 남중국해 도서 영유권을 둘러싼 중국과 주변국의 마찰 확대, 러시아 극동군의 잦은 일본 영공 침범 등 극동 지역의 긴장 고조를 고려하여 해병대의 재배치를 결정했다. 주일 해병대와 가족 5,000명을 괌으로 옮기고, 그에 따라 오키나와에는 1만 명가량, 하와이에는 8,000명가량의 해병대원이 주둔한다고 발표했다. 현재 미 해병대 전체 병력 규모는 17만 5,000여 명이다.

그런 가운데 인도, 호주와의 협력 강화도 눈에 띄지만, 우리 입장에서는 미 해병대와 일본 자위대의 협력 강화를 가장 주목할 수밖에 없다. 사실 이전에도 제31해병원정대는 괌에서 자위대와 함께 '도서 탈환'을 목적으로 한 상륙 훈련을 해왔다. 이 훈련은 중국을 겨냥한 것으로 보이지만 최근 자위대는 AAV-7 수륙양용장갑차를 도입하여 상륙전 여단을 창설했으며, MV-22를 주문하여 곧 실전 배치하는 등, 과장된 표현이기는 하지만, 자위대의 '해병대화'를 추진하고 있다.

걸프전쟁 이후 주로 중동에서 활동해온 미국 해병대가 앞으로 그들의 '진정한 무대'인 동아시아와 태평양에서 어떤 모습을 보일지 더욱 주목해야만 할 것이다. 더구나 해병대 출신 장군들이 군과 정부 요직을 맡는 최근의 분위기에도 관심을 가질 필요가 있다. 이미 언급했지만 던포드가 합참의장을 지냈고, 매티스는 트럼프 정부 첫 국방장관을, 켈리는 백악관 비서실장을 역임했다.

새로 출범한 바이든 행정부가 해병대를 어떻게 활용할 것이며, 해병대 출신 퇴역 장성을 얼마나 기용할지는 알 수 없는 일이다. 하지만 어찌됐든 우리는 미 해병대에 관심을 가져야 한다. 싫건 좋건, 우리의 운명과 직결되어 있으니 말이다.

'산전수전山戰水戰'이라는 말은 흔히 경험이 많다는 뜻으로 쓰인다. 그런데 이 성어를 한자 뜻 그대로 풀면 산과 물에서 싸웠다는 뜻이다. 세계를 주름잡는 강대국들에게는 수많은 정예부대가 있지만 아마 제1해병사단만큼 이 성어에 어울리는 부대도 없을 것이다.

사단의 핵심인 제5해병연대는 사단 창설 이전에 프랑스에서 세계 최강 독일군을 상대로 '악마견'이라는 별명을 얻었고, 1941년 사단 창설 이후에는 과달카날과 뉴브리튼에서 지옥 같은 정글전을 치러 승리했다. 펠렐리우와 오키나와에서는 악착같이 저항하는 일본군을 상대로 처절한 동굴전을 치러 일본 제국의 마지막 숨통을 끊었으며, 특히 오키나와의 상징 슈리성에 입성한 부대가 되기도 했다.

승전 후에 휘몰아친 군축의 칼날은 해병대에 큰 상처를 주었지만 1950년 일어난 한국전쟁에서 그들은 자신들이 왜 미국에 반드시 필요한 군대인지 입증해 보였다. 전 세계에 흩어져 있다가 한반도로 달려간 제1해병사단은 전선의 소방수로서 낙동강 전선의 붕괴를 여러 차례 막아냈고, 해병대의 본령인 상륙전, 즉 인천상륙작전을 성공시켰다. 또한 치열한 시가전 끝에 서울을 탈환하는 찬란한 전공을 세웠다. 승리는 아니었지만 극한의 추위와 험악한 산악지대에서 벌어진 거대한 드라마인 장진호 전투에서 보여준 서사시적 철수는 해병대 정신의 진수를 보여주었을 뿐 아니라 쑹스룬 병단을 궤멸시킴으로써 한국의 붕괴를 막아냈다. 그 후에 벌어진 빨치산 토벌과 고지전에서도 그들은 제 몫을 다했다.

한국과 과달카날을 섞어놓은 듯한 전장 베트남에서 해병대는 지휘부의 잘못된 전략으로 패배의 쓴 잔을 마셔야 했지만 처절한 후에 시가전에서 승리했고, 적어도 육군보다는 한 수 위의 전투력을 가졌음을 다시한 번 증명했다. 1990년에 벌어진 걸프전쟁에서도 해병대는 생소한 사막 기동전을 치러야 했지만 '되게 만드는' 해병대답게 훌륭하게 적응했을 뿐 아니라 쿠웨이트 해방의 주역으로서 최고의 활약을 보여주었다.

비록 정치 지도자의 그릇된 판단으로 시작된 전쟁이었지만 해병대는 2003년에 다시 이라크군과 싸웠다. 12년 전과 같은 사막 기동전이었지만 이번에는 500킬로미터가 넘는 거리를 돌파해야 했고, 500만이 넘는 인구가 사는 대도시 바그다드를 함락시켜야 했다. 하지만 이 임무 역시 훌륭하게 완수했고, 전 세계에 널리 알려진 후세인 동상 파괴라는 퍼포먼스의 주역이 되었다. 다시 한 번 정치인들의 그릇된 판단으로 팔루자 전투에서 '악역'을 떠맡아야 했지만 해병대는 자신들의 임무를 묵묵히 완수했다. 최근에는 바다가 없는 내륙국인 아프가니스탄에서 싸우는 독특한 경험을 하기도 했다.

1차대전을 빼놓더라도 1941년 창설 이후 제1해병사단이 싸웠던 전장을 지금의 '주권국가' 기준으로 나누면 11개국에 달한다. 솔로몬제도, 파푸아 뉴기니, 팔라우제도, 일본, 한국, 북한, 베트남, 사우디, 쿠웨이트, 이라크, 아프가니스탄으로, 아마도 이렇게 많은 나라에서 싸워본 유일한 사단급 부대일 것이다.

제1해병사단은 부대 마크에서 유래한 '블루 다이아몬드'라는 별명도 있지만 보통 '오래된 씨앗'이라는 뜻의 '올드 브리드Old Breed'라고 불린다. 라이벌이자 육군의 정예부대인 제82공정사단이 미국에서 제일이란 뜻의 '올 아메리카', 제101공수기동사단이 '울부짖는 독수리', 심지어 제25사단조차 '열대의 번개'라는 그럴듯한 별명을 가지고 있는 데 비해 밋밋하기 짝이 없는 이름이다. 또한 지휘관들도 스미스나 데이비스 같은 흔해 빠진 이름이 많으며, 그들의 제복 역시 각종 기장과 계급장, 명찰 등으로 화려하게 장식된 육군 정복에 비해 수수하기 그지없다.

제1해병사단을 위시한 해병대는 해군 경찰과 해상 육박전을 전문으로 하는 소규모 부대에서 시작하여, 해외기지와 대사관 방어 및 교민 보호 임무를 맡다가 2차대전에서는 과감한 적전상륙을 감행하는 정예부대로서 수많은 전략 거점을 점령했다. 20세기 후반에는 전 세계 어디에나 빠르게 출동할 수 있는 신속 전개 부대로 변신하여 미국 군사전략의 최전선에 서 있고, 어디서나 몸을 사리지 않고 자신들의 역할을 다했다. 이런 계속적인 변신이 가능했던 비결을 찾자면 해병대의 '양서류'적 특성을 가장 먼저 들어야 할 것이다. 양서류는 영어로 'Amphibian'이라고 하는데, 이러한 양서류적 특징 때문에 상륙작전을 'Amphibious Operation'이라고도 한다. 하지만 물과 육지 모두에서 살 수 있다 해도 자칫 잘못하면 양쪽 어디에서도 발을 붙일 수 없게 된다. 해병대는 바로 이런 양서류적 존재로서 해군도 육군도 아닌 탓에 계속해서 존재를 부정당하는 위기를 맞아왔다. 하지만 특유의 강한 훈련과 독특한 전우애로 이룬 실적으로 해병대는 그 존재 의의를 스스로 지켜왔다. 대검에서 전술핵에 이르기까지 육해공에 걸친 다양한 장비를 보유한 이 정예부대는 '미 제국주의의 선봉'이라는 그림자에도 불구하고 미국이 존재하는 한 영원히 존재할 것이다. 다만 그들의 힘이 드러나지 않길─전쟁이 일어나지 않길─바라며, 제1해병사단을 중심으로 한 미국 해병대의 이야기를 마치고자 한다.

셈퍼 피델리스!

1775년 11월 10일 해병대가 창설되다.

1853년 페리 제독의 휘하로 일본 개항에 참가하다.

1871년 6월 신미양요을 일으켜 광성보를 함락하다.

1911년 8월 제1해병연대가 창설되다.

1914년 4월 제5해병연대가 창설되다.

1917년 제5해병연대, 프랑스에 파병되다.

1918년 6월 제5해병연대, 벨로숲 전투에서 승리하다.

1941년 2월 1일 제1해병사단이 창설되다.

1941년 12월 7일 일본군이 진주만을 기습, 태평양전쟁이 발발하다.

1942년 8월 7일 제1해병사단, 과달카날에 상륙하다.

1942년 9월 12일 피의 능선 전투 벌어지다.

1942년 12월 9일 제1해병사단, 과달카날을 공식적으로 인계하고 휴양을 떠나다.

1943년 2월 일본군, 과달카날에서 철수하다.

1943년 12월 26일 글로스터곶에 상륙하다.

1944년 9월 15일 펠렐리우섬에 상륙하다.

1945년 2월 19일 존 바실론, 이오지마에서 전사하다.

1945년 4월 1일 오키나와에 상륙하다.

1945년 5월 1일 제27사단과 교대하여 전선에 투입되다.

1945년 5월 29일 슈리성을 함락하다.

1950년 6월 25일 한국전쟁이 발발하다.

1950년 8월 1일 임시 편성된 제1해병여단이 마산에 상륙하다.

1950년 8월 7일 진동리 전투를 치르다.

1950년 8월 17일 오봉리 전투를 치르다.

1950년 9월 3일 영산 전투를 치르다.

1950년 9월 15일 인천 월미도에 상륙하다.

1950년 9월 18일 김포공항을 점령하다.

1950년 9월 20일 제5해병연대, 행주산성 부근에서 한강을 도하하다.

1950년 9월 28일 서울을 탈환하다.

1950년 10월 26일 제1해병사단, 원산에 상륙하다.

1950년 11월 2일 수동 전투로 장진호 전투가 시작되다.

1950년 11월 28일 1282고지, 1240고지, 덕동고개 전투가 거의 동시에 벌어지다.

1950년 11월 30일 중국군이 하갈우리를 공격하다.

1950년 12월 1일 하갈우리 비행장에서 첫 수송기가 이착륙에 성공하다.

1950년 12월 4일 제5, 제7해병연대가 하갈우리에 도착하다.

1950년 12월 7일 사단 주력이 고토리에 도착하다.

1950년 12월 12일 제1해병사단, 흥남 철수를 시작하다.

1951년 1월 11일 제1해병사단, 빨치산 토벌전에 투입되다.

1951년 2월 21일 킬러 작전이 개시되다.

1951년 3월 4일 횡성을 탈환하다.

1951년 3월 7일 리퍼 작전이 개시되다.

1951년 3월 15일 홍천을 탈환하다.

1951년 4월 24일 스미스 사단장 이임하다.

1951년 8월 31일 펀치볼 전투를 치르다.

1952년 8월 벙커힐 전투를 치르다.

1953년 3월 베가스 고지 전투를 치르다.

1953년 7월 25일 베를린 고지 전투를 치르다.

1955년 3월 14일 제1해병사단 작전지역을 한국 제1해병사단에게 인계하다.

1965년 3월 8일 남베트남 다낭에 상륙하다.

1965년 8월 18일 스타라이트 작전이 개시되다.

1966년 7월 15일 헤이스팅스 작전이 개시되다.

1968년 1월 31일 후에 전투가 시작되다.

1968년 3월 2일 후에 전투가 종료되다.

1975년 4월 30일 사이공이 함락되고, 남베트남이 패망하다.

1990년 8월 2일 이라크군이 쿠웨이트를 침공하다.

1990년 8월 13일 제7해병원정여단, 사우디에 상륙하다.

1991년 1월 29일 국경 초소에서 전투가 벌어지다.

1991년 2월 24일 쿠웨이트를 해방하기 위한 지상전이 개시되다.

1991년 2월 27일 쿠웨이트 국제공항을 점령, 쿠웨이트가 해방되다.

2003년 3월 20일 이라크 침공을 시작하다.

2003년 4월 9일 바그다드를 함락하고, 후세인 동상을 철거하다.

2003년 4월 14일 티그리트를 점령하다.

2004년 3월 24일 팔루자 지역을 인수하다.

2004년 4월 5일 1차 팔루자 전투가 개시되다.

2004년 8월 매티스 사단장이 이임하다.

2004년 11월 8일 2차 팔루자 전투가 개시되다.

2004년 11월 13일 '지옥의 집' 전투를 치르다.

2008년 8월 8일 스완 전투에서 압승하다.

2014년 10월 26일 제1해병사단, 아프가니스탄에서 철수하다.

2015년 7월 30일 한국계 다니엘 유 장군이 제1해병사단장 직무대행에 취임하다.

2017년 1월 제임스 매티스, 국방장관에 취임하다.

2019년 1월 제임스 매티스, 국방장관에서 퇴임하다.

국내 자료(국역 포함)

고든 L. 로트먼 지음·피터 데니스 그림,『인천 1950』, 한국국방안보포럼 감수·김홍
　　래 옮김, 플래닛미디어, 2006.

구경검,『충성의 힘: 충성은 도덕이 아니라 능력이다』, 조전범 옮김, 가나북스, 2011.

권주혁,『기갑전으로 본 한국전쟁』, 지식산업사, 2008.

권주혁,『베시오 비행장』, 지식산업사, 2005.

권주혁,『핸더슨 비행장: 태평양 전쟁의 갈림길』, 지식산업사, 2001.

기다 히데도,『걸프전쟁: 역사적 배경과 전쟁수행과정을 중심으로』, 오정석 옮김, 연
　　경문화사, 2002.

김환기 글·손민석 사진,『대한민국 해병대 그 치명적 매력: 우리 시대의 아이콘 해병
　　을 해부하다』, 플래닛미디어, 2010.

노나카 이쿠지로,『무한혁신: 최강조직 미 해병대의 생존전략』, 이인애 옮김, 비즈니
　　스맵, 2007.

노나카 이쿠지로,『일본제국은 왜 실패하였는가?: 태평양전쟁에서 배우는 조직경
　　영』, 박철현 옮김, 주영사, 2009.

데이비드 핼버스탬,『콜디스트 윈터: 한국전쟁의 감추어진 역사』, 정윤미·이은진 옮

김, 살림출판사, 2009.

독립기념관 한국독립운동사연구소, 『국가수호 사적지를 찾아서』, 독립기념관 한국
　　　독립운동사연구소, 2012.

디펜스타임즈 편집부, 『미해군 미해병대 장비연감』, 디펜스타임즈, 2003.

라파엘 스타인버그·타임-라이프북스 편집부, 『(라이프)제2차세계대전: 남태평양 전
　　　투』, 한국일보 타임-라이프 편집부 옮김, (주)한국일보 타임-라이프, 1981.

로버트 카플란, 『제국의 최전선: 지상의 미군들』, 이순호 옮김, 갈라파고스, 2007.

마이클 매클리어, 『베트남: 10,000일의 전쟁』, 유경찬 옮김, 을유문화사, 2002.

마틴 러스, 『브레이크 아웃: 1950 겨울, 장진호 전투』, 임상균 옮김, 나남, 2004.

밥 드루리·톰 클래빈, 『폭스중대의 최후의 결전』, 배대균 옮김, 진한엠앤비, 2014.

브레이턴 해리스, 『니미츠: 별들을 이끈 최고의 리더』, 김홍래 옮김, 플래닛미디어,
　　　2012.

빌리 모스맨, 『밀물과 썰물』, 백선진 옮김, 대륙연구소출판부, 1995.

빙 웨스트, 『팔루자 리포트: 치열했던 600일, 이라크 팔루자 전투 보고서』, 이종삼 옮
　　　김, 산지니, 2006.

세르주 브롱베르제 편, 『한국전쟁 통신: 네 명의 프랑스 종군기자가 본 6·25 전쟁』,
　　　정진국 옮김, 눈빛, 2012.

심은식, 『한국인의 눈으로 본 태평양전쟁 1·2』, 가람기획, 2006.

에드워드 L. 로우니, 『운명의 1도: 에드워드 로우니 장군의 한국전쟁 회고록』, 후아이
　　　엠, 2014.

오정석, 『이라크 전쟁: 전쟁의 배경과 주요 작전 및 전투를 중심으로』, 연경문화사,
　　　2014.

온창일, 『한민족전쟁사』, 집문당, 2008.

왕수쩡, 『한국전쟁: 한국전쟁에 대해 중국이 말하지 않았던 것들』, 나진희·황선영 옮
　　　김, 글항아리, 2013.

우에다 신, 『세계최강의 미해병대』, 호비스트, 1997.

윌리엄 맨체스터, 『아메리칸 시저: 맥아더 평전 1·2』, 박광호 옮김, 미래사, 2007.

유진 B. 슬레지, 『태평양 전쟁: 펠렐리우·오키나와 전투 참전기 1994-1945』, 이경
　　　식 옮김, 열린책들, 2019.

이근욱, 『이라크 전쟁: 부시의 침공에서 오바마의 철군까지』, 한울, 2011.

이동훈, 『전쟁영화로 마스터 하는 2차세계대전: 태평양 전선』, 가람기획, 2009.

이상돈, 『美 해병대 한국을 구하다: 6·25의 드러나지 않은 진실』, 기파랑, 2013.

이중근 편저, 『6·25전쟁 1129일』, 우정문고, 2014.

정명섭·신효승 등, 『조선전쟁 생중계: 500년 역사를 뒤흔든 10번의 전투』, 북하우스, 2011.

카와츠 유키히데, 『걸프전 대전차전: 사상 최대 최후의 기갑전투 상·하』, 성동현 옮김, 길찾기, 2017.

키스 휠러·타임-라이프북스 편집부, 『(라이프)제2차세계대전: 일본 본토로의 진격』, 한국일보 타임-라이프 편집부 옮김, (주)한국일보 타임-라이프, 1982.

한국신문방송인클럽, 『이라크 전쟁 상·하』, 한국신문방송인클럽, 2003.

한종수·김미경, 『서서울에 가면 우리는: 변혁의 시작점, 은평-서대문-마포의 역사』, 프시케의숲, 2018.

황재연, 『미국의 아프가니스탄과 이라크 전쟁사: 특수전과 저격전』, 군사연구, 2017.

휴 앰브로스, 『퍼시픽 1·2』, 김홍래·이영래 옮김, 플래닛미디어, 2010.

E. B. 포터, 『태평양 전쟁, 맥아더, 그러나 니미츠』, 김주식 옮김, 신서원, 1998.

해외 자료

Edwin H. Simmons, THE UNITED STATES MARINES: A HISORY, Naval Institute Press, 2002.

稲垣治, アメリカ海兵隊の徹底研究, 光人社, 1990.

舩坂弘, ペリリュー島玉砕戦: 南海の小島七十日の血戦, 光人社, 2010.

王昉·玉文, 王牌軍 世界各國精銳部隊征戰彔, 知識出版社, 1994.

그 외

네이버 블로그 '대사의 태평양전쟁 이야기'.

지은이 한종수

서울에서 태어나 고려대학교 중어중문학과를 졸업하고, 롯데관광과 한국토지공사(현 LH), 세종시 도시재생지원센터에서 근무했다. 어릴 적부터 거의 모든 분야의 역사에 관심을 가졌지만 그중에서도 전쟁사에 가장 매료되었다. 오랫동안 전쟁사 연구에 매진해 2015년 『2차대전의 마이너리그』를 펴냈고, 이 책은 2020년 국방부 진중문고에 선정되었다. 『미 해병대 이야기』는 그 오랜 연구의 두 번째 결과물이다.
지은 책으로 대표작 『강남의 탄생』(2016)을 비롯하여 『라면의 재발견』(2021), 『서서울에 가면 우리는』(2018), 『제갈량과 한니발, 두 남자 이야기』(2013), 『세상을 만든 여행자들』(2010) 등이 있으며, 옮긴 책으로는 『영락제』(2017), 『환관 이야기』(2015), 『제국은 어떻게 망가지는가』(2012) 등이 있다.

지은이 김상순

고려대학교 생명과학부를 졸업했다. 2005년 국립서울현충원에서 공무원 생활을 시작하여, 지금은 국방부에서 근무하고 있다. 공저자 한종수와 함께 인천과 서울 등에서 한국전쟁 관련 유적들을 탐사하여 이 책에 역사적 정확성과 생생함을 더했다.

발행일   2021년 3월 5일 (초판 1쇄)

지은이   한종수·김상순
펴낸이   이지열
펴낸곳   미지북스
         서울시 마포구 성암로 15길 46(상암동 2-120번지) 201호
         우편번호 03930
         전화 070-7533-1848   팩스 02-713-1848
         mizibooks@naver.com
         출판 등록 2008년 2월 13일 제313-2008-000029호

편집   이지열, 서재왕
출력   상지출력센터
인쇄   한영문화사

ISBN   979-11-90498-09-8 03900
값   22,000원

블로그 http://mizibooks.tistory.com
트위터 http://twitter.com/mizibooks
페이스북 http://facebook.com/pub.mizibooks